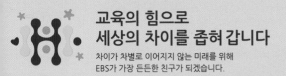

**교육의 힘으로
세상의 차이를 좁혀 갑니다**

차이가 차별로 이어지지 않는 미래를 위해
EBS가 가장 든든한 친구가 되겠습니다.

모든 교재 정보와 다양한 이벤트가 가득!
EBS 교재사이트 book.ebs.co.kr

본 교재는 EBS 교재사이트에서
eBook으로도 구입하실 수 있습니다.

2025학년도
수능 연계교재
수능완성

사회탐구영역
사회 · 문화

KB214025

기획 및 개발

김은미
박 민
박빛나리
여운성

감수

한국교육과정평가원

책임 편집

박명희

본 교재의 강의는 TV와 모바일 APP, EBSi 사이트(www.ebsi.co.kr)에서 무료로 제공됩니다.

발행일 2024. 5. 20. 4쇄 인쇄일 2024. 9. 25. 신고번호 제2017-000193호 펴낸곳 한국교육방송공사 경기도 고양시 일산동구 한류월드로 281
표지디자인 ㈜무닉 내지디자인 다우 내지조판 신흥이앤비 인쇄 팩컴코리아㈜
인쇄 과정 중 잘못된 교재는 구입하신 곳에서 교환하여 드립니다. 신규 사업 및 교재 광고 문의 pub@ebs.co.kr

정답과 해설 PDF 파일은 EBSi 사이트(www.ebsi.co.kr)에서 내려받으실 수 있습니다.

교재 내용 문의
교재 및 강의 내용 문의는
EBSi 사이트(www.ebsi.co.kr)의 학습 Q&A 서비스를
활용하시기 바랍니다.

교재 정오표 공지
발행 이후 발견된 정오 사항을
EBSi 사이트 정오표 코너에서 알려 드립니다.
교재 → 교재 자료실 → 교재 정오표

교재 정정 신청
공지된 정오 내용 외에 발견된 정오 사항이 있다면
EBSi 사이트를 통해 알려 주세요.
교재 → 교재 정정 신청

KNU 강원대학교

수시 원서접수

2024. 9. 9.(월) - 9. 13.(금)

원서접수 방법

인터넷원서접수(유웨이어플라이)

강원대학교 입시 상담

| 전 화   춘천 : (교과) 033-250-6041~5 (종합) 7979
              삼척 : (도계포함) 033-570-6555

| 카카오채널   http://pf.kakao.com/_Lbqxks/chat

| 홈 페 이 지   http://www.kangwon.ac.kr/admission/

카카오채널   입학홈페이지

※ 본 교재 광고의 수익금은 콘텐츠 품질 개선과 공익사업에 사용됩니다.
※ 모두의 요강(mdipsi.com)을 통해 강원대학교의 입시정보를 확인할 수 있습니다.

2025학년도
수능 연계교재
수능완성

✧ ✧ ✧

사회탐구영역
사회 · 문화

이 책의 **차례** CONTENTS

이 책의 **구성과 특징** STRUCTURE

THEME 01 사회·문화 현상의 이해

① 사회·문화 현상과 자연 현상

(1) 의미
① 사회·문화 현상: 인간의 의지에 의해 인위적으로 만들어지는 현상
② 자연 현상: 인간의 의지와 관계없이 자연계에서 스스로 일어나는 현상

(2) 사회·문화 현상의 특징
① 가치 함축성
 • 사회·문화 현상은 인간의 가치나 의지가 반영되어 발생함.
 • 사례: 여름철 홍수를 예방하기 위해 댐을 쌓는 것
② 개연성과 확률의 원리
 • 사회·문화 현상은 일정한 조건 아래에서 어떤 결과가 발생할 가능성이 확률적으로 높을 뿐이며, 예외적인 현상이 발생할 수 있음.
 • 사례: 독서량이 많으면 학업 성취도가 높을 가능성이 확률적으로 높을 뿐, 반드시 그러한 것은 아님.
③ 당위적인 규범의 반영
 • 사회·문화 현상은 사회에서 요구하는 규범이 반영되어 나타남.
 • 사례: 웃어른에게 존댓말을 사용하는 것
④ 보편성과 특수성의 공존
 • 시대나 사회를 초월하여 동일하게 나타나는 사회·문화 현상이 존재하면서 동시에 시대와 사회에 따라 특수하게 나타나는 사회·문화 현상도 존재함.
 • 사례: 사람이 죽으면 장례를 치르는 것은 보편적인 현상이지만, 장례의 형식이나 의미는 시대나 사회에 따라 특수하게 나타남.

(3) 자연 현상의 특징
① 몰가치성
 • 자연 현상은 인간의 가치나 의지, 신념과 무관하게 발생함.
 • 사례: 계절에 따라 날씨가 바뀌는 것
② 필연성과 확실성의 원리
 • 자연 현상은 특정 원인에 따라 반드시 그에 상응하는 결과가 예외없이 발생함.
 • 사례: 바람은 반드시 고기압 지대에서 저기압 지대로 붊.
③ 존재 법칙
 • 자연 현상은 인간의 가치 판단과 무관하게 자연 원리에 따라 사실 그대로 존재하는 현상임.
 • 사례: 산소와 수소가 결합하여 물이 되는 현상은 사실 그대로 존재하는 현상임.
④ 보편성
 • 자연 현상은 시간과 장소에 상관없이 동일한 조건에서 동일한 현상이 발생함.
 • 사례: 물이 높은 곳에서 낮은 곳으로 흐르는 것은 시대와 장소에 상관없이 동일하게 발생함.

② 사회·문화 현상을 바라보는 관점

(1) 거시적 관점과 미시적 관점
① 거시적 관점: 사회 구조나 사회 제도와 같이 사회 체계에 초점을 맞추는 관점으로, 기능론과 갈등론이 이에 해당함.
② 미시적 관점: 개인 간의 상호 작용이나 인간의 행위에 담긴 의미 등에 초점을 맞추는 관점으로, 상징적 상호 작용론이 이에 해당함.

(2) 기능론
① 전제: 사회는 유기체처럼 다양한 구성 요소들이 상호 의존적인 관계를 이루며 하나의 체계를 형성하고 있음(사회 유기체설).
② 핵심 주장
 • 사회를 이루는 구성 요소들은 각자의 기능을 담당하고 있으며, 그러한 기능을 수행함으로써 사회의 조화와 균형, 안정과 질서를 유지함.
 • 사회 규범이나 사회 제도 등이 수행하는 역할은 사회 전체의 합의에 의한 것임.
③ 한계 및 비판
 • 혁명과 같은 급격한 사회 변동을 설명하기 곤란함.
 • 사회 안정과 합의를 지나치게 강조하여 기득권층의 이익을 대변하는 논리로 이용될 우려가 있음.

(3) 갈등론
① 전제: 사회는 사회적 희소가치를 둘러싼 사회 구성원 간의 갈등과 대립의 장(場)임.
② 핵심 주장
 • 지배 계급과 피지배 계급의 이익은 양립할 수 없기 때문에 계급 간 갈등은 필연적이며, 이러한 갈등은 사회 변동의 원동력이 됨.
 • 사회 규범이나 사회 제도 등은 지배 집단이 자신의 기득권을 유지하기 위해 강제와 억압으로 규정한 것에 불과함.
③ 한계 및 비판
 • 사회적 관계를 지배와 피지배의 관계로 단순화함.
 • 사회의 안정과 질서, 협동과 조화의 현상을 설명하기 어려움.

(4) 상징적 상호 작용론
① 전제: 인간은 자율적·능동적 존재로, 상징을 통해 사물이나 행위에 주관적 의미를 부여하고 이를 해석하는 행위의 주체임.
② 핵심 주장
 • 사회·문화 현상은 개인 간의 일상적인 상호 작용 과정에서 주관적인 의미 규정과 해석을 주고받으며 형성되고 변화함.
 • 인간은 자신이 처한 상황을 규정하고 해석하는 상황 정의를 내리고 이에 따라 행동함.
③ 한계 및 비판: 개인의 행위가 사회 구조나 제도의 영향에 의해 나타날 수 있음을 간과함.

01

▶ 24065-0001

밑줄 친 ㉠~㉣과 같은 현상의 일반적 특징에 대한 옳은 설명만을 〈보기〉에서 고른 것은?

> ㉠장마철을 맞아 올여름 기록적인 폭우가 쏟아지고 있다. ㉡기상청이 장마가 시작된 지난달 25일부터 이번 달 16일까지의 누적 강수량을 분석한 결과, 전국 평균 511.7mm를 기록했다. 이 같은 역대급 장마는 통상 여름철 판매가 집중되는 에어컨과 제습기의 판매 희비를 갈랐다. 장마철 제습을 원하는 ㉢소비자 수요가 크게 늘면서 제습기는 품절 사태를 겪고 있다. 반면 에어컨의 경우 성수기에 판매의 부침을 겪고 있다. 이는 ㉣최근 장마로 인해 습도가 높은 날이 지속되고 있는 데다가 에어컨의 제습 기능이 상대적으로 약하고, 가격은 상대적으로 비싸다는 점이 영향을 미친 것으로 보인다.

> ┌ 보기 ┐
> ㄱ. ㉠과 같은 현상은 ㉣과 같은 현상과 달리 존재 법칙으로 설명된다.
> ㄴ. ㉡과 같은 현상은 ㉠과 같은 현상과 달리 개연성을 가진다.
> ㄷ. ㉡, ㉢과 같은 현상은 모두 가치 함축적이다.
> ㄹ. ㉠, ㉣과 같은 현상은 ㉡, ㉢과 같은 현상과 달리 특수성이 나타난다.

① ㄱ, ㄴ   ② ㄱ, ㄷ   ③ ㄴ, ㄷ   ④ ㄴ, ㄹ   ⑤ ㄷ, ㄹ

02

▶ 24065-0002

다음의 게임 상황에 대한 설명으로 옳은 것은?

> 사회·문화 현상의 특징에 대한 복습을 위해 카드 게임을 실시하였다. 사회·문화 현상의 특징에 해당하는 카드를 2장 모은 뒤 '빙고!'라고 외치면 승리한다. 현재 게임 참여자 갑은 A, 을은 B를 가져간 상태이며, 이번 차례에서 갑과 을은 각각 C와 D 중 하나를 가져가려고 하는 상황이다.
>
> A   B   C   D
>
>
>
> A: 몰가치성을 지닌다.
> B: 보편성과 특수성이 공존한다.
> C: 개연성과 확률의 원리가 적용된다.

① 갑이 C를 가져가면 이번 차례에서 승리할 수 있다.
② 을이 C를 가져가도 이번 차례에서 승리할 수 없다.
③ D의 내용이 '가치 함축적이다.'이고 갑이 D를 가져가면, 갑이 이번 차례에서 승리할 수 있다.
④ D의 내용이 '존재 법칙을 따른다.'이고 을이 D를 가져가면, 을이 이번 차례에서 승리할 수 있다.
⑤ D의 내용이 '필연성의 원리를 따른다.'이고 갑이 C, 을이 D를 가져가면, 이번 차례에서 둘 다 승리할 수 없다.

03

▶ 24065-0003

다음은 갑이 수행한 활동 결과와 그에 대한 교사의 평가이다. 이에 대한 설명으로 옳은 것은? (단, A, B는 각각 사회·문화 현상, 자연 현상 중 하나임.)

〈갑의 수행 평가지 내용〉

※ A와 B의 사례를 각각 2가지씩 제시하시오.

A	B
• 비가 올 때 사람들이 우산을 씀. • 사람들이 종교 행사에 참여함.	• 물은 1기압하에서 100℃에 끓음. • (가)

〈교사의 평가〉 4가지 사례 중 하나가 적절하지 않네요.

① A는 몰가치성을 지닌다.
② B는 당위적인 규범을 반영한다.
③ B는 A와 달리 특수성이 나타난다.
④ 갑은 사회·문화 현상의 사례 중 하나를 잘못 제시하였다.
⑤ (가)에는 '환경 보호를 위해 사람들이 플라스틱 사용을 줄임.'이 들어갈 수 있다.

04

▶ 24065-0004

다음은 수업 시간에 실시한 활동의 내용이다. 갑~병의 활동 내용에 대한 옳은 설명만을 〈보기〉에서 있는 대로 고른 것은?

※ 수행 과제: (1)~(3)의 문장에서 A~C를 순서대로 채운 후 전체 문장들을 모두 연결하여 서술하시오. (단, 이어진 세 문장의 내용과 논리적 연결이 모두 타당한 경우에만 1점을 받으며, 그렇지 않으면 0점을 부여함.)

(1) 사회·문화 현상은 (A)이다/하다.
(2) 즉, 사회·문화 현상은 (B) 현상이다.
(3) 따라서 (C)은/는 사회·문화 현상으로 볼 수 없다.

〈학생별 서술 내용〉

갑: 사회·문화 현상은 (가치 함축적)이다. 즉, 사회·문화 현상은 (인간의 가치나 의지가 반영되는) 현상이다. 따라서 (눈이 내리는 현상)은 사회·문화 현상으로 볼 수 없다.

을: 사회·문화 현상은 (존재 법칙으로 설명 가능)하다. 즉, 사회·문화 현상은 (당위적인 규범이 반영되는) 현상이다. 따라서 (계절에 따라 날씨가 바뀌는 것)은 사회·문화 현상으로 볼 수 없다.

병: 사회·문화 현상은 (개연성으로 설명 가능)하다. 즉, 사회·문화 현상은 (인과 관계가 명확히 나타나는) 현상이다. 따라서 (소득이 증가하여 소비가 증가하는 현상)은 사회·문화 현상으로 볼 수 없다.

┌ 보기 ┐
ㄱ. 1점을 받을 학생은 갑뿐이다.
ㄴ. 병의 서술에서 B의 내용은 A에 부합하지 않는다.
ㄷ. 을은 갑과 달리 A를 잘못 채웠다.
ㄹ. 병은 을과 달리 C를 바르게 채웠다.

① ㄱ, ㄴ　　　② ㄱ, ㄹ　　　③ ㄷ, ㄹ　　　④ ㄱ, ㄴ, ㄷ　　　⑤ ㄴ, ㄷ, ㄹ

05

▶ 24065-0005

다음 자료에 대한 옳은 설명만을 〈보기〉에서 고른 것은? (단, A~C는 각각 기능론, 갈등론, 상징적 상호 작용론 중 하나임.)

교사: 사회 · 문화 현상을 바라보는 관점 A~C에 대해 설명해 보세요.
갑: A는 집단 간 갈등은 사회 변동의 원동력이라고 봅니다.
을: B는 지배 계급과 피지배 계급의 이익은 양립할 수 없다고 봅니다.
병: B, C는 모두 사회 구조에 대한 인간의 자율성을 간과한다는 비판을 받습니다.
정: C는 A와 달리 사회 각 부분은 상호 의존적으로 하나의 체계를 이룬다고 봅니다.
무: _____(가)_____
교사: 한 사람만 제외하고 모두 잘 설명했어요.

┌ 보기 ┐
ㄱ. A는 객관적인 현상 그 자체보다 개개인이 부여하는 의미를 중시한다.
ㄴ. B는 사회적 희소가치의 불공정한 분배 구조를 강조한다.
ㄷ. B는 C와 달리 사회 · 문화 현상을 사회 구조적 측면에서 바라본다.
ㄹ. (가)에는 'C는 A와 달리 사회를 하나의 유기체로 봅니다.'가 들어갈 수 없다.

① ㄱ, ㄴ   ② ㄱ, ㄷ   ③ ㄴ, ㄷ   ④ ㄴ, ㄹ   ⑤ ㄷ, ㄹ

06

▶ 24065-0006

사회 · 문화 현상을 바라보는 갑, 을의 관점에 대한 설명으로 옳은 것은?

갑: 명절에 여자가 집에서 음식을 준비해 왔던 것은 남성 지배적 사회에서 여자들을 집 안의 활동에만 머물도록 구조적으로 강제한 결과이다.
을: 명절에 나타났던 남녀의 모습은 우리 사회의 필요에 따라 나타난 역할 구분이었다. 남자들은 험한 산길을 올라 조상의 묘를 벌초한 뒤 제사를 지냈고, 여자들은 제사에 쓸 음식을 준비했던 것이다.

① 갑의 관점은 사회 구성 요소들이 상호 의존적인 관계에 있다고 본다.
② 을의 관점은 사회에 내재한 갈등이 사회 변동의 원동력이 된다고 본다.
③ 갑의 관점은 을의 관점과 달리 사회 구조적 측면에서 사회 · 문화 현상을 바라본다.
④ 을의 관점은 갑의 관점과 달리 사회 규범과 제도는 사회 전체의 합의에 따른 것이라고 본다.
⑤ 갑의 관점과 을의 관점은 모두 개인이 사회에 대하여 갖는 자율성과 능동성을 강조한다.

07

▶ 24065-0007

다음은 사회·문화 현상을 바라보는 관점 A를 설명하기 위해 제시된 자료이다. A에 부합하는 진술만을 〈보기〉에서 있는 대로 고른 것은?

> 옛날 한 마을에 덕망 높고 슬기로운 선비가 한 명 살고 있었는데, 어느 날 마을 청년이 이 선비를 찾아와서 물었다. "저희 집에 강아지가 죽었는데 오늘 조상님 제사를 지내면 안 되겠지요?" "당연히 안 되지." 선비는 이렇게 대답했다. 며칠 후 다른 청년이 이 선비를 찾아왔다. "저희 집 강아지가 죽었는데 그래도 조상님 제사는 지내야겠지요?" "당연히 지내야지." 이번에는 다른 대답이 나왔다. 이상하게 생각한 선비의 부인이 보다 못해 "지난번에는 제사를 지내면 안 된다고 해놓고 이번에는 왜 제사를 지내야 한다고 대답합니까?"라고 물었다. 선비는 혀를 끌끌 차며 다음과 같이 답했다. "먼저 온 청년은 제사를 지내기 싫으니까 '제사를 지내면 안 되겠지요?'라고 물었고, 나중에 온 청년은 제사를 지내고 싶으니까 '제사는 지내야겠지요?'라고 물은 것이 아니겠는가. 제사야 정성이 달린 문제이니 그 청년의 마음과 정성을 보고 한 말일세."

┌ 보기 ┐
ㄱ. 개인은 자율적이고 능동적인 존재이다.
ㄴ. 사회는 기본적으로 집단 간 갈등 구조를 이룬다.
ㄷ. 사물이나 행위의 본질은 개인이 부여하는 의미에 따라 달라진다.
ㄹ. 사회 구성 요소들의 역할은 사회 전체의 합의에 따라 부여된 것이다.

① ㄱ, ㄴ   ② ㄱ, ㄷ   ③ ㄴ, ㄹ   ④ ㄱ, ㄷ, ㄹ   ⑤ ㄴ, ㄷ, ㄹ

08

▶ 24065-0008

다음 자료에 대한 설명으로 옳은 것은? (단, A~C는 각각 기능론, 갈등론, 상징적 상호 작용론 중 하나임.)

> 표는 사회·문화 현상을 바라보는 관점 A~C에 대한 질문과 학생들의 응답 및 교사의 채점 결과이다. 교사는 질문별로 채점하며, 각 질문에 대해 '예'라고 응답할 수 있는 관점만을 모두 적은 경우 1점, 그렇지 않은 경우 0점을 부여한다.

질문	응답	
	갑	을
사회 구조를 지배-피지배의 관계로 파악하는가?	B	A, B
사회·문화 현상을 사회 구조적 측면에서 접근하는가?	C	B, C
(가)	B	A
채점 결과	1점	2점

① A는 행위 주체의 해석에 따라 사회·문화 현상의 의미가 달라진다고 본다.
② B는 사회 구성 요소의 기능과 역할이 사회 전체의 합의에 따른 것이라고 본다.
③ C는 사회의 구조적 힘을 간과한다는 비판을 받기도 한다.
④ C는 A, B와 달리 개인의 자율성과 능동성에 주목한다.
⑤ (가)에는 '사회적 희소가치를 둘러싼 집단 간 대립 관계에 주목하는가?'가 들어갈 수 있다.

09

▶ 24065-0009

사회·문화 현상을 바라보는 관점 A~C에 대한 설명으로 옳은 것은? (단, A~C는 각각 기능론, 갈등론, 상징적 상호 작용론 중 하나임.)

관점	'학교 폭력 문제'에 대한 각 관점의 적용 예시
A	학생들 간에 주고받는 대화에서 서로 오해하거나 감정이 상하여 언어 폭력이 발생하는 경우가 많습니다. 어떤 상황에서 오해가 생기거나 감정이 상하는지 학생 개개인의 주관적 동기 등을 파악해야 해요.
B	학교 폭력이 발생하는 것은 학교와 가정이 제 역할을 하지 못하고 있기 때문입니다. 의사소통 방식도 학교 제도를 통해 가르치거나 가정 교육을 통해 배웠어야 하는 부분이에요.
C	학교 폭력은 권력을 가진 집단이 그렇지 못한 집단을 억압하고 지배하려 하는 우리 사회의 모습이 반영된 것입니다. 학생들 사이에서도 소위 '일진 그룹'의 학생들이 일반 학생들에게 폭력을 가하는 경우가 많습니다.

① A는 사회 각 부분의 상호 의존성을 강조한다.
② B는 사회의 각 집단들이 서로 갈등 관계에 있다고 본다.
③ C는 지배 집단과 피지배 집단의 이익이 양립할 수 있다고 본다.
④ B는 C와 달리 사회 구조가 개인에 대하여 가지는 힘을 간과한다는 비판을 받는다.
⑤ A는 B, C와 달리 어떤 대상의 본질은 대상 자체가 아니라 사람들이 부여하는 의미에 있다고 본다.

10

▶ 24065-0010

다음 자료에 대한 설명으로 옳은 것은? (단, 갑, 을은 각각 기능론, 갈등론, 상징적 상호 작용론 중 하나의 입장에서 바라보고 있음.)

① ㉠과 같은 현상은 필연성의 원리가 적용된다.
② 갑의 관점은 사회 구조를 지배·피지배의 관계로 바라본다.
③ 을의 관점은 사회의 갈등 구조가 사회 변동의 원동력이라고 본다.
④ 갑의 관점은 을의 관점과 달리 사회·문화 현상의 구조적 측면을 경시한다는 비판을 받는다.
⑤ 을의 관점은 갑의 관점과 달리 ㉠과 같은 현상은 개인이 부여하는 의미에 따라 그 본질이 달라진다고 본다.

1 양적 연구

(1) **전제**: 사회·문화 현상과 자연 현상은 본질적으로 공통적인 특성을 갖고 있기 때문에 사회·문화 현상도 자연 현상의 연구 방법과 동일한 방법으로 연구가 가능함(방법론적 일원론).

(2) **기본 입장**
① 자연 현상과 마찬가지로 사회·문화 현상에도 일정한 규칙성이 존재함.
② 자연 현상과 마찬가지로 사회·문화 현상에 대한 측정과 계량화, 통계적 분석이 가능함.
③ 과학적 탐구를 통해 자연 현상에 존재하는 법칙을 발견하듯이 사회·문화 현상에 대한 법칙 발견과 일반화 정립도 가능함.

(3) **연구 목적**: 사회·문화 현상에 내재하는 규칙성을 발견함으로써 연구 결과를 일반화하거나 법칙을 정립하고자 함.

(4) **일반적인 연구 과정**
① 문제 인식 및 연구 주제의 선정: 연구자가 관심을 가지고 연구 가치가 있다고 생각하는 주제를 선정함.
② 가설 설정: 연구 주제에 대한 잠정적인 결론을 제시하는 단계로, 변인과 변인 간의 관계를 논리적으로 설정함.
③ 연구 설계
• 개념의 조작적 정의: 가설에서 사용한 추상적인 개념을 측정 가능하도록 정의하는 것으로, 추상적인 개념의 속성을 보여 주는 구체적인 지표를 설정함.
• 연구 대상, 자료 수집 방법, 자료 분석 방법, 연구 기간 등 연구 진행에 필요한 세부적인 계획을 설계하는 과정임.
④ 자료 수집: 경험적인 자료를 수집하는 과정으로, 양적 자료의 수집을 위해 주로 질문지법이나 실험법 등을 활용함.
⑤ 자료 분석: 수집된 자료를 분석하는 과정으로, 주로 통계 분석 기법을 활용하여 변인 간의 관계를 파악함.
⑥ 가설 검증: 분석 결과에 따라 가설이 수용되거나 기각됨.
⑦ 결론 도출 및 일반화: 연구 주제에 대한 결론을 도출하고 일반화를 정립함.

(5) **평가 및 비판**
① 유용성: 계량화, 통계 분석으로 정밀하고 정확한 연구 결과를 얻을 수 있으며, 일반화된 법칙을 발견하는 데 유리함.
② 한계: 계량화하여 분석하기 곤란한 사회·문화 현상의 연구에는 적합하지 않으며, 사회·문화 현상을 지나치게 단순화하고 기계적으로 인식할 우려가 있음.

2 질적 연구

(1) **전제**: 사회·문화 현상은 자연 현상과 본질적으로 다른 특성을 지니고 있기 때문에 자연 현상의 연구 방법으로는 사회·문화 현상을 제대로 연구할 수 없으므로 자연 현상의 연구 방법과 다른 방법으로 연구해야 함(방법론적 이원론).

(2) **기본 입장**
① 사회·문화 현상은 자연 현상과 달리 주관적 의도나 동기를 지닌 인간이 주체가 되어 만들어 내는 현상임.
② 사회·문화 현상에 대한 측정과 계량화, 통계적 분석으로는 인간에 의해 주관적으로 의미가 부여되고 구성되는 사회·문화 현상을 이해하기 곤란함.
③ 자연 현상과 달리 사회·문화 현상은 상황 맥락 속에서 규정되는 사회·문화 현상의 주관적 의미를 이해하는 것이 중요함.

(3) **연구 목적**: 사회·문화 현상을 구성하는 인간의 행위 속에 담긴 주관적 동기와 의미를 해석하고 심층적으로 이해하고자 함.

(4) **일반적인 연구 과정**
① 문제 인식 및 연구 주제의 선정: 연구자가 관심을 가지고 연구 가치가 있다고 생각하는 주제를 선정함.
② 연구 설계: 연구 대상, 자료 수집 방법, 자료 해석 방법, 연구 기간 등 연구 진행에 필요한 세부적인 계획을 설계하는 과정임.
③ 자료 수집 및 해석
• 경험적인 자료를 수집하는 과정으로 질적 자료의 수집을 위해 주로 참여 관찰법이나 면접법을 활용하며, 비공식적 자료의 수집도 중시함.
• 직관적 통찰과 감정 이입적 이해 기법을 통해 자료를 수집하고 해석하며, 자료 수집과 해석이 동시에 이루어지기도 함.
④ 결론 도출: 자료로부터 해석된 행위자의 주관적 세계가 갖는 의미를 종합하여 결론을 도출함.

(5) **평가 및 비판**
① 유용성: 통계 자료와 같은 양적 분석 자료나 인과 법칙과 같은 단순화된 진술로는 파악하기 어려운 사회·문화 현상의 이면에 담긴 의미를 심층적으로 이해하는 데 유리함.
② 한계: 연구 결과의 일반화나 법칙 발견이 어려우며, 연구자의 주관이 개입될 우려가 크다는 비판을 받음.

01

▶ 24065-0011

사회·문화 현상의 연구 방법과 관련하여 갑, 을의 입장에 대한 옳은 설명만을 〈보기〉에서 고른 것은?

갑: 사회·문화 현상과 자연 현상은 기본적으로 공통적인 특성을 가지고 있기 때문에 동일한 연구 방법을 사용할 수 있어.

을: 아니야. 사회·문화 현상은 자연 현상과 본질적으로 달라. 따라서 자연 현상에 대한 연구 방법으로는 사회·문화 현상을 제대로 연구할 수 없어.

┌ 보기 ┐
ㄱ. 갑은 사회·문화 현상에 내재한 규칙성을 발견하여 일반화를 시도하는 연구를 지향한다.
ㄴ. 을은 계량화나 통계적 분석으로는 사회·문화 현상을 이해하기 어렵다고 본다.
ㄷ. 갑은 을과 달리 직관적 통찰과 감정 이입적 이해 기법을 중요시한다.
ㄹ. 을은 갑과 달리 추상적 개념을 측정 가능하도록 구체화하는 것을 중요시한다.

① ㄱ, ㄴ   ② ㄱ, ㄷ   ③ ㄴ, ㄷ   ④ ㄴ, ㄹ   ⑤ ㄷ, ㄹ

02

▶ 24065-0012

다음은 어느 학자의 글이다. 밑줄 친 연구에 대한 옳은 설명만을 〈보기〉에서 있는 대로 고른 것은?

특정한 하나의 사례는 그 유형에 해당하는 현상의 일반적인 특징을 지니지만, 또 한편으로 그 사례는 독특하고 유일하다. 예를 들어 모든 교실이 서로 비슷할 수는 있어도 완벽하게 동일한 교실은 어디에도 없다. 나는 '완벽하게 동일한 교실은 어디에도 없다.'는 점에 초점을 둔 연구를 하고자 한다. 사회·문화 현상은 상황 맥락 속에서 규정되는 주관적 의미를 이해하는 것이 중요하기 때문이다.

┌ 보기 ┐
ㄱ. 직관적 통찰이나 감정 이입의 방법을 활용한다.
ㄴ. 변인 간의 관계를 파악하여 법칙을 발견하고자 한다.
ㄷ. 개념의 조작적 정의를 통해 통계 분석이 용이한 자료를 수집하고자 한다.
ㄹ. 인간 행위 속에 담긴 주관적 동기 파악을 통해 사회·문화 현상을 심층적으로 이해하고자 한다.

① ㄱ, ㄷ   ② ㄱ, ㄹ   ③ ㄴ, ㄷ   ④ ㄱ, ㄴ, ㄹ   ⑤ ㄴ, ㄷ, ㄹ

03
▶ 24065-0013

밑줄 친 ㉠∼㉺에 대한 설명으로 옳지 <u>않은</u> 것은?

갑은 최근 두 가지 연구를 수행하였다. ㉠첫 번째 연구에서는 '고등학생의 ㉡학업 성취도에 ㉢스마트 기기 의존도가 미치는 영향'을 알아보고자 하였다. 갑은 ㉣100명의 고등학생을 대상으로 ㉤스마트 기기 의존도를 단계화하여 측정할 수 있는 질문지에 응답하게 하였고, 이들의 학업 성취도를 연간 학교 정기 고사의 평균 성적으로 측정하였다. 수집한 자료를 분석한 결과 스마트 기기 의존도가 낮을수록 학업 성취도 수준이 통계적으로 유의미하게 높다는 점을 확인하였다.

㉥두 번째 연구는 학생들의 스마트 기기 의존도를 낮출 수 있는 ○○ 프로그램을 개발하고 그것이 효과가 있는지 확인하기 위한 연구였다. 이를 위해 스마트 기기 의존도가 동일한 학생들 50명 중 ㉦25명의 학생에게는 ○○ 프로그램을 이수하게 하고, ㉧나머지 25명의 학생에게는 해당 프로그램을 이수하지 않은 채 평소대로 학교생활을 하게 하였다. 이후 이들 50명의 학생 모두를 대상으로 첫 번째 연구에서 사용한 질문지를 통해 스마트 기기 의존도를 측정한 결과 ○○ 프로그램을 이수한 학생들에게서 통계적으로 유의미한 스마트 기기 의존도 감소 효과가 없음을 확인하였다.

① ㉠에서 ㉡은 종속 변인, ㉢은 독립 변인이다.
② ㉠에서 ㉣은 표본이다.
③ ㉠에서 ㉤은 독립 변인을 조작적으로 정의하여 측정한 것이다.
④ ㉠, ㉥ 모두에서 방법론적 이원론에 기초한 연구 방법을 활용하였다.
⑤ ㉥에서 ㉦은 실험 집단, ㉧은 통제 집단이다.

04
▶ 24065-0014

다음 연구에 대한 옳은 설명만을 〈보기〉에서 있는 대로 고른 것은?

연구자 갑은 학대받은 경험이 있는 아동들과의 심층 면담을 통해 아동들의 학대 경험이 그들의 성격 및 정서 형성에 어떤 영향을 주고 있는지 알아보고자 하였다. 이를 위해 학대받은 경험이 있는 아동들 20명을 대상으로 수차례 심층 면담을 하면서 그 내용을 녹음하였다. 이후에 녹음한 내용을 여러 번 들으면서 분석하여 다음과 같이 정리하였다.

> 아동들은 학대에 관해 자신의 감정을 밝히는 것을 매우 어려워한다. 우선 학대 사건 자체를 이해하기가 어렵고 그에 따른 복잡한 심정을 표현하기도 어렵기 때문이다. 특히 사건에 대한 진술보다 그 사건으로 인해 느낀 감정을 표현하는 것이 더 어렵다. 질문을 받은 경우에 회피와 부정을 많이 했고, 주제를 바꾸려 한다. 그러나 몇몇 아동은 학대 문제에 대해 어느 정도 솔직한 감정 표현을 하는 경우도 있는데, 분하고 억울한 감정과 죽고 싶은 심정 등의 부정적 감정이 두드러지게 나타났다.

┌ 보기 ┐
ㄱ. 통계 분석을 통해 가설을 검증하였다.
ㄴ. 학대받은 아동들에 대한 경험적 자료를 수집하였다.
ㄷ. 학대받은 아동들의 특징에 대한 법칙을 발견하고자 하였다.
ㄹ. 인간 행위 속에 담긴 주관적 동기와 의미를 중요시하는 연구이다.

① ㄱ, ㄴ   ② ㄱ, ㄷ   ③ ㄴ, ㄹ   ④ ㄱ, ㄷ, ㄹ   ⑤ ㄴ, ㄷ, ㄹ

05

▶ 24065-0015

다음 자료에 대한 설명으로 옳은 것은?

연구자 갑은 청소년의 ㉠자아 존중감에 ㉡아버지와의 관계가 미치는 영향을 알아보기 위하여 다음과 같이 가설을 설정하였다.

〈가설 1〉 아버지와의 대화 빈도가 높을수록 청소년의 자아 존중감이 높을 것이다.
〈가설 2〉 아버지의 청소년 자녀에 대한 신뢰도가 높을수록 청소년의 자아 존중감이 높을 것이다.

이에 대한 자료는 전국에서 무작위로 선정한 ㉢중·고등학생 500명과 그 학생들의 아버지를 대상으로 구조화된 설문지를 통해 조사하였다. 아버지와의 대화 빈도는 ㉣최근 한 달을 기준으로 하루 평균 아버지와의 대화 횟수로 측정하고, 아버지의 자녀에 대한 신뢰도는 ㉤평소 아버지가 자녀의 언행에 대해 느끼는 믿음의 정도로 측정하였다. 다음 표는 자아 존중감을 100점 만점(점수가 클수록 자아 존중감이 높음)으로 하여 조사한 해당 집단의 자아 존중감 점수의 평균값이며, 자료 분석 결과는 통계적으로 유의미하다.

〈자료 분석 결과〉

(단위: 점)

아버지와의 대화 빈도			아버지의 자녀에 대한 신뢰도		
낮음	보통	높음	낮음	보통	높음
55	75	90	53	80	73

① 갑의 연구는 방법론적 이원론에 기초한 연구이다.
② 〈가설 1〉은 〈가설 2〉와 달리 기각되었다.
③ ㉢은 모집단이다.
④ ㉠은 독립 변인, ㉡은 종속 변인이다.
⑤ ㉣과 ㉤은 모두 독립 변인에 대한 조작적 정의이다.

06

▶ 24065-0016

그림은 사회·문화 현상의 연구 방법 A, B의 일반적 특징을 비교한 것이다. 이에 대한 설명으로 옳은 것은? (단, A, B는 각각 양적 연구, 질적 연구 중 하나임.)

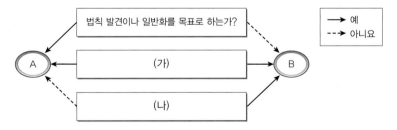

① A는 연구 대상자의 주관적 인식을 파악할 수 없다.
② B는 양적 연구이다.
③ A는 B와 달리 방법론적 이원론을 전제로 한다.
④ (가)에는 '경험적 자료를 활용하는가?'가 들어갈 수 없다.
⑤ (나)에는 '계량화를 통한 통계적 분석을 중시하는가?'가 들어갈 수 없다.

07

▶ 24065-0017

다음의 수업 장면에서 ㉠, ㉡에 대한 옳은 설명만을 〈보기〉에서 고른 것은?

> 교사: '이것'이 무엇인지 차례대로 힌트를 줄 텐데, 힌트를 듣고 정답을 알면, 먼저 손을 들고 '정답!'이라고 외쳐 주세요.
>
> 〈힌트 1〉 '이것'은 사회·문화 현상의 연구 방법과 관련된 것입니다.
>
> 학생: 정답! [㉠]입니다.
> 교사: 너무 성급했네요. '이것'은 연구 방법 중 하나를 가리키는 것이 아닙니다. '이것'은 질적 연구에서는 사용되지 않지만 학생이 말한 [㉠]에서 흔히 활용됩니다. 두 번째 힌트를 들어볼까요?
>
> 〈힌트 2〉 '이것'은 추상적인 개념을 측정 가능하도록 구체화하는 것으로, 추상적 개념의 속성을 보여 주는 대표적인 지표를 선정하는 것이 중요합니다.
>
> 학생: 정답! [㉡]입니다.
> 교사: 네, 정답입니다.

┌ 보기 ┐
ㄱ. ㉠은 행위자가 현상에 부여하는 주관적 의미를 심층적으로 이해하고자 한다.
ㄴ. ㉠은 자연 현상과 사회·문화 현상을 동일한 방법으로 연구할 수 있다는 것을 전제로 한다.
ㄷ. ㉡은 '개념의 조작적 정의'이다.
ㄹ. '성실성'의 개념을 '정성스럽고 참된 품성'이라고 규정하는 것은 ㉡에 해당한다.

① ㄱ, ㄴ   ② ㄱ, ㄷ   ③ ㄴ, ㄷ   ④ ㄴ, ㄹ   ⑤ ㄷ, ㄹ

08

▶ 24065-0018

다음 자료에 대해 옳게 이해한 학생은?

> 〈연구 사례〉
> ○○ 연구진은 △△국에서 흡연 취업자의 평균 임금이 시간당 15달러로 비흡연 취업자의 평균 임금 20달러에 비해 25% 적은 것으로 드러났다고 밝혔다. 연간 급여를 고려하면 흡연 취업자와 비흡연 취업자의 임금 격차는 상당한 것으로 나타났다. 이를 근거로 ○○ 연구진은 흡연이 임금을 덜 받게 하는 요인이 된다고 주장하였다.
>
> -
>
> 〈학자 A의 평가〉
> 위 연구의 결과는 일리가 있어 보인다. 하지만 제대로 된 과학적 결론이라고 보기는 어렵다. 왜냐하면 ○○ 연구진의 자료 분석 내용만으로는 흡연 여부와 임금 간의 관계가 불분명하기 때문이다. 예를 들어 낮은 임금으로 인한 스트레스 때문에 흡연을 하게 된 사람들이 많을 수도 있다.

① 갑: ○○ 연구진은 방법론적 이원론에 기초해 연구했군요.
② 을: ○○ 연구진은 '흡연 여부'를 종속 변인으로 보았네요.
③ 병: 학자 A는 양적 연구보다 질적 연구를 선호하는 사람이네요.
④ 정: 학자 A는 '흡연 여부'가 독립 변인이 될 수 없다고 주장하는군요.
⑤ 무: 학자 A는 독립 변인과 종속 변인이 서로 뒤바뀌었을 수 있다는 점을 지적하고 있네요.

09

▶ 24065-0019

A, B에 대한 설명으로 옳은 것은? (단, A, B는 각각 양적 연구, 질적 연구 중 하나임.)

A는 일반적으로 귀납적이라는 평가를 받기도 한다. A의 연구자는 주로 연구를 시작하기 전에 미리 지니고 있던 가설을 증명 또는 반증할 자료나 증거를 찾아 나서는 것이 아니라, 수집된 구체적인 사례나 사항을 분류하는 과정에서 추상적인 개념을 만들어 나가게 된다. 이러한 과정을 거쳐 개발된 이론은 수집된 독립적인 많은 증거 자료의 조각들로부터 상호 관련성을 파악하여 밑에서부터 위로 도출된 것이다. 또한 A는 B와 달리 서술적이라는 평가를 받기도 한다. A에서 자료 수집은 수치보다는 말이나 그림의 형태를 띠게 된다. 면담 내용을 전사*한 것, 현장 관찰 일지, 사진, 비디오테이프, 사적인 문서, 메모 등이 A의 주요 연구 자료이다.

* 전사(轉寫): 말로 들은 것을 문자로 옮겨 적음.

① A는 B에 비해 통계 분석을 중시한다.
② A는 B와 달리 과학적 결론을 추구하지 않는다.
③ A는 B에 비해 법칙 발견이나 연구 결론의 일반화가 어렵다.
④ B는 A와 달리 연구자의 주관이나 편견이 개입될 가능성이 크다.
⑤ B는 A에 비해 면접법이나 참여 관찰법으로 자료를 수집하기에 적합하다.

10

▶ 24065-0020

(가)~(마)는 특정 연구의 단계를 순서 없이 나열한 것이다. 이에 대한 옳은 설명만을 〈보기〉에서 고른 것은?

(가) 수집한 자료를 통해 변인 간의 관계를 분석하였다.
(나) 양성평등 의식 수준이 세대에 따라 다른지 알아보고자 하였다.
(다) 청년층 500명, 장년층 500명을 대상으로 설문 조사를 실시하였다.
(라) 청년층이 장년층보다 양성평등 의식 수준이 높을 것이라는 잠정적 결론을 내렸다.
(마) 자료 분석 결과 청년층과 장년층의 양성평등 의식 수준은 비슷한 것으로 나타나 가설을 기각하고, 양성평등 의식이 세대와 관련이 없다는 결론을 내렸다.

┌ 보기 ┐
ㄱ. 독립 변인은 양성평등 의식 수준이다.
ㄴ. 개념의 조작적 정의가 필요 없는 연구이다.
ㄷ. 연구 순서는 (나) – (라) – (다) – (가) – (마)이다.
ㄹ. (나), (라)와 달리 (가), (다), (마)에서는 엄격한 가치 중립이 요구된다.

① ㄱ, ㄴ   ② ㄱ, ㄷ   ③ ㄴ, ㄷ   ④ ㄴ, ㄹ   ⑤ ㄷ, ㄹ

① 질문지법

(1) 의미: 조사 주제에 부합하도록 미리 작성해 놓은 질문지를 조사 대상자에게 제시하여 자료를 수집하는 방법

(2) 특징
① 일반적으로 양적 자료를 수집하여 통계 분석하는 데 활용됨.
② 구조화·표준화된 자료 수집 방법에 해당함.
③ 전수 조사보다는 표본 조사를 수행하는 경우가 일반적임.

(3) 장점과 단점
① 장점
• 다수를 대상으로 대량의 자료를 수집하는 데 유리함.
• 시간과 비용 측면에서 비교적 효율적임.
• 분석 기준이 명확하고 통계 처리가 용이하여 집단 간 비교 분석 연구에 적합함.
② 단점
• 문자 언어를 통해 조사할 경우 문맹자에게 활용하기 곤란함.
• 회수율, 응답률이 낮게 나타나는 경우가 많음.
• 무성의한 응답, 악의적인 응답의 가능성을 배제할 수 없음.

② 실험법

(1) 의미: 실험 상황을 만들어 인위적인 조작을 가한 후, 그에 따라 나타난 변화를 관찰하여 자료를 수집하는 방법

(2) 특징
① 일반적으로 양적 연구에서 활용됨.
② 가장 엄격한 통제가 가해지는 자료 수집 방법임.

(3) 장점과 단점
① 장점
• 인과 관계의 파악을 통해 법칙을 발견하는 데 유리함.
• 정확성, 정밀성, 객관성이 높은 결론을 도출할 수 있음.
• 양적 자료로서 집단 간 비교 분석이 용이함.
② 단점
• 자연 과학의 실험에 비해 엄격하게 통제된 실험이 곤란함.
• 실험 대상이 인간이라는 점에서 윤리적 문제가 발생하기 쉬움.
• 통제된 상황에서의 실험 결과를 실제 사회에 적용하는 데 한계가 있음.

③ 면접법

(1) 의미: 조사 대상자와 대면하면서 조사 주제에 대한 질문을 하여 필요한 자료를 수집하는 방법

(2) 특징
① 일반적으로 질적 자료를 수집할 목적으로 활용됨.
② 심층적인 조사를 위해 대상자는 소수인 경우가 일반적임.
③ 연구자와 연구 대상자 간의 신뢰 관계(라포르; rapport)를 기반으로 한 허용적인 분위기의 형성이 중요함.

(3) 장점과 단점
① 장점
• 조사 대상자의 주관적인 세계를 심층적으로 이해하기에 유리함.
• 응답 거부·회피, 무성의 또는 악의적인 응답을 방지할 수 있음.
• 대화를 통해 자료를 수집하므로 문맹자에게도 실시할 수 있음.
• 조사자가 유연성이나 융통성을 발휘할 수 있음.
② 단점
• 다수를 대상으로 할 경우 시간과 비용이 많이 듦.
• 조사 주제에 부합하는 전형적인 조사 대상자를 선정하는 것이 쉽지 않음.
• 조사자의 편견이나 주관적 가치가 개입할 우려가 큼.

④ 참여 관찰법

(1) 의미: 조사 대상자의 일상생활 세계에 참여하여 필요한 자료를 수집하는 방법

(2) 특징
① 일반적으로 질적 연구에서 활용됨.
② 가장 전형적인 비구조화·비표준화된 자료 수집 방법에 해당함.
③ 심층적인 연구를 위해 비교적 장기간에 걸쳐 수행됨.

(3) 장점과 단점
① 장점
• 자료의 실제성을 확보할 수 있음.
• 조사 대상자의 일상생활 세계를 심층적으로 이해하기에 유리함.
• 의사소통이 곤란한 대상자에게도 적용할 수 있음.
② 단점
• 시간과 비용 측면에서 비효율적임.
• 예상하지 못한 상황이 발생할 경우 유연하게 대처하기 곤란함.
• 관찰자의 편견이나 주관적 가치가 개입할 우려가 큼.

⑤ 문헌 연구법

(1) 의미: 이미 존재하는 자료를 활용하여 필요한 정보를 수집하는 방법

(2) 특징
① 양적 연구와 질적 연구에서 모두 활용됨.
② 논문, 도서, 인터넷 문서, 그림, 영상 등 문헌의 형태는 다양함.
③ 2차 자료의 수집용으로 활용되는 경우가 많음.

(3) 장점과 단점
① 장점
• 시간적·공간적 제약에서 비교적 자유로워 시간과 비용이 절약됨.
• 기존 연구 동향이나 성과 파악을 위한 참고 자료 수집에 적합함.
② 단점
• 문헌의 정확성과 신뢰성을 확보하기 곤란한 경우가 많음.
• 문헌 해석 시 연구자의 주관적 가치가 개입될 우려가 있음.

01
▶ 24065-0021

다음 자료에 대한 옳은 설명만을 〈보기〉에서 고른 것은? (단, A~D는 각각 면접법, 실험법, 질문지법, 참여 관찰법 중 하나임.)

〈과제〉 제시된 특성에 맞게 자료 수집 방법 A~D에 해당하는 모양의 스티커를 답란에 붙이시오.

A: ●　　　B: ◆　　　C: ▲　　　D: ★

〈학생 갑이 붙인 스티커와 교사의 평가〉

특성	답란	교사의 평가
일반적으로 소수를 대상으로 심층적인 대화를 통해 자료를 수집한다.	●	참 잘했어요.
(가)	◆	다시 생각해 보세요.
가장 엄격한 변인 통제가 가해지는 자료 수집 방법이다.	▲	참 잘했어요.
비표준화된 자료 수집 방법이다.	●, ★	참 잘했어요. 두 가지 모두 잘 붙였네요.

보기

ㄱ. A는 연구 대상자와의 신뢰 관계와 허용적인 분위기의 형성이 중요하다.
ㄴ. B는 실험법이다.
ㄷ. D는 C에 비해 실제성이 높은 자료를 수집하기에 용이하다.
ㄹ. (가)에는 '다수를 대상으로 통계 분석에 적합한 자료를 수집하기에 용이하다.'가 들어갈 수 있다.

① ㄱ, ㄴ　　　② ㄱ, ㄷ　　　③ ㄴ, ㄷ　　　④ ㄴ, ㄹ　　　⑤ ㄷ, ㄹ

02
▶ 24065-0022

자료 수집 방법 A~C에 대한 설명으로 옳은 것은?

자료 수집 방법	적용 사례
A	성인 100명을 대상으로 일탈 행동의 경험 유무와 범죄자에 대한 인식 등에 대해 설문 조사를 실시하였다.
B	범죄 경력이 있는 성인 10명을 대상으로 세 차례의 심층적인 면담을 하고 면담 내용을 면밀하게 기록하였다.
C	6개월간 교도소에서 범죄자들과 함께 생활하면서 그들의 교도소에서의 생활 모습과 사회에 대한 인식 등을 관찰하여 기술(記述)하였다.

① A는 주로 기존의 연구 성과와 동향을 파악하기 위해 사용한다.
② B는 연구자와 연구 대상자 사이의 신뢰 관계에 기반한 허용적인 분위기의 형성이 중요하다.
③ C는 연구자의 가치나 편견을 배제하기에 유리하다는 장점이 있다.
④ B는 C와 달리 주로 질적 연구에서 활용된다.
⑤ C는 A, B와 달리 통계적으로 분석하기 위한 자료 수집에 적합하다.

03
▶ 24065-0023

그림은 자료 수집 방법 A~C를 구분한 것이다. 이에 대한 설명으로 옳은 것은? (단, A~C는 각각 문헌 연구법, 실험법, 참여 관찰법 중 하나임.)

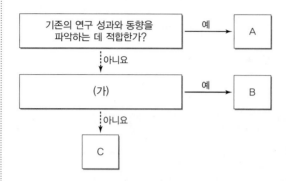

① A는 양적 연구보다 질적 연구에 적합하다.
② B가 참여 관찰법이면, (가)에 '변인 통제가 필수적인가?'가 들어갈 수 있다.
③ C가 실험법이면, (가)에 '주로 양적 연구에 활용되는가?'가 들어갈 수 있다.
④ (가)에 '실제성이 높은 자료의 수집에 용이한가?'가 들어가면, B는 실험법이다.
⑤ (가)에 '주로 질적 연구에 활용되는가?'가 들어가면, C는 B와 달리 인과 관계의 발견에 유리하다.

04
▶ 24065-0024

다음 자료에서 카드 (다), (라)의 내용이 될 수 있는 진술로 옳은 것은?

갑과 을은 자료 수집 방법에 대해 배운 내용을 복습하기 위해 카드 게임을 실시하였다. 카드 더미에는 옳은 진술의 카드와 틀린 진술의 카드가 섞여 있다. 단, A~D는 각각 면접법, 실험법, 질문지법, 참여 관찰법 중 하나이다.
[게임 방식] 카드 (가)~(라) 중 옳은 진술에 해당하는 카드를 2장 모은 뒤 '빙고!'라고 외치면 승리한다.
[게임 결과] 갑이 (가), 을이 (나)를 가져간 상태였는데 (가), (나)의 내용 모두 옳은 진술이었다. 이번 차례에는 갑이 (다), 을이 (라)를 가져갔고 갑과 을 모두 '빙고!'를 외쳤으나, 확인 결과 갑은 틀린 진술의 카드가 한 장 있어 최종적으로 을이 승리하였다.

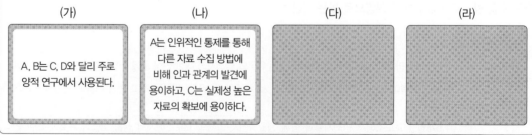

	(다)	(라)
①	A는 구조화된 자료 수집 방법이다.	B는 대규모 여론 조사에 적합하다.
②	B는 엄격한 변인 통제를 필요로 한다.	A는 구조화된 자료 수집 방법이다.
③	C는 시간과 비용 측면에서 비교적 효율적이다.	B는 비언어적 방식으로 자료를 수집한다.
④	D는 2차 자료를 수집하는 방법이다.	C는 D와 달리 비표준화된 자료 수집 방법이다.
⑤	D는 A와 달리 비표준화된 자료 수집 방법이다.	D는 연구자가 융통성을 발휘하기 곤란하다.

05

▶ 24065-0025

표는 자료 수집 방법 A~D를 구분한 것이다. 이에 대한 설명으로 옳은 것은? (단, A~D는 각각 면접법, 실험법, 질문지법, 참여 관찰법 중 하나임.)

질문	A	B	C	D
주로 질적 연구에 사용되는가?	○	○	×	×
다수를 대상으로 대량의 양적 자료를 수집하는 데 유리한가?	×	×	×	○
주로 소수를 대상으로 대화를 통해 자료를 수집하는가?	○	×	×	×

*○는 '예', ×는 '아니요'를 의미함.

① A는 표준화된 자료 수집 방법이다.
② C는 자료 해석 과정에서 연구자의 주관이 개입할 우려가 크다.
③ B는 D와 달리 일반화를 목적으로 하는 연구에 적합하다.
④ C는 B에 비해 연구 대상자의 생활 세계를 심층적으로 이해하는 데 유리하다.
⑤ A, D는 B, C와 달리 연구 대상자와의 언어적 상호 작용을 필수로 한다.

06

▶ 24065-0026

다음 설문지에 대한 적절한 평가만을 〈보기〉에서 있는 대로 고른 것은?

※ 이 설문은 초등학생 자녀를 둔 부모님을 대상으로 방과후 예체능 교육 실태에 대해 조사하기 위한 것입니다. 설문에 응해 주셔서 대단히 감사합니다. 아래 문항에서 자신에게 해당되는 번호에 ✓표시해 주세요.

1. 최근에 자녀를 예체능 학원에 보낸 적이 있습니까? (①에 답한 사람은 2번 질문으로, ②에 답한 사람은 3번 질문으로 가세요.)
   ① 예   ② 아니요
2. 자녀가 수강한 예체능 학원은 다음 중 어디에 해당합니까?
   ① 미술   ② 음악   ③ 체육   ④ 기타 (   )
3. 자녀를 예체능 학원에 보내지 않는 이유는 무엇입니까?
   ① 필요성을 못 느껴서   ② 학원비가 부족해서   ③ 자녀가 원하지 않아서
4. 최근 예체능 교육이 어린이의 정서 발달에 유익하다는 연구 결과가 보도되었습니다. 정부가 초등학생들에게 예체능 교육비를 지원해야 한다고 생각하십니까?
   ① 예   ② 아니요   ③ 잘 모르겠음

┌ 보기 ┐
ㄱ. 1번 질문은 묻는 것이 명료하지 않아 혼란을 주고 있다.
ㄴ. 2번 질문은 답지에 상호 배타성이 결여되어 있다.
ㄷ. 3번 질문은 답지에 포괄성이 결여되어 있다.
ㄹ. 4번 질문은 특정 응답을 유도하고 있다.

① ㄱ, ㄴ   ② ㄱ, ㄷ   ③ ㄴ, ㄹ   ④ ㄱ, ㄷ, ㄹ   ⑤ ㄴ, ㄷ, ㄹ

07

▶ 24065-0027

다음 자료에 대한 설명으로 옳지 <u>않은</u> 것은?

연구자 갑은 다문화 사회에 대한 인식을 개선하기 위한 ○○ 프로그램의 효과를 알아보기 위하여 성인 40명을 대상으로 ㉠다문화 수용성 지수가 비슷하다는 점을 확인한 후 ㉡그중 20명에게는 한 달 동안 ㉢○○ 프로그램을 이수하게 하고, ㉣나머지 20명에게는 평소대로 생활하게 하였다. ㉤한 달 뒤 다시 다문화 수용성 지수를 조사한 결과 ○○ 프로그램을 이수한 20명에게서 통계적으로 유의미한 다문화 사회 인식 개선 효과가 나타났다.

① 엄격한 변인 통제가 필요한 자료 수집 방법을 사용하였다.
② 윤리적 문제에 각별히 주의해야 하는 자료 수집 방법을 사용하였다.
③ ㉢은 독립 변인이다.
④ ㉠은 사전 검사, ㉤은 사후 검사이다.
⑤ ㉡, ㉣은 모두 실험 집단이다.

08

▶ 24065-0028

밑줄 친 자료 수집 방법에 대한 옳은 설명만을 〈보기〉에서 있는 대로 고른 것은?

<u>이 자료 수집 방법</u>은 다른 자료 수집 방법에 비해 특히 '원주민화'를 경계해야 한다. 원주민화란 연구자가 자신이 관찰하고 있는 문화와 자신의 문화를 과도하게 동일시하여 그 결과 자신의 정체감과 분석적인 자세를 잃어버릴 때 나타난다. 이 자료 수집 방법을 사용할 때 연구자는 자신이 관찰하는 사람들의 행위가 그 사람들의 세계관과 어떻게 연결되어 있는지를 이해하기 위해 노력해야 한다. 동시에 연구자는 자신이 관찰하는 것을 비판적으로 평가하며, 관찰을 기존의 이론적 관점과 연관시키거나 새로운 해석을 할 수 있는 개방적 태도를 유지해야 한다. 연구자가 원주민화되면 자칫 그러한 태도를 잃어버리고 원주민의 관점에서만 현상을 해석하게 된다.

┌ 보기 ┐
ㄱ. 주로 질적 연구에서 사용된다.
ㄴ. 연구 대상자와의 언어적 상호 작용이 필수적이다.
ㄷ. 실제성이 높은 생생한 1차 자료를 수집하기에 용이하다.
ㄹ. 면접법과 달리 연구자의 주관적 가치가 자료 해석에 개입될 우려가 크다.

① ㄱ, ㄴ   ② ㄱ, ㄷ   ③ ㄴ, ㄹ   ④ ㄱ, ㄷ, ㄹ   ⑤ ㄴ, ㄷ, ㄹ

09

▶ 24065-0029

다음의 수업 장면에서 파악할 수 있는 자료 수집 방법 A~E에 대한 설명으로 옳은 것은? (단, A~E는 각각 면접법, 문헌 연구법, 실험법, 질문지법, 참여 관찰법 중 하나임.)

교사: 자료 수집 방법 A~E에 대해 말해 볼까요?
갑: A는 주로 연구 초기에 기존의 연구 성과나 연구 동향을 파악하기 위해 사용해요.
을: B, C는 주로 계량화된 자료를 수집하는 데 사용해요.
병: C는 B와 달리 연구 대상자와의 언어적 상호 작용이 필수적이죠.
정: D와 E는 모두 질적 연구에 사용되지만, E는 연구자가 연구 대상자의 일상생활 세계에 참여하는 방법이에요.
교사: 병은 B와 C를 바꿔서 말했네요. 갑, 을, 정은 모두 잘 알고 있군요.

① A는 질적 연구에서 사용하기에 적합하지 않다.
② B는 2차 자료의 수집을 위해 사용된다.
③ C는 A에 비해 시간적 · 공간적 제약을 적게 받는다.
④ D는 E와 달리 비표준화된 자료 수집 방법이다.
⑤ E는 B와 달리 의사소통이 어려운 이민족을 대상으로 한 자료 수집에 적합하다.

10

▶ 24065-0030

그림은 자료 수집 방법 A~C를 구분한 것이다. 이에 대한 옳은 설명만을 〈보기〉에서 있는 대로 고른 것은? (단, A~C는 각각 면접법, 실험법, 질문지법, 참여 관찰법 중 하나임.)

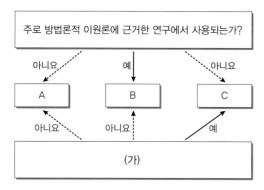

| 보기 |
ㄱ. (가)가 '실험 처치 과정이 필수적인가?'이면, A는 질문지법이다.
ㄴ. B가 면접법이면, (가)에는 '변인 간의 관계를 파악하기 위한 자료 수집에 적합한가?'가 들어갈 수 있다.
ㄷ. C가 실험법이면, (가)에는 '다수를 대상으로 대량의 양적 자료를 수집하는 데 용이한가?'가 들어갈 수 있다.

① ㄱ   ② ㄷ   ③ ㄱ, ㄴ   ④ ㄴ, ㄷ   ⑤ ㄱ, ㄴ, ㄷ

11
▶ 24065-0031

밑줄 친 ㉠, ㉡과 같은 자료 수집 방법에 대한 옳은 설명만을 〈보기〉에서 고른 것은?

갑국에 거주하는 문화 인류학자 A는 최근 을국 국민들의 특징과 을국 역사에 대한 통찰력 있는 책을 발간하여 세계로부터 주목을 받았다. 그는 을국을 한 번도 방문하지 않은 채 ㉠기존의 을국 관련 서적이나 연구 결과를 살펴보고, 최근 ㉡을국에서 갑국으로 이민을 온 사람들과의 심층적인 대화를 통해 책을 완성할 수 있었다.

보기
ㄱ. ㉠과 같은 자료 수집 방법은 2차 자료를 수집하는 데 적합하다.
ㄴ. ㉡과 같은 자료 수집 방법은 자료 수집 과정에서 조사자가 유연성이나 융통성을 발휘하기에 용이하다.
ㄷ. ㉠과 같은 자료 수집 방법은 ㉡과 같은 자료 수집 방법에 비해 시간적·공간적 제약이 크다.
ㄹ. ㉡과 같은 자료 수집 방법은 ㉠과 같은 자료 수집 방법과 달리 자료 해석 시 연구자의 주관적 가치가 개입될 우려가 있다.

① ㄱ, ㄴ ② ㄱ, ㄷ ③ ㄴ, ㄷ ④ ㄴ, ㄹ ⑤ ㄷ, ㄹ

12
▶ 24065-0032

표는 제시된 연구 내용에 나타난 연구 방법과 자료 수집 방법을 정리한 것이다. 이에 대한 설명으로 옳은 것은?

연구 내용	연구 방법	자료 수집 방법
가정 내 역할의 범주를 유형화하고, 설문 조사를 통해 가계 소득 수준과 가정 내 역할 분담 간의 관계를 파악하고자 하는 연구	A	㉠
부부들에 대한 심층적인 면담을 토대로 가정 내의 역할 분담이 이루어지는 과정과 부인 및 남편이 그 역할 분담에 대해 부여하는 의미를 이해하고자 하는 연구	B	㉡

① A는 상황 맥락 속에서 규정되는 사회·문화 현상의 의미를 중요시한다.
② B는 통계 분석을 통해 인간의 행위를 설명하고자 한다.
③ ㉠은 의사소통이 곤란한 대상자에게도 적용하기에 용이하다.
④ ㉡으로 수집한 자료는 양적 자료로서 집단 간 비교 분석이 용이하다.
⑤ ㉡은 ㉠과 달리 비표준화된 자료 수집 방법이다.

사회·문화 현상의 탐구 태도와 연구 윤리

① 사회·문화 현상의 탐구에 필요한 태도

(1) 성찰적 태도

① 의미

• 사회·문화 현상을 보이는 그대로 받아들이기보다 현상의 이면에 담겨 있는 발생 원인이나 원리, 그것이 초래할 결과 등에 대하여 적극적·능동적으로 살펴보려는 태도

• 연구자가 연구 절차나 방법, 연구 윤리 등을 제대로 지키며 탐구하고 있는지 되짚어 보는 태도

② 필요성: 사회·문화 현상의 발생 과정과 원인은 단순하지 않고 복잡하기 때문에 성찰적으로 접근하지 않으면 겉으로 드러나는 현상만을 보게 됨.

(2) 객관적 태도

① 의미: 탐구 과정에서 연구자가 자신의 주관적 가치나 편견, 이해관계 등을 배제하고 사회·문화 현상이 가진 사실로서의 특성만을 파악하는 태도

② 필요성

• 연구 과정에서 객관적 태도가 지켜지지 않을 경우 연구 결과가 왜곡될 수 있음.

• 연구자가 가지고 있는 주관적 가치가 연구에 개입되는 것을 방지해야 함.

• 연구자가 속한 사회나 시대의 지배적인 가치가 연구자도 모르는 사이에 연구자를 통해 연구에 개입될 수 있음을 고려해야 함.

(3) 개방적 태도

① 의미

• 사회·문화 현상의 연구 방법이나 연구 관점이 다양할 수 있으므로 자신의 주장과 다른 주장이 존재할 수 있음을 인정하고, 자신의 주장에 대한 비판을 허용하는 태도

• 다른 연구자의 주장이나 다른 연구의 결론을 무조건 수용하는 것이 아니라 경험적인 근거를 통해 검증하기 전에는 하나의 가설로 받아들이는 태도

② 필요성: 과학적 연구의 결론이라고 하더라도 반증에 의해 얼마든지 진리가 아님이 밝혀질 가능성이 있는 잠정적인 진리이므로 새로운 주장의 가능성을 허용해야 함.

(4) 상대주의적 태도

① 의미: 사회·문화 현상을 탐구할 때 사회·문화 현상이 발생한 맥락이나 배경 속에서 연구하려는 태도

② 필요성

• 사회·문화 현상은 그것이 발생한 맥락이나 배경 속에서 의미를 갖는다는 사실을 인식해야 함.

• 동일한 사회·문화 현상이라도 시대와 사회에 따라 다른 의미를 지닐 수 있음을 고려해야 함.

② 과학적 탐구 과정에서의 가치 개입과 가치 중립

(1) 연구 주제 선정, 연구 결과의 활용: 연구 주제를 선정하거나 연구 결과에 따른 대책 등을 마련할 때 사회적 가치나 인류 보편적 가치를 존중하는 가치 판단이 요구됨.

(2) 자료 수집 및 분석, 가설 검증, 결론 도출: 연구자의 가치가 개입되면 연구하고자 하는 사회·문화 현상이 지닌 의미가 왜곡될 수 있으므로 절대적으로 가치 중립이 요구됨.

(3) 가설 설정, 연구 설계: 연구자의 연구 의도에 따라 가설이나 연구 설계가 결정되므로 연구자의 가치가 개입될 수밖에 없는 과정임.

③ 사회·문화 현상의 탐구와 연구 윤리

(1) 사회·문화 현상의 탐구에서 연구 윤리의 필요성

① 사회·문화 현상의 탐구는 인간을 대상으로 하기 때문에 자연 현상을 다루는 연구보다 엄격한 윤리성이 요구됨.

② 사회·문화 현상의 탐구 결과가 사회에 유익할지라도 연구 과정에서 연구 대상자들에 대한 인권 침해가 발생했다면 연구 결과가 연구 과정을 정당화할 수 없음.

(2) 연구 대상자와 관련된 윤리 원칙

① 연구자는 연구 대상자에게 연구 목적과 과정을 알리고 동의를 얻어야 함. 연구 목적을 알려 주는 것이 연구 결과에 크게 영향을 미치는 경우에는 불가피하게 연구가 끝난 후 연구 결과를 발표하기 전에 연구 결과의 공표에 대한 동의를 구해야 함.

② 연구자는 연구에 참여하는 것이 연구 대상자에게 어떤 영향을 미치는지, 특히 예상되는 피해가 무엇인지 정확하고 자세하게 설명해 주어야 함.

③ 연구를 진행하면서 예상하지 못한 문제가 발생할 경우 연구 대상자의 안전과 이익을 최대한 고려해야 함.

④ 연구자는 연구 대상자의 익명성을 보장해야 하며, 사생활 관련 정보 및 개인 정보를 연구 목적 이외의 용도로 활용해서는 안 됨.

(3) 연구 과정과 관련된 윤리 원칙

① 연구자는 정직한 방법으로 자료를 수집해야 함.

② 의도한 결론을 이끌어 내기 위해 자료 분석 과정에서 자료를 조작해서는 안 됨.

③ 수집한 자료 및 분석 내용과 일치하지 않는 해석, 즉 왜곡을 해서는 안 됨.

(4) 연구 결과의 공표와 관련된 윤리 원칙

① 연구 결과의 공표가 자신에게 미칠 악영향을 고려하거나 공표를 통해 이익을 얻을 목적으로 연구 결과를 은폐하거나 왜곡, 축소, 과장해서는 안 됨.

② 다른 연구자의 연구물을 활용하는 경우 출처를 정확하게 밝혀야 함.

③ 연구 성과가 사회적으로 악용되지 않도록 결과에 대하여 책임 있는 자세를 보여야 함.

01

▶ 24065-0033

다음 글에서 강조하는 사회·문화 현상의 탐구 태도로 가장 적절한 것은?

> 만약 학교에서 학생들에게 특정 사회 제도가 효율적이며 개인의 능력에 따라 불평등이 발생하는 것이 정당하다고 가르친다면, 학생들은 해당 사회 제도를 공정하고 당연한 것으로 받아들이게 된다. 이 과정에서 학생들이 사회적 불평등을 자연스럽게 받아들임으로써 불평등하고 차별적인 사회 구조가 유지된다. 이러한 사회 구조를 바꾸려면 억압당하고 차별받는 사람들의 능동적인 노력이 필요하다. 이와 같은 맥락에서 볼 때, 사회 과학에서 이루어지는 연구에서도 현상에 대한 깊이 있는 이해를 위해서는 연구자들이 일상적 삶 속에서 나타나는 사회 현상들을 보이는 그대로 받아들이기보다는 의문을 품으며 능동적이고 적극적으로 살펴보아야 할 것이다.

① 성찰적으로 연구하는 태도
② 개인과 공동체의 조화를 중시하는 태도
③ 자신의 주장에 대한 비판을 허용하는 태도
④ 연구자의 주관적 가치나 편견을 배제하는 태도
⑤ 사회·문화 현상이 발생한 맥락 속에서 연구하는 태도

02

▶ 24065-0034

다음은 갑의 연구 내용이다. 갑에게 할 수 있는 조언으로 가장 적절한 것은?

> 갑은 막대한 관광 수입을 얻을 수 있는 새로운 슬로시티* 지역을 선정하기 위해 ○○ 지역, △△ 지역, ◇◇ 지역의 슬로시티로서의 발전 가능성을 평가하는 연구를 진행하였다. 갑이 생태 교통 수단의 편의성, 주민의 협조 가능성, 친환경 도시 조성 상태를 슬로시티의 선정 기준으로 정하고 세 지역을 평가한 결과 △△ 지역이 가장 유력한 후보 지역으로 나타났다. 하지만 자신의 부모님이 현재 거주하는 ○○ 지역이 슬로시티로 선정되기를 바라는 갑은 ○○ 지역의 강점인 생태 교통 수단의 편의성에 가장 높은 가중치를 두어 다시 평가를 진행하였다. 갑은 최종적으로 ○○ 지역이 슬로시티로서의 발전 가능성이 가장 높은 지역이라는 내용의 연구 결론을 내렸다.
>
> *슬로시티: 지역이 원래 갖고 있는 고유한 자원(자연환경, 전통 산업, 전통문화 등)과 현대적인 삶의 조화를 추구하는 도시

① 연구 과정에서 자신의 이해관계를 배제해야 한다.
② 연구 과정에서 연구 대상의 익명성을 보장해야 한다.
③ 연구 과정에서 자신의 주장에 대한 비판을 허용해야 한다.
④ 연구 과정에서 연구 대상의 안전과 이익을 최대한 고려해야 한다.
⑤ 연구 과정에서 특정 현상이 발생한 사회적·역사적 맥락을 고려하지 않아야 한다.

03

▶ 24065-0035

사회·문화 현상을 탐구하는 태도 (가)~(다)에 대한 옳은 설명만을 〈보기〉에서 있는 대로 고른 것은?

(가) 연구자는 연구를 진행할 때 특정 주장이나 이론을 무조건 추종하지 않고 여러 가능성을 검토해야 한다.
(나) 연구자는 연구 과정에서 자신의 선입견과 주관적 가치 등을 배제하고, 경험적 증거에 따라 연구해야 한다.
(다) 연구자는 사회·문화 현상을 연구할 때 어떤 현상이 나타난 특수성과 그 현상이 지닌 고유한 가치와 의미를 이해하며 연구해야 한다.

┌ 보기 ┐
ㄱ. (가)의 태도는 연구자의 주장이 검증되기 전에는 하나의 가설로 받아들여야 함을 강조한다.
ㄴ. (나)의 태도는 연구 결과에 대한 반증 가능성을 전제로 한다.
ㄷ. (나)의 태도는 제3자의 관점을, (다)의 태도는 연구 대상자의 관점을 중시한다.

① ㄱ   ② ㄴ   ③ ㄱ, ㄷ   ④ ㄴ, ㄷ   ⑤ ㄱ, ㄴ, ㄷ

04

▶ 24065-0036

밑줄 친 ㉠~㉤에 대한 설명으로 옳은 것은?

연구자 갑은 청소년의 합리적인 금융 행태에 영향을 주는 요인을 밝히기 위해 ㉠연구를 진행하였다. 갑은 먼저 ㉡선행 연구 논문을 검토한 후 설문지를 통해 자료를 수집하여 ㉢각 금융 행태에 영향을 주는 요인을 분석하였다. 분석 결과는 ㉣학업 성취도가 높을수록, 금융 교육을 받은 경험이 많을수록 합리적인 금융 행태를 보이는 것으로 나타났다. 연구자 갑은 청소년들의 금융 행태에 대한 분석 결과를 토대로, 이 연구가 ㉤교육과정, 교과서, 교수 학습 방법 등 금융 교육과 경제 교육 영역의 개선을 위한 기초 자료로 활용될 필요가 있음을 제언하였다.

① ㉠은 방법론적 이원론을 전제로 한 연구이다.
② ㉡은 1차 자료에 대한 검토이다.
③ ㉢의 단계에서는 객관적 태도가 요구된다.
④ ㉣은 종속 변인에 해당한다.
⑤ ㉤의 단계에서는 연구자의 가치 중립이 필수적이다.

05

▶ 24065-0037

(가)~(라)는 갑의 연구 과정을 순서 없이 나열한 것이다. 이에 대한 설명으로 옳은 것은?

> (가) 학업 성적이 낮은 청소년이 높은 청소년보다, 그리고 스트레스를 많이 받는 청소년이 적게 받는 청소년보다 게임 중독 수준이 높은 것으로 나타났다.
> (나) A 지역 ○○ 고등학교 학생을 대상으로 학업 성적, 스트레스 지수, 게임 중독 지수를 측정하였다.
> (다) 연구 결과를 바탕으로 학업 성적이 낮은 청소년에 대한 집중 상담을 제언하며 해당 학생들의 명단을 동의 없이 상담 기관에 제공하였다.
> (라) 청소년의 학업 성적과 스트레스가 게임 중독에 미치는 영향에 대하여 연구하기로 하였다.

① 연구자의 직관적 통찰이 중시되는 연구 방법이 적용되었다.
② 종속 변인은 스트레스 지수로 개념의 조작적 정의가 이루어졌다.
③ (다) 단계에서는 자료를 조작함으로써 연구 윤리를 위반하였다.
④ (라) 단계에서는 (나) 단계와 달리 연구자의 가치 개입이 허용된다.
⑤ (라) – (가) – (나) – (다) 순서로 연구가 진행되었다.

06

▶ 24065-0038

연구 윤리 (가), (나)의 위반 사례만을 〈보기〉에서 있는 대로 고른 것은?

> (가) 연구자는 의도한 결론을 이끌어 내기 위해 자료 분석 과정에서 자료를 조작해서는 안 된다.
> (나) 연구자는 연구에 참여하는 사람들에게 연구 절차와 잠재적 위험 등에 관련된 연구 정보에 대해 사전에 알려주어야 한다.

┌ 보기 ┐
ㄱ. 사교육 시장에 관련된 연구의 가설 검증을 위해 자신의 의도와 다른 결과가 나온 특정 지역의 설문 조사 결과를 배제하고 분석함.
ㄴ. 가출 청소년의 심리에 대한 연구를 진행한 후 연구자가 고위험군으로 분류한 일부 청소년의 인적 사항을 보고서에 밝힘.
ㄷ. 인터넷 게임 방송의 언어 사용이 미치는 영향에 대한 연구를 위해 지나가던 고등학생 10명에게 폭력성이 높은 인터넷 게임 방송이라는 점을 숨기고 무료 계정을 알려준 후 매일 5시간씩 의무적으로 인터넷 게임 방송을 보게 함.

	(가)	(나)
①	ㄱ	ㄴ
②	ㄱ	ㄷ
③	ㄴ	ㄷ
④	ㄴ	ㄱ, ㄷ
⑤	ㄱ, ㄴ	ㄷ

07

▶ 24065-0039

다음 사례를 연구 윤리 측면에서 옳게 평가한 내용만을 〈보기〉에서 고른 것은?

청소년들의 무리한 다이어트가 심각한 사회 문제가 되고 있다고 생각한 갑은 대중 매체가 청소년의 다이어트 동기에 미치는 영향을 연구하고자 하였다. 갑은 SNS를 통해 모집한 중·고등학생 100명에게 연구의 목적과 방법, 연구 참여가 학생에게 미치는 영향 등을 설명한 후, 참여 의사를 밝힌 학생들에게 구조화된 질문지를 활용하여 자료를 수집하였다. 설문 조사 결과를 분석한 후, 설문 조사 실시 전에 미리 동의를 구했던 10명의 학생을 대상으로 다이어트 동기에 대해 심층 면담을 진행하였다. 갑은 수집된 자료를 검토하면서 남학생들의 자료는 제외한 채 질문에 성의 있게 답변하고 면담에서 많은 이야기를 해 준 여학생들의 자료만을 선별하여 분석하고 결론을 도출하였다. 갑은 분석한 연구 결과를 연구 대상자의 동의를 구한 후, 청소년 관련 학회에서 발표하였다.

> **보기**
> ㄱ. 연구 대상자의 익명성을 보장하지 않았다.
> ㄴ. 연구 대상자의 자발적 참여를 보장하였다.
> ㄷ. 자료 분석 과정에서 연구자가 임의로 자료를 조작하였다.
> ㄹ. 연구 결과를 본래의 연구 목적에 부합하지 않게 활용하였다.

① ㄱ, ㄴ   ② ㄱ, ㄷ   ③ ㄴ, ㄷ   ④ ㄴ, ㄹ   ⑤ ㄷ, ㄹ

08

▶ 24065-0040

다음은 연구 윤리 자가 점검표의 일부이다. 이에 대한 옳은 설명만을 〈보기〉에서 있는 대로 고른 것은?

> (가) 연구 결과를 허위로 만들거나 기록 또는 보고하는 행위를 하였는가?
> (나) 타인의 아이디어, 저작물의 전부 또는 일부를 출처를 표시하지 않고 나의 창작물인 것처럼 그대로 활용하였는가?
> (다) 자신의 의도대로 나오지 않은 자료 분석 결과를 삭제하였는가?
> (라) 연구 대상자에게 연구 목적과 과정을 충분히 설명하였는가?

> **보기**
> ㄱ. (가)는 연구 결과의 진실성과 관련된 질문이다.
> ㄴ. (나)는 연구 결과의 발표 이전에 확인해야 하는 질문이다.
> ㄷ. 무성의한 응답을 제외하고 자료를 분석하는 것은 (다)가 강조하는 연구 윤리를 위반한 것이다.
> ㄹ. (라)는 표본의 대표성을 높이는 것을 목적으로 한다.

① ㄱ, ㄴ   ② ㄱ, ㄷ   ③ ㄷ, ㄹ   ④ ㄱ, ㄴ, ㄹ   ⑤ ㄴ, ㄷ, ㄹ

① 사회화

(1) **의미**: 인간이 사회생활에 필요한 언어, 지식과 기능, 가치 및 규범 등을 습득하여 사회 구성원으로 성장해 가는 과정

(2) **특징**: 평생에 걸쳐 진행되며, 시대나 사회에 따라 사회화의 내용과 방식이 다양하게 나타남. 주로 모방과 동일시, 보상과 제재, 언어적·정서적 상호 작용 등을 통해 이루어짐.

(3) **기능**

① 개인적 차원
• 개인의 사회생활에 대한 적응을 가능하게 함으로써 한 사회의 구성원으로 성장시킴.
• 개인의 자아 정체성 및 사회적 소속감 형성에 기여함.

② 사회적 차원
• 문화의 공유 및 세대 간 전승을 가능하게 함.
• 사회 구성원들의 동질성을 확보하여 사회의 유지와 통합 및 존속에 기여함.

(4) **사회화 기관**

① 의미: 사회화 과정에서 언어, 지식과 기능, 가치 및 규범 등을 전수해 주는 역할을 수행하는 단체, 집단, 기구 등

② 유형

기준	유형	내용 및 해당 기관
설립 목적	공식적 사회화 기관	사회화를 목적으로 설립되어 공식적이고 체계적인 사회화 담당 (예) 학교, 직업 훈련소 등)
	비공식적 사회화 기관	사회화를 목적으로 설립되지는 않았으나 사회화의 기능도 수행 (예) 가족, 또래 집단, 직장, 대중 매체 등)
사회화 내용	1차적 사회화 기관	기초적인 수준의 사회화 담당 (예) 가족, 유아기나 아동기의 또래 집단 등)
	2차적 사회화 기관	전문적이고 심화된 수준의 사회화 담당 (예) 고등학교, 대학교, 직장, 대중 매체 등)

(5) **주요 사회화 기관과 역할**

① 가족: 기본적인 기능 및 규범, 언어 등 사회생활에 있어서 기초적이고 원초적인 사회화를 담당하여 인성의 기본 틀을 형성함.

② 또래 집단: 집단 구성원으로서의 역할, 규범의식 등을 습득하게 함. 청소년기의 자아 정체성 및 세대 문화 형성에 큰 영향을 줌.

③ 학교: 대표적인 공식적 사회화 기관으로서 체계적이고 전문적으로 사회화를 수행함.

④ 직장: 주로 성인기의 사회화를 담당하며 개인이 업무 수행에 필요한 전문적인 지식과 기능 등을 습득하게 함.

⑤ 대중 매체: 최근 영향력이 점차 커지고 있으며 개인이 필요로 하는 다양하고 새로운 정보를 제공함.

(6) **인간의 성장 과정과 사회화**

① 유아기: 기본적인 욕구 충족 및 정서적 반응 방식 습득

② 아동기: 타인들과의 상호 작용을 위한 언어와 규범, 기초적인 지식과 기능 습득

③ 청소년기: 전문적인 지식과 기능 습득, 자아 정체성 형성

④ 성년기: 사회에서 요구되는 지식과 기능, 변화하는 사회에 적응하기 위한 새로운 지식과 기능 습득

(7) **사회화의 유형**

① 예기 사회화: 미래에 속하기를 기대하거나 속하게 될 집단에서 요구되는 지식이나 기능, 가치 및 규범을 미리 학습하는 과정

② 재사회화: 개인이 처한 환경이나 상황, 소속 집단 등의 변동에 적응하기 위해 기존의 사회화된 내용을 버리고 새로운 지식이나 기능, 가치 및 규범을 학습하는 과정

② 지위와 역할

(1) **지위**

① 의미: 개인이 소속 집단이나 사회에서 차지하고 있는 위치

② 종류
• 귀속 지위: 개인의 노력이나 능력과 상관없이 선천적·자연적으로 갖게 되는 지위(예) 딸, 손자, 세습 신분 등)
• 성취 지위: 개인의 노력이나 의지, 업적 등을 통해 후천적으로 획득하는 지위(예) 아버지, 아내, 선생님 등)

③ 특징
• 개인이 동시에 여러 가지 지위를 가질 수 있으며, 시간이 흐르면서 개인이 갖는 지위는 달라질 수 있음.
• 현대 사회로 오면서 귀속 지위보다 성취 지위의 중요성이 커지고 있으며, 개인이 갖는 지위의 수도 많아지고 있음.

(2) **역할과 역할 행동**

① 역할: 개인이 가진 지위에 대하여 소속 집단이나 사회가 기대하는 행동 방식

② 역할 행동(역할 수행)
• 개인이 자신에게 기대되는 역할을 실제로 수행하는 구체적인 방식
• 동일한 지위와 역할을 가진 개인들 간에도 역할 행동은 다양하게 나타날 수 있음.
• 개인의 역할 행동에 따라 보상과 제재가 주어짐.

(3) **역할 갈등**

① 의미: 개인에게 동시에 요구되는 서로 다른 역할들이 충돌하여 나타나는 심리적 갈등

② 특징
• 사회의 다원화로 인해 개인의 지위와 역할도 다양해짐에 따라 역할 갈등을 겪는 경우가 많아지고 있음.
• 개인에게 심리적 압박감을 주고 심한 경우 부적응을 초래할 수 있음.

01

▶ 24065-0041

다음 사례를 통해 내릴 수 있는 결론으로 가장 적절한 것은?

프랑스의 한 마을에서 숲속에서만 자란 열두 살쯤 되는 남자아이가 발견되었다. 이 소년은 인간 사회와 단절된 채로 살아서 행동이 동물에 가까웠다. 예컨대 동물처럼 기어 다녔고 옷을 입혀 주어도 찢어 버렸으며, 보호 시설에 수용하였으나 계속 탈출하려고 하였다. 이후 오랜 기간 인간 생활에 필요한 교육을 받았으나, 겨우 화장실에서 용변을 보거나 옷을 입을 수 있는 정도에 몇 마디 말만 익혔을 뿐 숫자도 셀 줄 모르는 채로 40세쯤에 세상을 떠났다.

① 어린 시기의 사회화 과정이 중요하다.
② 인간은 누구나 사회화의 과정을 거친다.
③ 인간의 사회화는 평생에 걸쳐 이루어진다.
④ 사회화는 사회의 존속과 통합에 기여한다.
⑤ 사회화를 통해 기존의 권력 구조가 재생산된다.

02

▶ 24065-0042

사회화의 유형 A, B에 대한 설명으로 옳은 것은? (단, A, B는 각각 예기 사회화, 재사회화 중 하나임.)

(가) 조선 시대에는 서연을 통해 왕세자에게 유교의 경전(經典)과 사서(史書)를 강론하여 차기 국왕으로서의 소양을 갖추도록 하였다.
(나) 통일부에서는 북한 이탈 주민이 사회주의적 사고방식을 버리고 남한에서 생활하는 데 필요한 지식과 기능, 가치 및 규범 등을 습득하도록 교육을 실시하고 있다.

(가)는 A에, (나)는 B에 해당하는 사례로 볼 수 있습니다.

① A는 성인기 이후에만 나타나는 사회화의 유형이다.
② B는 변화 속도가 빠른 현대 사회에서 중요성이 높아졌다.
③ A는 B와 달리 개인의 의지와 무관하게 강제적으로 이루어진다.
④ B는 A와 달리 주로 공식적 사회화 기관을 통해 이루어진다.
⑤ A는 재사회화, B는 예기 사회화이다.

03

▶ 24065-0043

사회화의 유형 A, B에 대한 설명으로 옳은 것은? (단, A, B는 각각 예기 사회화, 재사회화 중 하나임.)

> A는 이미 습득한 사회화의 내용이 개인이 새롭게 획득한 지위나 변화한 상황에 부적합하거나 개인의 적응을 저해할 우려가 있을 때, 기존 사회화의 내용을 버리고 새로운 지식이나 기능, 가치, 규범 등을 학습하는 과정을 의미한다. 한편, B는 개인이 현재 속해 있지 않지만, 미래에 속하기를 바라거나 속하게 될 집단 또는 개인이 현재 갖고 있지 않지만, 미래에 갖기를 바라거나 갖게 될 지위에서 요구되는 지식이나 기능, 가치, 규범 등을 미리 학습하는 과정을 의미한다.

① 대학 입학 전 실시하는 신입생 오리엔테이션에서 대학 생활에 대해 안내받는 것은 A의 사례이다.
② 입대 후 사회의 언어 활용 습관을 버리고 군대의 언어 활용 방식을 습득하는 것은 B의 사례이다.
③ A는 B와 달리 일반적으로 공식적 사회화 기관에서 담당한다.
④ B는 A와 달리 일반적으로 유년기와 아동기에 이루어진다.
⑤ A, B는 모두 개인이 새로운 집단이나 지위에 순조롭게 적응하는 데 기여한다.

04

▶ 24065-0044

밑줄 친 ㉠, ㉡에 대한 질문에 모두 옳게 응답한 학생은?

> • ㉠국립 식량 과학원은 식량 작물, 사료 작물, 바이오 에너지 작물 등의 품종 개량, 재배법 개선, 생산 환경 및 품질 보전에 관한 시험, 연구와 기술 지원에 관한 사무를 관장하기 위해 설립되어 다양한 연구·개발 활동과 신기술 보급 및 현장 기술 지원 사업을 추진하고 있다.
> • ㉡국립공원 산악 안전 교육원은 국민의 산악 안전 확보를 위한 대국민 교육 서비스 제공과 국내 최고의 산행 안전 및 구조 전문 인력 양성을 목표로 설립되어 안전 산행 지도자 과정, 전문 산악 구조 과정, 산악 전문 지도사 자격 과정 등 다양한 프로그램을 운영하고 있다.

질문 \ 학생	갑	을	병	정	무
㉠은 사회화를 목적으로 설립되었는가?	×	×	×	○	○
㉡은 공식적이고 체계적인 사회화를 담당하는가?	○	○	×	○	×
㉠, ㉡은 모두 전문적이고 심화된 수준의 사회화를 담당하는가?	○	×	○	×	×

(○: 예, ×: 아니요)

① 갑   ② 을   ③ 병   ④ 정   ⑤ 무

05

▶ 24065-0045

표는 사회화 기관의 유형과 그 사례를 나타낸 것이다. 이에 대한 설명으로 옳은 것은?

구분		사회화의 내용에 따른 사회화 기관의 유형	
		C	D
설립 목적에 따른 사회화 기관의 유형	A	(가)	(나)
	B	노동조합	(다)

① A는 '비공식적 사회화 기관'이고, B는 '공식적 사회화 기관'이다.
② C는 '1차적 사회화 기관'이고, D는 '2차적 사회화 기관'이다.
③ (가)에는 '회사'가 들어갈 수 있다.
④ (나)에는 '정당'이 들어갈 수 있다.
⑤ (다)에는 '가족'이 들어갈 수 있다.

06

▶ 24065-0046

사회화 기관 A~D에 대한 옳은 설명만을 〈보기〉에서 고른 것은? (단, A~D는 각각 가족, 회사, 대학교, 또래 집단 중 하나임.)

- 청소년기의 A는 그들만의 세대 문화를 형성하고, 개인의 자아 정체성 형성에 큰 영향을 미친다.
- '사회화를 목적으로 설립되었는가?'라는 질문을 통해 A와 B는 구분될 수 없지만, B와 C는 구분될 수 있다.
- '전문적이고 심화된 수준의 사회화를 담당하는가?'라는 질문을 통해 C와 D는 구분될 수 없지만, B와 D는 구분될 수 있다.

┌ 보기 ┐
ㄱ. 아동기의 A는 B와 달리 기초적인 수준의 사회화를 담당한다.
ㄴ. B는 C와 달리 1차적 사회화 기관에 해당한다.
ㄷ. C는 D와 달리 공식적 사회화 기관에 해당한다.
ㄹ. D는 A와 달리 비공식적 사회화 기관에 해당한다.

① ㄱ, ㄴ   ② ㄱ, ㄷ   ③ ㄴ, ㄷ   ④ ㄴ, ㄹ   ⑤ ㄷ, ㄹ

07

▶ 24065-0047

(가)~(다)에는 갑~병이 고민하고 있는 상황이 나타나 있다. 이에 대한 설명으로 옳은 것은?

(가) 대학생 갑은 자신의 전공을 살려 미술 심리 치료사가 되기 위해 자격증 시험을 준비해야 할지, 안정성이 높은 공무원이 되기 위해 7급 공무원 시험을 준비해야 할지 고민하고 있다.

(나) 정년 퇴임을 앞둔 대학교 교수 을은 퇴직 후 아내와 6개월간 세계 일주 크루즈 여행을 가기로 약속하였다. 그런데 자신이 논문 지도를 맡았던 제자가 여행 예정 기간 중 결혼식 주례를 부탁하여 고민하고 있다.

(다) 요리사 병은 우연한 기회에 인기 예능 프로그램에 출연하여 뛰어난 입담으로 인지도가 높아졌다. 이후 다수의 방송사로부터 예능 프로그램 출연 제의를 받게 되어 어느 방송사의 프로그램에 출연할지 고민하고 있다.

① 미술 심리 치료사와 공무원은 갑의 준거 집단이다.

② 다수의 방송사로부터 출연 제의를 받은 것은 요리사로서 병의 역할 행동에 대한 보상이다.

③ 을은 갑, 병과 달리 역할 갈등을 경험하고 있다.

④ (나)와 (다)에는 모두 공식적 사회화 기관이 나타나 있다.

⑤ (나)에는 (가), (다)와 달리 귀속 지위와 성취 지위가 모두 나타나 있다.

08

▶ 24065-0048

밑줄 친 ㉠~㉺에 대한 옳은 설명만을 〈보기〉에서 고른 것은?

앵커: 오늘 9시 뉴스에서는 세계적으로 권위 있는 ○○ 영화제에서 ㉠여우 주연상 수상을 비롯하여 6개 부문을 석권해 세계를 뜨겁게 달군 영화 '□□□'의 주연을 맡은 ㉡영화배우 갑을 모시고 이야기 나눠 보도록 하겠습니다. 우선 여우 주연상을 수상하신 데 대한 소감 한 말씀 부탁드립니다.

갑: 사실 '□□□'을 촬영했던 지난 1년은 제 인생에서 가장 힘든 시기였습니다. 부모의 손길이 절실한 초등학생인 ㉢딸을 두고 해외 촬영을 떠날 때면 항상 마음이 무거웠고, 공개 수업 때 엄마가 오지 않으면 많이 슬플 것 같다는 딸의 말을 전해 들었을 때는 촬영을 중단하고 돌아와야 하나 ㉣고민하기도 했습니다. 하지만 그때마다 ㉤남편의 지원이 큰 힘이 되었습니다. 그리고 극 중에서 ㉥피아니스트를 연기하였는데, 초보인 제가 포기하지 않고 피아노 연습을 계속할 수 있도록 응원해 주신 선생님께도 감사의 말씀을 드립니다.

┌ 보기 ┐
ㄱ. ㉣은 갑의 역할 갈등에 해당한다.
ㄴ. ㉠은 ㉡으로서 갑의 역할 행동에 대한 보상이다.
ㄷ. ㉡과 ㉥은 모두 갑의 성취 지위에 해당한다.
ㄹ. ㉢과 ㉤은 모두 귀속 지위에 해당한다.

① ㄱ, ㄴ   ② ㄱ, ㄷ   ③ ㄴ, ㄷ   ④ ㄴ, ㄹ   ⑤ ㄷ, ㄹ

09

▶ 24065-0049

밑줄 친 ㉠~◎에 대한 옳은 설명만을 〈보기〉에서 고른 것은?

어린 시절부터 건축에 관심이 많았던 갑은 ㉠건축학과 진학을 꿈꿨지만, ㉡군인이 되기를 희망하는 ㉢부모님 때문에 ㉣고민하다가 결국 ㉤육군 사관학교에 진학하였다. 임관 후 위탁 교육 과정을 통해 건축학사 학위를 받은 갑은 30대 초반에 전역하여 본격적으로 ㉥건축가의 길을 걷기 시작하였다. 3년 전 ㉦○○ 건축상 수상으로 건축계에 이름을 알린 갑은 최근 □□ 건축 박람회 홍보 대사까지 맡게 되었다. 그런데 □□ 건축 박람회 홍보관 개관식 일정과 자신이 설계부터 시공까지 총괄하고 있는 ◇◇ 센터 준공식 일정이 겹쳐 어느 쪽 행사에 참석해야 할지 ◎고민하고 있다.

┌─ 보기 ┐
ㄱ. ㉠은 ㉤과 달리 비공식적 사회화 기관에 해당한다.
ㄴ. ㉡, ㉢은 모두 성취 지위에 해당한다.
ㄷ. ㉣과 ◎은 모두 갑의 역할 갈등에 해당한다.
ㄹ. ㉦은 ㉥으로서 갑의 역할 행동에 대한 보상이다.

① ㄱ, ㄴ   ② ㄱ, ㄷ   ③ ㄴ, ㄷ   ④ ㄴ, ㄹ   ⑤ ㄷ, ㄹ

10

▶ 24065-0050

다음 자료에 따라 게임이 진행되었을 때 우승자가 되는 학생은?

〈게임 규칙〉
• 상자 안에 총 4장의 카드가 있다. 카드마다 A~D의 고민이 나타나는데, 해당 고민이 A~D의 역할 갈등에 해당하면 실선을 따라 한 번 이동하고, A~D의 역할 갈등에 해당하지 않으면 점선을 따라 한 번 이동한다.
• 4장의 카드를 순서대로 뽑아 이동하되, 0점에서 출발하며, 최종적으로 도달한 지점에 적힌 점수가 자신의 점수가 되고, 점수가 가장 높은 사람이 우승자가 된다.
• 한 사람의 게임이 끝나면 카드를 섞어 상자에 다시 넣고 다음 사람이 게임을 진행하며, 점수가 가장 높은 사람이 2명 이상인 경우, 공동 우승자가 된다.

카드 1 ┌ 요리사인 A는 가게 이름을 영자(英字)로 할지, 한자(漢字)로 할지 고민 중이다. ┘

카드 2 ┌ 교수를 지망하는 대학원생 B는 국내에서 박사 학위를 받을지, 유학을 가서 박사 학위를 받을지 고민이다. ┘

카드 3 ┌ 회사원 C는 회사의 중요한 계약 체결 일정과 딸의 졸업식 일정이 겹쳐 어느 곳에 가야 할지 고민 중이다. ┘

카드 4 ┌ 대학생 D는 아픈 동생을 돌보던 중 조별 과제 수행을 위해 만나기로 한 약속 시간이 다가와 나가야 할지 고민 중이다. ┘

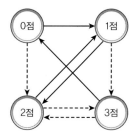

〈카드를 뽑은 순서〉

갑	카드 1-카드 2-카드 3-카드 4
을	카드 2-카드 3-카드 4-카드 1
병	카드 3-카드 4-카드 1-카드 2
정	카드 4-카드 1-카드 2-카드 3
무	카드 1-카드 3-카드 2-카드 4

*갑~무는 모두 주어진 사례가 역할 갈등에 해당하는지 여부를 명확히 알고 있음.

① 갑   ② 을   ③ 병   ④ 정   ⑤ 무

① 사회 집단

(1) **의미**: 2명 이상의 구성원들이 모여 소속감이나 공통의 관심사를 갖고 비교적 지속적으로 상호 작용하는 사회적 집합체

(2) **종류**

① 구성원 간의 접촉 방식에 따른 분류(쿨리)

1차 집단 (원초 집단)	• 직접적인 대면 접촉, 전인격적인 접촉, 인간관계 자체를 목적으로 하는 포괄적 접촉이 중심이 됨. • 도덕, 관습 등 비공식적 규범을 통한 통제가 일반적임. • 개인의 인성 및 정체성 형성에 강한 영향을 미침. • 사례: 가족, 또래 집단 등
2차 집단	• 간접적 접촉, 과업 지향적 접촉, 특정 목적 달성을 위한 수단적 · 단편적 접촉이 중심이 됨. • 법률, 규칙 등 공식적 규범을 통한 통제가 일반적임. • 사례: 회사, 시민 단체 등

② 결합 의지에 따른 분류(퇴니에스)

공동 사회 (공동체)	• 구성원들의 본질 의지에 의해 자연 발생적으로 형성된 집단 • 결합 자체가 목적이며 구성원 간 친밀하고 전인격적인 관계가 중심이 됨. • 사례: 가족, 친족 등
이익 사회 (결사체)	• 구성원들의 선택 의지에 의해 인위적으로 형성된 집단 • 이해타산적이고 수단적인 관계가 중심이 되는 사회 집단이 많지만 친목 도모와 같이 전인격적인 관계를 지향하는 사회 집단도 있음. • 사례: 회사, 시민 단체, 동호회 등

③ 소속감에 따른 분류(섬너)

내집단 (우리 집단)	• 자신이 속해 있고 강한 소속감, 공동체 의식을 느끼는 집단 • 사례: 우리 가족, 우리 동네, 우리 팀 등
외집단 (그들 집단)	• 자신이 속해 있지 않고 이질감, 배타적 감정, 경쟁의식 등을 느끼는 집단 • 사례: 그들 학교, 경쟁사, 상대 팀 등

(3) **준거 집단**

① 의미: 개인이 자신의 가치관 및 신념을 형성할 때 기준으로 삼거나 행동이나 판단의 근거로 여기는 집단

② 준거 집단과 소속 집단이 일치할 경우 소속 집단에 대한 만족감이 높지만, 준거 집단과 소속 집단이 일치하지 않을 경우 소속 집단에 대한 불만이나 상대적 박탈감을 느끼며 일탈 행동이 발생하기도 함.

② 사회 조직

(1) **의미**: 사회 집단 중 그 목표와 경계가 뚜렷하고, 과업 수행을 위한 구성원들의 지위와 역할이 명확하며, 규범과 절차가 체계화되어 있는 사회 집단

(2) **특징**

① 과업 지향적이며 수단적인 인간관계가 지배적임.

② 공식적 규범에 의해 구성원들의 행동을 통제함.

③ 조직의 목표 달성을 기준으로 구성원들을 평가하는 경향이 강함.

(3) **공식 조직과 비공식 조직**

① 공식 조직: 일반적으로 사회 조직을 지칭함.

② 비공식 조직: 하나의 공식 조직 내에서 친밀한 인간관계나 공통의 관심과 취미 등을 바탕으로 자발적으로 결성한 사회 집단

• 순기능: 구성원들의 사기를 증진하고 긴장감과 소외감을 완화함으로써 공식 조직의 효율성 향상에 기여할 수 있음.

• 역기능: 구성원들이 비공식 조직의 목표와 사적인 인간관계를 우선시할 경우, 공식 조직의 효율성이 낮아질 수 있음.

(4) **자발적 결사체**

① 의미: 공통의 관심사나 목표를 가진 사람들이 자발적으로 결성한 사회 집단

② 등장 배경: 현대 사회의 다원화와 이해관계의 복잡화로 인하여 새로운 필요와 욕구를 충족시키기 위해 등장함.

③ 종류: 친목 집단, 이익 집단, 시민 단체 등

④ 특징

• 가입과 탈퇴가 자유롭고 구성원들의 참여도가 높음.

• 형태가 다양하고 운영에 있어서 유연성과 민주성이 중시됨.

③ 관료제와 탈관료제

(1) **관료제**

① 대규모 조직을 효율적으로 관리하기 위한 운영 원리

② 수직적 위계 서열 구조와 전문화된 분업 체계를 가지고 있음.

③ 엄격하게 정해진 규약과 절차에 따른 업무를 수행함.

④ 경력에 따른 보상과 구성원의 신분 보장을 중시함.

(2) **관료제의 역기능**

① 규약과 절차를 지나치게 강조할 경우 목적 전치 현상이 발생할 수 있음. 구성원의 자율성과 창의성을 발휘하기 어려워 인간 소외 현상이 나타나며 외부 환경에 유연하게 대처하기 곤란함.

② 연공서열에 따른 보상, 지나친 신분 보장이 강조되면서 무사안일주의가 발생할 수 있음.

(3) **탈관료제의 등장**

① 급속한 사회 변동에 따른 환경 변화에 대처하기 위한 자율성과 창의성을 중시하는 새로운 조직 형태

② 유연한 조직 구조를 갖추고 있고 수평적 조직 체계를 가지고 있으며, 능력, 업적 및 성과에 따른 보상을 중시함.

③ 사례: 팀제 조직, 네트워크형 조직 등

01
▶ 24065-0051

사회 집단의 유형 A~D에 대한 설명으로 옳은 것은?

- 사회 집단은 구성원 간 접촉 방식에 따라 A와 B로 구분된다.
- 사회 집단은 구성원의 결합 의지에 따라 C와 D로 구분된다.
- C 중에는 A의 성격을 지닌 집단도 존재하고, B의 성격을 지닌 집단도 존재하지만, D 중에는 A의 성격을 지닌 집단만 존재하고, B의 성격을 지닌 집단은 존재하지 않는다.

① A는 B와 달리 특정 목적 달성을 위한 수단적이고 단편적인 접촉이 중심이 된다.
② B는 A와 달리 도덕, 윤리, 관습 등 비공식적 규범을 통한 통제 방식이 일반적이다.
③ C는 D와 달리 결합 자체가 목적으로서 구성원 간 친밀하고 전인격적 관계가 중심이 된다.
④ D는 C와 달리 구성원들이 필요할 때 선택적 의지에 따라 인위적으로 형성된다.
⑤ A이면서 동시에 D인 사례로는 가족, B이면서 동시에 C인 사례로는 회사를 들 수 있다.

02
▶ 24065-0052

밑줄 친 ㉠~㉣에 대한 설명으로 옳은 것은?

갑은 ㉠○○ 고등학교에 입학한 후 학업에만 매진하기를 바라는 ㉡가족의 반대에도 불구하고 치열한 경쟁까지 뚫어 내며 인기 동아리인 ㉢방송반에 들어가게 되었다. 갑은 동아리 단체복을 항상 입고 다니고 수업이 끝나면 반드시 방송실에 들러 청소하는 등 동아리에 대한 깊은 애착을 갖고 있다. 2학기에 접어들어 동아리 발표제를 준비하던 갑은 동아리 부스 위치 지정 문제로 ㉣연극반 부원들과 갈등을 겪게 되었고, 그때부터 연극반에 대해 적대적인 의식을 갖게 되었다.

① ㉠은 ㉡과 달리 갑이 자신의 행동이나 입장 선택의 근거로 삼는 집단이다.
② ㉠은 ㉢과 달리 결합 자체를 목적으로 하여 형성된 집단이다.
③ ㉡과 ㉢은 모두 구성원들의 본질 의지에 의해 형성된 집단이다.
④ 갑에게 있어서 현재 ㉢은 내집단에 해당하고, ㉣은 외집단에 해당한다.
⑤ 구성원 간 접촉 방식에 따라 ㉠, ㉡은 ㉢과 다른 유형의 사회 집단으로 분류된다.

03
▶ 24065-0053

다음 자료에 대한 설명으로 옳은 것은?

표는 사회 집단 B~D 중 ㉠~㉢의 질문을 통해 A와 구분되는 것을 모두 표기한 것이다. 단, A~D는 각각 가족, ○○ 대학교, □□ 시민 단체, ○○ 대학교 내 연극 동아리 중 하나이다.

질문	A와 구분되는 사회 집단 및 사회 조직
㉠이익 사회에 해당하는가?	B
㉡비공식 조직에 해당하는가?	B, C, D
㉢자발적 결사체에 해당하는가?	B, D

① A는 B와 달리 구성원 간 친밀하고 전인격적인 관계가 중심이 된다.
② B는 C와 달리 공식적 규범에 의한 행동 통제가 일반적이다.
③ C는 D와 달리 구성원의 지위와 역할이 명확하게 구분된다.
④ D는 A에 비해 가입과 탈퇴가 자유롭다.
⑤ A~D 중 ㉠~㉢에 대한 응답으로 '예'가 2번 이상인 사회 집단은 2개이다.

04
▶ 24065-0054

그림의 A~D에 대한 옳은 설명만을 〈보기〉에서 고른 것은? (단, A~D는 각각 공동 사회, 공식 조직, 비공식 조직, 자발적 결사체 중 하나임.)

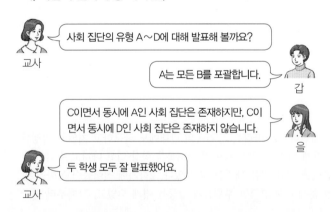

교사: 사회 집단의 유형 A~D에 대해 발표해 볼까요?

갑: A는 모든 B를 포괄합니다.

을: C이면서 동시에 A인 사회 집단은 존재하지만, C이면서 동시에 D인 사회 집단은 존재하지 않습니다.

교사: 두 학생 모두 잘 발표했어요.

보기
ㄱ. A는 B와 달리 공통의 관심사나 목표를 달성하기 위해 자발적으로 결성되었다.
ㄴ. B는 C와 달리 과업 지향적이고 수단적인 인간관계가 지배적이다.
ㄷ. C는 D와 달리 공식적 규범에 의해 구성원들의 행동을 통제한다.
ㄹ. D는 A와 달리 구성원들의 본질 의지에 의해 자연 발생적으로 형성되었다.

① ㄱ, ㄴ　　　② ㄱ, ㄷ　　　③ ㄴ, ㄷ　　　④ ㄴ, ㄹ　　　⑤ ㄷ, ㄹ

05

▶ 24065-0055

다음 자료에 대한 설명으로 옳은 것은?

〈수행 평가〉

사회 집단 및 사회 조직 A~C에 대해 제시된 진술이 옳으면 'O', 틀리면 'X'로 표기하시오. (단, A~C는 각각 ○○ 주식회사, ○○ 주식회사 노동조합, ○○ 주식회사 내 야구 동호회 중 하나임.)

진술	학생 답변	교사 채점
'공식 조직에 해당하는가?'라는 질문을 통해 A와 B를 구분할 수 없다.	×	⊙
'자발적 결사체에 해당하는가?'라는 질문을 통해 B와 C를 구분할 수 없다.	○	ⓛ

*학생 답변이 옳으면 1점, 틀리면 0점을 부여함.

① ⊙이 0점이고 ⓛ이 1점이면, A는 B에 비해 1차 집단의 성격이 강하게 나타난다.

② ⊙이 1점이고 ⓛ이 0점이면, A는 ○○ 주식회사이다.

③ ⊙, ⓛ이 모두 0점이면, C의 구성원은 모두 B의 구성원이다.

④ ⊙, ⓛ이 모두 1점이면, B는 A와 달리 공식적 규범을 통해 구성원을 통제한다.

⑤ A가 ○○ 주식회사 내 야구 동호회, B가 ○○ 주식회사 노동조합, C가 ○○ 주식회사이면, ⊙과 ⓛ의 합은 2점이다.

06

▶ 24065-0056

(가)~(다)에 들어갈 내용으로 옳은 것은?

밑줄 친 ⊙~ⓗ에 대해 발표해 볼까요?

○○시장 주간 일정표

월: ⊙㈜ □□ 자동차 방문

화: ⓛ○○ 환경연합 간담회

수: ⓒ△△ 조기 축구회 정기 모임

목: ⓔ◇◇당 ○○시당 당원 탁구 동호회 대회

금: ⓜ○○ 중앙시장 상가 번영회와 오찬

토: ⓗ가족 행사

⊙, ⓛ은 ⓒ, ⓔ과 달리
(가)

ⓔ은 ⓛ, ⓒ, ⓜ과 달리
(나)

ⓗ은 ⊙, ⓛ, ⓜ과 달리
(다)

*3명의 학생 모두 적절한 내용을 발표함.

① (가) – 비공식적 규범에 의해 구성원들의 행동을 통제합니다.

② (가) – 집단의 목표 달성을 기준으로 구성원들을 평가하는 경향이 강합니다.

③ (나) – 의사 결정에 있어서 유연성과 민주성을 중시합니다.

④ (나) – 공통의 관심사나 목표를 달성하기 위해 자발적으로 결성되었습니다.

⑤ (다) – 과업 수행을 위한 규범과 절차가 체계화되어 있습니다.

07

▶ 24065-0057

다음 자료에 대한 옳은 설명만을 〈보기〉에서 고른 것은?

〈게임 규칙〉
• 게임을 시작하기 전 갑은 공동 사회, 공식 조직, 비공식 조직, 자발적 결사체가 각각 적힌 4장의 카드를 받고, 을은 사회 집단 및 사회 조직에 대한 설명이 적힌 5장의 카드를 받는다.
• 게임이 시작되고 갑이 자신의 카드 중 1장을 제시하면, 을은 해당 사회 집단 및 사회 조직에 대한 설명이 적힌 자신의 카드를 모두 버린다.
• 갑이 3장까지 카드를 제시했을 때 을이 5장의 카드를 모두 버리면 을이 이기고, 그렇지 못하면 갑이 이긴다.

〈을이 받은 카드〉

| 구성원들의 본질 의지에 의해 자연 발생적으로 형성된다. | 공통의 관심사나 목표를 가진 사람들이 자발적으로 결성하였다. | 시민 단체나 이익 집단을 사례로 들 수 있다. | 회사 내 동호회나 대학교 내 동아리를 사례로 들 수 있다. | 일반적으로 사회 조직이라고 부르는 사회 집단을 가리킨다. |

〈갑이 제시할 카드 순서의 사례〉

사례	첫 번째 카드	두 번째 카드	세 번째 카드
(가)	공동 사회	공식 조직	비공식 조직
(나)	자발적 결사체	공동 사회	공식 조직
(다)	비공식 조직	자발적 결사체	공동 사회

*을은 각 사회 집단 및 사회 조직의 특징 및 사례를 정확히 알고 있음.

┌ 보기 ┐
ㄱ. (가)의 경우 갑이 두 번째 카드를 제시할 때, 을은 1장의 카드를 버린다.
ㄴ. (나)의 경우 갑이 첫 번째 카드를 제시하면, 을에게는 2장의 카드가 남는다.
ㄷ. (다)의 경우 갑이 세 번째 카드까지 제시하면, 을에게는 카드가 남지 않는다.
ㄹ. (가)~(다)의 사례 중 게임 결과 갑이 을에게 승리하는 경우는 1가지이다.

① ㄱ, ㄴ   ② ㄱ, ㄷ   ③ ㄴ, ㄷ   ④ ㄴ, ㄹ   ⑤ ㄷ, ㄹ

08

▶ 24065-0058

다음 자료에 대한 설명으로 옳은 것은? (단, (가), (나)는 각각 예기 사회화, 재사회화 중 하나임.)

A는 개인의 행동과 가치 판단의 모범이 되거나 기준이 되는 집단으로 개인이 실제로 소속한 집단일 수도 있고 그렇지 않을 수도 있다. 후자의 사례로 ○○ 대학 입학을 동경하는 재수생이나 신문기자가 되기를 희망하는 대학 졸업반 학생을 들 수 있다. 재수생은 ○○ 대학에 이미 입학한 친구들과 자주 어울리려고 하며, 심지어 그 학교 학생처럼 행동하기도 한다. 또한 대학 졸업반 학생은 가능한 한 기자와 만나 그들의 생활세계에 익숙해지려고 하며 스스로 기자다운 언행을 하기도 한다. 이는 사회화의 유형 중 [(가)]보다는 [(나)]에 가깝다.

① (가)에는 '예기 사회화', (나)에는 '재사회화'가 들어갈 수 있다.
② 한 개인에게는 하나의 A만 존재할 수 있다.
③ 한 개인의 A는 2차 집단인 경우보다 1차 집단인 경우가 일반적이다.
④ A와 소속 집단이 일치하는 경우, 개인의 일탈 행동 가능성이 커진다.
⑤ A와 소속 집단이 일치하지 않는 경우, 개인은 상대적 박탈감을 느낄 수 있다.

09

▸ 24065-0059

표는 사회 조직 유형 A, B를 비교한 것이다. 이에 대한 설명으로 옳은 것은? (단, A, B는 각각 관료제, 탈관료제 중 하나임.)

비교 기준	비교 결과
직급 체계의 세분화 정도	A>B
(가)	A<B
(나)	A>B

① A는 B와 달리 조직의 안정성보다 유연성을 중시한다.
② B는 A와 달리 연공서열에 따른 보상 체계를 강조한다.
③ A, B는 모두 효율적인 조직 운영과 과업 수행을 지향한다.
④ (가)에는 '업무 수행 방식의 표준화 정도'가 들어갈 수 있다.
⑤ (나)에는 '의사 결정 권한의 분산 정도'가 들어갈 수 있다.

10

▸ 24065-0060

사회 조직 유형 A에 대한 옳은 설명만을 〈보기〉에서 고른 것은?

사회학자 갑은 A의 역기능을 다음의 2가지로 정리하였다. 첫째, A 조직의 구성원들은 문서화된 규칙과 절차를 엄정하게 따르도록 훈련되기 때문에 융통성을 부리거나 결정을 하는 데 자신의 판단을 적용하거나 창의적인 해결책을 모색하도록 자극되지 않는다. 따라서 A 조직의 구성원들은 각자의 단편적인 업무만을 반복적으로 수행하고 자율성과 창의성을 발휘할 수 없다. 둘째, A 조직에서는 정확한 절차에 따르는 것을 너무 강조하기 때문에 '그림 전체'를 보지 못할 수 있다. 즉, 규칙 준수가 본질적인 조직 목표에 우선하는 상황이 우려된다.

┌ 보기 ┐
ㄱ. 경력에 따른 보상 체계와 구성원의 신분 보장을 강조한다.
ㄴ. 위계 서열화에 기초한 하향식 의사 결정 방식이 지배적이다.
ㄷ. 과업 수행 절차에 대한 예측 가능성이 떨어진다는 비판을 받는다.
ㄹ. 일상적 상황보다 새로운 상황에 대응하는 데 적합하다는 평가를 받는다.

① ㄱ, ㄴ   ② ㄱ, ㄷ   ③ ㄴ, ㄷ   ④ ㄴ, ㄹ   ⑤ ㄷ, ㄹ

11

▶ 24065-0061

다음과 같은 조직 개편 계획의 실천을 통해 기대할 수 있는 변화만을 〈보기〉에서 고른 것은?

(주) ○○ 전자 조직 개편 계획

1. 목적: 급변하는 시장 상황에 대한 대응력 제고
2. 주요 변경 사항
   - 기존 12개 부서를 4개 부서로 통폐합하고, 필요에 따라 5~10개의 연구·개발팀을 비상시적(非常時的)으로 운영
   - 기존 10개 직급을 3개로 단순화하고, 임직원 간 호칭은 '◇◇◇님'으로 통일
   - 직급과 근속 연수 대신 직전 연도 성과에 근거한 연봉제의 전면 도입

┌ 보기 ┐
ㄱ. 조직 구조의 유연성 증진
ㄴ. 업무 수행의 안정성 확보
ㄷ. 수평적인 의사소통 관계의 확산
ㄹ. 업무 체계의 전문화, 세분화 강화

① ㄱ, ㄴ   ② ㄱ, ㄷ   ③ ㄴ, ㄷ   ④ ㄴ, ㄹ   ⑤ ㄷ, ㄹ

12

▶ 24065-0062

A, B의 일반적인 특징에 대한 설명으로 옳은 것은? (단, A, B는 각각 관료제, 탈관료제 중 하나임.)

현대 사회의 조직은 유연성을 증가시키는 방향으로 변화하고 있다. 즉, 조직 내 부서 간의 연계성이나 직원의 충원 및 작업 배분의 탄력성을 높여 왔다. 이러한 변화를 통해 나타난 조직 형태가 A이다. 이러한 A는 위계, 권력 그리고 명령과 규율을 중심으로 한 조직의 경직성으로 인해 개인의 창의성과 자율성을 약화시키고 효율성을 저하시킨다는 B의 역기능을 해소하는 데 기여한 것으로 평가받는다.
---

① A는 B에 비해 업무 처리의 안정성이 높다는 평가를 받는다.
② A는 B와 달리 의사 결정 권한의 집중보다 분산을 추구한다.
③ B는 A에 비해 중간 관리층의 역할과 비중이 작다.
④ B는 A와 달리 공식적 규범을 통해 조직 구성원을 통제한다.
⑤ A는 경력에 따른 보상을, B는 성과에 따른 보상을 강조한다.

① 개인과 사회의 관계를 바라보는 관점

⑴ 사회 실재론

① 기본 입장
- 사회는 실제로 존재하며 구성원들에게 외재성을 지님.
- 사회는 구성원들의 합 이상의 존재로서 개개인의 특성을 초월한 고유한 특성을 지님.

② 주요 내용
- 사회는 구성원들의 의식과 행동을 구속함.
- 사회는 개인으로 환원될 수 없는 고유한 성격을 가짐.
- 공익은 개인의 이익의 총합을 초월하는 가치를 지님.
- 사회 구조나 제도의 문제가 구성원 개개인의 잘못된 의식이나 행위를 초래하므로 사회 문제 해결에 있어서 개인의 의식 개선보다 사회 구조나 제도의 개선이 우선되어야 함.

③ 관련 사상(이론): 사회 유기체설

④ 장점: 개개인의 의식이 갖는 특성만으로 설명하기 힘든 사람들의 사회적 행위를 설명하는 데 유용함.

⑤ 한계: 주체적이고 능동적인 인간의 행위를 설명하기 어려우며, 사회 전체의 이익을 명분으로 개인의 희생을 정당화하는 전체주의로 변질될 우려가 있음.

⑵ 사회 명목론

① 기본 입장
- 사회는 실제로 존재하지 않으며 개개인의 집합체에 붙여진 이름에 불과함.
- 실제로 존재하는 것은 사람들 간의 상호 작용과 사회적 관계임.

② 주요 내용
- 사회 구성원이나 그들의 의식이 바뀌면 사회의 특성도 변함.
- 공익은 개인의 이익을 모두 합친 것에 불과함.
- 사회 문제의 원인은 개개인의 잘못된 의식이나 행위에 있으므로 사회 문제 해결에 있어서 사회 구조나 제도의 개선보다 개인의 의식 개선이 우선되어야 함.

③ 관련 사상(이론): 사회 계약설, 개인주의, 자유주의

④ 장점: 사람들의 자율적이고 능동적인 노력을 통해 사회 문제를 해결하고 사회 변화를 만들어 가는 현상을 설명하는 데 유용함.

⑤ 한계: 개인의 행위에 영향을 미치는 사회 구조의 영향력을 간과하며, 사회 전체의 이익보다 개인의 이익을 맹목적으로 추구하는 극단적 개인주의가 나타날 수 있음.

② 사회 구조

⑴ 의미: 사회 구성원 간 상호 관계를 맺는 방식과 관련된 안정적이고 정형화된 상호 작용의 틀

⑵ 형성 과정: 사회적 행동의 상호 교환 → 지속적인 사회적 상호 작용 발생 → 사회적 관계 형성 → 사회 구조의 형성

⑶ 특성

① 지속성: 사회 구조는 구성원들이 바뀔 때마다 변동하는 것이 아니라 비교적 오랜 기간 유지됨.

② 강제성: 사회 구조는 구성원들이 구조에 부합하는 행동을 하도록 강한 영향력을 행사함.

③ 안정성: 사회 구조는 구성원들이 구조화된 행동을 하도록 유도함으로써 구성원 간 상호 예측 가능성을 높여 안정적인 사회적 관계가 유지되는 데 기여함.

④ 변동 가능성: 사회 구조는 장기적으로 구성원들의 행동 양식, 가치관, 규범 등의 변화로 인해 변동될 수 있음.

③ 일탈 행동

⑴ 일탈 행동의 의미와 특징

① 의미: 한 사회에서 일반적으로 받아들여지고 있는 사회 규범이나 사회적 기대에 어긋나는 행동

② 특징: 시대와 사회, 상황에 따라 일탈 행동에 대한 판단 기준은 상대적임.

⑵ 일탈 행동의 원인을 설명하는 이론

① 아노미 이론

뒤르켐의 아노미 이론	• 급속한 사회 변동으로 인해 기존 사회 규범이 통제력을 상실하고 새로운 사회 규범이 미처 정립되지 못한 무규범 상태에서 일탈 행동이 발생함. • 대책: 규범 교육 강화나 새로운 규범 정립을 통한 사회 규범의 통제력 회복
머튼의 아노미 이론	• 문화적 목표를 달성할 수 있는 제도적 수단이 충분하게 제공되지 않은 상태에서 제도적으로 허용되지 않는 수단을 통해 목표를 달성하고자 할 때 일탈 행동이 발생함. • 대책: 문화적 목표를 달성할 수 있는 제도적 수단의 충분한 제공

② 차별 교제 이론
- 일탈자와의 긴밀한 상호 작용 과정을 통해 일탈 행동을 학습하고, 일탈 행동을 정당화하는 동기나 가치관을 내면화하여 일탈 행동이 발생함.
- 대책: 일탈자와의 접촉을 차단하고 정상적인 사회 집단과의 교류 촉진

③ 낙인 이론
- 일탈 행동에 대한 객관적 기준이 없으며, 1차적 일탈을 저질렀다는 이유로 일탈자로 규정(낙인찍기)하게 되면 부정적 자아가 형성되어 2차적 일탈이 발생함.
- 대책: 낙인에 대한 신중한 접근

⑶ 일탈 행동의 영향

① 긍정적 영향: 사회 문제에 대한 대책 마련, 사회 변동의 원동력

② 부정적 영향: 사회 혼란 초래 및 사회 통합 저해, 개인의 사회 부적응 초래

01

▶ 24065-0063

다음 글에 부각된 사회 구조의 특성에 대한 옳은 진술만을 〈보기〉에서 고른 것은?

> 사회 구조를 구성하는 가장 기본적인 단위는 구성원 간의 상호 작용이다. 그런데 이러한 상호 작용의 유형은 기간이 경과하는 가운데서도 크게 변하지 않는다. 따라서 어떤 사회에 참여하고 있는 구성원 간의 상호 작용이 반복되면서 형성된 사회적 관계 또한 어제와 마찬가지로 오늘도 내일도 크게 변하지 않으며, 구성원들이 그것을 자유롭게 바꾸기도 어렵다. 나아가 이러한 사회적 관계를 바탕으로 형성된 사회 구조는 사회 구성원 개개인의 의지와 상관없이 그들이 맡은 일정한 역할을 수행하도록 하는 힘을 갖는다.

┌─ 보기 ┌
ㄱ. 지배 집단의 기득권 보호에 기여한다.
ㄴ. 구성원들이 바뀌더라도 비교적 오랜 기간 유지된다.
ㄷ. 장기적으로는 구성원들의 가치관 변화로 인해 변동할 수 있다.
ㄹ. 구성원들이 구조에 부합하는 행동을 하도록 강한 영향력을 행사한다.

① ㄱ, ㄴ　　　② ㄱ, ㄷ　　　③ ㄴ, ㄷ　　　④ ㄴ, ㄹ　　　⑤ ㄷ, ㄹ

02

▶ 24065-0064

개인과 사회의 관계를 바라보는 갑, 을의 관점에 대한 설명으로 옳은 것은?

> 실제로 존재하는 것은 오로지 개인과 그 개인들 간의 상호 작용뿐입니다. 개인은 자신의 지식과 경험을 바탕으로 상황을 판단하고 그에 따라 자신의 행동을 선택할 수 있는 자율적이고 능동적인 존재입니다.

> 개인은 자신의 선택에 의해 행동한다고 믿지만 그것은 착각에 불과합니다. 사회는 개인의 외부에 존재하면서 개인이 인식하지 못하는 방식으로 개인에게 강력한 영향력을 행사합니다.

① 갑의 관점은 개인에 대한 사회 구조의 영향을 간과한다는 비판을 받는다.
② 을의 관점은 사회는 개인의 이익을 실현해 주는 수단에 불과하다고 본다.
③ 갑의 관점은 을의 관점과 달리 사회 문제의 해결책으로 제도의 개선을 강조한다.
④ 을의 관점은 갑의 관점과 달리 사회의 속성을 개인의 속성으로 환원할 수 있다고 본다.
⑤ 갑, 을의 관점은 모두 개인은 사회에 의해 구조화된 행동을 한다고 본다.

03

▶ 24065-0065

다음 글에 나타난 개인과 사회의 관계를 바라보는 관점에 부합하는 진술만을 〈보기〉에서 고른 것은?

사회를 전체 사회에서 부분 사회로 계속해서 분해하다 보면, 가장 미시적 수준에서는 최종적으로 집단의 구성원인 개인에 이를 때까지 분해할 수 있다. 이렇듯 사회는 독립된 단위인 개인들이 모여 구성된 집합체이므로 사회를 구성하는 개개인의 특성이 모여 사회의 특성을 형성하게 된다. 즉, 정의로운 개인들이 모이면 정의로운 사회가, 정의롭지 못한 개인들이 모이면 정의롭지 못한 사회가 형성된다. 따라서 사회·문화 현상을 파악할 때도 사회 자체보다는 개인의 특성과 행동 양식에 초점을 두어야 한다.

| 보기 |
ㄱ. 사회는 개개인의 집합체에 붙여진 이름에 불과하다.
ㄴ. 사회는 개인의 외부에 존재하는 독립적인 실체이다.
ㄷ. 사회를 구성하는 구성원이 바뀌면 사회의 특성도 변화한다.
ㄹ. 개인은 사회 구조와의 관련 속에서만 존재의 의미를 지닌다.

① ㄱ, ㄴ　　　② ㄱ, ㄷ　　　③ ㄴ, ㄷ　　　④ ㄴ, ㄹ　　　⑤ ㄷ, ㄹ

04

▶ 24065-0066

개인과 사회의 관계를 바라보는 갑, 을의 관점에 대한 설명으로 옳은 것은?

> 몇 년 전 A국 출신 노동자가 비닐하우스에서 사망한 후 외국인 노동자의 열악한 주거 환경에 대한 문제가 지적되었지만, 현실은 크게 달라지지 않았습니다. 이에 대해 얘기 나눠 볼까요? — 사회자

> 갑: 외국인 노동자에 대해 배타적인 우리 사회의 특성이 문제의 근본 원인입니다. 외국인 노동자들을 열악한 주거 환경으로 내모는 고용주들의 행동은 이러한 우리 사회의 특성이 반영된 결과입니다.

> 을: 그보다는 외국인 노동자의 인권 보장과 관련한 고용주들의 안이한 사고방식과 부족한 의식 수준이 문제의 근본 원인입니다. 이러한 사고 방식과 의식 수준을 개선하지 않는다면 문제는 해결될 수 없습니다.

① 갑의 관점에 따르면 개인의 능동성이 사회의 구속성보다 우선한다.
② 을의 관점에 따르면 개인의 의식과 행위는 사회에 의해 규정된다.
③ 갑의 관점은 을의 관점과 달리 사회를 개인의 단순한 집합체로 본다.
④ 을의 관점은 갑의 관점과 달리 개인에 대한 사회의 우월성을 부정한다.
⑤ 갑, 을의 관점은 모두 개인은 사회 속에서만 존재의 의미를 갖는 존재라고 본다.

05

▶ 24065-0067

개인과 사회의 관계를 바라보는 관점 A, B에 대한 질문에 모두 옳게 응답한 학생은?

A: 사회 구조 또는 유형화된 상호 작용은 결코 개인의 행위로 환원될 수 없다. 따라서 개개인의 특성이 모여 사회의 특성이 된다는 주장은 허구이다.

B: 사회가 개인들의 외부에 실제로 존재하면서 개인들의 사고와 행위에 영향을 미친다는 주장은 허구에 불과하다. 실제로 존재하는 것은 오직 개인 간의 상호 작용과 사회적 관계뿐이다.

질문 \ 학생	갑	을	병	정	무
A는 전체를 위한 개인의 희생을 정당화할 우려가 있다는 비판을 받는가?	○	○	○	○	×
B는 사회를 구성하고 변화시키는 능동적인 존재로서의 개인을 강조하는가?	○	○	○	×	×
A는 B와 달리 사회가 개인의 권리를 보장하기 위한 수단에 불과하다고 보는가?	×	○	×	○	○
B는 A와 달리 사회 문제의 해결에 있어서 의식 개선보다 제도 개선을 중시하는가?	○	×	×	×	×

(○: 예, ×: 아니요)

① 갑　　　　② 을　　　　③ 병　　　　④ 정　　　　⑤ 무

06

▶ 24065-0068

교사의 질문에 옳게 응답한 학생만을 〈보기〉에서 고른 것은?

한 개인의 자질이 아무리 뛰어나다 하더라도 특정 정당의 구성원인 이상 그 정당의 성격이나 가치, 정책을 따를 수밖에 없다. 따라서 선거를 통해 대표자를 선출할 때에는 후보자의 됨됨이보다 어떤 정당 소속인가에 주목하여 투표하는 것이 바람직하다.

이 글의 필자가 지닌 개인과 사회의 관계를 바라보는 관점에 대해 설명해 볼까요?

| 보기 |

갑: 사회가 개인의 목표를 증진하는 도구에 불과하다고 봅니다.
을: 개인 행위나 심리를 중심으로 사회 현상을 탐구해야 한다고 봅니다.
병: 사회를 개개인의 합을 뛰어넘는 그 이상의 독립적인 실체로 봅니다.
정: 개인이 사회라는 구조 속에 갇혀 있는 하나의 요소에 불과하다고 봅니다.

① 갑, 을　　　② 갑, 병　　　③ 을, 병　　　④ 을, 정　　　⑤ 병, 정

07

▶ 24065-0069

다음 사례를 통해 도출할 수 있는 결론으로 가장 적절한 것은?

> 과거에는 넥타이를 맨 정장 차림으로 출근하지 않으면 상사에게 지적을 받거나 심한 경우 경위서를 쓰는 일까지 있었지만, 최근에는 복장 완전 자율화를 시행하고 있는 기업들이 많다. 출근길에 주위를 살펴보면 직장인 중 상당수가 노타이* 차림을 하고 있으며, 여름철에는 티셔츠나 반바지 차림도 흔하게 볼 수 있다.
>
> *노타이(no-tie): 넥타이를 매지 않는 차림.

① 일탈 행동에 대한 판단 기준은 상대적이다.
② 일탈 행동은 사회 통합에 부정적인 영향을 미친다.
③ 일탈 행동이 사회가 발전할 수 있는 계기를 제공하기도 한다.
④ 일탈 행동은 사회 구성원 간 상호 작용의 과정을 통해 형성된다.
⑤ 일탈 행동은 사회 구성원이 용인할 수 있는 범위를 벗어나는 행동이다.

08

▶ 24065-0070

일탈 이론 A, B에 대한 설명으로 옳은 것은? (단, A, B는 각각 낙인 이론, 머튼의 아노미 이론 중 하나임.)

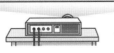

○○ 신문	○○○○년 ○월 ○일

㉠경기 불황이 지속되면서 일자리가 감소하자 생활고를 견디지 못하고 범죄를 저지르는 '생계형 범죄'가 잇따르고 있다. 경찰은 사안이 중대하지 않은 범죄에 대해 경미범죄 심사 위원회를 열어 제2의 장발장이 발생하지 않도록 재기의 기회를 제공하고 있다. 경미범죄 심사 위원회는 경미한 형사 사건이나 생계형 범죄자를 대상으로 범행 동기와 연령, 피해 정도, 피해자의 처벌 의사 등을 종합해 감경 여부를 심사하는 위원회이다. 이에 대해 범죄학자 갑은 무조건적인 형사 입건으로 인해 ㉡특정 개인이 사회적으로 범죄자로 인식되어 더 무거운 범죄를 저지르게 되는 악순환을 막는 데 기여할 것이라고 평가했다.

신문 기사에서 ㉠과 같은 상황을 설명하는 데 적합한 일탈 이론은 A이고, ㉡과 같은 판단의 바탕이 된 일탈 이론은 B입니다.

① A는 일탈 행동의 해결 방법으로 일탈 규정에 대한 신중한 접근을 강조한다.
② B는 문화적 목표와 제도적 수단 간 괴리를 일탈 행동의 원인으로 지목한다.
③ A는 B와 달리 일탈 행동을 규정하는 객관적 기준은 존재하지 않는다고 본다.
④ B는 A와 달리 일탈 행동 자체보다 일탈 행동에 대한 사회적 반응을 중시한다.
⑤ A, B는 모두 일탈 행동의 발생에 영향을 미치는 상호 작용 과정에 주목한다.

09

▶ 24065-0071

다음 자료에 대한 설명으로 옳은 것은? (단, A~D는 각각 낙인 이론, 뒤르켐의 아노미 이론, 머튼의 아노미 이론, 차별 교제 이론 중 하나임.)

※ 과제: A~D 중 제시된 특징에 해당하는 일탈 이론만을 있는 대로 쓰시오. (4점 만점)

특징	학생 답변	
	갑	을
사회 구조적 차원에서 일탈 행동의 원인을 설명하고자 한다.	A, B	A, C
일탈 행동을 규정하는 객관적 기준이 존재하지 않는다고 본다.	B	B, C
사회 규범의 통제력 강화를 일탈 행동의 대책으로 제시한다.	A	C
(가)	㉠	㉡
교사의 채점 결과(총점)	2점	3점

*해당하는 일탈 이론만을 있는 대로 쓴 경우 1점을 부여하고, 그렇지 못한 경우 0점을 부여함.

① A는 B와 달리 일탈 행동 자체보다 그 행동에 대한 사회적 반응을 중시한다.
② B는 C와 달리 급격한 사회 변동을 일탈 행동의 근본적인 원인으로 본다.
③ C는 D와 달리 일탈 집단과의 교류 차단을 일탈 행동의 대책으로 제시한다.
④ D는 A와 달리 일탈 행동은 문화적 목표와 제도적 수단 간의 괴리에서 비롯된다고 본다.
⑤ (가)에 '일탈 행동이 학습되는 과정에 주목한다.'가 들어간다면, ㉠과 ㉡은 모두 'D'이다.

10

▶ 24065-0072

일탈 이론 A, B에 대한 설명으로 옳은 것은?

일탈 이론	해당 이론으로 설명하기에 적합한 사례
A	불법적 행동은 금전상의 성공을 강조하는 문화에서 이를 달성하기 위한 합법적 수단이 거의 없는 하류층에서 많이 발생하지만, 더 높은 수준의 물질적 풍요를 얻기 위해 사기, 횡령과 같은 방법으로 부정 축재를 하거나 선거에서 당선되기 위해 불법으로 선거 운동을 하는 것처럼 사회 지도층에서도 빈번히 발생한다.
B	어린 시절 많은 이들은 과수원에서 과일을 훔치곤 했다. 이러한 아이들의 행동을 어떤 사람들은 순진무구한 오락으로 보기도 하지만, 다른 어떤 사람들은 범죄자가 될 증거로 보기도 한다. 따라서 똑같은 행동을 했더라도 전자에게 적발된 아이와 달리 후자에게 적발된 아이에게는 비행 청소년이라는 평가가 따르고, 그러한 평가를 내면화한 아이는 실제로도 범죄자로 성장하게 된다.

① A는 2차적 일탈이 발생하는 과정에 초점을 둔다.
② B는 일탈이 특정 행위가 갖는 본질적 특성은 아니라고 본다.
③ A는 B와 달리 차별적 제재가 일탈 행동의 원인이라고 본다.
④ B는 A와 달리 일탈을 타인과의 상호 작용을 통한 학습의 산물로 본다.
⑤ A, B는 모두 사회 구조적 관점에서 일탈 행동의 해결 방안을 제시하고자 한다.

11

▶ 24065-0073

그림은 질문을 통해 일탈 이론 A~C를 구분한 것이다. 이에 대한 설명으로 옳은 것은? (단, A~C는 각각 낙인 이론, 뒤르켐의 아노미 이론, 차별 교제 이론 중 하나임.)

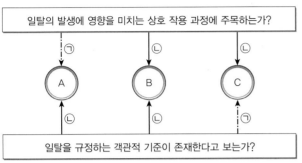

* ㉠, ㉡은 각각 '예', '아니요' 중 하나임.

① ㉠은 '예', ㉡은 '아니요'이다.
② A는 B와 달리 무규범 상태를 일탈의 원인으로 강조한다.
③ B는 C와 달리 낙인에 대한 신중한 검토를 일탈의 해결 방안으로 제시한다.
④ C는 A와 달리 일탈 집단과의 교제를 일탈을 학습하는 계기로 지목한다.
⑤ A는 B, C와 달리 일탈자가 부정적 자아를 내면화하는 과정에 주목한다.

12

▶ 24065-0074

다음 자료에 대한 옳은 설명만을 〈보기〉에서 고른 것은? (단, A~C는 각각 낙인 이론, 머튼의 아노미 이론, 차별 교제 이론 중 하나임.)

〈게임 규칙〉
• 상자 안에 일탈 이론의 특징이 적힌 6장의 카드가 있는데 게임이 시작되면, 첫 번째 사람은 A와 구분되는 B의 특징이 적힌 카드 1장을, 두 번째 사람은 B와 구분되는 C의 특징이 적힌 카드 1장을, 세 번째 사람은 C와 구분되는 A의 특징이 적힌 카드 1장을 각각 골라야 한다.
• 한 명만 적절한 내용이 적힌 카드를 골랐다면 그 사람이 우승자가 되며, 두 명만 적절한 내용이 적힌 카드를 골랐다면 그 두 사람만 연장전을 치르고, 세 명이 모두 적절한 내용이 적힌 카드를 골랐다면 세 사람 모두 연장전을 치른다.

〈게임 진행 상황〉
• 갑~병의 순으로 게임에 참여하였으며, 세 사람이 처음으로 고른 카드는 다음과 같다.

〈갑〉	〈을〉	〈병〉
일탈 행동을 규정하는 객관적 기준이 존재한다고 본다.	일탈 행동의 발생에 영향을 미치는 상호 작용 과정을 중시한다.	(가)

• ㉠한 명만 적절하지 못한 내용을 골라 탈락하고, 두 명은 연장전을 치르게 되었다.

┌─ 보기 ┐
ㄱ. ㉠이 갑이면, C는 B와 달리 차별적인 제재를 일탈 행동의 원인으로 본다.
ㄴ. ㉠이 을이면, C는 A와 달리 1차적 일탈보다 2차적 일탈의 발생에 주목한다.
ㄷ. ㉠이 병이면, C는 B와 달리 일탈 행동이 타인과의 상호 작용을 통해 학습되는 과정에 주목한다.
ㄹ. ㉠이 병이면, (가)에는 '일탈자의 부정적 자아 형성 과정에 초점을 둔다.'가 들어갈 수 있다.

① ㄱ, ㄴ　　② ㄱ, ㄷ　　③ ㄴ, ㄷ　　④ ㄴ, ㄹ　　⑤ ㄷ, ㄹ

① 문화의 의미

(1) 좁은 의미의 문화

① 의미: 일반적이거나 일상적이지 않은 생활 양식으로서 고상하고 세련되거나 고급스러운 것 등 특별한 의미를 가지고 있는 생활 양식을 가리킴.

② 사례: 문화생활, 문화인, 문화 상품권, 문화 행사 등

(2) 넓은 의미의 문화

① 의미: 한 사회에서 나타나는 의식주, 제도, 가치 및 규범, 사고방식 등 모든 사회적 생활 양식을 가리킴.

② 사례: 민족 문화, 대중문화, 청소년 문화, 지역 문화 등

② 문화의 속성

속성	의미 및 특징
학습성	• 문화는 타인들과의 상호 작용을 통한 후천적 학습에 의해 향유하게 되는 생활 양식임. • 개인의 사회적 행동이 문화적 환경 속에서 형성되고 변화될 수 있음을 보여 줌.
공유성	• 문화는 한 사회의 구성원들이 공통적으로 향유하는 생활 양식임. • 사회 구성원들 간 동질성을 형성함으로써 원활한 상호 작용을 가능하게 하는 토대가 됨.
전체성 (총체성)	• 한 사회의 문화를 구성하는 요소들은 상호 유기적으로 관련을 맺으며 하나의 전체를 이루고 있음. • 문화의 한 부분에서 나타난 변동이 다른 부분들의 연쇄적인 변동으로 이어지는 현상을 설명하는 데 적합함.
변동성	• 문화는 시간이 흐르면서 그 형태나 구성 요소, 의미가 변화하는 생활 양식임. • 인간이 끊임없이 새로운 문화 요소를 창조함으로써 문화가 고정불변이 아니라 역동성을 지니고 있음을 보여 줌.
축적성	• 문화는 세대 간 전승되면서 새로운 요소가 추가되어 점점 더 풍부해지는 생활 양식임. • 축적 없이 단순히 다음 세대로 계승만 되는 다른 동물의 학습된 행동과 인간의 문화를 구별해 주는 역할을 함.

③ 문화를 바라보는 관점

(1) 총체론적 관점

① 전제: 문화의 각 구성 요소는 상호 유기적인 관계를 맺으면서 하나의 전체를 이루고 있음.

② 특징: 문화의 각 부분이 다른 부분이나 전체와의 관련 속에서 지닌 의미를 파악하고자 함.

(2) 비교론적 관점

① 전제: 문화는 보편성과 특수성을 동시에 지니고 있음.

② 특징: 여러 사회의 문화를 비교하여 보편성과 특수성을 파악함으로써 문화에 대한 객관적인 이해에 기여함.

(3) 상대론적 관점

① 전제: 문화는 그것이 발생한 사회의 역사적 · 환경적 · 사회적 맥락 속에서 의미와 가치를 지님.

② 특징: 해당 문화를 향유하는 사회 구성원들의 입장에서 문화의 고유한 의미를 파악하고자 함.

④ 문화 이해의 태도

(1) 자문화 중심주의

① 의미: 자기 문화가 가장 우수하다고 믿으며 다른 문화를 부정적으로 평가하는 태도

② 특징: 사회 통합을 촉진할 수 있으나, 국수주의나 문화 제국주의로 이어질 수 있고, 다른 사회와 문화적 갈등을 초래할 수 있음.

(2) 문화 사대주의

① 의미: 다른 사회의 문화가 자기 문화보다 우수하다고 믿으며 자기 문화를 업신여기거나 낮게 평가하는 태도

② 특징: 선진 문물의 수용에 기여할 수 있으나, 자기 문화의 정체성을 상실하게 할 우려가 큼.

(3) 문화 상대주의

① 의미: 문화를 우열 평가의 대상으로 보지 않고, 각 사회의 문화가 해당 사회의 맥락에서 갖는 고유한 의미를 존중하는 태도

② 특징: 문화적 다양성 보존에 기여할 수 있으나, 극단적으로 적용할 경우 인류 보편적 가치를 훼손하는 문화를 용인할 우려가 있음.

자료와 친해지기 **문화의 속성**

문화의 속성은 한 사회의 문화가 지닌 내적인 특징을 가리키며, 모든 문화는 다섯 가지 속성, 즉 학습성, 공유성, 전체성, 변동성, 축적성을 갖는다. 즉, 문화는 학습을 통해 사회 구성원들이 공유하는 생활 양식이며, 다른 문화 요소들과 불가분의 관계를 맺고 있고, 시간이 흐르면서 변동하는 동시에 세대 간 전승되면서 점차 풍부해지는 생활 양식이다. 한편, 문화는 보편성과 특수성이라는 특징을 갖는다. 이는 여러 사회의 문화를 비교했을 때 공통의 문화가 있는가 하면 사회마다 다른 고유한 문화도 있음을 의미한다.

수능 실전 문제

정답과 해설 17쪽

01

▸ 24065-0075

밑줄 친 ㉠~㉥에 대한 설명으로 옳은 것은?

교사: '한국의 ㉠방언 문화'에 대한 조사 계획을 발표해 봅시다.
갑: 과거 산이나 강 등의 자연환경으로 인한 지역 간 교류의 어려움, ㉡교통수단이 발달하지 못해 겪은 타 지역 사람들과의 의사소통에 대한 어려움, ㉢지역 간 산업의 차이 등 방언 형성에 미치는 다양한 배경을 함께 살펴볼 예정입니다.
을: 인터넷이나 TV 등 ㉣정보 통신 기술 및 대중 매체의 발달로 인해 ㉤점차 방언이 사라지고 있습니다. 이에 ㉥다른 지역 사람들과 달리 해당 지역 사람들에게 원활한 사회적 상호 작용을 가능하게 하는 방언을 지역 사회에서 보존하고자 노력하는 모습에 대해 살펴볼 예정입니다.

① ㉠에서의 '문화'는 좁은 의미로 사용되었다.
② ㉡은 ㉣과 달리 비물질문화에 해당한다.
③ ㉢은 문화의 전체성으로 설명할 수 있다.
④ ㉤은 문화의 변동성으로 설명할 수 없다.
⑤ ㉥을 통해 문화가 시간의 흐름에 따라 그 형태나 내용이 변화하는 생활 양식임을 도출할 수 있다.

02

▸ 24065-0076

다음 자료에 대한 옳은 설명만을 〈보기〉에서 고른 것은?

교사: 1~3모둠에서 문화의 속성 중 학습성, ㉠전체성, 축적성이 부각된 사례를 옳게 발표했습니다. 4~5모둠에서는 1~3모둠에서 발표한 문화의 속성 이외에 나머지 문화의 속성이 부각된 사례를 발표해 보세요.
4모둠: 문화의 속성 중 A가 부각된 사례로 우리나라 사람들은 설날이 되면 "새해 복 많이 받으세요!"라고 말하며 세배를 올리는 것을 당연하게 생각하는 것을 들 수 있습니다.
5모둠: 문화의 속성 중 B가 부각된 사례로 과거에는 사람들이 평상시에 한복을 입고 생활했지만 지금은 평상시에는 한복을 입지 않고 특별한 날이나 관광지에서 한복을 입는 형태로 바뀌게 된 것을 들 수 있습니다.
교사: 4모둠은 B가 부각된 사례를, 5모둠은 A가 부각된 사례를 발표했네요.

보기

ㄱ. ㉠은 문화의 각 요소들이 서로 긴밀하게 연관되어 있음을 의미한다.
ㄴ. A는 문화가 시간이 흐르면서 그 형태나 내용이 변화하는 생활 양식임을 의미한다.
ㄷ. B는 문화가 상징체계를 통해 전승되면서 더욱 풍부해지는 생활 양식임을 의미한다.
ㄹ. '문화가 사회 구성원들의 원활한 사회생활에 기여할 수 있다.'는 B가 아닌 A에 대한 진술이다.

① ㄱ, ㄴ ② ㄱ, ㄷ ③ ㄴ, ㄷ ④ ㄴ, ㄹ ⑤ ㄷ, ㄹ

03
▶ 24065-0077

밑줄 친 ㉠~㉺에 대한 옳은 설명만을 〈보기〉에서 고른 것은?

- 갑국에서는 모든 국민들이 갑국의 전통 ㉠음악 감상이나 전통 미술 전시회 관람과 같은 ㉡문화생활을 누릴수 있도록 지원하는 바우처 제도를 시행하고 있다. 이 제도는 갑국 사람들에게 갑국의 전통적인 예술 분야의 체험 기회를 제공할 뿐만 아니라 ㉢외국의 다양한 음악이나 미술 문화보다 자국의 문화가 열등하다고 생각하는 갑국 사람들의 태도를 변화시키는 계기가 되었다.
- 을국 정부는 전통적으로 내려오는 ㉣악기 제작 기술, 금속 공예 기술과 같은 다양한 제작 기술뿐만 아니라 전통적인 춤, 노래 등의 예술 분야까지 다양한 분야의 을국 전통문화 계승을 위해 노력하는 사람들에게 보조금을 지급하는 제도를 신설하였다. 이 제도로 인해 소수만 즐기던 전통문화가 을국의 ㉤대중문화로 변화하면서, ㉥을국의 전통 악기 제작 산업이 발달하고, 지역별 전통문화 축제가 늘어나는 등 산업과 축제 문화에 큰 변화가 나타나고 있다.

┌─ 보기 ┐
ㄱ. ㉠은 ㉣과 달리 물질문화에 해당한다.
ㄴ. ㉡에서의 '문화'는 ㉤에서의 '문화'와 달리 좁은 의미로 사용되었다.
ㄷ. ㉢은 문화를 평가의 대상이 아니라 이해의 대상으로 보는 태도이다.
ㄹ. ㉥은 문화의 전체성으로 설명할 수 있다.

① ㄱ, ㄴ   ② ㄱ, ㄷ   ③ ㄴ, ㄷ   ④ ㄴ, ㄹ   ⑤ ㄷ, ㄹ

04
▶ 24065-0078

다음 자료에 대한 설명으로 옳은 것은? (단, A~C는 각각 문화 사대주의, 문화 상대주의, 자문화 중심주의 중 하나임.)

- '해당 사회의 맥락에서 문화를 이해해야 할 필요성을 중시하는가?'는 A와 B를 구분할 수 없는 질문이다.
- '자기 사회의 문화를 다른 사회로 이식하는 것을 정당화하는가?'는 A와 C를 구분할 수 있는 질문이다.
- _____(가)_____는 B와 C를 구분할 수 있는 질문이다.

① A는 B에 비해 타 문화 수용에 적극적이다.
② B는 C에 비해 문화의 다양성 보존에 유리하다.
③ C는 B와 달리 자국의 문화 정체성을 약화시킨다는 비판을 받는다.
④ A는 B, C와 달리 모든 문화가 고유한 가치를 지닌다고 전제한다.
⑤ (가)에는 '문화를 우열 평가의 대상으로 간주하는가?'가 들어갈 수 있다.

05

▶ 24065-0079

갑, 을의 문화 이해 태도에 대한 설명으로 옳은 것은?

> 갑: A국에 여행을 갔을 때 여러 상점에서 물건을 사고 왼손으로 돈을 줬는데, 그 나라 상점 주인들이 불쾌한 표정을 지으며 나를 상점에서 쫓아냈어. 그래서 내가 주변에 호소했는데, A국 사람들이 오히려 나를 이상한 사람으로 봤어. 이러한 A국 사람들의 행태가 너무 편협하고 미개하다고 생각해. 어느 손으로 줘도 이상하게 보지 않는 우리의 문화를 A국 사람들이 본받았으면 좋겠어.
> 을: 그렇지 않아. A국 사람들의 행태는 왼손을 불경한 것으로 여기는 그 나라의 전통 신앙에서 비롯된 거야. 즉, A국 사람들이 그렇게 한 것은 그 나라가 가지고 있는 고유한 문화적 특성이 반영되었기 때문이야. 그래서 A국 문화가 우리 문화보다 열등하다고 평가할 수 없고, A국 사람들의 입장에서 이해하는 것이 필요해.

① 갑의 태도는 자문화의 정체성을 약화시킬 우려가 있다.
② 을의 태도는 문화를 이해가 아닌 평가의 대상으로 본다.
③ 갑의 태도는 을의 태도와 달리 문화 향유자의 입장에서 문화를 이해한다.
④ 을의 태도는 갑의 태도와 달리 문화의 다양성 보존에 적합하다.
⑤ 갑, 을의 태도는 모두 다른 사회와의 갈등을 초래할 가능성이 높다.

06

▶ 24065-0080

다음 자료에 대한 설명으로 옳은 것은?

> 표는 갑~병이 주어진 진술에 해당하는 문화의 속성을 기재한 것이다. 갑~병 모두 두 가지 진술에만 옳게 기재했다. 단, A~C는 각각 공유성, 전체성, 축적성 중 하나이다.

진술	갑	을	병
문화는 세대 간 전승되면서 새로운 요소의 추가로 점점 풍부해지는 생활 양식이다.	A	A	B
한 부분의 문화 요소가 변동하면 다른 부분에서도 연쇄적인 변동이 나타난다.	B	C	B
문화는 한 사회 구성원 다수가 공통적으로 가지고 있는 생활 양식이다.	B	C	C

① 갑은 병과 달리 첫 번째 진술에 해당하는 문화의 속성을 옳지 않게 기재했다.
② A는 문화가 여러 요소들이 관련을 맺으면서 하나의 체계를 형성함을 의미한다.
③ B는 문화가 시간의 흐름에 따라 그 형태나 내용이 변화함을 의미한다.
④ C는 사회 구성원의 행동을 예측하고 대응할 수 있게 한다.
⑤ 기성세대가 청소년들이 사용하는 줄임말을 이해하지 못하는 것은 C가 아닌 B가 부각된 사례이다.

07

▶ 24065-0081

갑, 을의 문화 이해 태도에 대한 설명으로 옳은 것은?

> **A국의 ○○ 종교 축제에 전 세계 사람들 모여 들어**
>
> A국에서는 국교(國敎)인 ○○ 종교의 기념 행사가 진행되는 사원에 많은 국가의 사람들이 방문하였고, 전 세계 종교 대통합의 장이 마련되었다.

갑: A국의 ○○ 종교는 우리 고유의 종교보다 훨씬 우수하고 훌륭해. 우리가 A국의 ○○ 종교 교리와 철학을 배워야 선진국으로 발전할 수 있어.

을: 글쎄, A국의 ○○ 종교와 우리 고유의 종교 모두 사람들을 사랑해야 한다는 궁극적인 목적은 같아. 어떤 종교 문화가 더 우수하다고 평가할 수 없어. A국의 ○○ 종교와 우리 고유의 종교 모두 그 사회의 역사와 전통 속에서 나타난 것이기에 나름대로 가치가 있는 거야.

① 갑의 태도는 자문화의 정체성을 상실하게 할 우려가 크다는 비판을 받는다.
② 을의 태도는 자기 문화를 다른 사회로 이식하는 것을 정당화한다.
③ 갑의 태도는 을의 태도와 달리 문화의 다양성 보존을 위해 필요한 태도이다.
④ 을의 태도는 갑의 태도와 달리 제3자의 입장에서 문화를 이해한다.
⑤ 갑, 을의 태도는 모두 문화 제국주의로 흐를 가능성이 높다.

08

▶ 24065-0082

다음 자료는 서술형 평가에서 학생이 작성한 서술 내용 및 교사의 채점 결과이다. 이에 대한 옳은 설명만을 〈보기〉에서 고른 것은? (단, A~C는 각각 문화 사대주의, 문화 상대주의, 자문화 중심주의 중 하나임.)

〈서술형 평가〉

※ 각 서술할 내용을 답란에 작성하시오. (단, 각 서술 내용이 옳으면 1점씩, 틀리면 0점씩 부여함.)

서술할 내용	답란	채점 결과
B와 다른 A의 특징	자기 문화만의 우수성을 강조한다.	1점
C와 다른 B의 특징	문화의 다양성을 저해할 수 있다.	1점
A와 다른 C의 특징	(가)	0점

> **보기**
> ㄱ. A는 자기 문화를 다른 사회로 이식하는 것을 정당화할 우려가 크다.
> ㄴ. B는 A에 비해 국수주의를 초래할 가능성이 높다.
> ㄷ. C는 B와 달리 문화를 해당 사회의 맥락에서 이해한다.
> ㄹ. (가)에는 '특정 문화를 기준으로 문화의 우열을 평가한다.'가 들어갈 수 없다.

① ㄱ, ㄴ   ② ㄱ, ㄷ   ③ ㄴ, ㄷ   ④ ㄴ, ㄹ   ⑤ ㄷ, ㄹ

09

▶ 24065-0083

다음 글에서 필자가 강조하는 문화를 바라보는 관점에 대한 옳은 설명만을 〈보기〉에서 있는 대로 고른 것은?

A 지역의 사람들은 장례식에서 시끄러운 음악을 틀어 하나의 축제처럼 즐긴다. 이러한 A 지역의 문화적 관습은 그 지역의 종교적 신앙, 가족 제도와 관련이 있다. 이처럼 한 사회에서 나타나는 문화적 관습은 그 사회의 다양한 문화적 요소들과 밀접하게 관련되어 있으므로 문화를 이해하기 위해서는 다양한 측면에서 살펴보는 것이 필요하다.

┌ 보기 ┌
ㄱ. 여러 문화를 비교하면서 특수성을 파악한다.
ㄴ. 특정한 기준으로 다른 사회의 문화를 평가한다.
ㄷ. 문화를 부분이 아닌 전체적인 측면에서 바라보고자 한다.

① ㄱ   ② ㄷ   ③ ㄱ, ㄴ   ④ ㄴ, ㄷ   ⑤ ㄱ, ㄴ, ㄷ

10

▶ 24065-0084

다음 자료는 학생의 형성 평가 응답에 대한 교사의 채점 결과 일부이다. 이에 대한 옳은 설명만을 〈보기〉에서 있는 대로 고른 것은?

〈형성 평가〉

※ 문화의 속성에 대한 진술을 보고 그것에 해당하는 문화의 속성을 쓰시오. (단, 각 응답이 옳으면 1점씩, 틀리면 0점씩 부여함.)

문화의 속성에 대한 진술	답란	채점 결과
1. 문화는 한 사회 구성원들이 공통으로 가지는 생활 양식이다.	공유성	㉠
2. 문화는 세대 간 전승되면서 점점 풍부해진다.	㉡	0점
3. 문화는 전체 속에서 다른 요소와 관련을 맺으며 형성된다.	㉢	㉣
4. (가)	변동성	1점

┌ 보기 ┌
ㄱ. ㉠은 '1점'이다.
ㄴ. ㉡은 '축적성'이다.
ㄷ. ㉣이 '1점'이라면, ㉢은 '전체성'이다.
ㄹ. (가)에는 '문화는 후천적 학습에 의해 습득되는 생활 양식이다.'가 들어갈 수 없다.

① ㄱ, ㄴ   ② ㄱ, ㄷ   ③ ㄴ, ㄹ   ④ ㄱ, ㄷ, ㄹ   ⑤ ㄴ, ㄷ, ㄹ

① 하위문화의 의미와 특징, 기능

(1) 주류 문화와 하위문화
① 주류 문화: 한 사회에서 전체적으로 공유되며 사회 전체에 지배적인 영향을 미치는 문화
② 하위문화: 한 사회의 특정 집단이나 직업, 범주 내에서만 공유하는 문화

(2) 하위문화의 특징
① 전체 사회의 범주를 어떻게 규정하느냐에 따라 하위문화로 규정되는 문화는 상대적임.
② 한 사회의 문화적 다양성을 형성하는 원천으로서 한 사회를 구성하는 인종, 민족, 계층, 지역 등의 차이를 반영함.
③ 일반적으로 전체 사회가 추구하는 가치에 부합하는 성격을 갖지만, 그렇지 않을 수도 있음.

(3) 하위문화의 기능

순기능	• 전체 사회에 문화적 역동성이나 다양성을 제공할 수 있음. • 해당 문화를 향유하는 사람들에게 정체성이나 소속감, 일체감을 부여할 수 있음. • 사회 구성원들에게 다양한 욕구 충족의 기회를 제공할 수 있음.
역기능	한 사회 내에서 문화의 차이로 인한 집단 간 갈등을 초래하여 사회 통합을 저해할 우려가 있음.

② 다양한 하위문화

(1) 지역 문화
① 의미: 전체 사회를 구성하는 다양한 지역 내에서 나타나는 고유한 생활 양식
② 특징: 각 지역의 서로 다른 자연환경과 역사적 배경 속에서 형성됨.

(2) 세대 문화
① 의미: 공통의 경험을 바탕으로 하여 형성된 일정 범위의 연령대가 공유하는 문화
② 특징: 생물학적 성숙 과정과 시대적·사회적 경험이 복합적으로 영향을 미쳐 형성됨.

(3) 청소년 문화
① 의미: 한 사회의 청소년에 해당하는 연령대 인구가 독자적으로 공유하는 문화로서 세대 문화의 한 유형임.

② 특징
• 또래 집단을 준거 집단으로 설정하는 경향이 있어 동질성이나 획일성이 강한 문화를 향유함.
• 기성세대가 형성해 놓은 문화에 대하여 비판하거나 도전하는 성격을 띠기도 함.

(4) 반문화
① 의미: 주류 문화에 저항하거나 주류 문화가 지향하는 가치와 대립하는 문화로서 하위문화의 한 유형임.
② 특징
• 시대와 사회에 따라 반문화로 규정되는 문화는 상대적임.
• 주류 문화에 대하여 대안 문화의 성격을 지닐 수도 있고, 전체 사회의 규범을 훼손하는 일탈 문화의 성격을 지닐 수도 있음.

③ 대중문화

(1) 의미: 성별, 직업, 계층 등을 초월하여 불특정 다수의 사람들, 즉 대중이 공유하며 향유하는 문화

(2) 발달 배경
① 산업화에 따른 대량 생산 대량 소비 체제의 형성
② 의무 교육 제도, 보통 선거 제도의 도입으로 대중의 사회적·정치적 지위 향상
③ 대중 매체의 발달에 따른 대중문화의 활발한 생산 및 보급

(3) 대중 매체와 대중문화
① 일방향 대중 매체가 지배적인 산업 사회에서는 대중문화의 생산자와 소비자가 명확히 분리되었음.
② 쌍방향 대중 매체가 지배적인 정보 사회에서는 대중문화의 생산자와 소비자 간의 구분이 모호해지고 있음.

(4) 대중문화의 순기능과 역기능

순기능	• 고급문화의 대중화에 기여함. • 대중에게 삶의 위안 및 활력소, 여가 기회를 제공함.
역기능	• 문화의 획일화를 초래할 수 있음. • 지나친 상업성으로 인한 선정적이거나 폭력적인 문화 양산 등 문화의 질적 저하를 초래할 수 있음. • 대중 조작 수단으로 악용될 수 있음.

자료와 친해지기 하위문화와 주류 문화

하위문화는 전체 사회의 범주를 어떻게 규정하느냐에 따라 상대적으로 규정된다. 우리나라를 하나의 사회로 할 때 우리나라 특정 지역에서만 나타나는 지역 문화는 우리나라의 하위문화가 되고, 우리나라의 특정 지역을 하나의 사회로 할 때 그 지역의 노인 세대에서만 나타나는 문화는 그 지역의 하위문화가 된다. 한편, 하위문화를 향유하는 사람들과 주류 문화를 향유하는 사람들이 상호 배타적인 관계에 있는 것은 아니다. 사회 구성원들은 주류 문화를 향유하면서 자신이 속한 집단만의 고유한 하위문화를 향유하기도 한다. 또한 반문화 집단의 구성원들이라고 해서 주류 문화의 모든 요소를 거부하는 것은 아니다. 그들 역시 전체 사회의 구성원으로서 주류 문화 요소를 통해 다른 사람들과의 상호 작용에 참여해야 하고, 전체 사회 속에서 일정한 문화적 목표를 달성하고자 하기 때문이다.

01

▶ 24065-0085

다음 자료에 대한 옳은 설명만을 〈보기〉에서 고른 것은?

- 갑국에서 대부분의 사람들은 음악 문화 요소 a를 공유하고 있는데, 갑국의 소수 집단만이 거주하는 ◇◇ 지역에서는 자신들만의 음악 문화 요소 b를 a와 함께 공유하고 있다.
- 갑국의 ○○ 지역에 이민 와서 정착한 을국의 소수 부족 사람들은 자신의 전통 음악 문화 요소인 c를 공유하고 있다. 갑국의 ○○ 지역에서 갑국 젊은 세대들이 c를 접하게 되면서 이를 즐기는 것이 하나의 생활 양식으로 자리 잡았다.
- 갑국 국민의 일부가 구성원인 △△ 집단에서는 갑국의 주류 사회를 비판하는 내용의 음악 문화 요소인 d를 공유하고 있다.

┌ 보기 ┌
ㄱ. a는 갑국에서 주류 문화 요소에 해당한다.
ㄴ. c는 갑국에서 하위문화 요소에 해당한다.
ㄷ. b는 d와 달리 갑국에서 반문화 요소에 해당한다.
ㄹ. b, d는 c와 달리 갑국 전체 국민의 일체감 형성에 기여한다.

① ㄱ, ㄴ   ② ㄱ, ㄷ   ③ ㄴ, ㄷ   ④ ㄴ, ㄹ   ⑤ ㄷ, ㄹ

02

▶ 24065-0086

빈칸에 들어갈 내용으로 가장 적절한 것은?

하루에도 수많은 사회·문화 현상이 발생하지만 대중 매체를 통해 전달되는 내용은 이 중 일부에 불과하다. 또한 대중 매체가 대중에게 무엇을 보여 주고, 무엇을 제시하는가에 따라 사람들이 받아들이는 것은 달라진다. 즉, 대중 매체가 어떤 사회·문화 현상을 내세울 것인지를 정하고, 이를 전달하면 사람들은 그 내용을 우선순위로 받아들여 결국 대중 매체가 원하는 대중문화가 만들어지게 된다. 이는 사람들이 수동적으로 대중 매체가 선정한 대중문화만을 향유하게 되는 문제를 발생시킨다. 따라서 [   ]

① 대중 매체를 통한 사회화 기능은 점차 약화된다.
② 대중문화는 대중의 욕구를 충족할 수 있는 수단이다.
③ 대중은 대중 매체를 통해 자유롭게 여론을 형성한다.
④ 대중은 대중문화를 비판적으로 인식하고 수용해야 한다.
⑤ 대중문화는 대중 매체의 특성이나 의도와 상관없이 동일하게 형성된다.

03

▶ 24065-0087

다음 자료의 (가)에 들어갈 수 있는 질문으로 가장 적절한 것은? (단, A~C는 각각 반문화, 반문화가 아닌 하위문화, 주류 문화 중 하나임.)

표의 (가)는 A~C의 공통점과 차이점을 구분하기 위한 질문이다. A는 한 사회의 구성원 대다수가 향유하는 문화이다. 조선 후기의 천주교 문화는 당시에 C의 사례에 해당하지만, 현재 우리 사회에서 천주교 문화는 B의 사례에 해당한다.

구분	A와 B를 구분할 수 없는 질문
B와 C를 구분할 수 있는 질문	(가)

① 사회 변동의 요인으로 작용하는가?
② 사회에 따라 상대적으로 규정되는가?
③ 한 사회의 문화적 다양성 증대에 기여하는가?
④ 해당 문화를 향유하는 사람들에게 정체성을 형성시키는가?
⑤ 전체 사회의 지배적인 문화에 저항하거나 대립하는 문화인가?

04

▶ 24065-0088

다음 자료에 대한 옳은 설명만을 〈보기〉에서 고른 것은? (단, A~C는 각각 반문화, 반문화가 아닌 하위문화, 주류 문화 중 하나임.)

한 사회에서 취미를 공유하는 일부 사람들이 향유하는 생활 양식, 다른 지역과 달리 특정 지역 사람들끼리만 알고 사용하는 말이나 특정 지역에서만 먹는 제사 음식과 같이 일부 지역에서만 향유하는 생활 양식은 A의 사례에 해당한다. 이와 달리 1960년대 미국에서의 히피 문화는 당시에 B의 사례에 해당하고, 우리나라에서 　(가)　는 C의 사례에 해당한다.

┌ 보기 ┐
ㄱ. 우리나라에서 비행 청소년 문화는 A에 해당한다.
ㄴ. A, B는 모두 한 사회의 문화적 다양성 증가 요인이다.
ㄷ. C는 사회의 변화에 따라 A나 B로 변화될 수 있다.
ㄹ. (가)에는 '우리나라 특정 지역에서만 향유되는 탈춤 문화'가 들어갈 수 있다.

① ㄱ, ㄴ   ② ㄱ, ㄷ   ③ ㄴ, ㄷ   ④ ㄴ, ㄹ   ⑤ ㄷ, ㄹ

05

다음 자료에 대한 설명으로 옳은 것은?

(가) 갑국에서는 독재 정치에 저항하는 상징으로 ㉠청바지를 입는 것이 청년들 사이에서 하나의 생활 양식이
되었다. 이러한 청년들의 모습은 기성세대가 만들어 놓은 ㉡문화적 환경을 거부하는 모습으로 나타났다.
이후 청바지를 입는 것이 청소년 세대와 중장년 세대로 확산되었고, 현재는 청바지를 입는 것이 갑국의
전 세대에게 하나의 ㉢의복 문화로 자리 잡았다.

(나) 을국의 일부 광산 노동자들 사이에서는 청바지를 입는 문화가 향유되었다. 그런데 교통과 ㉣통신 기술의
발달로 광산 노동자들의 청바지 입은 모습이 을국의 청소년들에게 소개되었다. 을국의 청소년들 사이에
서는 청바지가 멋스러움의 상징으로 알려졌고 ㉤기성세대 문화와 달리 청바지를 독특하게 꾸며서 입는
것이 또래만의 생활 양식으로 정착되어 하나의 ㉥청소년 문화가 되었다.

① ㉠은 ㉣과 달리 비물질문화에 해당한다.

② ㉡의 '문화'는 ㉢의 '문화'와 달리 넓은 의미로 사용되었다.

③ ㉤은 ㉥과 달리 해당 문화를 향유하는 사람들의 정체성 형성에 기여한다.

④ (가)에서는 하위문화가 주류 문화로 변화하는 과정이 나타났다.

⑤ (가), (나) 모두에서 반문화 성격이 있는 하위문화가 나타났다.

06

다음 자료에 대한 설명으로 옳은 것은?

표는 각 질문에 대한 A~C의 응답을 모두 적은 후, 그중 일부 응답을 보이지 않게 가린 것이다. 단, A~C는
각각 반문화, 반문화가 아닌 하위문화, 주류 문화 중 하나이고, 질문에 대한 응답은 '예'와 '아니요' 중 하나
이다.

구분	A	B	C
한 사회 구성원 대다수가 향유하는 문화인가?			예
한 사회의 지배적인 문화를 거부하거나 저항하는 문화인가?	예		
(가)	㉠	㉡	

① A는 B와 달리 사회 변화에 따라 C로 변동될 수 있다.

② B는 C와 달리 해당 문화를 향유하는 구성원 간의 지속적인 상호 작용의 산물이다.

③ C는 A와 달리 전체 사회에 문화적 다양성을 제공할 수 있다.

④ A, B는 모두 집단 간 갈등을 유발하는 요인이 될 수 있다.

⑤ (가)가 '한 사회 내에서 특정 집단 구성원들만 향유하는 문화인가?'라면, ㉠은 ㉡과 달리 '예'가 적절
하다.

07

▶ 24065-0091

A~C에 대한 옳은 설명만을 〈보기〉에서 고른 것은? (단, A~C는 각각 반문화, 주류 문화, 하위문화 중 하나임.)

- t기: 외국에 유학을 다녀온 갑국의 일부 계층 사람들만이 향유하는 △△ 종교 문화는 갑국에서 인정받는 종교로서 A로 자리 잡았다.
- t+1기: △△ 종교 문화는 갑국의 전통적인 신분제에 저항하는 성격의 B로 변하였다.
- t+2기: △△ 종교 문화는 갑국에서 대다수의 사람들이 향유하게 되면서 C가 되어 갑국의 전통 종교 문화를 대체하게 되었다.

┌ 보기 ┐
ㄱ. B는 한 사회의 문화 다양성 증대에 기여할 수 있다.
ㄴ. A는 사회 변동에 따라 C가 되기도 한다.
ㄷ. 사회가 다원화될수록 B는 C에 수렴되는 경향이 있다.
ㄹ. 한 사회에서 C는 A와 B의 총합으로 나타난다.

① ㄱ, ㄴ   ② ㄱ, ㄷ   ③ ㄴ, ㄷ   ④ ㄴ, ㄹ   ⑤ ㄷ, ㄹ

08

▶ 24065-0092

다음 자료에 대한 설명으로 옳은 것은?

표는 ○○국 갑~병 지역의 문화 요소를 모두 나타낸 것이다. 갑~병 지역으로만 구성되는 ○○국에서는 을 지역의 인구가 ○○국 총인구의 80%를 차지하고 있고, 갑 지역과 병 지역의 인구는 같으며, 제시된 문화 요소는 해당 지역에 거주하는 대다수 사람들이 향유한다. 갑~병 지역 중 한 지역에서만 ○○국의 지배적인 문화 요소에 저항하는 문화 요소가 나타났다.

구분	갑 지역	을 지역	병 지역
문화 요소	a, b, c, d	a, b	a, b, c, d, e

① a는 ○○국의 하위문화 요소에 해당한다.
② b는 갑 지역과 달리 을 지역에서 주류 문화 요소에 해당한다.
③ c는 ○○국의 주류 문화 요소에 해당한다.
④ d는 e와 달리 병 지역에서 주류 문화 요소에 해당한다.
⑤ ○○국에서 반문화 요소가 나타난 지역은 병 지역이다.

09

▶ 24065-0093

표는 다양한 문화의 사례에 대한 발표자의 발표 내용과 이에 대한 교사의 평가를 정리한 것이다. (가)~(다)에 들어갈 적절한 내용만을 〈보기〉에서 있는 대로 고른 것은?

발표자	발표 내용	교사의 평가
갑	우리나라에서 (가) 는 반문화에 해당하는 사례입니다.	맞음
을	우리나라에서 (나) 는 주류 문화에 해당하는 사례입니다.	틀림
병	우리나라에서 (다) 는 하위문화에 해당하는 사례입니다.	틀림

┌ 보기 ┐
ㄱ. (가) – 조직폭력배의 범죄 문화
ㄴ. (나) – 김치를 반찬으로 먹는 음식 문화
ㄷ. (다) – 일부 지역에서만 나타나는 사투리 문화

① ㄱ   ② ㄴ   ③ ㄱ, ㄷ   ④ ㄴ, ㄷ   ⑤ ㄱ, ㄴ, ㄷ

10

▶ 24065-0094

다음 자료에 대한 설명으로 옳은 것은?

표는 시기별 갑국에 존재하는 ○○ 문화, ◇◇ 문화, ☆☆ 문화가 A~C 중 어디에 해당하는지를 나타낸 것이다. A~C는 각각 반문화, 주류 문화, 하위문화 중 하나이다.

구분	○○ 문화	◇◇ 문화	☆☆ 문화
t 시기	A	B, C	B
t+1 시기	B	B, C	A

① A는 B와 달리 전체 사회에 문화 다양성을 제공한다.
② B는 C와 달리 사회 변동의 요인이 된다.
③ t 시기 ○○ 문화는 ◇◇ 문화와 달리 갑국에서 하위문화에 해당한다.
④ t+1 시기의 ☆☆ 문화는 t 시기와 달리 반문화에 해당한다.
⑤ t 시기와 t+1 시기 모두에 갑국의 지배적인 문화에 저항하거나 대립하는 성격을 지닌 문화는 ◇◇ 문화이다.

① 문화 변동의 의미와 요인

(1) 의미: 새로운 문화 요소의 등장이나 다른 문화 체계와의 접촉을 통해 한 사회의 문화 체계에 변화가 나타나는 현상

(2) 요인

① 내재적 요인: 한 사회 내부에서 새롭게 등장하여 그 사회의 문화 체계에 변동을 초래하는 요인

발견	존재하고 있었으나 알려지지 않았던 사물이나 원리 등을 찾아내는 행위나 그 결과물
발명	존재하지 않았던 기술이나 사물 등을 만들어 내는 행위나 그 결과물

② 외재적 요인(문화 전파): 다른 사회의 문화 체계와 접촉하거나 교류한 결과 다른 문화 요소가 전해져 문화 변동을 초래하는 요인

직접 전파	문화 요소를 제공하는 사회와 그것을 수용하는 사회의 구성원들 간 직접적인 접촉을 통해 문화 요소가 전파되는 현상
간접 전파	문화 요소를 제공하는 사회와 그것을 수용하는 사회의 구성원들 간 직접적인 접촉이 아닌 매개체를 통해 문화 요소가 전파되는 현상
자극 전파	서로 다른 사회 간에 문화 요소 자체가 아니라 문화 요소와 관련된 추상적인 아이디어만 전파되어 새로운 문화 요소의 등장을 자극하는 현상

② 문화 변동의 양상

(1) 변동 요인의 소재에 따른 구분

① 내재적 변동: 발명, 발견 등에 의해 한 사회의 내부에서 새로운 문화 요소가 등장한 후, 그것이 사회 구성원들에 의해 수용되고 문화 체계 속에 확산되면서 나타나는 문화 변동

② 외재적 변동(문화 접변): 서로 다른 사회가 비교적 장기간에 걸쳐 접촉하면서 문화 전파가 이루어짐으로써 한쪽 또는 양쪽 사회 모두의 문화 체계에 변화가 나타나는 현상

(2) 변동의 자발성 유무에 따른 구분

① 자발적 문화 접변: 외부 사회의 문화 요소를 스스로 자기 사회의 문화 체계 속으로 받아들임으로써 나타나는 문화 변동

② 강제적 문화 접변: 한 사회의 의지에 반하여 외부 사회의 강제적인 변화 시도로 나타나는 문화 변동

③ 문화 접변의 결과

문화 동화	한 사회의 문화가 다른 사회의 문화 체계 속에 흡수되어 정체성을 상실하는 현상
문화 병존	서로 다른 사회의 문화가 한 사회의 문화 체계 속에 나란히 존재하는 현상
문화 융합	한 사회의 문화와 다른 사회의 문화가 결합하여 기존 문화들의 성격을 지니면서도 기존 문화들과 다른 성격도 지닌 새로운 문화가 만들어지는 현상

④ 문화 변동에 대한 대응 및 문제

(1) 문화 변동에 대한 대응 방식

① 새로운 문화의 수용: 외부 사회로부터 전파되거나 새롭게 등장한 문화를 긍정적으로 평가하거나 필요하다고 인식하여 자기 사회의 문화 체계 속에 정착시킴.
→ 일반적으로 비물질문화보다 물질문화의 전파나 발명, 발견의 경우에 나타나기 쉬움.

② 새로운 문화에 대한 거부: 외부 사회로부터 전파되거나 새롭게 등장한 문화가 위협이 된다고 평가하거나 자기 문화의 정체성을 훼손한다고 인식하는 경우 그것을 거부함으로써 전통문화를 유지하려고 함.
→ 일반적으로 물질문화보다 비물질문화가 변동하는 경우, 강제적 문화 접변이 시도되는 경우에 나타나기 쉬움.

(2) 문화 변동에 따른 대표적인 문제

① 문화 충격 및 정체성 혼란: 새롭고 이질적인 문화에 적응하지 못하고 혼란에 빠질 우려가 있음.

② 문화 지체: 물질문화의 변동 속도를 비물질문화의 변동 속도가 따라가지 못하여 나타나는 문화 요소 간의 부조화 현상으로, 각종 사회 병리적인 문제를 초래할 수 있음.

③ 아노미: 급속한 문화 변동이 나타날 경우 전통적인 규범의 통제력이 약화되고 이를 대체할 새로운 규범이 확립되지 않아 사회적 혼란이 발생할 수 있음.

자료와 친해지기 자극 전파와 문화 융합

문화 변동 요인으로서 자극 전파는 외부에 존재하는 문화 요소에 착안하여 한 사회 내부에서 새로운 문화 요소가 만들어지는 현상이다. 자극 전파가 나타나는 경우 외부의 문화 요소 자체는 그대로 전파되지 않고, 그 문화 요소로부터 도출되는 아이디어만 전파된다. 문화 접변 결과로서 문화 융합은 자기 사회의 문화 요소와 외래문화 요소가 결합하여 새로운 문화 요소가 형성되는 현상으로, 단순한 혼합과 달리 기존 문화 요소들로 환원될 수 없는 새로운 특성이 추가된다. 자극 전파는 외부 문화 요소 자체는 수용하지 않은 상태에서 발생하고, 문화 융합은 외부 문화 요소 자체를 수용한 이후 발생한다는 점에서 차이가 있으나, 둘 다 새로운 문화 요소가 만들어진다는 점에서는 공통점이 있다.

01

▶ 24065-0095

다음 사례에 대한 옳은 설명만을 〈보기〉에서 고른 것은?

- 갑국은 고유한 문자를 가지지 못했는데, 갑국에 들어온 을국 선교사들이 사용하는 병국 문자에 착안하여 자신들만의 독특한 문자를 만들었다.
- 을국에서는 주요 교역 상대인 병국과의 교류가 활발해지면서 병국 사람들을 통해 병국의 전통 음식이 을국에 전해져 을국 사람들이 즐겨먹는 음식 중 하나로 자리 잡았다.
- 병국에서는 을국의 드라마가 TV를 통해 방영되었고, TV 속의 을국 사람들이 입고 있는 옷을 보고 병국 사람들이 따라 입게 되면서 을국 사람들의 의복 문화가 병국에서 유행하게 되었다.

┌ 보기 ┐
ㄱ. 갑국에서는 을국과 달리 내재적 요인에 의한 문화 변동이 나타났다.
ㄴ. 을국에서는 병국과 달리 직접 전파에 의한 문화 변동이 나타났다.
ㄷ. 병국에서는 갑국과 달리 새로운 문화 요소가 등장하였다.
ㄹ. 갑국, 을국, 병국 모두에서 외재적 요인에 의한 문화 변동이 나타났다.

① ㄱ, ㄴ   ② ㄱ, ㄷ   ③ ㄴ, ㄷ   ④ ㄴ, ㄹ   ⑤ ㄷ, ㄹ

02

▶ 24065-0096

다음 자료에 대한 설명으로 옳은 것은?

질문 문화 변동 요인	A	B	C	D	E
문화 변동의 내재적 요인에 해당하는가?	○	○	×	×	×
(가)	○	×	×	×	○
(나)	×	×	○	×	○

(○: 예, ×: 아니요)

교사: 표는 문화 변동의 요인 A~E를 질문을 통해 구분한 것입니다. A~E는 각각 발견, 발명, 직접 전파, 간접 전파, 자극 전파 중 하나입니다. A~E에 대해 설명해 볼까요?
갑: D는 C와 달리 교역이나 부족 간 혼인과 같은 직접적 접촉에 의한 전파입니다.
을: A, E를 통해 기존에 없었던 새로운 문화 요소가 창조됩니다.
교사: 갑과 을 모두 문화 변동 요인에 대해 옳게 설명했습니다.

① '새로운 문화 요소가 등장하는가?'는 (가)와 달리 (나)에 들어갈 수 있다.
② 전기나 지하자원을 찾아낸 것은 A의 사례로 적절하다.
③ 한국의 대중음악이 인터넷을 통해 외국에서 유행하게 된 것은 C의 사례에 해당한다.
④ 두 문화 요소가 결합되어 만들어진 '김치버거'는 E의 사례에 해당한다.
⑤ B는 D와 달리 한 사회에서 문화 요소를 다양하게 하는 요인이다.

03

▶ 24065-0097

다음 자료에 대한 설명으로 옳은 것은?

- A국에서는 B국으로부터 이민 온 사람들로 인해 B국의 주거 문화가 A국에서 하나의 생활 양식으로 자리 잡았다.
- B국에서는 C국의 대중문화가 인터넷을 통해 전달되면서 B국 사람들이 C국의 대중문화를 즐기고 있다.
- C국에서는 C국 내에서 새로운 지하자원을 찾아냈고, 그 지하자원이 난방에 효과가 있음을 알게 되어 이를 대다수의 가정에서 활용하고 있다.

교사: 위 자료를 보고 A~C국에서 나타나는 문화 변동 요인의 공통점이나 차이점에 대해 설명해 볼까요?
갑: A국과 B국에서 나타난 문화 변동 요인의 공통점은   (가) 입니다.
을: B국과 C국에서 나타난 문화 변동 요인의 차이점은   (나) 입니다.
병: A국과 C국에서 나타난 문화 변동 요인의 차이점은   (다) 입니다.
교사: 갑~병 모두 A~C국에서 나타나는 문화 변동 요인의 공통점과 차이점에 대해 옳게 설명했네요.

① A국에서는 B국과 달리 내재적 문화 변동이 나타났다.
② B국과 C국 모두에서 자발적 문화 접변이 나타났다.
③ (가)에는 '새로운 문화 요소가 창조된다는 것'이 들어갈 수 있다.
④ (나)에는 '외부 문화 요소를 수용하는지 여부'가 들어갈 수 없다.
⑤ (다)에는 '문화 변동의 외재적 요인에 해당하는지 여부'가 들어갈 수 있다.

04

▶ 24065-0098

표는 질문 (가), (나)를 통해 문화 접변 양상 A~C를 구분한 것이다. 이에 대한 설명으로 옳은 것은? (단, A~C는 각각 문화 동화, 문화 병존, 문화 융합 중 하나임.)

구분		(가)	
		예	아니요
(나)	예	A	B
	아니요	C	

① (가)에는 '외재적 요인에 의해 나타나는가?'가 들어갈 수 있다.
② A가 문화 융합이고 C가 문화 동화이면, (나)에는 '기존 문화의 정체성이 남아 있는가?'가 들어갈 수 있다.
③ B가 문화 동화이면, (가)에는 '자국의 언어가 식민 지배한 나라의 언어로 대체되는 사례가 해당되는가?'가 들어갈 수 있다.
④ (나)가 '외래문화 요소가 변형되지 않은 상태로 정착되었는가?'이면, A, B 중 하나는 문화 융합이다.
⑤ (가), (나) 모두에 '새로운 문화 요소의 등장으로 발생하였는가?'가 들어갈 수 있다.

05

▶ 24065-0099

다음 사례에 대한 설명으로 가장 적절한 것은?

횡단보도나 보행자 도로에서 무선 이어폰을 귀에 꽂고 스마트폰을 보면서 다니는 보행자로 인해 다른 보행자들과의 접촉 사고를 유발하거나 횡단보도에서 신호를 보지 않고 횡단하여 운전자를 위협하는 현상이 늘고 있다. 이는 발전하는 전자 통신 기기를 통해 언제 어디서나 영상을 보고 듣거나 음악을 들을 수 있지만 이를 사용하는 사람들의 의식이 성숙되지 않아 나타난 것으로 사회 문제가 되고 있다.

① 문화 변동 과정에서 세대 간의 가치관 차이로 인해 발생하는 현상이다.
② 시민 의식의 성숙과 달리 물질문화의 발전이 문제 해결 방안이 될 수 있음을 보여 준다.
③ 물질문화의 변동 속도를 비물질문화가 따라가지 못한 부조화 현상이 나타남을 보여 준다.
④ 정보 통신 기술의 발달로 인해 다양한 하위문화가 주류 문화로 수렴되어 나타난 현상이다.
⑤ 문화 요소가 상호 유기적으로 연관된 것이 아니라 상호 독립적으로 이루어져 있음을 보여 준다.

06

▶ 24065-0100

다음 자료에 대한 옳은 설명만을 〈보기〉에서 고른 것은?

표는 갑국~병국에서 발생한 음식 문화의 변동을 나타낸 것이다. 문화 변동 요인 (가)~(다)는 각각 발명, 직접 전파, 자극 전파 중 하나이고, 1차 변동 요인과 달리 2차 변동 요인에는 외재적 변동 요인만 있다. e는 을국의 문화 요소 b와 갑국의 문화 요소 d의 특성을 지니면서도 새로운 성격을 갖는 제3의 문화 요소이고, f는 갑국의 문화 요소 d에 착안하여 병국에서 만들어진 기존에 없던 문화 요소이다.

구분	t기 문화 요소	1차 변동 요인	t+1기 문화 요소	2차 변동 요인	t+2기 문화 요소
갑국	a	(가)	a, d	(나)	a, d, e
을국	b	(나)	a, b	(나)	a, b, c
병국	c	(나)	a, c	(다)	a, c, f

*a~f는 서로 다른 문화 요소를 의미하며, 이외에 다른 문화 요소는 존재하지 않음.
**제시된 문화 변동 이외에 다른 문화 변동은 없었으며, t기에 갑국~병국에는 각국의 전통 문화 요소만 있었음.

┌ 보기 ┌
ㄱ. (가)는 (나)와 달리 갑국의 문화 요소를 다양하게 하는 요인이다.
ㄴ. (나)는 직접 전파, (다)는 자극 전파이다.
ㄷ. t+1기에 병국에서는 을국과 달리 문화 병존이 나타났다.
ㄹ. t+2기에 갑국에서는 병국과 달리 문화 융합이 나타났다.

① ㄱ, ㄴ   ② ㄱ, ㄷ   ③ ㄴ, ㄷ   ④ ㄴ, ㄹ   ⑤ ㄷ, ㄹ

07

▶ 24065-0101

다음 자료에 대한 설명으로 옳은 것은?

- A국의 식민 통치로 인해 어쩔 수 없이 A국의 언어를 사용하게 된 B국에서는 독립 후에도 B국의 언어와 함께 A국의 언어를 공용어로 사용하게 되었다.
- C국에서는 A국의 대중음악이 인터넷을 통해 전달되면서 A국의 대중음악과 C국의 전통 음악이 결합된 새로운 형식의 음악이 등장하였다.
- D국에서는 C국에서 C국의 건축 양식을 배운 D국 사람들이 자국으로 돌아가 C국 건축 양식의 주택을 짓기 시작하였고, D국의 전통적인 가옥 양식이 C국의 가옥 양식으로 대체되었다.

① B국에서는 D국과 달리 외재적 요인에 의한 문화 변동이 나타났다.
② C국에서는 B국과 달리 문화 다양성 유지에 기여할 수 있는 문화 변동이 나타났다.
③ D국에서는 C국과 달리 자문화의 정체성이 상실되는 문화 변동이 나타났다.
④ B국, C국 모두에서 강제적 문화 접변이 이루어졌다.
⑤ C국, D국 모두에서 직접 전파에 의한 문화 변동이 나타났다.

08

▶ 24065-0102

다음 자료에 대한 옳은 설명만을 〈보기〉에서 고른 것은?

표는 문화 접변 결과 A~C를 질문에 대한 응답에 따라 구분한 것이다. 단, A~C는 각각 문화 동화, 문화 병존, 문화 융합 중 하나이다.

질문	(가)			자문화의 정체성이 유지되었는가?		
응답	예	아니요	아니요	예	예	아니요
문화 접변 결과	A	B	C	A	B	C

| 보기 |
ㄱ. (가)에는 '외부 사회의 문화 요소를 수용하였는가?'가 들어갈 수 있다.
ㄴ. B가 문화 병존이라면, (가)에는 '새로운 문화 요소가 창조되었는가?'가 들어갈 수 있다.
ㄷ. 서구식 침대와 온돌 문화가 결합된 돌침대가 A의 사례라면, C는 B와 달리 강제적 문화 접변에 의해 나타난다.
ㄹ. (가)에 '서로 다른 문화가 한 문화 체계 안에서 나란히 존재하는 현상인가?'가 들어간다면, B는 C와 달리 외래문화 요소를 문화 수용자가 재해석하고 재구성한 결과이다.

① ㄱ, ㄴ   ② ㄱ, ㄷ   ③ ㄴ, ㄷ   ④ ㄴ, ㄹ   ⑤ ㄷ, ㄹ

09
▶ 24065-0103

표는 문화 변동의 사례 (가)~(라)를 문화 변동 요인과 그에 따른 문화 접변 결과로 구분한 것이다. (가)~(라)에 해당하는 사례만을 〈보기〉에서 고른 것은?

구분		문화 변동 요인	
		직접 전파	간접 전파
문화 접변 결과	문화 동화	(가)	
	문화 병존	(나)	(다)
	문화 융합		(라)

보기
ㄱ. (가)-이웃 국가의 침략으로 자신의 언어를 상실하고 이웃 국가의 언어를 사용함.
ㄴ. (나)-외국의 종교 교리에 착안하여 기존에 없었던 종교가 만들어져 국교가 됨.
ㄷ. (다)-TV를 통해 소개된 외국의 의복 양식이 그대로 정착되어 자국의 전통 의복 양식과 함께 존재함.
ㄹ. (라)-외국에서 만들어진 새로운 음악이 라디오를 통해 알려져 자국의 전통 음악과 함께 인기 있는 음악 중 하나가 됨.

① ㄱ, ㄴ   ② ㄱ, ㄷ   ③ ㄴ, ㄷ   ④ ㄴ, ㄹ   ⑤ ㄷ, ㄹ

10
▶ 24065-0104

다음 자료에 대한 옳은 설명만을 〈보기〉에서 있는 대로 고른 것은?

교사: 우리나라에서 음력 설날과 양력 새해 첫날에 "새해 복 많이 받으세요!"라고 인사하는 것은 문화 접변의 양상 중 어떤 것의 사례인지 그 이유와 함께 설명해 볼까요?
갑: 위의 사례에서는 [㉠]. 따라서 [A]의 사례입니다.
을: 위의 사례에서는 [㉡]. 따라서 [B]의 사례입니다.
교사: 갑은 사례가 해당하는 문화 접변의 양상과 그 이유를 모두 옳게 설명했지만, 을은 사례가 해당하는 문화 접변의 양상과 그 이유를 모두 옳지 않게 설명했네요.

보기
ㄱ. ㉠에는 '새로운 제3의 문화 요소가 만들어졌습니다.'가 들어갈 수 없다.
ㄴ. ㉡에는 '자문화의 정체성을 상실하였습니다.'가 들어갈 수 없다.
ㄷ. B는 A와 달리 전통문화 요소와 외래문화 요소가 나란히 존재하는 현상이다.

① ㄱ   ② ㄴ   ③ ㄱ, ㄷ   ④ ㄴ, ㄷ   ⑤ ㄱ, ㄴ, ㄷ

① 사회 불평등 현상

(1) **의미**: 사회 구성원 간에 학력, 소득, 지위, 권력 등 사회적 희소가치의 소유 정도나 접근 기회에 차이가 나타나는 현상

(2) **발생 요인**

① 개인적 요인: 사회적 능력이나 조건을 갖춘 정도의 차이

② 사회적 요인: 사회 구조적으로 존재하는 사회 구성원 간 사회적 희소가치 획득 기회의 차이

(3) **영향**

① 사회 구성원 간 생활 양식, 가치관, 사고방식, 삶의 질 차이를 초래할 수 있음.

② 사회 구성원 간 경쟁을 유발하여 사회적 효율성을 높이기도 하지만, 갈등을 유발하여 사회 통합을 저해하기도 함.

② 사회 계층화 현상

(1) **의미**: 사회 구성원 간 불평등이 일정한 요인에 따라 범주화되고, 범주화된 사람들 간에 구조적 서열이 존재하는 현상

(2) **양상**: 시대와 사회를 초월하여 계층화는 일반적으로 나타나는 현상이지만, 그 요인과 범주화되는 양상은 시대와 사회에 따라 다르게 나타남.

③ 사회 계층화 현상에 관한 대표적인 이론

구분	계급론(마르크스)	계층론(베버)
개념 정의	계급은 생산 수단을 둘러싸고 나타나는 위계 구조에서 공통의 위치를 차지하는 사람들의 집합체	계층은 다양한 요인에 의해 공통의 서열상 위치를 갖는 사람들의 집합체
불평등 발생 요인	• 생산 수단의 소유 여부 • 경제적 요인이 다른 모든 사회 불평등을 결정함(일원론).	• 계급, 위신, 권력 등 • 경제적 요인, 사회적 요인, 정치적 요인 등 다양한 요인에 의해 사회 불평등이 발생함(다원론).
특징	• 불연속적·이분법적으로 계급을 구분함. • 계급에 대한 개인의 소속감이나 연대 의식, 즉 계급 의식을 중시함. • 계급 간 생산 수단을 둘러싼 갈등 및 대립 관계가 사회 변혁의 원동력이라고 봄.	• 다양한 요인에 의한 희소가치의 불평등한 분배 상태를 범주화하여 설명함. • 계층이 연속적이고 복합적으로 나타나는 서열화임을 강조함. • 현대 사회에 나타나는 지위 불일치 현상을 설명하기에 용이함.

④ 사회 불평등 현상을 바라보는 관점

(1) **기능론**

① 발생 원인: 사회 전체의 필요에 의해 결정되는 직업별 사회적 역할의 중요도 및 기여도에 따른 차등 보상

② 가치 배분 기준: 개인의 노력, 능력, 업적 등 사회 전체적으로 합의된 정당한 기준

③ 사회적 기능

• 개인에게 성취동기를 부여해 구성원 간 경쟁을 유발함으로써 사회적 효율성 향상에 기여함.

• 각 지위나 직업을 담당하는 데 필요한 능력을 갖춘 인재들이 적재적소에 배치됨으로써 사회 전체의 효율성이 향상될 수 있음.

④ 평가: 사회 불평등은 보편적이고 불가피한 현상으로서 사회 유지와 발전에 기여하는 한 불평등은 존재해야 함.

(2) **갈등론**

① 발생 원인: 지배와 피지배 관계의 유지 및 계급 재생산을 위해 지배 집단이 만든 분배 구조

② 가치 배분 기준: 권력, 재산, 가정 배경 등 지배 집단만의 합의가 반영되고 지배 집단에게 유리한 기준

③ 사회적 기능

• 사회적 희소가치가 개인의 능력과 무관하게 분배됨으로써 피지배 집단 구성원의 계층 상승을 억압함.

• 불평등한 계층 구조를 재생산하거나 고착화함으로써 사회적 갈등과 대립 관계를 형성하는 요인이 됨.

④ 평가

• 사회 불평등은 보편적인 현상이지만 불가피한 현상은 아니며 제거해야 할 현상임.

• 불평등이 존재하지 않는 사회를 만들기 위해 사회 구조를 변혁해야 함.

⑤ 사회 불평등 현상의 균형 있는 이해

(1) **균형 있는 이해의 필요성**

① 특정 관점으로만 사회 불평등을 이해할 경우 각 관점의 한계를 극복할 수 없음.

② 기능론: 사회 불평등을 당연한 현상으로 여겨 사회 갈등이 유발될 수 있음.

③ 갈등론: 차등적 보상이 사회적 효율성을 높일 수 있다는 점을 간과할 수 있으며, 지나치게 사회적 갈등과 대립만을 부각함.

(2) **균형 있는 이해**: 기능론과 갈등론의 균형 있는 이해를 통해 사회 불평등을 개선하도록 노력해야 함.

01

▶ 24065-0105

다음 글에 나타난 사회 불평등 현상을 바라보는 관점에 대한 옳은 설명만을 〈보기〉에서 고른 것은?

누구도 우리 몸의 모든 부분이 생명 유지를 위해 필요한 역할을 한다는 점을 부정할 수는 없다. 또한 누구도 우리 몸의 특정 부분이 다른 부분보다 생명 유지에 더 중요한 역할을 한다는 점을 부정할 수는 없다. 심장이 발가락보다 생명 유지에 더 중요한 역할을 한다는 점을 어느 누가 부정할 수 있겠는가? 마찬가지로 우리 사회에도 보다 중요한 역할을 하는 직업이 있는가 하면, 덜 중요한 역할을 하는 직업이 있다. 사회 불평등 현상은 바로 이러한 차이에 기인하는 것이다.

┌ 보기 ┐
ㄱ. 사회 각 집단 간에 이익의 충돌이 필연적이라고 본다.
ㄴ. 사회 불평등 현상이 불가피하고 보편적인 현상이라고 본다.
ㄷ. 사회 불평등 현상의 해결을 위해 사회 구조의 변혁이 필요하다고 본다.
ㄹ. 사회적 희소가치의 배분 기준이 사회 전체의 합의를 반영하고 있다고 본다.

① ㄱ, ㄴ   ② ㄱ, ㄷ   ③ ㄴ, ㄷ   ④ ㄴ, ㄹ   ⑤ ㄷ, ㄹ

02

▶ 24065-0106

다음 자료에 대한 설명으로 옳은 것은? (단, A, B는 각각 기능론, 갈등론 중 하나임.)

교사: 사회 불평등 현상을 바라보는 관점 A와 B의 입장을 설명해 보세요.
갑: A는 사회 불평등 현상이 거의 모든 사회에서 보편적으로 나타나고 있다는 점을 부정합니다.
을: B는 사회 불평등 현상이 사회가 효율적으로 작동하기 위해 필요하다는 점을 강조합니다.
병: A는 B와 달리 _____(가)_____
교사: 세 사람 중 한 사람을 제외하고 모두 옳은 설명을 했습니다.

① A는 사회 불평등 현상이 각 직업의 사회적 기여도의 차이를 반영하고 있다고 본다.
② B는 사회적 희소가치의 차등 분배가 사회 구성원들의 성취동기를 억제한다는 점을 강조한다.
③ A는 B와 달리 사회적 희소가치의 차등 분배 체계가 피지배층의 계층 상승을 막기 위한 장치라고 본다.
④ B는 A와 달리 사회적 희소가치의 배분 기준이 지배 집단의 이익만을 반영하고 있다고 본다.
⑤ (가)에는 '사회 불평등 현상의 해결 방안으로 개인의 사회 적응 노력을 강조합니다.'가 들어갈 수 있다.

03

▶ 24065-0107

다음 자료에 대한 설명으로 옳은 것은? (단, A, B는 각각 기능론, 갈등론 중 하나임.)

표는 사회 불평등 현상을 바라보는 관점 A와 B를 비교하여 차이점을 정리한 것이다.

비교 기준	비교 결과	
	A와 다른 B의 입장	B와 다른 A의 입장
사회 불평등 현상에 대한 평가	불가피한 현상이 아니며, 타파해야 할 현상이다.	(가)
사회 불평등 현상의 해결 및 대응 방안	(나)	(다)

① A는 사회적 희소가치가 개인의 가정배경에 의해 배분된다고 본다.
② B는 직업 간 사회적 중요도에 차이가 있음을 강조한다.
③ B는 A와 달리 사회적 가치가 희소성을 갖는다는 점을 부정한다.
④ (가)에는 '거의 모든 사회에서 나타나는 보편적인 현상이다.'가 들어갈 수 있다.
⑤ '차등 분배 구조 속에서 개인이 계층 상승을 위해 노력해야 한다.'는 (나)가 아닌 (다)에 들어갈 수 있다.

04

▶ 24065-0108

밑줄 친 ㉠~㉣에 대한 설명으로 옳은 것은?

현대 사회에서 ㉠사회 불평등 현상은 다양한 측면에서 나타난다. ㉡경제적 측면의 불평등 현상은 소득이나 재산 등 경제적 희소가치가 차등 분배됨으로써 나타나는데, 이는 자본주의 사회에서 가장 일반적으로 나타나는 사회 불평등 양상이라고 할 수 있다. ㉢정치적 측면의 불평등 현상은 권력의 소유 정도나 정치 참여 기회에 있어서 나타나는 불평등 현상이고, ㉣사회·문화적 측면의 불평등 현상은 사회적 위신이나 명예의 차이, 문화 및 여가 생활 등과 관련된 일상생활 기회의 차이 등으로 나타나는 불평등 현상이다.

① ㉠은 사회 제도적 요인이 아닌 개인적 요인에 의해 발생한다.
② ㉡은 ㉢과 달리 사회 구성원 간 갈등을 초래할 수 있다.
③ ㉢은 ㉡을 초래하는 요인이 될 수 있다.
④ ㉣은 ㉢과 달리 사회 구성원 간 삶의 질 격차를 초래할 수 있다.
⑤ ㉡, ㉢은 ㉣과 달리 객관적으로 나타나는 불평등 현상이다.

05

▶ 24065-0109

다음 자료에 대한 옳은 설명만을 〈보기〉에서 고른 것은?

A 사회의 구성원들 간에 사회적 희소가치의 소유 정도나 접근 기회에 있어서 차이가 존재하므로 A 사회에는 ㉠사회 불평등 현상이 존재한다고 말할 수 있다. 또한 A 사회에서 학력에 따라 구성원들이 범주화되고, 그렇게 범주화된 사람들 간에 비교적 구조화된 서열이 존재하므로 A 사회에는 사회 불평등 현상뿐만 아니라 ㉡사회 계층화 현상도 나타나고 있다고 말할 수 있다. 이에 따라 우리는 A 사회에 직접 가서 보지 않아도 고학력을 가진 사람들이 저학력을 가진 사람들보다 소득이 많고, 다양한 사회생활 영역에서 유리한 위치에 있을 가능성이 높음을 알 수 있다.

┌ 보기 ┐
ㄱ. 기능론의 입장에서 ㉠은 인재의 효율적인 활용을 가능하게 한다.
ㄴ. ㉡은 사회 구성원 간 생활 양식이나 가치관의 차이를 초래할 수 있다.
ㄷ. ㉡이 존재하는 사회에서 ㉠은 계층 내부가 아닌 계층 간에 나타난다.
ㄹ. A 사회에서 계층이 갖는 성격은 성취 지위보다 귀속 지위의 성격에 가깝다.

① ㄱ, ㄴ   ② ㄱ, ㄷ   ③ ㄴ, ㄷ   ④ ㄴ, ㄹ   ⑤ ㄷ, ㄹ

06

▶ 24065-0110

다음 자료에 대한 옳은 설명만을 〈보기〉에서 고른 것은? (단, A, B는 각각 계급론, 계층론 중 하나임.)

〈수행 과제〉 사회 계층화 현상을 설명하는 이론 A와 B 중 표에 제시된 특징을 갖는 이론에 해당하는 스티커를 떼어 답란에 붙이시오. 단, 제시된 특징이 두 이론에 모두 해당할 경우, 해당하는 이론의 스티커를 모두 붙여야 옳은 답이 되고, 제시된 특징을 갖지 않는 이론의 스티커를 함께 붙이면 틀린 답이 됩니다.

각 학생에게 제공되는 스티커	
A: ○ ○ ○ ○ ○	B: □ □ □ □ □

〈학생 갑, 을이 답란에 붙인 스티커〉

특징	답란	
	갑	을
생산 수단의 소유 여부에 따라 나타나는 사회 계층화 현상에만 주목한다.	○	□
다원론에 기초하여 사회 계층화 현상을 설명한다.	□	○
경제적 측면에서 나타나는 사회 계층화 현상을 설명할 수 있다.	○, □	㉠
지위 불일치 현상을 설명하는 데 적합하다.	㉡	□

〈교사의 평가〉 갑은 3개의 특징에 대하여 과제를 옳게 수행했고, 을은 2개의 특징에 대하여 과제를 옳게 수행했습니다.

┌ 보기 ┐
ㄱ. ㉠에 '○, □'이, ㉡에 '○'이 들어갈 수 있다.
ㄴ. A는 사회 계층화 현상을 이분법적인 대립 구조로 이해하는 것을 지양한다.
ㄷ. B는 사회 계층화 현상이 사회 구성원들 간에 나타나는 연속적인 서열화 현상이라고 본다.
ㄹ. B는 A와 달리 동일한 계급에 속한 사람들 간에 강한 연대 의식이 형성될 가능성이 높다고 본다.

① ㄱ, ㄴ   ② ㄱ, ㄷ   ③ ㄴ, ㄷ   ④ ㄴ, ㄹ   ⑤ ㄷ, ㄹ

07

▶ 24065-0111

다음 자료에 대한 옳은 분석만을 〈보기〉에서 고른 것은?

표는 정치적 권력 측면, 경제적 계급 측면, 사회적 위신 측면에서 A국 국민 갑~무의 계층을 나타낸 것이다.

구분	권력 측면	계급 측면	위신 측면
상층	갑	갑, 을	을, 정
중층	을, 병, 정	병	갑, 병
하층	무	정, 무	무

┌─ 보기 ┐
ㄱ. 지위 불일치 상태에 있는 사람이 그렇지 않은 사람보다 적다.
ㄴ. 경제적 측면의 계층이 높은 사람일수록 사회적 측면의 계층이 높다.
ㄷ. 권력과 계급 측면에서 계층이 일치하는 사람이 권력과 위신 측면에서 계층이 일치하는 사람보다 많다.
ㄹ. 정치적 측면에서 계층이 같은 사람들 중 경제적 측면에서 계층이 가장 높은 사람은 을이고, 사회적 측면에서 계층이 가장 낮은 사람은 병이다.

① ㄱ, ㄴ   ② ㄱ, ㄷ   ③ ㄴ, ㄷ   ④ ㄴ, ㄹ   ⑤ ㄷ, ㄹ

08

▶ 24065-0112

다음 토론회에서 사회 불평등 현상을 바라보는 갑, 을의 관점에 대한 설명으로 옳은 것은?

사회자: 최근 사회 불평등 현상이 심화되고 있는 A국이 불평등 문제를 해결하려면 어떻게 해야 할까요?
갑: A국에서 나타나고 있는 사회 불평등 현상에 대한 대책으로 분배 제도에 대해 점검하고 보완하려는 노력이 필요한 것은 사실입니다. A국에서 다른 국가보다 심각한 사회 불평등 현상이 나타나고 있는 것을 볼 때, A국의 사회적 희소가치의 분배 제도에 결함이 있을 가능성을 부정할 수 없기 때문입니다. 하지만 분배 제도의 보완보다 더 중요한 것은 A국에서 요구되는 자질과 역량을 갖추기 위한 개인의 노력입니다.
을: 개인의 노력을 통해 A국의 불평등 구조가 갖는 문제점을 해결할 수는 없습니다. A국에서 하층 부모를 둔 사람이 아무리 노력해도 계층 상승을 하는 것은 불가능합니다. A국에서는 개인의 가정배경에 따라 사회적 희소가치가 분배되고 있기 때문에 사회적 희소가치의 분배 구조를 근본적이고 전면적으로 바꾸지 않는 한 불평등 문제를 해결할 수 없습니다.

① 갑의 관점은 원칙적으로 사회 불평등 현상을 사회 병리적인 현상으로 본다.
② 갑의 관점은 사회적 희소가치의 분배 기준이 사회 전체의 합의를 반영하고 있다고 본다.
③ 을의 관점은 차등 분배 제도의 불가피성은 인정하지만 정당성은 인정하지 않는다.
④ 을의 관점은 사회 발전에 대한 기여도 측면에서 직업 간에 차이가 존재함을 강조한다.
⑤ 을의 관점은 갑의 관점과 달리 사회적 희소가치의 차등 분배로 인해 사회 구성원 간 갈등이 나타날 수 있다고 본다.

① 사회 이동

(1) 의미와 특징

① 의미: 사회 계층 구조에서 개인이나 집단의 위치가 변화하는 현상

② 특징

• 전근대 사회보다 근대 사회에서, 농촌 사회보다 도시 사회에서 더욱 뚜렷하게 나타남.

• 사회 이동이 활발할수록 사회 구성원의 성취 욕구가 높아지고 사회 발전과 사회 통합이 용이함.

(2) 유형

① 이동 방향에 따른 유형

구분	수평 이동	수직 이동
의미	동일한 계층 내에서 다른 직업을 갖거나 소속을 옮기는 등의 이동	한 계층에서 다른 계층으로 상승하거나 하강하는 이동
특징	계층적 위치에 변화 없음.	계층적 위치가 변화하며, 상승 이동과 하강 이동으로 구분됨.
사례	영업부 과장 → 인사부 과장	• 교사 → 교육부 장관(상승 이동) • 사장 → 실직자(하강 이동)

② 이동 원인에 따른 유형

구분	개인적 이동	구조적 이동
의미	노력이나 능력 등 개인적 요인에 의해 계층적 위치가 변화하는 이동	전쟁, 혁명, 산업화 등 기존 계층 구조에 변화를 초래하는 요인으로 인해 계층적 위치가 변화하는 이동
사례	일용직 노동자가 열심히 일하여 번 돈으로 건설업체를 운영하는 사업가가 된 경우	대지주였던 사람이 사회주의 혁명으로 몰락하여 부랑자가 된 경우

③ 이동 범위(세대 범위)에 따른 유형

구분	세대 내 이동	세대 간 이동
의미	부모 등 이전 세대와 별개로 개인의 독립적인 생애 내에서 나타나는 이동	부모 등 이전 세대의 계층과 비교하여 다음 세대의 계층적 위치가 변화하는 이동
사례	젊은 시절 무명의 축구 선수였으나, 중년에 이르러 축구 국가대표 감독에까지 오른 경우	가난한 농부의 아들로 태어났으나, 성인이 된 후 정계에 입문하여 대통령에까지 오른 경우

(3) 의의

① 사회 이동(수직 이동)의 가능성은 사회 구성원의 사회에 대한 인식 및 태도에 영향을 미침.

② 사회 이동의 가능성은 한 사회가 가진 계층 구조의 개방성을 판단하는 중요한 지표가 됨.

③ 계층 세습 정도, 사회 이동의 양상 등은 사회 문제의 발견 및 대안 마련에 필요한 유용한 정보를 제공함.

② 사회 계층 구조

(1) 의미와 특징

① 의미: 한 사회에서 희소한 자원이 불평등하게 배분되고, 그러한 불평등이 지속되어 일정한 형태로 고정된 구조

② 특징

• 구속성: 사회 구성원들의 삶의 기회, 생활 양식, 사고방식 등에 영향을 미침.

• 지속성: 한번 형성된 계층 구조는 제도화된 형태로서 오랜 기간 유지됨.

(2) 유형

① 계층 이동 가능성에 따른 유형

구분	폐쇄적 계층 구조	개방적 계층 구조
의미	계층 간 이동이 엄격하게 제한된 계층 구조	계층 간 이동 가능성이 열려 있는 계층 구조
특징	• 전근대 사회에서 지배적임. • 귀속 지위가 중시됨. • 서로 다른 계층 간 혼인이나 교류가 엄격히 제한됨. • 계층 질서를 위협하지 않는 수평 이동은 통제하지 않음.	• 근대 이후에 확산됨. • 성취 지위가 중시됨. • 서로 다른 계층 간 혼인이나 교류에 제한이 없음. • 수직 이동, 수평 이동이 모두 자유롭게 나타남.
사례	봉건적 신분 사회의 계층 구조	현대 민주 사회의 계층 구조

② 계층 구성 비율에 따른 유형

구분	피라미드형 계층 구조	다이아몬드형 계층 구조
의미	하층의 비율이 가장 높고, 상층의 비율이 가장 낮은 계층 구조	중층의 비율이 상층 비율과 하층 비율보다 높은 계층 구조
특징	• 봉건적 신분 사회 등에서 주로 나타남. • 사회 불평등이 심하여 사회 통합 가능성이 작음. • 소수의 상층이 희소 자원을 독점하면서 다수의 하층을 지배하고 통제함.	• 근대 이후의 고도 산업 사회 등에서 주로 나타남. • 사회 불평등이 완화되어 사회 통합의 가능성이 큼. • 직업의 분화, 사회 복지 제도의 확충 등으로 중층의 비율이 높아지면서 나타남.

③ 타원형 계층 구조와 모래시계형 계층 구조

구분	타원형 계층 구조	모래시계형 계층 구조
의미	계층 간 소득 격차가 감소하여 중층이 대다수를 차지하는 계층 구조	중층의 비율이 가장 낮고 소수의 상층과 다수의 하층으로 구성되는 계층 구조
특징	• 정보화와 세계화에 대하여 낙관적인 입장에서 예측하는 계층 구조 • 다이아몬드형 계층 구조보다 사회 불평등이 더욱 완화되어 사회 통합의 가능성이 매우 큼.	• 정보화와 세계화에 대하여 비관적인 입장에서 예측하는 계층 구조 • 사회 양극화 문제가 심각하게 나타나 사회 통합의 가능성이 매우 작음.

01

▶ 24065-0113

밑줄 친 ㉠~㉣에 대한 옳은 설명만을 〈보기〉에서 고른 것은?

> 사회 이동 중 ㉠수직 이동의 가능성이나 정도에 대한 연구는 한 사회의 ㉡계층 구조의 개방성 정도를 파악하는 데 중요한 정보를 제공해 준다. 특히 사회 이동의 유형 중 ㉢세대 간 이동에 관한 연구는 ㉣개인의 귀속적 요인이 그의 세대 간 이동 가능성이나 정도에 미치는 영향을 보여 준다는 점에서 계층 구조의 개방성 정도를 파악하는 데 매우 유용한 정보를 제공해 준다.

┌─ 보기 ┐
ㄱ. ㉠은 한 사회의 계층 구조의 변화를 초래한다.
ㄴ. 피라미드형 계층 구조와 다이아몬드형 계층 구조는 ㉡에 따라 구분되는 사회 계층 구조이다.
ㄷ. ㉢은 이동 범위에 따라 구분되는 사회 이동 유형 중 하나이다.
ㄹ. 부모의 계층은 ㉣에 해당할 수 있다.

① ㄱ, ㄴ   ② ㄱ, ㄷ   ③ ㄴ, ㄷ   ④ ㄴ, ㄹ   ⑤ ㄷ, ㄹ

02

▶ 24065-0114

다음 갑, 을의 사례에 대한 설명으로 옳은 것은?

> • A국의 갑은 부모님이 운영하던 작은 기업을 물려받아 28세에 중소기업 사장이 되었다. 이후 갑은 뛰어난 인재를 영입하는 경영 전략을 활용하여 부모님으로부터 물려받은 작은 기업을 대기업의 반열에 올려 놓았고 갑은 45세에 대기업 회장이 되었다. 그런데 욕심이 지나쳐 너무 공격적으로 사업을 확장하는 바람에 기업이 부실해졌고, 갑이 55세가 되던 해에 기업이 도산하고 말았다. 살던 집을 포함하여 재산을 모두 잃은 갑은 현재 노숙 생활을 하며 근근이 살아가고 있다.
> • B국의 가난한 집에서 태어난 을은 27세에 의류를 만드는 작은 기업을 만들어 사장이 되었다. 그런데 을은 35세에 앞으로 B국에서 식기 세척기를 필요로 하는 가정이 크게 증가할 것이라고 예측하고, 의류 사업을 접고 식기 세척기 제조 기업을 설립하였다. 이후 10년 동안 을은 의류 기업 사장을 할 때와 거의 차이 없는 수입을 얻으며 살았지만, 점차 식기 세척기 판매가 증가하면서 을은 47세에 대기업 회장이 되었다. 하지만 5년도 지나지 않아 B국에서 쿠데타가 발생하여 을의 기업을 포함한 모든 사기업이 국유화되었고, 을은 현재 작은 목공소에서 청소 노동자로 살아가고 있다.

① 갑은 을과 달리 하강 이동을 경험하였다.
② 갑은 을과 달리 세대 내 이동을 경험하였다.
③ 을은 갑과 달리 구조적 이동을 경험하였다.
④ 을은 갑과 달리 세대 간 이동을 경험하였다.
⑤ 갑과 을은 모두 수평 이동을 경험하였다.

03
▶ 24065-0115

다음 A~D에 대한 옳은 설명만을 〈보기〉에서 고른 것은?

• 사회 이동의 유형 중 A는 부모 등 이전 세대의 계층을 고려하지 않고 개인이 자신의 사회생활 중 가졌던 이전 계층과 현재의 계층을 비교하여 파악하는 사회 이동을 가리키며, 경력 이동이라고 부르기도 한다. 이와 달리 B는 이전 세대, 특히 부모의 계층과 자녀의 계층을 비교하여 파악하는 사회 이동을 가리킨다.
• 사회 이동의 유형 중 C는 기존 계층 구조에 변화를 초래하는 사회적 요인으로 인해 나타나는 사회 이동을 가리키고, D는 기존 계층 구조에 변화가 없는 상태에서 개인의 노력이나 업적 등의 요인으로 인해 나타나는 사회 이동을 가리킨다.

┌ 보기 ┌
ㄱ. 피라미드형 계층 구조를 가진 사회에서는 A는 나타날 수 있으나 B는 나타날 수 없다.
ㄴ. 소작농의 딸이 대기업에 평사원으로 입사하여 30년 후 사장이 되는 경우, 그 사람은 A와 B를 모두 경험한 것이다.
ㄷ. 대부분의 기업이 생산 과정을 자동화함으로써 대규모 실직이 발생해 빈민이 된 사람들의 사회 이동은 D가 아닌 C에 해당한다.
ㄹ. A와 B는 이동 원인, C와 D는 이동 범위에 따라 구분되는 사회 이동의 유형이다.

① ㄱ, ㄴ   ② ㄱ, ㄷ   ③ ㄴ, ㄷ   ④ ㄴ, ㄹ   ⑤ ㄷ, ㄹ

04
▶ 24065-0116

다음 자료에 대한 분석으로 옳은 것은?

표는 갑국에서 연령이 50대에 해당하는 사람들인 A~K를 대상으로 세대 내 이동 여부와 세대 간 이동 여부를 조사한 결과이다. 단, 세대 내 이동 여부는 본인의 20년 전 계층과 현재 계층을 비교하여 판단하고, 세대 간 이동 여부는 부모의 계층과 본인의 현재 계층을 비교하여 판단한다.

구분		본인의 20년 전 계층		
		상층	중층	하층
본인의 현재 계층	상층	A	H	J
	중층	D	B, E	I, K
	하층		C, F	G

구분		부모의 계층		
		상층	중층	하층
본인의 현재 계층	상층	A, H		J
	중층	D, I	B, K	E
	하층	C	F	G

① 세대 간 이동한 사람이 세대 내 이동한 사람보다 많다.
② 세대 간 이동만 경험한 사람이 세대 내 이동만 경험한 사람보다 많다.
③ 세대 내 이동과 세대 간 이동을 모두 경험한 사람 중 이동 방향이 불일치하는 사람은 없다.
④ 세대 내 이동과 세대 간 이동 측면에서 모두 상승 이동한 사람이 모두 하강 이동한 사람보다 많다.
⑤ 세대 내 이동과 세대 간 이동을 모두 경험한 사람이 두 이동 중 어떤 이동도 경험하지 않은 사람보다 많다.

05

▶ 24065-0117

다음 자료에 대한 분석으로 옳은 것은?

자료는 갑국에서 세대 간 이동 양상을 파악하기 위해 모든 아버지와 자녀의 직업을 조사한 결과이다. 단, 갑국 모든 부모의 자녀는 1명씩이고, 부모의 계층은 아버지의 직업에 의해서, 자녀의 계층은 본인의 직업에 의해서 규정된다.

〈자료 1〉 각 계층에 해당하는 직업

계층	상층	중층	하층
해당 직업	○, ●	◇, ◆, □, ■	△, ▲

〈자료 2〉 아버지와 자녀의 직업 비교

(단위: %)

구분		아버지의 직업								계
		○	●	◇	◆	□	■	△	▲	
자녀의 직업	○	4	2	1	1	1	0	1	0	10
	●	2	2	1	2	1	1	0	1	10
	◇	1	3	1	3	3	1	2	1	15
	◆	0	2	1	3	2	2	3	2	15
	□	2	2	1	3	4	1	2	2	17
	■	1	2	2	1	1	1	2	3	13
	△	0	1	1	1	1	1	3	3	11
	▲	0	0	1	0	1	1	2	4	9
계		10	14	9	14	14	8	15	16	100

① 세대 간 이동한 자녀가 부모의 계층을 세습한 자녀보다 많다.
② 세대 간 하강 이동한 자녀가 세대 간 상승 이동한 자녀보다 많다.
③ 부모 세대 계층 구조는 피라미드형이고, 자녀 세대 계층 구조는 다이아몬드형이다.
④ 자녀 세대 각 계층 인구 중 부모와 계층이 일치하는 자녀의 비율은 하층이 가장 높다.
⑤ 부모는 상층이고 자녀는 하층인 사례가 부모는 하층이고 자녀는 상층인 사례보다 많다.

06

▶ 24065-0118

다음 자료에 대한 옳은 분석만을 〈보기〉에서 고른 것은?

- 갑국의 계층은 상층, 중층, 하층으로만 구분된다.
- 갑국의 자녀 세대에서 A, F, G의 계층은 C, D보다 낮고, B, E, H보다 높다.
- 갑국에서 A의 부모, D의 부모, H의 부모의 계층은 B의 부모, C의 부모, G의 부모보다 낮고, E의 부모, F의 부모보다 높다.

┌ 보기 ┐
ㄱ. 하층에 속해 있는 자녀 중 부모의 계층이 상층인 자녀는 없다.
ㄴ. 부모와 계층이 일치하는 자녀가 세대 간 이동한 자녀보다 많다.
ㄷ. 세대 간 하강 이동한 자녀가 세대 간 상승 이동한 자녀보다 많다.
ㄹ. 중층에 속해 있는 자녀 중 부모의 계층이 가장 높은 자녀는 G이다.

① ㄱ, ㄴ   ② ㄱ, ㄷ   ③ ㄴ, ㄷ   ④ ㄴ, ㄹ   ⑤ ㄷ, ㄹ

07

▶ 24065-0119

다음 자료에 대한 분석으로 옳은 것은?

표는 갑국의 총인구 중 계층별 인구 비율을 비교한 것이다. 단, 갑국의 총인구는 1980년이 2000년보다 20% 적고, 2020년이 2000년보다 20% 많다.

구분	1980년	2000년	2020년
상층 인구 비율 대비 중층 인구 비율	3/2	4	5/2
중층 인구 비율 대비 하층 인구 비율	5/3	5/12	3/5

① 총인구 중 중층 인구의 비율은 2000년이 1980년의 2배이다.

② 상층에 속하는 인구는 1980년이 가장 적고, 2020년이 가장 많다.

③ 하층에 속하는 인구는 2020년이 가장 적고, 1980년이 가장 많다.

④ 상층 인구에 대한 하층 인구의 비는 2000년이 가장 크고, 2020년이 가장 작다.

⑤ 계층 구조 측면에서 1980년보다 2000년이, 2000년보다 2020년이 사회 통합의 실현에 유리하다.

08

▶ 24065-0120

다음 자료에 대한 옳은 설명만을 〈보기〉에서 고른 것은? (단, A~C는 각각 상층, 중층, 하층 중 하나임.)

표는 갑~무의 현재 계층과 20년 전 계층을 나타낸 것이다. 표에 따르면 갑과 을은 이동 방향이 상반되는 세대 내 이동을 하였는데, 갑은 세대 내 ⓐ 이동을, 을은 세대 내 ⓑ 이동을 하였다.

구분	갑	을	병	정	무
현재 계층	C	C	B	A	A
20년 전 계층	A	B	C	C	B

┌ 보기 ┐
ㄱ. ⓐ이 '상승'이고 ⓑ이 '하강'이면, 현재 계층은 갑이 병보다 낮다.
ㄴ. ⓐ이 '하강'이고 ⓑ이 '상승'이면, 20년 전 계층은 을이 정보다 높다.
ㄷ. 병이 세대 내 상승 이동했다면, 무는 세대 내 하강 이동하였다.
ㄹ. 세대 내 상승 이동한 사람이 세대 내 하강 이동한 사람보다 많다면, 20년 전 계층이 하층인 사람은 갑이다.

① ㄱ, ㄴ   ② ㄱ, ㄷ   ③ ㄴ, ㄷ   ④ ㄴ, ㄹ   ⑤ ㄷ, ㄹ

09
▶ 24065-0121

다음 자료에 대한 분석으로 옳은 것은?

표는 갑국과 을국에서 20세 이상 모든 인구를 대상으로 주관적 계층과 객관적 계층을 비교한 것이다. 주관적 계층은 개인이 어느 계층에 속한다고 느끼는지를 기준으로 구분한 것이고, 객관적 계층은 개인의 소득을 기준으로 구분한 것이다. 단, 20세 이상 인구는 갑국과 을국이 같다.

〈갑국〉

(단위: %)

구분		주관적 계층			계
		상층	중층	하층	
객관적 계층	상층	16	4	0	20
	중층	2	15	33	50
	하층	0	10	20	30
계		18	29	53	100

〈을국〉

(단위: %)

구분		주관적 계층			계
		상층	중층	하층	
객관적 계층	상층	18	2	0	20
	중층	4	36	20	60
	하층	0	2	18	20
계		22	40	38	100

① 주관적 계층이 객관적 계층보다 낮은 사람은 을국이 갑국보다 많다.
② 주관적 계층과 객관적 계층이 일치하는 사람은 갑국이 을국보다 많다.
③ 객관적 계층 구조 측면에서 갑국이 을국보다 사회 통합의 실현에 유리하다.
④ 객관적 계층이 중층인 사람 중 주관적 계층도 중층인 사람의 비율은 을국이 갑국의 2배이다.
⑤ 갑국은 을국과 달리 주관적 계층이 객관적 계층보다 낮은 사람이 그 반대에 해당하는 사람보다 많다.

10
▶ 24065-0122

다음 자료에 대한 옳은 설명만을 〈보기〉에서 고른 것은?

갑국~병국의 계층은 각각 상층, 중층, 하층 중 하나인 A~C로만 구분된다. 표는 각국에서 총인구 중 가장 높은 인구 비율을 차지하는 계층과 그 계층의 인구 비율, 가장 낮은 인구 비율을 차지하는 계층과 그 계층의 인구 비율을 나타낸 것이다. 단, 세 국가 중 상층 인구의 비율은 갑국이 가장 낮고, 하층 인구의 비율은 을국이 가장 낮다.

구분	갑국	을국	병국
가장 높은 인구 비율을 차지하는 계층(인구 비율)	A(60%)	C(55%)	A(60%)
가장 낮은 인구 비율을 차지하는 계층(인구 비율)	B(10%)	B(20%)	C(15%)

┌ 보기 ┐
ㄱ. 을국은 갑국, 병국과 달리 개방적 계층 구조를 가지고 있다.
ㄴ. 하층 인구에 대한 중층 인구의 비는 갑국이 병국의 2배이다.
ㄷ. 병국의 계층 구조가 을국의 계층 구조보다 사회 통합의 실현에 불리하다.
ㄹ. 총인구 중 다른 계층으로의 사회 이동이 상승 이동이 될 수 있는 계층의 인구 비율은 을국이 가장 높다.

① ㄱ, ㄴ   ② ㄱ, ㄷ   ③ ㄴ, ㄷ   ④ ㄴ, ㄹ   ⑤ ㄷ, ㄹ

11

▶ 24065-0123

다음 자료에 대한 분석으로 옳은 것은? (단, 갑국에서 모든 부모의 자녀는 1명씩임.)

갑국에서 자녀 세대 인구 중 상층 인구의 비율은 20%, 중층 인구의 비율은 50%, 하층 인구의 비율은 30%이다. 그림은 갑국의 자녀 세대 각 계층 인구 중 부모의 계층에 따른 인구의 비율을 나타낸 것이다.

① 부모 세대의 계층 구조는 피라미드형이다.
② 세대 간 이동한 자녀가 부모와 계층이 일치하는 자녀보다 많다.
③ 세대 간 하강 이동한 자녀가 세대 간 상승 이동한 자녀보다 많다.
④ 부모와 계층이 일치하는 자녀 중 하층에 속해 있는 자녀의 비율이 60%보다 높다.
⑤ 부모가 중층에 속해 있는 자녀 중 세대 간 하강 이동한 자녀가 세대 간 상승 이동한 자녀보다 많다.

12

▶ 24065-0124

다음 자료에 대한 분석으로 옳은 것은? (단, 갑국에서 모든 부모의 자녀는 1명씩임.)

갑국의 계층은 각각 상층, 중층, 하층 중 하나에 해당하는 A~C로만 구분된다. 〈자료 1〉은 갑국의 자녀 세대 계층 A~C의 특징을, 〈자료 2〉는 갑국의 부모와 자녀의 계층을 비교하여 나타낸 것이다.

〈자료 1〉

구분	공통점
A와 B	세대 간 하강 이동하여 유입된 사람이 존재한다.
B와 C	세대 간 상승 이동하여 유입된 사람과 세대 간 하강 이동하여 유입된 사람 중 한 유형의 사람만 존재한다.

〈자료 2〉

(단위: %)

구분		부모의 계층			계
		A	B	C	
자녀의 계층	A	24	30	6	60
	B	2	18	0	20
	C	4	2	14	20
계		30	50	20	100

① 상층 비율은 부모 세대가 자녀 세대보다 높다.
② 세대 간 이동한 자녀가 부모와 계층이 일치하는 자녀보다 많다.
③ 세대 간 상승 이동한 자녀가 세대 간 하강 이동한 자녀보다 많다.
④ 부모 세대의 계층 구조가 자녀 세대의 계층 구조보다 사회 통합의 실현에 유리하다.
⑤ 중층에 속해 있는 자녀 중 세대 간 하강 이동한 자녀가 세대 간 상승 이동한 자녀보다 많다.

1 사회적 소수자 문제

(1) 사회적 소수자의 의미와 특성

① 의미: 신체적 또는 문화적 특징으로 인해 불평등한 처우를 받는 사람들

② 특성
- 수적으로 반드시 소수(少數)를 의미하는 것은 아님.
- 소수자 집단의 성원이라는 이유만으로 사회적 차별의 대상이 됨.
- 주류 집단에 비해 사회적 자원(권력, 재산 등)의 획득에서 불리한 위치에 있음.
- 스스로 차별받는 집단의 성원이라는 인식 또는 소속감을 가짐.
- 시대, 장소, 소속 집단의 범주 등에 따라 사회적 소수자에 해당하는지의 여부가 달라짐.
  → 대체로 이와 같은 특성에 부합하면 사회적 소수자로 판단되지만, 이와 같은 특성의 유무만으로 사회적 소수자를 확정지을 수는 없음.

(2) 사회적 소수자 문제의 해결 방안

① 의식적 측면
- 다른 사람에 대한 편견을 버리고 공존하려는 자세 견지
- 사회의 다원화된 가치를 인정하는 관용 및 평등 의식 함양

② 제도적 측면
- 사회적 소수자를 차별하는 제도나 법의 개선
- 적극적 우대 조치와 같은 사회적 소수자 지원 정책이나 제도의 마련 → 역차별 문제에 대한 고려 필요

2 성 불평등 문제

(1) 성(性)의 구분과 성 불평등의 의미

① 성(性)의 구분: 생물학적 성(sex)에 따라 남성과 여성으로, 사회적 성(gender)에 따라 남성성(남성다움)과 여성성(여성다움)으로 구분

② 성 불평등의 의미: 성별 간에 사회적 희소가치의 소유 정도나 접근 기회에 격차가 나타나는 현상

(2) 성 불평등의 발생 요인

① 성별 분업: 남성과 여성이 서로 다른 영역의 일을 담당하는 과정에서 남성이 맡은 일을 여성이 맡은 일보다 더 중요하다고 평가함으로써 사회적 위세와 권위가 남성에게 집중됨.

② 차별적 사회화: 사회 전반에 자리 잡은 성별에 대한 선입견과 편견을 토대로 남성과 여성이 서로 다른 성 정체성과 성 역할을 습득하는 사회화 과정을 거침.

③ 불평등한 사회 구조: 가부장제, 남성에게 집중된 사회 진출 기회 등으로 인해 여성이 남성보다 차별을 받음.

(3) 성 불평등 문제의 해결 방안

① 의식적 측면
- 성에 대한 고정 관념을 버리고 양성평등 의식 함양
- 성별 차이가 차별로 이어지지 않도록 상호 존중의 자세 견지

② 제도적 측면
- 성 차별에 대한 제재 강화
- 양성평등 정착을 위한 법과 제도 정비, 교육 과정 마련

3 빈곤 문제

(1) 빈곤의 의미와 원인 및 영향

① 의미: 인간의 기본적인 욕구를 충족하는 데 필요한 자원이나 소득의 결핍이 지속되는 상태

② 원인
- 개인적 측면: 근로 능력 상실, 성취동기 부족 등
- 사회적 측면: 사회 보장 제도 미비, 경기 불황 등

③ 영향
- 개인적 측면: 건강 악화, 상대적 박탈감 유발, 심리적 위축 등
- 사회적 측면: 범죄 증가, 사회 불안 및 갈등 유발 등

(2) 빈곤의 유형

구분	절대적 빈곤	상대적 빈곤
의미	인간이 최소한의 생활을 유지하는 데 필요한 자원이나 소득이 부족한 상태	다른 사람보다 자원이나 소득을 상대적으로 적게 가져 사회 구성원 다수가 누리는 생활 수준을 영위하지 못하는 상태
특징	주로 저개발국에서 부각되며, 경제 성장을 통해 감소하는 경향이 나타남.	급속한 경제 성장의 과정을 거치면서 소득 격차가 심화된 국가에서 부각됨.
빈곤선	• 일반적으로 최저 생활에 소요되는 금액으로 정한 기준을 절대적 빈곤선으로 활용 • 우리나라에서는 소득이 최저 생계비 미만인 가구를 절대적 빈곤 가구로 파악함.	• 일반적으로 중위 소득의 일정 비율에 해당하는 금액으로 정한 기준을 상대적 빈곤선으로 활용 • 우리나라에서는 소득이 중위 소득의 50% 미만인 가구를 상대적 빈곤 가구로 파악함.

(3) 빈곤 문제의 해결 방안

① 개인적 측면
- 빈곤층 스스로 빈곤에서 벗어나려는 자활 의지와 노력
- 빈곤층을 배려·지원하려는 공동체 의식 및 공존의 가치관

② 제도적 측면
- 교육의 기회균등 실현, 직업 훈련 및 일자리 창출 등
- 최저 임금제, 소득 재분배 정책(누진세 제도, 사회 보장 제도) 등을 통해 소득 분배의 형평성 제고

01

▶ 24065-0125

빈곤의 유형 A, B에 대한 옳은 설명만을 〈보기〉에서 고른 것은?

빈곤의 유형은 A와 B로 구분될 수 있다. A는 의식주와 같이 생존 및 생활에 필수적인 자원을 확보하기 위해 요구되는 기본적인 소득이 부족한 상태를 가리킨다. 이와 달리 B는 한 사회에서 일반적이거나 보통 수준에 해당하는 생활을 영위하는 데 요구되는 소득 수준과 비교하여 소득이 부족한 상태를 가리킨다. 우리나라의 경우 과거에는 B보다는 A가 대표적인 빈곤 문제로 부각되었으나 최근에는 A보다는 B가 대표적인 빈곤 문제로 부각되고 있다.

┌ 보기 ┐
ㄱ. A와 B는 모두 객관적인 기준에 의해 규정된다.
ㄴ. B는 A와 달리 상대적 박탈감을 유발할 수 있다.
ㄷ. 한 사회에서 A와 B 모두에 해당하는 가구가 존재할 수 있다.
ㄹ. 소득 불평등이 전혀 없는 사회에서는 A와 B 모두 나타나지 않는다.

① ㄱ, ㄴ   ② ㄱ, ㄷ   ③ ㄴ, ㄷ   ④ ㄴ, ㄹ   ⑤ ㄷ, ㄹ

02

▶ 24065-0126

다음 자료에 대한 설명으로 옳은 것은?

〈갑국의 빈곤 가구 규정〉
• ㉠절대적 빈곤 가구: 소득이 절대적 빈곤선(최저 생계비) 미만인 가구
• ㉡상대적 빈곤 가구: 소득이 상대적 빈곤선(중위 소득의 50% 금액) 미만인 가구

〈갑국의 구성원 수에 따른 가구별 최저 생계비와 중위 소득〉

(단위: 달러/월)

구분	1인 가구	2인 가구	3인 가구	4인 가구	5인 가구
최저 생계비	1,200	2,300	3,300	4,200	5,000
중위 소득	3,400	6,200	7,400	8,600	9,800

*갑국에서 절대적 빈곤선과 상대적 빈곤선이 다르면 절대적 빈곤 가구 수와 상대적 빈곤 가구 수도 다르며, 6인 이상으로 구성된 가구는 없음.

① ㉠은 ㉡과 달리 생계 곤란을 초래할 수 있다.
② ㉡은 ㉠과 달리 해당 사회의 소득 분포를 고려하지 않고 규정된다.
③ 가구원 수가 증가할수록 최저 생계비 증가율이 커진다.
④ 가구원 수가 증가할수록 절대적 빈곤선과 상대적 빈곤선 간의 금액 차이가 커진다.
⑤ 5인 가구와 달리 1~4인 가구에서는 모든 절대적 빈곤 가구가 상대적 빈곤 가구에 해당한다.

03

▶ 24065-0127

다음 자료에 대한 설명으로 옳은 것은?

갑국에서는 소득이 최저 생계비 미만인 가구를 A 가구, 소득이 중위 소득의 50% 미만인 가구를 B 가구로 규정한다. 2010년에 갑국에서 A 가구는 전체 가구 중에서 10%, B 가구 중에서 50%를 차지하였다. 2010년 대비 2020년에 갑국에서 A 가구 수는 10% 감소하고, B 가구 수는 50% 증가하였다. 그 결과 2020년에 갑국에서 A 가구는 전체 가구 중에서 ⓐ %, B 가구 중에서 ⓑ %를 차지하게 되었다. 단, 갑국에서 전체 가구 수는 2010년 대비 2020년에 50% 증가하였고, 갑국 모든 가구의 구성원 수는 같다.

① ⓐ은 '6'이고, ⓑ은 '30'이다.
② B는 A와 달리 상대적 박탈감을 유발하는 주관적 빈곤 상태이다.
③ 2010년에 갑국의 전체 빈곤 가구 수는 A 가구 수와 B 가구 수의 합과 같다.
④ 갑국에서 전체 가구 중 상대적 빈곤 가구의 비율은 2020년이 2010년보다 높다.
⑤ 갑국에서 2010년과 2020년 모두 중위 소득의 50% 금액이 최저 생계비보다 크고, 최저 생계비는 2020년이 2010년보다 작다.

04

▶ 24065-0128

다음 자료에 대한 분석으로 옳은 것은?

표는 갑국에서 빈곤 가구의 변동 양상을 파악하기 위해 수집한 자료에 대한 분석 결과를 나타낸 것이다. 단, 1990년에 빈곤 가구 수는 20만 가구이고, 조사 기간에 새롭게 생겨난 가구는 있으나 사라진 가구는 없다.

구분	2000년	2010년	2020년
전체 가구 수(만 가구)	150	200	300
빈곤 가구 수(만 가구)	15	30	60
빈곤 탈출률(%)	40	40	30

* 빈곤 탈출률(%)은 10년 전 빈곤 가구 중 해당 연도에는 비빈곤 가구에 속해 있는 가구, 즉 빈곤 탈출 가구의 비율을 말함.

① 빈곤 탈출 가구는 2010년이 2000년보다 많다.
② 전체 가구 중 빈곤 가구의 비율은 2010년이 2020년보다 높다.
③ 비빈곤 가구 중 빈곤 탈출 가구의 비율은 2010년이 2000년보다 높다.
④ 2010년 대비 2020년에 전체 가구 증가율이 빈곤 탈출 가구의 증가율보다 크다.
⑤ 2000년에는 2020년과 달리 빈곤 가구 중 10년 전에도 빈곤 가구인 가구가 과반수이다.

05

▶ 24065-0129

다음 자료에 대한 분석으로 옳은 것은?

표는 갑국의 남성 근로자 월평균 임금과 성별 근로자 월평균 임금 불평등 지수를 나타낸 것이다. 단, 세 연도에 각각 갑국에서 남성 근로자 수와 여성 근로자 수가 같다.

구분	2000년	2010년	2020년
남성 근로자 월평균 임금(달러)	2,000	2,500	3,000
성별 근로자 월평균 임금 불평등 지수	40	20	10

* 성별 근로자 월평균 임금 불평등 지수={(남성 근로자 월평균 임금−여성 근로자 월평균 임금)/남성 근로자 월평균 임금}×100

① 2000년에 전체 근로자 월평균 임금이 100이라면 여성 근로자 월평균 임금은 60이다.

② 2020년에 남성 근로자 월평균 임금은 전체 근로자 월평균 임금보다 300달러 많다.

③ 성별 근로자 간 월평균 임금의 차액은 2000년이 2010년의 2배이다.

④ 10년 전 대비 전체 근로자 월평균 임금 상승률은 2010년이 2020년보다 크다.

⑤ 2000년 대비 2020년에 월평균 임금 상승률은 여성 근로자가 남성 근로자의 2배 미만이다.

06

▶ 24065-0130

표에 대한 옳은 분석만을 〈보기〉에서 고른 것은?

〈갑국의 5년 전 대비 근로자 증가율〉

(단위: %)

구분	2010년	2015년	2020년
남성 정규직 근로자	5	4	2
남성 비정규직 근로자	6	2	4
여성 정규직 근로자	8	3	−3
여성 비정규직 근로자	7	5	10

┌ 보기 ┐

ㄱ. 여성 정규직 근로자 수는 2010년과 2020년이 같다.

ㄴ. 전체 근로자 중 여성 근로자의 비율은 2010년이 2005년보다 높다.

ㄷ. 남성 근로자 중 비정규직 근로자의 비율은 2010년과 2020년이 같다.

ㄹ. 2010년 대비 2020년에 남성 근로자가 여성 근로자보다 고용 불안 문제가 심화되었다.

① ㄱ, ㄴ   ② ㄱ, ㄷ   ③ ㄴ, ㄷ   ④ ㄴ, ㄹ   ⑤ ㄷ, ㄹ

07

▶ 24065-0131

다음 자료에 대한 분석으로 옳은 것은?

표는 갑국의 성별과 고용 형태로 구분되는 근로자 집단별 월평균 임금을 나타낸 것이다. 단, 남성 정규직 근로자는 2010년과 2020년이 200만 명으로 같다.

(단위: 달러)

구분	2010년			2020년		
	정규직	비정규직	전체	정규직	비정규직	전체
남성	5,000	3,000	4,000	8,000	4,600	6,300
여성	4,000	2,000	3,000	5,000	3,800	4,200
전체	4,500	2,500	3,500	7,000	4,200	5,400

① 2010년에 남성 근로자가 여성 근로자보다 많다.

② 2020년에 비정규직 근로자가 정규직 근로자보다 100만 명 많다.

③ 비정규직 근로자 중 여성 근로자의 비율은 2020년이 2010년보다 높다.

④ 2010년 대비 2020년에 월평균 임금 상승률은 여성 근로자가 남성 근로자보다 높다.

⑤ 2010년에는 2020년과 달리 고용 형태별 근로자 간 월평균 임금 액수 격차가 성별 근로자 간 월평균 임금 액수 격차보다 크다.

08

▶ 24065-0132

다음 자료에 대한 분석으로 옳은 것은?

표는 갑국의 성별 근로자 연령대별 월평균 임금 격차를 나타낸 것이다. 2000년에 남성 근로자 월평균 임금은 4,000달러, 성별 근로자 월평균 임금 격차 지수는 25이고, 2020년에 남성 근로자 월평균 임금은 5,000달러, 성별 근로자 월평균 임금 격차 지수는 20이다.

(단위: 달러)

연령대	2000년		2020년	
	남성 근로자	여성 근로자	남성 근로자	여성 근로자
20대 이하	−2,500	−1,700	−2,000	−1,200
30대	−1,500	−1,000	−1,000	−600
40대	200	500	200	500
50대 이상	800	1,000	1,000	1,600

*남성(여성) 근로자 연령대별 월평균 임금 격차(달러)=해당 연령대 남성(여성) 근로자 월평균 임금−남성(여성) 근로자 월평균 임금
**성별 근로자 월평균 임금 격차 지수={(남성 근로자 월평균 임금−여성 근로자 월평균 임금)/남성 근로자 월평균 임금}×100

① 2000년에 성별 근로자 간 월평균 임금의 차액이 가장 큰 연령대는 40대이다.

② 2020년에 연령대가 높을수록 성별 근로자 간 월평균 임금의 차액이 크다.

③ 2000년 대비 2020년에 50대 이상 근로자의 월평균 임금 상승률은 남성이 여성보다 높다.

④ 2000년의 50대 이상 여성 근로자 월평균 임금과 2020년의 30대 남성 근로자 월평균 임금이 같다.

⑤ 20대 이하 근로자에서 남성 근로자 월평균 임금에 대한 여성 근로자 월평균 임금의 비는 2000년이 2020년보다 크다.

09

▶ 24065-0133

다음 자료에 대한 옳은 설명만을 〈보기〉에서 고른 것은?

- 갑국에서는 전체 인구의 30%를 차지하는 A 종교 신자들이 지배 세력을 형성하고, 전체 인구의 70%를 차지하는 B 종교 신자들을 정치 참여에서 차별하고 있다. 이에 B 종교 신자들은 외국의 인권 단체들과 연대하여 갑국 내에서 B 종교 신자들에 대한 차별을 금지할 것을 요구하였다. 갑국 정부에 대한 국제 사회의 압박이 거세지자 갑국 정부는 B 종교 신자들에게도 A 종교 신자들과 똑같이 정치에 참여할 수 있는 권리를 부여하는 법을 제정하였다.
- 을국에서는 전체 인구의 90%를 차지하는 C 인종이 지배 세력을 형성하고, 전체 인구의 10%를 차지하고 있는 D 인종을 단지 인종이 다르다는 이유로 사회적·경제적으로 차별하고 있다. D 인종 출신 사람들은 교육을 거의 받지 못하고 있고, 그로 인해 취업에도 큰 어려움을 겪고 있다. 이에 D 인종 사람들은 자체적으로 단체를 결성하여 C 인종의 차별에 저항하였다. D 인종의 저항이 거세지자 을국 정부는 인종 차별을 해결하기 위해 대학의 신입생이나 기업의 신입 사원 선발 시에 합격 기준에 미달하더라도 D 인종 사람을 10% 이상 선발하도록 하는 법을 제정하였다.

┌─ 보기 ┌
ㄱ. 갑국에서는 을국과 달리 상대적으로 인구가 적은 집단이 사회적 소수자로 차별받았다.
ㄴ. 사회적 소수자 문제의 해결을 위해 을국에서는 갑국과 달리 적극적 우대 조치를 도입하였다.
ㄷ. 갑국에서는 문화적 특징의 차이, 을국에서는 신체적 특징의 차이가 사회적 소수자를 규정하는 기준이 되었다.
ㄹ. 갑국의 B 종교 신자들은 을국의 D 인종과 달리 자신들이 주류 집단으로부터 차별받는 집단에 속해 있다는 점을 인식하였다.

① ㄱ, ㄴ   ② ㄱ, ㄷ   ③ ㄴ, ㄷ   ④ ㄴ, ㄹ   ⑤ ㄷ, ㄹ

10

▶ 24065-0134

다음 자료에 대한 옳은 설명만을 〈보기〉에서 고른 것은?

교사: ㉠사회적 소수자의 특징이나 사회적 소수자 문제의 해결 방안에 대해 설명해 보세요.
갑: 사회적 소수자는 한 사회 내에서 상대적으로 인구가 적어 차별받는 집단을 가리킵니다.
을: 사회적 소수자는 신체적 특징의 차이뿐만 아니라 문화적 특징의 차이에 의해서도 규정될 수 있습니다.
병: 개인이 여러 사회적 소수자 집단에 동시에 속해 있을 수 없습니다.
정: [_____(가)_____]
무: 사회적 소수자 문제의 해결 방안으로 ㉡적극적 우대 조치를 들 수 있습니다.
교사: ㉢두 사람을 제외하고 모두 옳은 설명을 했습니다.

┌─ 보기 ┌
ㄱ. ㉠을 규정하는 기준은 시대와 사회에 따라 상대적이다.
ㄴ. ㉡은 사회적 소수자에 대한 역차별 논란을 초래할 수 있다.
ㄷ. ㉢은 갑과 병이다.
ㄹ. (가)에는 '사회적 소수자로 규정되는 데 자신들이 주류 집단으로부터 차별받는 집단에 속해 있다는 인식은 불필요합니다.'가 들어갈 수 있다.

① ㄱ, ㄴ   ② ㄱ, ㄷ   ③ ㄴ, ㄷ   ④ ㄴ, ㄹ   ⑤ ㄷ, ㄹ

THEME 14 사회 복지와 복지 제도

1 사회 복지와 복지 국가

(1) 사회 복지

① 의미: 소득이나 건강 보장, 각종 서비스 제공 등을 통해 사회 구성원들의 안전하고 행복한 생활을 실현하기 위한 제도나 정책 등의 사회적 노력과 지원

② 인식의 변화

초기 자본주의 사회	현대 복지 사회
• 빈곤의 원인으로 개인적 요인(무능력, 게으름 등)이 강조됨. • 일부 개인이나 단체 등을 통한 자선적 복지가 중심이 됨. • 주로 빈곤 구제에 관심을 가짐. • 선별적 복지, 시혜적 복지, 사후 처방적 복지가 중심이 됨.	• 빈곤의 원인으로 개인적 요인과 함께 사회적 요인도 중시됨. • 복지를 국민의 권리로 인식하여 국가에 의한 사회 복지 정책이나 제도가 시행됨. • 빈곤 구제뿐만 아니라 삶의 질 향상을 함께 추구함. • 사전 예방적 복지와 사후 처방적 복지, 선별적 복지와 보편적 복지가 함께 실시됨.

(2) 복지 국가

① 의미: 복지를 국민의 권리로 인식하고 국민의 복지 증진을 위한 제도와 정책의 시행을 중요한 책무로 여기는 국가

② 등장 배경: 자본주의의 발달 과정에서 심화된 빈부 격차, 실업 등 인간의 안전한 삶을 위협하는 다양한 사회적 위험의 증가

③ 등장과 발달

독일	최초로 사회권을 규정한 바이마르 헌법(1919년)을 제정하여 국민의 인간다운 생활을 위한 국가의 적극적인 역할을 강조함.
미국	대공황 극복을 위한 뉴딜 정책의 하나로 제정된 사회 보장법(1935년)에 따라 국민의 안전한 생활 보장을 추구함.
영국	베버리지 보고서(1942년)의 채택을 계기로 현대적 의미의 다양한 사회 보장 제도가 마련됨.

2 우리나라의 사회 복지 제도

(1) 사회 보험

의미	국민에게 발생하는 사회적 위험(질병, 장애, 노령, 실업, 사망 등)을 보험의 방식으로 대처함으로써 국민이 안전한 생활을 누리는 데 필요한 건강과 소득을 보장하는 제도
대상	모든 국민
비용 부담	• 수익자 부담 원칙 및 능력별 비용 부담 원칙 적용 • 사업주, 근로자 및 자영업자, 국가도 일부 부담
특징	• 보편적 복지 이념을 바탕으로 함. • 의무 가입을 원칙으로 함. • 상호 부조의 원리를 바탕으로 함. • 금전적 지원을 원칙으로 함. • 미래에 직면할 우려가 있는 사회적 위험에 대비하는 사전 예방적 성격이 강함.
종류	국민연금 제도, 국민 건강 보험 제도, 노인 장기 요양 보험 제도, 고용 보험 제도, 산업 재해 보상 보험 제도

(2) 공공 부조

의미	국가와 지방 자치 단체의 책임하에 생활 유지 능력이 없거나 생활이 어려운 국민의 최저 생활을 보장하고 자립을 지원하는 제도
대상	생활 유지 능력이 없거나 생활이 어려운 국민
비용 부담	• 수익자 부담 원칙을 적용하지 않으므로 재원 부담자와 복지 수혜자가 불일치함. • 국가와 지방 자치 단체가 전액 부담하는 것을 원칙으로 함.
특징	• 선별적 복지 이념을 바탕으로 함. • 현재 직면한 사회적 위험으로부터 구제하기 위한 사후 처방적 성격이 강함. • 금전적 지원을 원칙으로 함. • 사회 보험보다 소득 재분배 효과가 큼. • 수급 대상자 선정 과정에서 부정적 낙인이 발생할 우려가 있음.
종류	국민 기초 생활 보장 제도, 의료 급여 제도, 기초 연금 제도, 장애인 연금 제도 등

(3) 사회 서비스

의미	보건 의료, 교육, 고용, 주거, 문화, 환경 등의 분야에서 인간다운 생활을 보장하고 상담, 재활, 돌봄, 정보의 제공, 관련 시설의 이용, 역량 개발, 사회 참여 지원 등을 통하여 국민의 삶의 질이 향상되도록 지원하는 제도
대상	국가와 지방 자치 단체 및 민간 부문의 도움이 필요한 모든 국민
비용 부담	• 비용 부담 능력이 있는 국민에게는 수익자 부담 원칙을 적용함. • 일정 소득 수준 이하의 국민은 비용의 전부 또는 일부를 국가와 지방 자치 단체가 부담함.
특징	• 민간 부문이 서비스 제공에 참여함. • 비금전적 지원을 원칙으로 함. • 국민 각자의 필요에 부합하는 개별적 서비스 지원을 원칙으로 함.
종류	산모·신생아 건강 관리 지원 사업, 가사·간병 방문 지원 사업, 청년 마음 건강 지원 사업, 발달 장애인 주간 활동 서비스 사업 등

3 복지 제도의 역할과 한계

(1) 복지 제도의 역할

① 개인적 측면: 개인의 최저 생활과 삶의 질 보장

② 사회적 측면: 사회 불평등의 완화 및 사회 통합에 기여

(2) 복지 제도의 한계

① 과도한 복지에 따른 근로 의욕 저하, 생산성 및 경제적 효율성 악화(복지병)

② 국민 조세 부담 및 국가 재정 부담 증가 등

(3) 생산적 복지

① 의미: 자활 노력을 전제로 복지를 제공함으로써 경제적 효율성과 복지를 모두 달성하고자 하는 사회 복지

② 특징: 근로 능력이 있는 사람의 자활 노력에 대응하여 복지를 제공함으로써 근로 의욕을 고취시키고 사회적 약자의 복지를 향상시키고자 함.

01

▶ 24065-0135

다음 자료에 대한 설명으로 옳은 것은? (단, A, B는 각각 공공 부조, 사회 보험 중 하나임.)

표는 우리나라의 사회 보장 제도인 A와 B의 특징을 묻는 질문에 대한 갑, 을의 응답을 나타낸 것이다. 단, 4개의 질문에 대한 옳은 응답의 개수는 갑이 을보다 2개 많다.

질문	응답	
	갑	을
A는 B와 달리 금전적 지원을 원칙으로 하는가?	예	아니요
(가)	아니요	예
B는 A와 달리 상호 부조의 원리를 적용하는가?	예	아니요
(나)	예	아니요

① A의 사례로 국민연금 제도를 들 수 있다.
② B는 선별적 복지 이념을 바탕으로 한다.
③ A의 수급자는 B의 수급자가 될 수 없다.
④ (가)에는 'A는 B와 달리 소득 재분배 효과를 갖는가?'가 들어갈 수 있다.
⑤ (나)에는 'B는 A와 달리 수익자 부담 원칙을 적용하는가?'가 들어갈 수 없다.

02

▶ 24065-0136

다음 자료에 대한 옳은 설명만을 〈보기〉에서 고른 것은? (단, A~C는 각각 공공 부조, 사회 보험, 사회 서비스 중 하나임.)

(가)~(다)는 우리나라의 사회 보장 제도 A~C의 특징을 비교한 진술이다. 단, (가)와 (나) 중 1개와 (다)는 참인 진술이다.

(가) A는 B와 달리 상호 부조의 원리를 바탕으로 한다.
(나) B는 C와 달리 금전적 지원을 원칙으로 한다.
(다) C는 A와 달리 ㉠

보기
ㄱ. (가)가 참인 경우, A는 C와 달리 사전 예방적 성격보다 사후 처방적 성격이 강하다.
ㄴ. (가)가 참인 경우, ㉠에 '복지 비용 부담자와 복지 수혜자가 불일치한다.'가 들어갈 수 있다.
ㄷ. (나)가 참인 경우, C는 B와 달리 민간 부문이 복지 제공에 참여한다.
ㄹ. (나)가 참인 경우, ㉠에 '의무 가입을 원칙으로 한다.'가 들어갈 수 있다.

① ㄱ, ㄴ　　　② ㄱ, ㄷ　　　③ ㄴ, ㄷ　　　④ ㄴ, ㄹ　　　⑤ ㄷ, ㄹ

03

▶ 24065-0137

다음 자료에 대한 설명으로 옳은 것은? (단, A, B는 각각 공공 부조, 사회 보험 중 하나임.)

※ 서술형 문제: 우리나라의 사회 보장 제도인 A와 B를 비교하여 A와 달리 B가 지닌 특징을 3개만 서술하시오. 옳은 서술 1개당 1점이고, 틀린 서술은 0점입니다.

〈학생 갑의 서술 내용과 교사의 채점 결과〉

답란		채점 결과
(1)	복지 수혜자가 경제력에 따라 복지 비용을 부담하게 한다.	
(2)	사후 처방적 성격보다 사전 예방적 성격이 강하다.	2점
(3)	(가)	

① A는 상호 부조의 원리를 바탕으로 한다.
② B는 선별적 복지 이념을 바탕으로 한다.
③ A는 B와 달리 소득 재분배 효과를 갖는다.
④ 고용 보험 제도는 A에, 국민 기초 생활 보장 제도는 B에 해당한다.
⑤ (가)에는 '생활 유지 능력이 없거나 생활이 어려운 국민의 최저 생활 보장을 목적으로 한다.'가 들어 갈 수 있다.

04

▶ 24065-0138

다음 자료에 대한 옳은 설명만을 〈보기〉에서 고른 것은? (단, A~C는 각각 공공 부조, 사회 보험, 사회 서비스 중 하나임.)

※ 과제: 우리나라의 사회 보장 제도 A~C 중 표에 제시된 특징을 갖는 제도를 답란에 쓰시오. 단, 제시된 특징이 둘 이상의 제도에 모두 해당할 경우, 해당하는 제도를 모두 써야 옳은 답이 되고, 제시된 특징을 갖지 않는 제도를 함께 쓰면 틀린 답이 됩니다.

〈학생 갑, 을이 답란에 쓴 제도와 교사의 평가 결과〉

특징	답란		교사의 평가 결과
	갑	을	
금전적 지원을 원칙으로 한다.	㉠	C	갑과 을이 각각 2개의 특징에 대하여 옳은 답을 썼음.
민간 부문이 복지 제공에 참여한다.	㉡	A, B	
의무 가입을 원칙으로 한다.	B	A	
복지 비용 부담에 있어서 수익자 부담 원칙을 배제한다.	B, C	C	

┌ 보기 ┐
ㄱ. ㉠은 'A, C'이고, ㉡은 'B'이다.
ㄴ. 국민연금 제도는 A에, 기초 연금 제도는 B에 해당한다.
ㄷ. A는 B, C와 달리 상호 부조의 원리를 바탕으로 한다.
ㄹ. C는 A, B와 달리 미래에 직면할 수 있는 사회적 위험에 대비하는 것을 목적으로 한다.

① ㄱ, ㄴ　　　② ㄱ, ㄷ　　　③ ㄴ, ㄷ　　　④ ㄴ, ㄹ　　　⑤ ㄷ, ㄹ

05

다음 자료에 대한 설명으로 옳은 것은?

> A~C는 각각 우리나라의 공공 부조, 사회 보험, 사회 서비스 중 하나이다. 표는 A~C 중 비교 대상으로 제시된 두 제도를 구분할 수 있는 질문과 구분할 수 없는 질문을 나타낸 것이다.
>
> | 구분할 수 있는 질문 | 비교 대상 | 구분할 수 없는 질문 |
> |---|---|---|
> | (가) | A와 B | ㉠의무 가입을 원칙으로 하는가? |
> | (나) | A와 C | (다) |
> | ㉡금전적 지원을 원칙으로 하는가? | B와 C | (라) |

① A는 보편적 복지 이념을 바탕으로 한다.

② C는 사전 예방적 성격보다 사후 처방적 성격이 강하다.

③ B의 ㉠에 대한 응답은 '아니요'이고, ㉡에 대한 응답은 '예'이다.

④ '복지 제공에 민간 부문이 참여하는가?'는 (가)와 (다) 모두에 들어갈 수 있다.

⑤ '상호 부조의 원리를 바탕으로 하는가?'는 (나)와 (라) 모두에 들어갈 수 있다.

06

다음 자료에 대한 분석으로 옳은 것은?

> 〈우리나라 사회 보장 제도 A~C의 목적〉
> A: 노령, 장애, 사망 시 본인 또는 가족에게 연금 급여를 실시하여 생활 안정에 이바지하고자 함.
> B: 일상생활과 사회 활동이 어려운 저소득층을 위해 요양 보호사가 방문하여 가사와 간병을 지원함으로써 취약 계층의 생활 안정을 도모함.
> C: 생활이 어려운 사람에게 급여를 제공하여 최저 생활을 보장하고 자활을 지원함.
>
> 〈우리나라 갑 지역의 총인구 중 A~C 수혜자의 비율〉
>
> (단위: %)
>
> | 구분 | 2020년 | 2021년 | 2022년 |
> |---|---|---|---|
> | A | 14 | 16 | 14 |
> | B | 5 | 4 | 5 |
> | C | 11 | 10 | 9 |
>
> *2020~2022년에 갑 지역의 총인구는 변동 없음.

① 2020년에 A~C 중 민간 부문이 복지 제공에 참여하는 제도의 수혜자가 가장 많다.

② 2022년에 의무 가입을 원칙으로 하는 제도의 수혜자 수와 그렇지 않은 제도의 수혜자 수가 같다.

③ 상호 부조의 원리를 적용하는 제도의 수혜자는 2020년이 2021년보다 많다.

④ 비금전적 지원을 원칙으로 하는 제도의 수혜자는 2021년이 2022년보다 많다.

⑤ 2020~2022년에 금전적 지원을 원칙으로 하는 제도의 수혜자 중 보편적 복지 제도의 수혜자가 선별적 복지 제도의 수혜자보다 많다.

07

▶ 24065-0141

다음 자료에 대한 옳은 분석만을 〈보기〉에서 고른 것은?

〈우리나라의 사회 보장 제도 A와 B〉
A: 고령이나 노인성 질병 등으로 인해 일상생활을 혼자서 수행하기 어려운 노인 등에게 장기 요양 급여를 제공하는 제도
B: 최저 생활 보장과 자활 지원을 위해 생활이 어려운 사람에게 필요한 급여를 제공하는 제도

〈우리나라 갑, 을 지역의 A, B 수급자 비율〉

(단위: %)

구분	갑 지역		을 지역	
	A	B	A	B
각 지역 총인구 중 수급자 비율	20	15	10	20
각 지역 65세 이상 인구 중 수급자 비율	90	30	60	40

*갑 지역 총인구는 을 지역 총인구의 2배임.
**갑 지역 총인구 중 65세 이상 인구의 비율은 20%이고, 을 지역 총인구 중 65세 이상 인구의 비율은 15%임.

┌ 보기 ┐
ㄱ. 선별적 복지 이념에 기초한 제도의 65세 이상 수급자 수는 갑 지역이 을 지역의 2배이다.
ㄴ. 상호 부조의 원리에 기초한 제도의 수급자 중 65세 이상 수급자의 비율은 갑 지역과 을 지역이 같다.
ㄷ. 수익자 부담 원칙을 적용하지 않는 제도의 수급자 중 65세 이상 수급자의 비율은 을 지역이 갑 지역보다 높다.
ㄹ. 을 지역은 갑 지역과 달리 사전 예방적 성격이 강한 제도의 수급자가 사후 처방적 성격이 강한 제도의 수급자보다 많다.

① ㄱ, ㄴ　　② ㄱ, ㄷ　　③ ㄴ, ㄷ　　④ ㄴ, ㄹ　　⑤ ㄷ, ㄹ

08

▶ 24065-0142

다음 자료에 대한 분석으로 옳은 것은?

〈우리나라의 사회 보장 제도 A와 B〉
A: 65세 이상 노인 중 소득이 일정 수준 이하인 사람의 생활 안정을 위해 연금을 지급하는 제도
B: 국민의 생활 안정을 위해 노령, 장애, 사망 시 본인 또는 가족에게 연금 급여를 실시하는 제도

〈우리나라 갑 권역의 각 지역 인구 중 A, B 수급자 비율〉

(단위: %)

구분	(가) 지역	(나) 지역	갑 권역 전체
A의 수급자	12	6	10
B의 수급자	11	14	12

*갑 권역은 (가) 지역과 (나) 지역으로만 구분됨.
**공공 부조에 해당하는 제도의 수급자 중 사회 보험에 해당하는 제도의 수급자가 차지하는 비율은 (가), (나) 지역이 각각 50%임.

① 보편적 복지 이념에 기초한 제도의 수급자는 (나) 지역이 (가) 지역보다 많다.
② 상호 부조의 원리를 적용하는 제도의 수급자에만 해당하는 사람은 (가) 지역이 (나) 지역보다 많다.
③ 갑 권역 전체에서 의무 가입의 원칙을 적용하는 제도의 수급자가 그렇지 않은 제도의 수급자보다 적다.
④ 사전 예방적 성격보다 사후 처방적 성격이 강한 제도의 수급자 수는 (가) 지역이 (나) 지역의 4배이다.
⑤ (가) 지역과 (나) 지역에서 모두 사회 보험에 해당하는 제도의 수급자 중 공공 부조에 해당하는 제도의 수급자가 과반수이다.

09

▶ 24065-0143

다음 자료에 대한 설명으로 옳은 것은?

갑국 정부는 저소득 근로자 가구를 대상으로 ㉠근로 장려금 제도를 도입하기로 하고, 근로 장려금 지급 대상 가구의 근로 소득 범위 및 근로 장려금 산정 방식은 (가)와 (나) 중에서 하나를 선택하기로 하였다. 그림은 갑국이 도입을 고려하고 있는 (가)와 (나)를 나타낸 것이다. 단, 갑국의 가구별 구성원 수는 모두 같다.

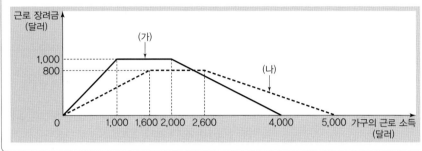

① ㉠은 선별적 복지 이념이 아닌 보편적 복지 이념을 바탕으로 한다.

② ㉠에서 가구의 근로 소득이 증가하면, 근로 소득과 근로 장려금의 합은 증가하다가 감소한다.

③ 근로 소득이 800달러인 가구의 경우, 근로 장려금은 (가)가 (나)보다 300달러 많다.

④ 근로 소득이 3,200달러인 가구의 경우, 근로 장려금은 (나)가 (가)보다 200달러 많다.

⑤ 근로 소득이 1,000달러에서 1,600달러로 증가하면, 근로 소득에 대한 근로 장려금의 비가 (가)의 경우 일정하고, (나)의 경우 커진다.

10

▶ 24065-0144

다음 자료에 대한 옳은 설명만을 〈보기〉에서 고른 것은?

○ 게임 규칙: 〈카드 1~4〉 중 2개를 선택하여 획득하는 점수의 합이 큰 사람이 승리한다. 각 카드에는 우리나라의 사회 보장 제도인 ㉠사회 보험, ㉡공공 부조, ㉢사회 서비스 중 한 개 이상의 제도에 해당하는 특징이 적혀 있는데, 선택한 카드에 적혀 있는 특징이 세 제도 중 한 개의 제도에만 해당하면 1점, 두 개 이상의 제도에 해당하면 2점을 얻을 수 있다.

○ 〈카드 1~4〉에 적혀 있는 특징

〈카드 1〉	〈카드 2〉	〈카드 3〉	〈카드 4〉
상호 부조의 원리를 바탕으로 한다.	(가)	(나)	민간 부문이 복지 제공에 참여한다.

○ 게임 결과: 갑이 〈카드 1〉과 〈카드 3〉, 을이 〈카드 2〉와 〈카드 4〉를 선택했고, 갑이 승리하였다.

┌ 보기 ┐

ㄱ. 기초 연금 제도는 ㉠에, 의료 급여 제도는 ㉡에 해당한다.

ㄴ. 〈카드 1〉에는 ㉡에만 해당하는 특징이 적혀 있다.

ㄷ. 〈카드 4〉에는 ㉢에만 해당하는 특징이 적혀 있다.

ㄹ. '금전적 지원을 원칙으로 한다.'는 (가)가 아닌 (나)에 들어갈 수 있다.

① ㄱ, ㄴ   ② ㄱ, ㄷ   ③ ㄴ, ㄷ   ④ ㄴ, ㄹ   ⑤ ㄷ, ㄹ

① 사회 변동

(1) 사회 변동의 의미와 특징

① 의미: 시간의 흐름에 따라 사회의 전반적인 생활 양식, 사회적 관계, 규범과 가치, 의식 구조 등이 변화하는 현상

② 특징

- 어느 사회에서나 발생하는 보편적인 현상이지만, 변동 속도나 방향, 구체적인 양상 등은 사회마다 다양하게 나타날 수 있음.
- 사회 한 영역의 변화가 다른 영역의 변화를 유발하거나 촉진함.
- 사회 변동이 나타나는 데에는 다양한 요인이 복합적으로 작용함.

(2) 사회 변동의 요인

요인	대표적인 사례
과학과 기술의 발달	인터넷 등 정보 통신 기술의 발달로 인해 산업 사회가 정보 사회로 변동함.
가치관이나 이념의 변화	근대 초 자유주의와 개인주의의 확산으로 인해 민주주의가 발달함.
인구 구조의 변화	저출산 현상의 심화와 함께 고령화 사회가 등장하고, 외국인의 유입 증가로 인해 다문화 사회가 형성됨.
새로운 문화 요소의 등장	전기의 발견 및 전구의 발명으로 인해 경제 활동에 큰 변화가 나타남.
자연환경의 변화	지구 온난화로 인해 세계 각국이 주로 재배하는 농작물에 변화가 나타남.
집단 갈등	성차별적인 사회 제도에 대한 여성들의 저항으로 인해 호주제 폐지와 같은 변화가 나타남.

② 사회 변동을 설명하는 이론

(1) 사회 변동 방향을 기준으로 설명하는 이론

① 진화론

기본 입장	사회는 지속적으로 단순·미분화된 상태로부터 복잡·분화된 상태로 변동해 감.
특징	사회 변동과 발전, 진보를 동일시하는 경향이 있음.
장점	장기간에 걸쳐 일정한 방향으로 발전해 가는 사회, 성공적인 근대화를 통해 선진국으로 진입한 사회의 사례를 설명하는 데 적합함.
한계	• 서구 중심적 입장이라는 비판을 받음. • 서구 제국주의를 정당화하는 논리로 이용될 수 있음. • 퇴보나 멸망을 경험한 사회의 변동을 설명하기 곤란함.

② 순환론

기본 입장	사회는 생성, 성장, 쇠퇴, 소멸의 과정을 지속적으로 반복하며 변동함.
특징	운명론적 입장에서 사회의 소멸을 필연적 결과로 간주함.
장점	과거에 반복적으로 나타난 흥망성쇠의 역사를 설명하는 데 적합함.
한계	• 생성에서 소멸에 이르는 장기적인 변동이 아닌 특정 사회가 경험하는 단기적인 변동 양상은 설명이 곤란함. • 미래에 나타날 사회 변동 방향을 예측하여 대응하는 데 적합하지 않음. • 사회 변동에 작용하는 인간의 자율성과 능동성을 경시함.

(2) 사회 구조적 측면에서 설명하는 이론

① 기능론

기본 입장	• 사회 변동은 사회가 일시적 불균형을 극복하고 새로운 균형 상태를 갖춘 사회로 이행하는 과정임. • 사회 변동 과정에서 사회의 각 부분이 환경 변화에 맞춰 점진적으로 조정 및 적응 과정을 거침으로써 사회 전체적으로 새로운 균형이 형성됨.
장점	• 장기간에 걸쳐 점진적·부분적으로 이루어지는 사회 변동을 설명하는 데 적합함. • 사회가 변동 과정을 겪으면서도 자연스럽게 안정과 질서, 통합을 이루는 현상을 설명하는 데 적합함.
한계	사회 구조적 모순에 의해 발생하는 혁명과 같은 급진적·전면적 사회 변동을 설명하기 곤란함.

② 갈등론

기본 입장	• 사회 변동은 기존 사회의 구조적 모순을 극복하고 새로운 사회를 형성하는 과정임. • 사회 변동은 사회에 내재한 지배 집단과 피지배 집단 간의 갈등으로 인해 촉발되는 필연적인 과정임.
장점	• 급진적·전면적으로 이루어지는 사회 변동을 설명하는 데 적합함. • 집단 간 대립과 갈등으로 인해 나타난 사회 변동을 설명하는 데 적합함.
한계	사회 변동을 집단 간 대립과 갈등의 측면에서만 파악함으로써 사회 전체의 필요에 의해 나타나는 점진적·부분적 사회 변동을 설명하기 곤란함.

③ 사회 운동

(1) 사회 운동의 의미와 유형

① 의미: 자신들의 신념과 가치를 실현하기 위해 다수의 사람들이 자발적으로 수행하는 집단적이고 지속적인 활동

② 사례: 노동 운동, 환경 운동, 인권 운동, 민주화 운동 등

(2) 사회 운동의 특징

① 뚜렷한 목표와 이를 달성하기 위한 구체적인 활동 방법과 계획이 존재함.

② 목표와 활동 내용을 정당화하는 이념을 지님.

③ 어느 정도 체계적인 조직을 갖추고 있고, 구성원 간 역할 분담이 이루어짐.

④ 비교적 장기간에 걸쳐 지속적으로 이루어짐.

(3) 사회 운동의 의의와 영향

① 의의: 사회 구조적 모순이나 갈등, 사회 문제 등을 드러내고 그에 대한 해결책을 제시함.

② 영향

- 긍정적 영향: 시민들의 사회에 대한 주체성과 능동성을 함양하고, 시민 참여를 통해 사회 문제를 해결하거나 사회 발전을 이룰 수 있음.
- 부정적 영향: 바람직하지 않은 목표나 이념을 추구하거나 반사회적인 방법을 동원함으로써 사회 전체의 이익을 침해하고, 사회 혼란을 초래하여 사회 통합을 저해할 우려가 있음.

01

▶ 24065-0145

다음 글을 통해 내릴 수 있는 결론으로 가장 적절한 것은?

> 인류 역사에서 봉건 기사 계급의 몰락을 부추기며 중세 시대를 근대로 넘어가게 한 중요한 계기는 총포술의 발명이었다. 또한 인쇄술은 성직자를 중심으로 한 일부 계층이 지식과 정보를 독점하지 못하게 함으로써 근대 민주주의가 태동하는 데 큰 역할을 하였다. 20세기 중반 이후 여성의 권리가 확대된 것 역시 여성 인권 운동가의 노력뿐만 아니라, 세탁기나 전기 오븐과 같은 가전제품이 발명되면서 여성의 가사 노동 부담이 줄었다는 점이 크게 기여하였다.

① 사회 변동은 기술의 변화에 의해 영향을 받는다.
② 사회 변동의 속도는 시대에 따라 다르게 나타난다.
③ 사회 변동의 양상은 각 사회마다 다양하게 나타난다.
④ 사회 변동에는 경제적 요인보다 문화적 요인이 크게 작용한다.
⑤ 사회 변동은 물질문화보다 비물질문화에 의해 영향을 받는다.

02

▶ 24065-0146

사회 구조적 측면에서 사회 변동을 설명하는 다음 이론에 대한 옳은 설명만을 〈보기〉에서 고른 것은?

> 사회 변동은 사회적 균형과 통합을 갱신해 가는 현상이다. 사회는 기본적으로 스스로 균형과 통합을 찾고자 하는 역동적인 체계이기 때문에 설사 변동이 발생하더라도 사회는 이에 적절히 대처할 수 있으며, 전반적인 안정성을 곧 회복하게 된다. 결과적으로 사회는 일시적인 변동 과정을 거쳐 다시 새로운 균형 상태로 이행하게 된다.

┌ 보기 ┐
ㄱ. 기존 사회의 구조적 모순을 극복하고자 한다.
ㄴ. 사회 변동을 갈등과 대립의 측면에서 파악한다.
ㄷ. 장기간에 걸쳐 점진적으로 이루어지는 사회 변동을 설명하는 데 적합하다.
ㄹ. 사회 변동을 사회의 안정과 조화를 유지하기 위해 사회 각 부분들이 조정되는 과정으로 본다.

① ㄱ, ㄴ   ② ㄱ, ㄷ   ③ ㄴ, ㄷ   ④ ㄴ, ㄹ   ⑤ ㄷ, ㄹ

03

▶ 24065-0147

다음 자료에 대한 옳은 설명만을 〈보기〉에서 고른 것은?

교사: 사회 변동의 방향을 설명하는 이론 A, B에 대해 이야기해 볼까요?
갑: A는 사회 변동이 곧 발전이라고 봅니다.
을: B는 운명론적 관점에서 사회 변동을 설명합니다.
병: A는 사회 변동이 일정한 양상을 반복하며 진행된다고 봅니다.
교사: ㉠한 사람을 제외하고 모두 옳게 설명했습니다.

보기

ㄱ. ㉠은 '을'이다.
ㄴ. A는 서구 중심적 사고라는 비판을 받는다.
ㄷ. B는 사회 변동이 일정한 방향을 가지고 있다고 본다.
ㄹ. B는 A와 달리 인류 사회가 시간의 흐름에 따라 생성, 성장, 쇠퇴, 소멸을 반복한다고 본다.

① ㄱ, ㄴ   ② ㄱ, ㄷ   ③ ㄴ, ㄷ   ④ ㄴ, ㄹ   ⑤ ㄷ, ㄹ

04

▶ 24065-0148

다음에서 사회 변동을 설명하는 갑, 을의 이론에 대한 옳은 설명만을 〈보기〉에서 고른 것은?

복잡한 사회 구조에서 특정 부분이 변한다고 해서 사회가 항상성을 잃지는 않습니다. 사회 변동은 사회에 생긴 새로운 요인이 기존 사회에 제대로 동화되지 못할 경우 나타나기도 합니다. 이와 같은 사회의 일시적 불균형은 사회의 적응 체계에 의해 해소되면서 새로운 사회로 나아갑니다.

사회 구조적 차원에서 사회 변동에 대해 설명해 주시겠습니까?

사회 변동은 생산 수단을 소유하지 못한 피지배 집단이 지배 집단에 불만을 표시하는 과정에서 나타납니다. 피지배 집단이 기존 사회 체제를 거부하며 새로운 사회 체제를 요구하는 집단 행동 등이 사회 변혁으로 나타나 사회 변동을 유발합니다.

보기

ㄱ. 갑의 이론은 사회 변동을 새로운 균형을 찾아가는 과정으로 이해한다.
ㄴ. 을의 이론은 사회 변동을 대립과 갈등이라는 속성으로 파악한다.
ㄷ. 갑의 이론은 을의 이론과 달리 사회 변동을 거시적인 측면에서 이해하고 있다.
ㄹ. 갑, 을의 이론은 모두 급격한 사회 변동을 설명하기에 용이하다.

① ㄱ, ㄴ   ② ㄱ, ㄷ   ③ ㄴ, ㄷ   ④ ㄴ, ㄹ   ⑤ ㄷ, ㄹ

05

▶ 24065-0149

다음 글에 나타난 사회 변동 이론에 대한 옳은 설명만을 〈보기〉에서 고른 것은?

> 인류의 역사는 유목민형 사회와 정주민형 사회의 반복으로 설명할 수 있다. 거친 환경 속에서 자주 이동하며 다양한 환경에 적응하는 유목민형 사회가 등장하면 활기차고 혁신적인 변화가 일어난다. 하지만 어느 정도 시간이 지나 사회가 안정되면 한 곳에 오래 머물러 생활하며 주변 환경을 가꾸고 정리하는 정주민형 사회로 교체된다. 정주민형 사회는 안정적인 번영을 누리지만 시간이 지나 낡고 고인물이 되어 시대에 뒤떨어지는 순간 다른 유목민에 의해 창조적 파괴가 일어난다. 그러나 유목민형 사회는 무계획적이고 무모해 오래 가지 못하고 결국 정주민형 사회로 다시 교체된다.

┌─ 보기 ┐
ㄱ. 사회 변동은 곧 발전을 의미한다고 본다.
ㄴ. 모든 사회 변동의 방향이 동일하다고 본다.
ㄷ. 사회 변동을 동일한 과정의 주기적인 반복으로 설명한다.
ㄹ. 사회 변동에 대응하는 인간의 노력을 과소평가한다는 비판을 받는다.

① ㄱ, ㄴ   ② ㄱ, ㄷ   ③ ㄴ, ㄷ   ④ ㄴ, ㄹ   ⑤ ㄷ, ㄹ

06

▶ 24065-0150

다음 자료에 대한 설명으로 옳은 것은? (단, A, B는 각각 순환론, 진화론 중 하나임.)

> 다음은 서술형 평가에 대한 갑, 을의 서술 내용 및 교사의 채점 결과를 정리한 자료이다.
> 〈문제〉 사회 변동 이론 A와 구분되는 B의 장점과 B에 대한 비판을 한 가지씩 쓰시오.(단, 서술 내용 한 개당 옳게 쓴 경우는 1점, 옳지 않게 쓴 경우는 0점을 부여함.)
>
> 〈갑, 을의 서술 내용과 교사의 채점 결과〉

구분	갑	을
장점	흥망성쇠를 거듭한 국가의 사례를 설명하기에 적합하다.	(가)
비판	(나)	서구 제국주의를 정당화하는 수단으로 악용될 수 있다.
총점	1점	2점

① A는 모든 사회가 동일한 방향으로 변동한다고 본다.
② B는 사회 변동을 대립과 갈등이라는 속성을 통해 파악한다.
③ B는 A와 달리 모든 사회가 단순한 형태에서 복잡한 형태로 변동해 간다고 본다.
④ (가)에는 '장기적 사회 변동보다 단기적 사회 변동을 설명하는 데 적합하다.'가 들어갈 수 있다.
⑤ (나)에는 '사회 변동에 대응하는 인간의 노력을 과소평가한다.'가 들어갈 수 있다.

07

▶ 24065-0151

다음 두 사례를 통해 공통으로 추론할 수 있는 내용만을 〈보기〉에서 고른 것은?

- 일회용품 사용에 대한 규제가 강해지면서 이에 공감하는 스위스의 환경 단체 회원들을 중심으로 일회용품 사용을 반대하는 시위가 벌어졌다. 시위대는 플라스틱 폐기물로 만들어진 조형물을 세우고 기업들의 일회용품 사용 중단을 촉구하는 탄원서에 서명했다. 이들은 스위스 외에 필리핀, 독일, 케냐 등에서도 시위를 벌였다.
- 누구나 손쉽게 소셜 미디어에 접근할 수 있게 되면서 해시태그를 이용하여 사회적 움직임에 참여하는 행동이 증가하고 있다. 미국에서 흑인이 인종 차별로 안타깝게 목숨을 잃게 되면서 시작된 '#BlackLivesMatter(흑인의 목숨도 중요하다.)' 운동의 경우, 인종 차별에 반대하는 단체들과 사람들이 이 해시태그를 자신의 소셜 미디어에 주도적으로 남기면서 누구나 사회에 참여할 수 있는 계기를 마련하였다.

┌─ 보기 ┐
ㄱ. 사회 운동은 사회 문제 해결을 위해 전개되기도 한다.
ㄴ. 사회 운동은 뚜렷한 목표와 활동 방법을 바탕으로 한다.
ㄷ. 사회 운동은 일시적이고 즉흥적인 감정에 따른 다수의 행동이다.
ㄹ. 사회 운동은 사회의 권력 구조 변화를 통해 사회 전체를 근본적으로 바꾸고자 한다.
└──┘

① ㄱ, ㄴ   ② ㄱ, ㄷ   ③ ㄴ, ㄷ   ④ ㄴ, ㄹ   ⑤ ㄷ, ㄹ

08

▶ 24065-0152

밑줄 친 ㉠, ㉡에 대한 설명으로 옳은 것은?

- ㉠공정 무역 마을 운동은 전 세계적인 공정 무역 커뮤니티 운동이다. 이 운동은 공정 무역의 가치와 정신에 공감하는 수많은 자원 봉사자, 활동가, 상점과 기업 등에 의해 시작되었다. 이들은 공정 무역 상품 판매처를 확대하고, 다양한 공동체에서 공정 무역 제품 활용하기 등의 목표를 설정하여 다양한 활동을 전개하며 공정 무역의 가치를 퍼뜨리고 있다.
- ㉡고래 보호 운동은 고래의 위기가 곧 기후의 위기라고 여기는 환경 단체에 의해 전개되었다. 고래가 그물에 걸리고 플라스틱 쓰레기 등에 의해 고통을 받으며 멸종 위기에 처하자 고래를 보호하기 위해 앞장서고 있다. 이들은 누구나 참여하기 쉽도록 고래 스티커 인증하기, 해양 포유류 보호법 서명 참여하기, 고래 아이템 선물 또는 구매하기 등의 활동을 펼치고 있다.

① ㉠은 기득권을 보호하기 위한 사회 운동이다.
② ㉡은 과거 질서로 회귀하려는 사회 운동이다.
③ ㉠은 ㉡과 달리 기존 사회 질서를 유지하고자 하는 다수의 행동이다.
④ ㉡은 ㉠과 달리 사회 구조의 근본적인 변화를 추구하는 사회 운동이다.
⑤ ㉠과 ㉡은 모두 뚜렷한 목표와 체계적 활동 계획을 바탕으로 한 다수의 행동이다.

현대 사회의 변화와 전 지구적 수준의 문제

① 세계화와 정보화

(1) 세계화

① 의미: 사람들의 삶의 공간이 국경을 초월하여 전 지구로 확장되면서 국가 간 상호 의존성이 심화되는 현상

② 원인: 교통과 통신의 발달, 세계 무역 기구(WTO)의 출범 등

③ 영향

• 긍정적 영향: 상품 판매 시장 및 상품 선택 기회의 확대, 민주주의 이념 및 가치 확산, 국가 간 문화적 교류의 확대 등

• 부정적 영향: 국가 간 빈부 격차의 심화, 개별 국가의 자율성 약화, 문화 제국주의 및 문화의 획일화 등

④ 대응 방안: 국가 경쟁력 강화, 세계 시민 의식 함양 등

(2) 정보화

① 의미: 지식과 정보가 부가 가치 창출의 주요 원천이 되고, 인간의 다양한 활동이 정보 통신 기술이 제공하는 서비스의 지원을 받아 이루어지는 정보 사회로 이행하는 과정

② 정보 사회의 특징

• 쌍방향 정보 매체 활용이 증가하여 정보 제공자와 수용자 간 구분이 모호해짐.

• 의사 결정의 분권화가 진행되고 탈관료제 조직이 확산됨.

• 가정과 일터의 통합 현상 증가, 다품종 소량 생산 방식 확산

③ 정보 사회의 문제

• 대면 접촉 감소로 피상적 인간관계가 확산되어 인간 소외 현상이 나타날 수 있음.

• 정보 격차로 인해 경제적 불평등이 심화될 수 있음.

• 사이버 범죄가 증가할 수 있음.

• 저질 정보와 거짓 정보, 편향된 정보가 범람할 수 있음.

④ 대응 방안

• 개인적 차원: 개인 정보 보호 및 인권 존중 의식 함양, 정보를 비판적으로 분석하고 주체적으로 선택하는 능력 함양 등

• 사회적 차원: 정보 인프라 구축, 지식 재산권 보호 강화, 정보 취약 계층 지원, 유해 정보 차단과 표현의 자유 간 조화 모색 등

② 저출산·고령화와 다문화적 변화

(1) 저출산·고령화

① 저출산의 원인: 출산·양육 부담 증가, 혼인·출산에 대한 가치관 변화 등

② 고령화의 원인: 저출산 현상, 의료 기술 발달에 따른 평균 수명 증가 등

③ 영향

• 생산 가능 인구 감소, 노년 부양비 상승 → 세대 간 갈등 증가

• 노인 복지 지출 증가 → 정부 재정 건전성 악화

• 노후 빈곤 문제, 노인 소외 현상 등 다양한 사회 문제 유발

④ 대응 방안

• 저출산: 출산·양육 관련 부담 경감 및 지원 대책 마련, 일과 가정

양립 여건 조성 등

• 고령화: 노후 대비 방안 강화, 정년 연장에 대한 사회적 합의 도출 등

(2) 다문화적 변화

① 다문화 사회의 의미: 서로 다른 문화를 가진 다양한 인종이나 민족이 함께 사는 사회

② 다문화 사회로의 변화가 미치는 영향

• 긍정적 영향: 문화의 다양성 강화, 문화 간 융합을 통한 새로운 문화 창조, 노동력 부족 문제 완화 등

• 부정적 영향: 문화의 차이와 편견으로 인한 갈등 발생, 이주민 차별 문제 발생 등

③ 다문화 사회에 대한 대응 방안

• 사회 구성원들의 관용 의식 고취를 위한 다문화 교육 실시

• 이주민의 사회 적응 및 차별 방지를 위한 제도적 장치 마련

③ 전 지구적 수준의 문제

(1) 의미와 특징

① 의미: 전 세계에서 동시다발적으로 발생하거나 특정 지역에만 국한되지 않고 주변 국가와 전 세계에 영향을 미치는 문제

② 특징

• 특정 지역이나 특정 국가의 노력만으로 해결하기 어려움.

• 현재 세대뿐만 아니라 다음 세대에게도 큰 영향을 미침.

(2) 다양한 전 지구적 수준의 문제

① 환경 문제

• 원인: 공업화, 인구 증가, 인간 중심적 사고 등

• 양상: 지구 온난화, 열대림 파괴, 사막화 등

② 자원 문제

• 원인: 자원의 무분별한 개발과 남용

• 양상: 자원 고갈, 물 부족 문제, 식량 자원의 편중 문제 등

③ 전쟁과 테러

• 전쟁: 국가 또는 이에 준하는 집단 상호 간에 군사력을 사용하여 충돌하는 행위 또는 상태

• 테러: 폭력적인 방법을 활용하여 다른 집단이나 사람들을 위협하거나 공포에 빠뜨리는 행위

• 원인: 종교·민족·인종 갈등, 정치적·경제적 이해관계의 대립 등

④ 지속 가능한 사회

(1) 의미: 현재 세대뿐만 아니라 미래 세대도 안정적이고 풍요로운 삶을 영위할 수 있도록 경제 성장과 환경 보전, 사회의 안정과 변화 등이 균형을 이루는 사회

(2) 실현 방안

① 인류 공동의 노력과 국제 협력이 필요하다는 인식을 바탕으로 세계 각국과 국제기구가 협력하여 대책을 마련하고 실천함.

② 현재 세대와 미래 세대의 권리를 조화롭게 인식하고 세계 시민으로서의 의식을 함양함.

01
▶24065-0153

다음 글에 부합하는 내용으로 가장 적절한 것은?

> 세계화로 인하여 국경 밖에서 일어나는 사회 문제가 나와 관계없을 것이라는 기대는 환상에 불과하게 되었다. 가령 환경 문제만 해도 한 나라만의 문제가 아니다. 공용 폐수가 강으로 유출되는 공장을 건설하면 강을 둘러싼 인접 국가뿐만 아니라 전 세계로 피해가 확산될 수 있다. 유출된 폐수가 심해 해류를 타고 주변의 거의 모든 국가에 영향을 끼치고, 폐수에 오염된 해산물을 재료로 쓰는 각종 가공식품의 생산과 유통을 통해 많은 나라에 피해를 준다. 이러한 현상은 국가 간 경계가 약화되고 교류가 활발해지면서 더욱 심화되고 있다.

① 세계화는 문화의 획일화를 가져온다.
② 세계화로 인해 국가 간 불평등 문제가 심화되었다.
③ 세계화로 인해 소비자들의 제품에 대한 선택권이 다양해졌다.
④ 세계화로 인해 특정 지역 문제가 전 세계의 문제로 확산되고 있다.
⑤ 세계화로 인한 사회 문제는 현재 세대뿐만 아니라 다음 세대에도 영향을 미친다.

02
▶24065-0154

(가), (나)는 세계화의 영향에 대한 글이다. 이에 대한 옳은 설명만을 〈보기〉에서 고른 것은?

> (가) 교통 통신의 발달로 인해 국가 간에 교역이 확대되는 과정에서 선진국이 저개발국에 공장을 세우게 되면 저개발국의 경제 발전에 도움이 된다. 값싼 노동력으로 상품이 만들어져 소비자들은 다양한 상품을 싼 값에 구매할 수 있게 된다. 이와 같이 자유 무역으로 인해 무역량이 늘어나면 세계 전체의 부가 증가하고, 이에 따라 저개발국의 경제에도 도움이 된다.
> (나) 세계화를 통해 국가 간에 교역이 확대되면서 무역 자유화가 이루어졌다. 무역 자유화는 일체의 무역 장벽을 없애려는 정책인데, 이는 결과적으로 선진국 자본의 활동이 자유로워지는 것을 의미한다. 하지만 저개발국의 토착 생산물은 잠식되고 지역 경제가 파탄나기도 한다. 결국 세계화는 선진국의 이해관계와 다국적 기업의 이윤 추구에만 집중되어 있는 것이다.

┌─ 보기 ┐
ㄱ. (가)에서는 세계화가 문화적 측면에서 삶의 질적 향상으로 이어진다고 본다.
ㄴ. (나)에서는 세계화가 경제적 측면에서 국가 간의 빈부 격차를 가져온다는 점을 강조한다.
ㄷ. (가)에서는 (나)에서와 달리 세계화의 긍정적인 측면을 강조하고 있다.
ㄹ. (가), (나)에서는 모두 세계화로 인해 개별 국가의 자율성이 약화된다고 본다.

① ㄱ, ㄴ   ② ㄱ, ㄷ   ③ ㄴ, ㄷ   ④ ㄴ, ㄹ   ⑤ ㄷ, ㄹ

03

▶ 24065-0155

다음 글에서 강조하는 정보 사회의 문제점으로 가장 적절한 것은?

최근 '생성형 AI(Artificial Intelligence)'의 등장은 정보 사회에서 인류의 삶에 혁명적인 변화를 가져오고 있다. 우리말로 '미리 훈련된 생성 변환기'라고 할 수 있는 생성형 AI는 딥러닝을 통해 스스로 언어를 생성하고 추론하는 능력을 갖췄다. 하지만 지식과 기술의 혁명이라고 할 수 있는 생성형 AI에도 분명 한계점은 존재한다. 생성형 AI는 학습한 데이터 자체에 편견 또는 고정관념이 포함되어 있는 경우 이러한 편견을 바탕으로 응답을 제공한다. 쉽게 말해 잘못된 자료가 있어도 이를 정제하는 것이 어려워 모르는 사람이 본다면 사실로 받아들일 수 있다는 것이다. 따라서 정보 사회에서는 이와 같은 기술이 제공하는 지식과 정보를 비판적으로 검토할 필요성이 있다.

① 정보 통신 기술 사용자의 익명성 심화
② 정보 격차로 인한 경제적 불평등의 심화
③ 정보 통신 기술 사용을 통한 사이버 범죄의 증가
④ 정보 통신 기술을 통한 의사 결정의 중앙 집권화
⑤ 정보 통신 기술의 발달로 인한 편향된 정보의 증가

04

▶ 24065-0156

표는 A, B를 일반적인 특징에 따라 비교한 것이다. 이에 대한 옳은 설명만을 〈보기〉에서 고른 것은? (단, A, B는 각각 산업 사회, 정보 사회 중 하나임.)

비교 기준	비교 결과
소품종 대량 생산 방식의 비중	A<B
(가)	A>B

┌ 보기 ┐
ㄱ. A는 B에 비해 정보 생산자와 소비자의 경계가 불명확하다.
ㄴ. B는 A에 비해 탈관료제 조직의 비중이 높다.
ㄷ. B는 A에 비해 가정과 일터의 분리 정도가 높다.
ㄹ. (가)에는 '사회 구성원 간 비대면 접촉의 정도'가 들어갈 수 없다.

① ㄱ, ㄴ   ② ㄱ, ㄷ   ③ ㄴ, ㄷ   ④ ㄴ, ㄹ   ⑤ ㄷ, ㄹ

05

▶ 24065-0157

다음 자료에 대한 옳은 설명만을 〈보기〉에서 있는 대로 고른 것은? (단, A, B는 각각 산업 사회, 정보 사회 중 하나임.)

〈게임 규칙〉

게임 참여자는 각각 총 4장의 카드 중 2장의 카드를 뽑는다. 각 카드의 내용에서 'A가 B보다 높음(강함).'으로 평가되는 비교 기준이 적힌 카드를 뽑은 경우 1점, 그렇지 않은 경우 0점이 부여된다. 2장의 카드를 뽑아 획득한 점수의 합이 큰 사람이 승리한다.

〈카드 내용〉

(가)	(나)	(다)	(라)
소품종 대량 생산 방식의 비중	가정과 일터의 결합 정도	탈관료제 조직의 비중	㉠

〈게임 결과〉

구분	뽑은 카드	게임 승리자
갑	(가), (다)	을
을	(나), (라)	

┌ 보기 ┐
ㄱ. 게임에서 갑의 경우 (다)를 통해 1점을 획득하였다.
ㄴ. A는 B에 비해 사회의 다원화 정도가 낮다.
ㄷ. B는 A에 비해 직업의 동질성 정도가 낮다.
ㄹ. ㉠에는 '정보 확산의 시·공간적 제약 정도'가 들어갈 수 없다.

① ㄱ, ㄴ ② ㄱ, ㄹ ③ ㄴ, ㄷ ④ ㄱ, ㄷ, ㄹ ⑤ ㄴ, ㄷ, ㄹ

06

▶ 24065-0158

다음 자료에 대한 분석으로 옳은 것은?

표는 갑국과 을국의 인구 관련 지표이다. 단, t년에 갑국과 을국의 총인구는 동일하며, 갑국과 을국 모두 t년 대비 t+50년에 총인구가 각각 2배로 증가하였다.

구분	갑국		을국	
	t년	t+50년	t년	t+50년
노령화 지수	150	600	75	50
총인구 중 15~64세 인구 비율(%)	75	65	65	70

* 노령화 지수 = $\dfrac{65세 \ 이상 \ 인구}{0\sim14세 \ 인구} \times 100$

** 총인구 중 65세 이상 인구 비율이 7% 이상인 사회를 고령화 사회, 14% 이상인 사회를 고령 사회, 20% 이상인 사회를 초고령 사회라고 함.

① t년에 총인구 중 65세 이상 인구 비율은 갑국이 을국보다 높다.
② t+50년에 갑국과 을국의 0~14세 인구는 동일하다.
③ t+50년에 15~64세 인구 1명당 65세 이상 인구는 갑국이 을국보다 많다.
④ t년 대비 t+50년에 65세 이상 인구의 증가율은 을국이 갑국보다 높다.
⑤ t년과 t+50년을 비교하면 갑국과 을국 모두 고령 사회에서 초고령 사회로 변화하였다.

07

▶ 24065-0159

다음 자료에 대한 분석으로 옳은 것은?

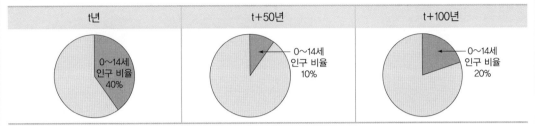

다음은 갑국의 t년, t+50년, t+100년의 총인구 중 0~14세 인구 비율의 변화를 나타낸 것이다. 단, t+50년의 총인구는 t년 대비 50% 증가하였고, t+100년에는 t년의 2배가 되었다. 또한 t+100년의 총부양비는 100이며, t년의 총부양비는 t+100년의 1.5배, t+50년의 총부양비는 t+100년의 0.25배이다.

t년	t+50년	t+100년
0~14세 인구 비율 40%	0~14세 인구 비율 10%	0~14세 인구 비율 20%

* 노령화 지수=(65세 이상 인구/0~14세 인구)×100
** 총부양비={(0~14세 인구+65세 이상 인구)/15~64세 인구}×100
*** 총인구 중 65세 이상 인구 비율이 7% 이상인 사회를 고령화 사회, 14% 이상인 사회를 고령 사회, 20% 이상인 사회를 초고령 사회라고 함.

① 15~64세 인구는 t+50년이 t년의 2배이다.
② t+100년은 t+50년과 달리 고령 사회에 해당한다.
③ 노령화 지수는 t+100년이 가장 크고, t년이 가장 작다.
④ t년 대비 t+100년의 총인구 증가율은 15~64세 인구 증가율보다 높다.
⑤ 총인구 중 15~64세 인구 비율은 t+50년이 가장 크고, t+100년이 가장 작다.

08

▶ 24065-0160

다음 대화에 대한 옳은 설명만을 〈보기〉에서 고른 것은?

우리 사회가 아무리 다문화 사회로 변화한다고 해도, 교육 정책은 우리의 고유한 교육 방향이나 내용으로 유지되어야 합니다. 다문화 가정 아이들이 우리 문화에 적응할 수 있도록 지원하는 것이 사회의 혼란을 방지하는 방법이라고 생각합니다.

최근 우리 사회에는 다문화 가정이 증가하고 있습니다. 다문화 가정 아이들을 위해 어떠한 교육 정책과 지원이 필요할까요?

다문화 가정 아이들의 다양한 문화를 존중해 주는 방향으로 교육 정책이나 노선이 결정되어야 합니다. 다문화 가정 아이들을 위한 이중 언어 교육 등을 통하여 이들을 존중하는 방향으로 교육이 이루어져야 우리 사회도 발전할 수 있다고 생각합니다.

┌─ 보기 ┐
ㄱ. 갑은 사회 구성원 간 동질성 확보를 중시하는 정책을 주장하고 있다.
ㄴ. 을은 다문화 가정 아이들의 문화 다양성 보장을 강조한다.
ㄷ. 갑과 달리 을은 제도적 차원보다 의식적 차원의 해결 방안을 제시하고 있다.
ㄹ. 을과 달리 갑의 의견은 다문화 사회에서 문화 상대주의를 바탕으로 한다.

① ㄱ, ㄴ　　② ㄱ, ㄷ　　③ ㄴ, ㄷ　　④ ㄴ, ㄹ　　⑤ ㄷ, ㄹ

사회탐구영역 **사회 · 문화**

실전 모의고사

문항에 따라 배점이 다르니, 각 물음의 끝에 표시된 배점을 참고하시오. 3점 문항에만 점수가 표시되어 있습니다. 점수 표시가 없는 문항은 모두 2점입니다.

▶ 24065-0161

1 밑줄 친 ㉠~㉢과 같은 현상의 일반적인 특징에 대한 설명으로 옳은 것은?

㉠예년보다 꽃들이 일찍 개화하면서 배꽃 인공 수분 봉사 시기도 1주일 정도 빨라졌다. 전국 3대 배 주산지인 ○○시의 과수원에서는 해마다 4월이면 수천 명이 ㉡인공 수분 봉사 활동을 벌이는 진풍경이 연출된다. 배꽃은 개화 시기가 짧아 일시에 많은 인력이 필요하기 때문이다. ○○시는 농가에 도움을 주기 위해 인공 수분 일손 돕기 ㉢인력 지원 창구를 운영하고 있다.

① ㉠과 같은 현상은 ㉡과 같은 현상과 달리 가치 함축적이다.
② ㉡과 같은 현상은 ㉢과 같은 현상과 달리 당위적 규범을 반영한다.
③ ㉢과 같은 현상은 ㉠과 같은 현상과 달리 개연성으로 설명된다.
④ ㉠과 같은 현상은 ㉡, ㉢과 같은 현상과 달리 확률의 원리가 적용된다.
⑤ ㉡, ㉢과 같은 현상은 ㉠과 같은 현상과 달리 존재 법칙을 따른다.

▶ 24065-0162

2 사회·문화 현상을 바라보는 다음의 관점에서 볼 때, 표의 각 질문에 모두 옳게 답변한 학생은?

교실 수업 중에 엎드려 자는 학생에게 교사가 어깨를 살짝 두드리며 "어디 아프니? 아프지 않으면 일어나서 공부해 보자."라며 깨웠을 때, 학생들의 반응은 다양하게 나타날 수 있다. 만약 그 학생이 '아차, 수업인데 내가 잠들었구나. 깨워 주셔서 다행이야.'라고 생각한다면 의지를 가지고 잠을 깨려 할 것이고, 만약 그 학생이 '자는 것도 내 권리인데, 귀찮게 왜 깨우는 거야?'라고 생각한다면 자칫 얼굴을 찌푸릴 수도 있을 것이다. 즉, 어떤 상황에 대해 개인마다 상황 정의가 다르다면 그것에 따라 다양한 현상이 나타날 수 있다.

질문	갑	을	병	정	무
집단 간 갈등은 사회 변동의 원동력인가?	×	×	×	○	○
사회를 하나의 유기체로 간주할 수 있는가?	×	×	×	×	○
인간은 사회에 대하여 자율성을 지닌 능동적 존재인가?	○	×	○	×	○
사회·문화 현상의 의미는 그것이 발생하는 맥락과 행위 주체에 따라 달라지는가?	○	○	×	×	×

(○: 예, ×: 아니요)

① 갑　② 을　③ 병　④ 정　⑤ 무

▶ 24065-0163

3 다음 자료에 대한 옳은 설명만을 〈보기〉에서 있는 대로 고른 것은? (단, A, B는 각각 순환론, 진화론 중 하나임.)

• A는 B와 달리 사회 변동에는 일정한 방향성이 있다고 본다.
• B는 A와 달리 　　　(가)　　　

┌ 보기 ┐
ㄱ. (가)에는 '운명론적 입장에서 사회 변동을 이해한다.'가 들어갈 수 없다.
ㄴ. A는 B와 달리 서구 제국주의를 정당화할 수 있다는 비판을 받는다.
ㄷ. B는 A와 달리 서구 사회가 가장 진보된 사회임을 전제로 한다.

① ㄱ　② ㄴ　③ ㄱ, ㄷ　④ ㄴ, ㄷ　⑤ ㄱ, ㄴ, ㄷ

▶ 24065-0164

4 다음 연구에 대한 설명으로 옳은 것은? [3점]

갑은 최근 ㉠대학생들을 대상으로 조사한 결과 결혼에 대한 부정적 인식이 크게 증가하였다는 기사를 접하고, 여성 가족부 등이 발간한 통계 자료를 살펴본 뒤 성인들을 대상으로 '㉡결혼에 대한 부정적 인식에 소득 수준이나 ㉢성별이 미치는 영향'을 알아보기로 하였다. 다음은 가설 중 하나이다.

┌──────┐
│　A　│이/가　│　B　│보다 결혼에 대한 부정적 인식의 정도가 높을 것이다.

갑은 가설 검증을 위해 ㉣성인 남녀 각각 100명을 대상으로 설문 조사를 실시하였다. 소득 수준은 근로자 월평균 소득을 기준으로 상위 50%를 ㉤소득 수준이 높은 집단, 나머지를 ㉥소득 수준이 낮은 집단으로 구분하였다. 결혼에 대한 부정적 인식의 정도는 10점 만점(점수가 높을수록 결혼에 대해 부정적으로 인식함)으로 측정하였다. 자료 분석 결과, 결혼에 대한 부정적 인식 점수는 소득 수준이 높은 집단의 경우 평균 6점, 소득 수준이 낮은 집단의 경우 평균 7점, 남성 집단의 경우 평균 6점, 여성 집단의 경우 평균 8점으로 나타났다. 분석 결과는 통계적으로 유의미하다.

① 갑의 연구에서 ㉠은 모집단, ㉣은 표본이다.
② ㉡은 독립 변인, ㉢은 종속 변인이다.
③ A가 ㉤, B가 ㉥이라면 가설은 기각된다.
④ 실험 처치를 통해 인과 관계를 밝히고자 하였다.
⑤ 분석 결과에 따르면, 남성이 여성보다 결혼에 대한 부정적 인식의 정도가 높다.

▶ 24065-0165

5 표는 A, B의 특징을 비교한 것이다. 이에 대한 설명으로 옳은 것은? (단, A, B는 각각 산업 사회, 정보 사회 중 하나임.)

질문	답변
가정과 일터의 결합 정도는 A가 B보다 강합니까?	㉠
사회 조직에서 관료제 비중은 B가 A보다 높습니까?	예

① ㉠은 '예'이다.

② A는 B에 비해 사회의 다원화 정도가 낮다.

③ A는 B에 비해 소품종 대량 생산 방식의 비중이 크다.

④ B는 A에 비해 구성원 간 대면 접촉의 비중이 낮다.

⑤ B는 A와 달리 정보의 생산자와 소비자 간 구분이 불분명하다.

▶ 24065-0167

7 그림은 사회 조직의 유형 A, B를 구분한 것이다. 이에 대한 설명으로 옳은 것은? (단, A, B는 각각 관료제, 탈관료제 중 하나임.)

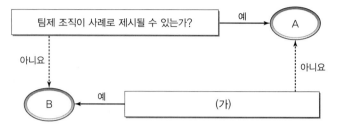

① A는 목적 전치 현상이 발생할 가능성이 높다는 한계가 있다.

② B는 환경 변화에 유연하게 대처할 수 있는 조직 구조이다.

③ A는 B와 달리 업무의 전문화와 세분화를 특징으로 한다.

④ B는 A에 비해 능력과 성과에 따른 보상 체계를 중시한다.

⑤ (가)에는 '근대 산업화 과정에서 대규모 조직을 안정적으로 운영하기 위해 확산하였는가?'가 들어갈 수 있다.

▶ 24065-0166

6 다음 자료에 대한 옳은 설명만을 〈보기〉에서 있는 대로 고른 것은? [3점]

갑국의 전체 인구는 변화가 없지만 중층 인구의 비율이 낮아졌다. 그리고 하층 인구에 대한 상층 인구의 비와 중층 인구에 대한 상층 인구의 비가 작아졌다. 이를 정리하면 아래 표와 같다. A~C는 각각 상층, 중층, 하층 중 하나이다.

계층	A	B	C
비율(%) 변동	30 → 50	50 → 40	20 → 10

보기

ㄱ. A는 하층, C는 상층이다.

ㄴ. 중층 인구에 대한 하층 인구의 비는 작아졌다.

ㄷ. 사회 안정에 더 불리한 계층 구조로 변화하였다.

ㄹ. 상층 인구는 증가하였고, 하층 인구는 감소하였다.

① ㄱ, ㄴ   ② ㄱ, ㄷ   ③ ㄴ, ㄹ

④ ㄱ, ㄷ, ㄹ   ⑤ ㄴ, ㄷ, ㄹ

▶ 24065-0168

8 일탈 이론 A~C에 대한 설명으로 옳은 것은? (단, A~C는 각각 낙인 이론, 머튼의 아노미 이론, 차별 교제 이론 중 하나임.) [3점]

이론	적용 예시
A	어릴 적 사소한 일탈 행위에 대해 주변 사람들이 과도한 비난을 하고 비행 청소년으로 취급하면서 본인도 그러한 인식을 내면화하여 더 심한 비행을 저지르는 것입니다.
B	평범했던 학생들이 비행 청소년과 어울리다가 그들의 사고방식과 행태에 동조하여 자연스럽게 비행을 저지르게 되는 것입니다.
C	성적과 대학 진학만을 중요시하는 사회 구조에서 그러한 목표를 달성할 수 있는 수단이 제한된 학생들이 부정한 방법을 통해서라도 목표를 달성하기 위해 비행을 저지르는 것입니다.

① A는 2차적 일탈에 주목한다.

② B는 문화적 목표와 제도적 수단 간의 괴리에 주목한다.

③ C는 학습을 통해 일탈 행위가 발생한다는 점을 강조한다.

④ B는 C에 비해 최초의 일탈자를 설명하기에 유리하다.

⑤ C는 A와 달리 일탈 행위의 객관적 기준이 없다고 본다.

▶ 24065-0169

9 문화 접변의 양상 A~C에 대한 설명으로 옳은 것은? (단, A~C는 각각 문화 동화, 문화 병존, 문화 융합 중 하나임.) [3점]

그림은 〈질문 1〉, 〈질문 2〉에 대해 '예', '아니요' 중 같은 답을 할 수 있는 것끼리 점선으로 묶은 것이다.

〈질문 1〉 해당 사회의 문화적 정체성이 유지되는가?

〈질문 2〉 새로운 문화 요소가 창출되는가?

① 우리나라 사람이 때로는 서양식 병원을, 때로는 한의원을 이용하는 것은 A의 사례이다.
② 북아메리카 원주민이 유럽인의 문화와 접촉하면서 자기 문화를 상실한 것은 B의 사례이다.
③ C는 자발적 문화 접변이 아닌 강제적 문화 접변에서만 나타난다.
④ A는 B와 달리 문화 수용자가 외래문화를 변형하여 정착시킨 결과이다.
⑤ C는 B와 달리 서로 다른 사회의 문화 요소가 한 사회의 문화 체계 속에 나란히 존재하는 현상이다.

▶ 24065-0170

10 다음 자료에 대한 설명으로 옳은 것은? [3점]

표는 갑국과 을국의 성별 임금 격차 지수와 성별 정규직 격차 지수를 나타낸 것이다. 단, 남성 근로자 월평균 임금은 갑국이 300달러, 을국이 110달러이고, 남성 정규직 근로자 수는 갑국이 300만 명, 을국이 700만 명이다. 근로자 성비는 양국 모두 1 : 1이다.

구분	갑국	을국
성별 임금 격차 지수	40	20
성별 정규직 격차 지수	50	40

*성별 임금 격차 지수={(남성 근로자 월평균 임금−여성 근로자 월평균 임금)/전체 근로자 월평균 임금}×100
**성별 정규직 격차 지수={(남성 정규직 근로자 수−여성 정규직 근로자 수)/전체 정규직 근로자 수}×100

① 갑국에서 월평균 임금은 여성 근로자가 남성 근로자의 2/3이다.
② 을국에서 여성 정규직 근로자 수는 남성 정규직 근로자 수의 절반보다 많다.
③ 여성 근로자 월평균 임금은 을국이 갑국의 절반이다.
④ 성별에 따른 근로자 임금 불평등은 을국이 갑국보다 심하다.
⑤ 전체 정규직 근로자 중 여성 정규직 근로자가 차지하는 비율은 갑국이 을국보다 높다.

▶ 24065-0171

11 다음 글에 부각되어 있는 문화의 속성만을 〈보기〉에서 고른 것은?

A국에서 과학 기술의 발달은 공업화와 도시화를 촉진시키면서 전통적인 사회 구조, 특히 친족 문화에 큰 영향을 미쳤다. 과거 근거리의 농촌 지역에서 살던 친족들이 도시를 향해 대부분 흩어짐으로써 과거와 같은 끈끈한 친족 문화도 사라졌다. 또한 과학 기술의 발달로 인해 과거에 시골에서 흔히 볼 수 있었던 전통적 무속 신앙도 사라졌다.

보기
ㄱ. 문화는 세대 간 전승을 통해 더욱 풍부해진다.
ㄴ. 문화는 시간이 흐르면서 그 형태나 의미가 변화한다.
ㄷ. 문화는 후천적인 학습에 의해 향유되는 생활 양식이다.
ㄹ. 한 사회의 문화를 구성하는 요소들은 상호 유기적으로 관련을 맺는다.

① ㄱ, ㄴ ② ㄱ, ㄷ ③ ㄴ, ㄷ ④ ㄴ, ㄹ ⑤ ㄷ, ㄹ

▶ 24065-0172

12 다음 수업 장면의 ㉠, ㉡에 대한 옳은 설명만을 〈보기〉에서 고른 것은? [3점]

교사: '이것'이 무엇인지 차례대로 힌트를 줄 텐데요. 힌트를 듣고 정답을 알면, 먼저 손을 들고 '정답!'이라고 외쳐 주세요.

〈힌트 1〉 이것은 주로 질적 연구에서 사용되는 자료 수집 방법입니다.

학생: 정답! [㉠]입니다.
교사: 성급했네요. [㉠]은 오히려 양적 연구에서 주로 사용되고, 다수를 대상으로 대량의 자료를 수집할 때 흔히 사용하는 방법입니다.

〈힌트 2〉 이것은 연구자와 연구 대상자 간 신뢰 관계와 허용적 분위기가 매우 중요합니다.

학생: 정답! [㉡]입니다.
교사: 네. 정답입니다.

보기
ㄱ. ㉠은 실험법이다.
ㄴ. ㉡은 실제성 높은 자료를 수집하기에 가장 적합한 방법이다.
ㄷ. ㉠은 ㉡에 비해 구조화 및 표준화를 중시한다.
ㄹ. ㉠과 ㉡은 모두 연구 대상자와의 언어적 상호 작용이 필수적이다.

① ㄱ, ㄴ ② ㄱ, ㄷ ③ ㄴ, ㄷ ④ ㄴ, ㄹ ⑤ ㄷ, ㄹ

13 ▶ 24065-0173

다음 사례의 A~C에 대한 옳은 설명만을 〈보기〉에서 고른 것은?

A~C는 모두 갑국에서 나타나는 문화이다. A는 갑국 국민 대다수가 향유하는 문화이며, B는 갑국의 소수 민족인 ○○족에서만 나타나는 문화이지만 갑국 국민 대다수는 B에 대해 거부감이 없다. C는 갑국의 특정 집단이 주류 문화에 대한 반발심에서 만들어 낸 문화로서 갑국 국민 대다수가 거부감을 느낀다.

┌ 보기 ┐
ㄱ. B는 C와 달리 갑국의 문화 다양성에 기여한다.
ㄴ. B와 C는 모두 갑국에서 하위문화에 해당한다.
ㄷ. 갑국에서 C를 향유하는 사람은 A를 향유하지 않는다.
ㄹ. C가 시간이 흘러 A와 같이 국민 대다수가 향유하는 문화로 변할 수도 있다.

① ㄱ, ㄴ ② ㄱ, ㄷ ③ ㄴ, ㄷ ④ ㄴ, ㄹ ⑤ ㄷ, ㄹ

14 ▶ 24065-0174

다음 사례에 대한 각 진술의 진위를 모두 옳게 판단한 학생은? (단, A국, B국의 가구별 구성원 수는 모두 같음.) [3점]

A국과 B국에서는 소득 수준이 최저 생계비 미만인 가구를 ㉠절대적 빈곤 가구, 소득 수준이 중위 소득의 50% 미만인 가구를 ㉡상대적 빈곤 가구로 분류한다. 2022년 A국은 상대적 빈곤에는 해당하지 않고 절대적 빈곤에만 해당하는 가구가 있지만, B국은 절대적 빈곤에는 해당하지 않고 상대적 빈곤에만 해당하는 가구가 있다.

진술	갑	을	병	정	무
㉡은 ㉠과 달리 한 사회의 소득 분포를 고려한 개념이다.	○	○	○	×	×
㉡은 ㉠과 달리 객관적인 기준으로 측정될 수 없다.	×	×	×	○	○
2022년 A국의 최저 생계비는 중위 소득의 절반 미만이다.	×	×	○	×	○
2022년 B국은 A국과 달리 상대적 빈곤선이 절대적 빈곤선보다 높다.	×	○	○	×	×

(○: 그렇다, ×: 그렇지 않다)

① 갑 ② 을 ③ 병 ④ 정 ⑤ 무

15 ▶ 24065-0175

다음 자료에 대한 설명으로 옳은 것은? [3점]

〈갑국의 사회 보장 제도〉
• ○○연금: 가입자가 노령, 장애, 사망으로 인해 소득원을 잃거나 소득이 감소하는 경우 본인 또는 가족에게 연금을 지급하는 제도
• △△연금: 65세 이상의 노인 중 소득이 일정 수준 이하인 노인에게 매달 일정액의 연금을 지급하는 제도

〈갑국의 각 지역 인구 중 ○○연금, △△연금 수급자 비율〉

(단위: %)

구분	A 지역	B 지역	C 지역	전체
○○연금	30	15	㉠	18
△△연금	15	10	20	㉡
○○연금과 △△연금 중복 수급자	5	8	10	8

* ○○연금과 △△연금 중복 수급자의 수는 B 지역이 A 지역의 4배임.
** 갑국은 A~C 지역으로만 구성되며, 사회 보장 제도는 우리나라와 동일함.

① ㉠은 '15', ㉡은 '14'이다.
② A 지역 인구가 200명이라면, 갑국 전체 인구에서 ○○연금 수급자는 200명을 넘는다.
③ 강제 가입의 원칙이 적용되는 제도의 수급자 수는 A 지역이 B 지역의 2배이다.
④ ○○연금과 △△연금 중 하나라도 받는 수급자의 수는 A 지역이 C 지역보다 적다.
⑤ 사후 처방적 성격이 강한 제도의 수급자 수는 B 지역이 C 지역보다 많다.

16 ▶ 24065-0176

밑줄 친 ㉠, ㉡에 대한 설명으로 옳은 것은?

• 갑국에서는 기업들의 무분별한 제품 판매로 인해 소비자들의 피해가 커지자 시민 단체의 주도로 ㉠기업의 책임과 처벌을 강화하는 입법 청원 운동을 벌이고 있다.
• 경기장에서 축구 경기를 관람하고 있던 관중들은 ㉡자신이 응원하는 팀 선수들이 골을 넣자 파도타기 응원을 함께 하면서 단결된 모습을 보였다.

① ㉠은 ㉡과 달리 집단적인 행위가 아니다.
② ㉠은 ㉡과 달리 체계적인 조직을 기반으로 한다.
③ ㉡은 ㉠과 달리 보수주의적 사회 운동이다.
④ ㉡은 ㉠과 달리 공동의 목표가 결여된 행위이다.
⑤ ㉠과 ㉡은 모두 사회 개혁을 추구하는 활동이다.

▸ 24065-0177

17 밑줄 친 ㉠~㉥에 대한 설명으로 옳은 것은? [3점]

고등학교 때부터 ㉠교사가 되기를 원했던 갑은 대학에서 경제학을 부전공하면서 경제학자에 매력을 느껴 졸업 후 진로 문제로 ㉡고민하였다. 그러나 ㉢○○ 대학교 경제학과 교수와 면담을 한 후, 자신의 원래 전공을 살려 교사가 되기로 결정하였다. 갑의 ㉣부모는 갑의 결정을 존중하며 응원하였다. 갑은 현재 ㉤△△ 고등학교에서 학교에 대한 애착과 만족감을 느끼며 생활하고 있고, 최근에는 교육감으로부터 ㉥우수 교사상을 받았다.

① ㉡은 역할 갈등에 해당한다.
② ㉢은 1차적 사회화 기관이다.
③ ㉤은 현재 갑의 내집단이다.
④ ㉠은 ㉣과 달리 성취 지위에 해당한다.
⑤ ㉥은 ㉤의 구성원으로서 갑의 역할에 대한 보상이다.

▸ 24065-0178

18 문화 이해의 태도와 관련하여 갑과 달리 을이 강조할 진술로 가장 적절한 것은?

갑: 강대국은 모든 면에서 우수하다. 우리나라의 발전을 위해서는 강대국의 문화를 적극적으로 수용하려는 태도가 필요하다. 우리의 문화가 강대국의 문화에 가까워질수록 더 풍요롭고 나은 삶을 누릴 수 있다.
을: 힌두교도들은 쇠고기를 먹지 않으며, 회교도들은 돼지고기 먹기를 금지하고, 미국 사람들은 개고기와 말고기를 금기시한다. 그중 어느 것이 더 발전된 음식 문화인지를 판단하는 것은 오만할 뿐만 아니라 의미 없는 일이다.

① 강대국의 문화를 적극적으로 배워야 한다.
② 문화의 우수성을 분별하는 능력이 필요하다.
③ 문화는 시간이 흐름에 따라 발전하기 마련이다.
④ 문화는 이해의 대상이라기보다 평가의 대상이다.
⑤ 문화는 해당 사회의 맥락과 시각에서 바라보아야 한다.

▸ 24065-0179

19 다음 관점에 부합하는 진술만을 〈보기〉에서 고른 것은?

사회 과학의 주요 연구 대상인 사회 제도와 조직들이 그 구성 요소와 별개로 실제 존재하는 것으로 오인하면 안 된다. 우주가 원자로 구성되듯이 사회도 개인들로 이루어져 있으므로 개개인의 특성을 파악하는 것이 곧 사회의 특성을 파악하는 것이다.

보기
ㄱ. 개인의 능동성이 사회의 구속성보다 우선한다.
ㄴ. 사회의 특성은 개개인의 특성으로 환원될 수 있다.
ㄷ. 구성원의 능력을 파악해도 조직의 역량을 파악할 수는 없다.
ㄹ. 사회 문제의 해결을 위해서는 개인의 의식보다 사회 구조와 제도의 변화가 중요하다.

① ㄱ, ㄴ ② ㄱ, ㄷ ③ ㄴ, ㄷ ④ ㄴ, ㄹ ⑤ ㄷ, ㄹ

▸ 24065-0180

20 다음 자료에 대한 분석으로 옳은 것은? [3점]

표는 A국과 B국의 인구 구조와 관련된 지표의 변화를 나타낸다. t년 총인구는 B국이 A국의 2배이며, t+50년 총인구는 A국의 경우 t년보다 200% 증가하였고, B국의 경우 t년보다 50% 증가하였다.

구분	t년		t+50년	
	총부양비	노령화 지수	총부양비	노령화 지수
A국	100	25	50	100
B국	100	100	200	100

*노령화 지수 = $\frac{\text{노년 인구(65세 이상 인구)}}{\text{유소년 인구(0～14세 인구)}} \times 100$
**노년 부양비 = $\frac{\text{노년 인구(65세 이상 인구)}}{\text{부양 인구(15～64세 인구)}} \times 100$
***유소년 부양비 = $\frac{\text{유소년 인구(0～14세 인구)}}{\text{부양 인구(15～64세 인구)}} \times 100$
****총부양비=유소년 부양비+노년 부양비

① A국의 노년 부양비는 t년이 t+50년보다 크다.
② t년에 부양 인구는 A국이 B국보다 많다.
③ t년에 유소년 부양비는 A국이 B국보다 작다.
④ t+50년에 총인구 중 노년 인구의 비율은 A국과 B국이 같다.
⑤ t+50년에 총인구 중 부양 인구의 비율은 A국이 B국의 2배이다.

문항에 따라 배점이 다르니, 각 물음의 끝에 표시된 배점을 참고하시오. 3점 문항에만 점수가 표시되어 있습니다. 점수 표시가 없는 문항은 모두 2점입니다.

▶ 24065-0181

1 밑줄 친 ㉠~㉢과 같은 현상의 일반적인 특징에 대한 설명으로 옳은 것은?

> 시베리아 지역 러시아 연방 사하공화국의 ㉠'바타가이카 함몰지'를 드론으로 촬영한 사진과 동영상이 공개됐다. 이 함몰지는 영구 동토층이 녹으며 땅이 꺼져 생긴 것이다. ㉡지구 온난화 여파로 얼음이 녹아내려 함몰지 면적이 매년 확대되고 있다. 이처럼 러시아 국토의 약 65%에 이르는 ㉢툰드라 지대의 얼어붙은 땅이 녹으면서 그 안에 갇혀 있던 온실가스가 대량으로 방출되고 있다. 과학계는 ㉣시베리아 영구 동토층의 해빙이 기후 재앙이 될 수 있다고 경고해 왔는데, 지구 온난화에 더해 신종 질병이 퍼지는 요인이 될 수도 있다는 지적이 그것이다.

① ㉠과 같은 현상은 ㉡과 같은 현상과 달리 몰가치적이다.
② ㉡과 같은 현상은 ㉢과 같은 현상과 달리 존재 법칙을 따른다.
③ ㉢과 같은 현상은 ㉣과 같은 현상에 비해 인과 관계가 불명확하다.
④ ㉣과 같은 현상은 ㉠과 같은 현상과 달리 개연성의 원리가 적용된다.
⑤ ㉠, ㉣과 같은 현상은 ㉡, ㉢과 같은 현상과 달리 보편성과 특수성이 공존한다.

▶ 24065-0182

2 사회·문화 현상을 바라보는 관점 A, B에 대한 설명으로 옳은 것은?

> A는 사회 제도를 지배층이 피지배층을 지배하기 위한 도구로 본다. 즉, 지배층은 자신들의 기득권을 안정적으로 유지하기 위한 사회 제도를 만들고 그에 따라 구성원들을 통제한다는 것이다. 이와 달리 B는 사회 제도가 전체 사회 구성원들 간 합의의 산물로서 사회의 통합과 존속에 기여한다고 본다. 이에 따르면 사회 제도는 사회 질서에 위협을 가하는 범법 행위가 발생할 경우, 제재를 가하여 사회 질서를 유지하는 기능을 수행한다.

① A는 사회 구성 요소의 상호 의존 관계에 주목한다.
② B는 인간을 사회·문화 현상을 구성해 나가는 능동적 존재로 본다.
③ A는 B와 달리 사회 집단 간 갈등을 비정상적인 현상으로 인식한다.
④ B는 A와 달리 기득권층의 이익을 대변하는 논리로 사용된다는 비판을 받는다.
⑤ A와 B는 모두 개인에 대한 사회 구조의 영향력을 간과한다는 비판을 받는다.

▶ 24065-0183

3 다음 자료에 대한 설명 및 추론으로 옳은 것은? [3점]

> 연구자 갑은 ㉠집단 상담과 고등학생의 ㉡학교생활 만족도 간에 정(+)의 상관관계가 나타날 것이라는 ㉢가설을 바탕으로 수행한 ㉣을의 연구를 살펴본 후, 집단 상담을 받은 학생들의 학교생활에 나타난 변화에 대해 깊이 있게 이해해 보고자 연구를 계획하였다. 갑은 을의 연구 대상자였던 집단 상담을 경험한 학생 중 ㉤그 후 집단 상담을 중단한 학생과 ㉥지금까지 계속하여 집단 상담에 참여하고 있는 학생을 파악하고, 후자에 해당하는 5명의 학생을 연구 대상자로 선정하였다. 갑은 집단 상담 전후 2번씩 총 5차례에 걸쳐 해당 학생들과 만나 ㉦비구조화된 질문을 통해 면담을 진행하였다. 그 결과 갑은 ㉧집단 상담이 다른 학생들을 경쟁자가 아닌 동료로 여기게 하여 학교생활에서 오는 스트레스를 줄여 준다는 사실을 확인하게 되었다.

① 갑은 방법론적 이원론에 바탕을 둔 연구를 수행하였다.
② 을은 ㉠을 종속 변인, ㉡을 독립 변인으로 설정하였다.
③ 갑은 ㉣을 통해 1차 자료를, ㉦을 통해 2차 자료를 수집하였다.
④ 을은 ㉤을 통제 집단으로, ㉥을 실험 집단으로 설정하였다.
⑤ 갑은 ㉧을 바탕으로 ㉢의 수용 여부를 판단하였을 것이다.

▶ 24065-0184

4 자료 수집 방법 A, B의 일반적인 특징에 대한 설명으로 옳은 것은?

> • 갑은 초등학교 교사의 교권 침해 실태를 파악하고자 A를 활용하기로 하였다. 이에 따라 전국 초등학교 교사 2,000명을 무작위로 뽑아 교권 침해 경험 여부, 침해 횟수, 침해 유형 등을 묻는 구조화된 문항에 응답하게 하였다.
> • 을은 외국인 노동자들이 겪는 차별 경험에 대한 심층적인 이해를 위해 B를 활용하기로 하였다. 이에 따라 외국인 노동자 3명이 함께 거주하는 비닐하우스에서 1주일 동안 함께 생활하면서 그들의 생활 모습과 대화 장면을 관찰하였다.

① A는 조사자와 조사 대상자 간 교감을 중시한다.
② B는 표준화된 자료 수집 방법에 해당한다.
③ A는 B와 달리 언어를 매개로 한 상호 작용이 필수적이다.
④ B는 A와 달리 조사 대상자의 주관적 인식을 파악할 수 있다.
⑤ A는 질적 연구, B는 양적 연구에서 주로 활용된다.

▶ 24065-0185

5 개인과 사회의 관계를 바라보는 갑, 을의 관점에 대한 설명으로 옳은 것은?

자동차 사고와 비교해 치명도가 낮지 않은데도, 안전 규정을 대수롭지 않게 생각하는 운전자들의 잘못된 인식과 운행 습관이 문제의 근본 원인입니다.

개인형 이동 장치로 인한 교통사고를 가벼운 실수로 취급하는 불합리한 관행이 용인되는 사회에 문제가 있습니다. 따라서 개인의 잘못된 행동을 조장하는 사회가 먼저 달라져야 합니다.

전동 킥보드를 비롯한 개인형 이동 장치 교통사고의 건수가 급증하고 있습니다.

갑   을

① 갑의 관점은 사회는 개인에 외재하며 독자적으로 작동한다고 본다.
② 을의 관점은 사회의 속성을 개인의 속성으로 환원할 수 있다고 본다.
③ 갑의 관점은 을의 관점과 달리 개인은 사회 속에서만 존재의 의미를 갖는다고 본다.
④ 을의 관점은 갑의 관점과 달리 사회 문제 해결 시 제도 개선보다 의식 개선을 중시한다.
⑤ 갑의 관점은 사회에 대한 개인의 자율성을, 을의 관점은 개인에 대한 사회의 구속성을 강조한다.

▶ 24065-0186

6 A, B의 일반적인 특징에 대한 설명으로 옳은 것은? (단, A, B는 각각 관료제, 탈관료제 중 하나임.)

아메바형 조직은 A의 대표적인 유형 중 하나로 일정 크기 이상으로 성장하면 쪼개져서 각자의 방식대로 성장하는 아메바처럼 다양하게 분열 증식하는 조직을 의미한다. 즉, 자율성과 유연성을 기본으로 하여 조직의 편성, 변경, 분할, 증식이 자유롭게 수시로 일어나는 조직 유형이다. A는 B의 문제점을 극복하기 위해 그 대안으로 등장한 새로운 조직 형태로서 조직의 안정적인 운영 측면에서는 B에 미치지 못하지만, 빠른 사회 변화에 신속하고 창의적으로 대응하는 데 장점이 있다는 평가를 받는다.

① A는 B와 달리 중간 관리층이 갖는 역할과 비중의 확대를 추구한다.
② A는 B와 달리 지위 획득과 보상에 대한 공정한 기회의 제공을 중시한다.
③ B는 A와 달리 공식적 규범과 절차에 따라 구성원들을 통제한다.
④ B는 A에 비해 규약과 절차를 중시하여 업무 수행 과정의 예측 가능성이 높다.
⑤ A에서는 하향식 의사 결정 방식이, B에서는 상향식 의사 결정 방식이 지배적이다.

▶ 24065-0187

7 밑줄 친 ㉠~㉺에 대한 설명으로 옳은 것은? [3점]

㉠고등학교를 졸업한 갑은 취업과 진학을 두고 ㉡고민하다가 어려운 집안 사정을 고려하여 ㉢광고 회사 경리직으로 취업하였다. 깔끔한 업무 처리 능력과 ㉣사내 등산 동호회 활동에서 보여 준 특유의 친화력을 눈여겨본 갑의 상사는 갑을 ㉤영업팀으로 발령하였다. 갑은 불과 1년 만에 뛰어난 실적으로 ㉥올해의 우수 사원상을 수상하였고, 동기 중 가장 빠르게 대리로 승진하였으며, ㉦노동조합에서도 활발하게 활동하고 있다. 한편, 최근에는 못다 한 공부에 대한 미련으로 야간 ㉧대학교에서 광고 기획학을 전공하고 있다.

① ㉡은 갑의 역할 갈등에 해당한다.
② ㉥은 갑의 역할에 대한 보상에 해당한다.
③ ㉣은 ㉤과 달리 일반적으로 공식적 규범을 통해 구성원을 통제한다.
④ ㉣은 ㉦과 달리 공통의 관심사나 목표를 가진 사람들이 자발적으로 결성한 사회 집단이다.
⑤ ㉠, ㉧은 ㉢, ㉦과 달리 공식적 사회화 기관에 해당한다.

▶ 24065-0188

8 (가), (나)에 나타난 일탈 이론에 대한 설명으로 옳은 것은? [3점]

(가) 친밀한 집단 내에서의 접촉을 통한 일탈 행동의 전파 가능성은 매우 크다. 즉, 일탈 행동을 긍정적으로 평가하는 사람들과의 접촉 빈도, 접촉 기간, 접촉 강도에 따라 일탈을 저지를 가능성이 좌우된다. 불량한 친구와의 사귐이 청소년 비행의 가장 중요한 원인 중 하나로 손꼽히고 있다는 사실은 이러한 주장을 뒷받침한다.

(나) 돈가스를 먹으려면 포크와 나이프가 필요한데, 돈가스만 있고, 포크와 나이프가 없다면 어떻게 될까? 돈과 권력이 있다면 포크와 나이프를 직접 사거나 다른 사람에게 가져오도록 요청할 수 있다. 하지만 그럴 능력이 없다면 남의 포크나 나이프를 훔쳐야 할 수도 있다. 성적을 올리기 위해 커닝하거나 기록을 단축하기 위해 도핑하는 행위 등이 이에 해당하는 대표적인 일탈 행동의 사례이다.

① (가)의 이론은 일탈의 원인을 차별적인 제재에서 찾는다.
② (나)의 이론은 급격한 사회 변동을 일탈의 근본적인 원인으로 본다.
③ (가)의 이론은 (나)의 이론과 달리 일탈 행동이 학습의 결과임을 강조한다.
④ (나)의 이론은 (가)의 이론과 달리 2차적 일탈 행동의 발생 과정에 주목한다.
⑤ (가), (나)의 이론 모두 일탈을 규정하는 객관적 기준이 존재하지 않는다고 본다.

▶ 24065-0189

9 밑줄 친 ㉠~㉢에 부각된 문화의 속성에 대한 옳은 설명만을 〈보기〉에서 있는 대로 고른 것은?

㉠햄버거는 현재 미국인들이 가장 일상적으로 즐겨 먹는 대표 음식 중 하나이다. 하지만 미국인들이 처음부터 햄버거를 즐겨 먹었던 것은 아니었다. ㉡미국의 햄버거 산업이 크게 성장하게 된 것은 고속도로의 확충과 밀접한 관련이 있다. 미국에서는 자동차의 보급과 함께 고속도로망이 갖추어지기 시작했고, 이에 집값이 싼 외곽에 주거지를 마련하고 도심으로 출퇴근하는 사람들이 늘어났다. 도로 위에서 보내는 시간이 길어지자 사람들은 차에서 간편하게 식사하기에 적당한 햄버거를 찾게 되었고, 그 결과 햄버거 매장이 계속 들어서게 되었으며, ㉢미국인들은 이제 자동차를 타지 않을 때도 예전과 달리 햄버거를 즐겨 찾게 되었다.

┌ 보기 ┐
ㄱ. ㉠에 부각된 속성은 문화가 사회 구성원 간 원활한 상호 작용의 토대가 된다는 사실을 보여 준다.
ㄴ. ㉡에 부각된 속성은 문화의 구성 요소들이 유기적으로 연결되어 있다는 사실을 보여 준다.
ㄷ. ㉠에 부각된 속성은 ㉡, ㉢에 각각 부각된 속성과 달리 문화가 세대 간 전승을 통해 더욱 풍부해진다는 사실을 보여 준다.

① ㄱ   ② ㄷ   ③ ㄱ, ㄴ   ④ ㄴ, ㄷ   ⑤ ㄱ, ㄴ, ㄷ

▶ 24065-0190

10 갑~병의 문화 이해 태도에 대한 설명으로 옳은 것은?

갑: A국에 여행을 갔는데 신호등이 없어서 사람들이 자유롭게 도로를 건너다니는 경우가 많아 정말 당황스러웠어. 교통 문화가 어찌 이리도 미개할 수가 있는지…. A국은 하루빨리 우리나라의 우수한 교통 문화를 본받아야 해.
을: 과연 그럴까? A국은 다른 어떤 나라보다 우수한 교통 문화를 가졌다고 생각해. 우리도 자유를 중시하는 A국의 교통 문화를 수용해야 해.
병: A국은 차보다 보행자가 우선이라는 인식이 강해 무단횡단의 개념 자체가 없는 거야. A국은 A국대로, 우리는 우리대로 오랫동안 유지해 온 나름의 교통 체계가 존재하는데, 이를 갑자기 바꾼다면 혼란만 가중될 거야. 서로의 문화가 갖는 가치를 이해하고 존중할 필요가 있어.

① 갑의 태도는 타 문화의 수용에 적극적이다.
② 을의 태도는 문화를 평가가 아닌 이해의 대상으로 본다.
③ 병의 태도는 타 문화를 제3자의 객관적 시각으로 이해하고자 한다.
④ 갑의 태도는 을의 태도와 달리 자문화의 정체성 보존에 유리하다.
⑤ 을의 태도는 병의 태도와 달리 문화의 다양성 보존에 유리하다.

▶ 24065-0191

11 A~C의 일반적인 특징에 대한 설명으로 옳은 것은? (단, A~C는 각각 주류 문화, 반문화, 하위문화 중 하나임.) [3점]

미국에서 슬로건 패션은 1960년대 히피들이 베트남 전쟁에 반대하며 반전이나 평화의 의미로 티셔츠에 문구나 문양을 담아내면서 시작되었다. 1980년대 이후 슬로건 패션은 사회 운동가, 정치인, 연예인, 운동선수 등의 유명 인사가 자신이 지지하는 정책이나 사회적 메시지를 담아내기 위해 활용하였다. 오늘날 남녀노소 누구든지 문구나 문양의 의미 때문이든, 예쁜 디자인 때문이든 슬로건이 담긴 패션 아이템을 하나 이상은 가지고 있을 정도로 슬로건 패션은 대중적인 패션으로 자리 잡았다.

미국에서 슬로건 패션은 1960년대에는 A였지만, 1980년대 이후 B가 되었다가, 오늘날에는 C의 성격을 갖게 되었어요.

① 모든 B의 총합은 C이다.
② B는 A와 달리 C를 대체하기도 한다.
③ A는 B와 달리 주류 집단에 의해 일탈로 규정될 수 있다.
④ A, B는 C와 달리 전체 사회의 범주에 따라 상대적으로 규정된다.
⑤ 모든 A는 B에 해당하지만 모든 B가 A에 해당하는 것은 아니다.

▶ 24065-0192

12 갑국~병국에 나타난 문화 변동에 대한 설명으로 옳은 것은? [3점]

갑국 가수인 A는 오랜 기간 을국에서의 활동을 마치고 귀국한 후 첫 번째 콘서트에서 독특한 창법의 ○○ 음악을 선보여 팬들에게 신선한 충격을 주었다. ○○ 음악은 을국 작곡가인 B에 의해 만들어진 새로운 음악 장르로 을국 젊은이들 사이에서 큰 인기를 끌고 있었으나, 이를 갑국에 소개한 것은 A가 처음이다. 이후 ○○ 음악은 전통 음악인 □□ 음악과 함께 갑국에서 가장 인기 있는 음악 장르로 자리 잡았다. 한편, SNS를 통해 ○○ 음악을 처음 접한 병국 음악인들은 전통 음악인 ●● 음악의 가락에 ○○ 음악의 창법을 결합한 ◎◎ 음악을 개발하여 큰 인기를 끌었다.

① 갑국에서는 병국과 달리 외래문화 요소가 변형되지 않고 정착되었다.
② 을국에서는 병국과 달리 이전에 없었던 새로운 문화 요소가 창조되었다.
③ 병국에서는 갑국과 달리 문화 변동 이후 자기 문화의 정체성이 상실되었다.
④ 갑국에서는 을국, 병국과 달리 내재적 요인에 의한 문화 변동이 나타났다.
⑤ 병국에서는 갑국, 을국과 달리 자극 전파에 의한 문화 변동이 나타났다.

▶ 24065-0193

13 다음 자료에 대한 분석으로 옳은 것은? [3점]

표는 갑국의 연도별·세대별 계층 구성 현황을 나타낸 것이다. 갑국의 계층은 상층, 중층, 하층으로만 구분되며, A~C는 각각 상층, 중층, 하층 중 하나이다. 자녀 세대 A에는 B와 달리 세대 간 상승 이동한 사람이 존재할 수 없고, 자녀 세대 B에는 C와 달리 세대 간 하강 이동한 사람이 존재할 수 있다.

(단위: %)

구분	t년		t+50년	
	부모 세대	자녀 세대	부모 세대	자녀 세대
A 비율+C 비율	80	50	50	90
B 비율+C 비율	30	75	70	30

① t년 자녀 세대 상층 비율은 하층 비율과 동일하다.
② t+50년 부모 세대 상층 비율은 자녀 세대 상층 비율보다 높다.
③ t년은 t+50년과 달리 부모 세대에서 폐쇄적 계층 구조가 나타난다.
④ t+50년 부모 세대의 계층 구조는 자녀 세대의 계층 구조보다 사회 통합에 불리하다.
⑤ t년 부모 세대의 계층 구조는 모래시계형, t+50년 자녀 세대의 계층 구조는 피라미드형이다.

▶ 24065-0194

14 다음 자료에 대한 분석으로 옳은 것은? [3점]

표는 갑국~병국의 근로자 여성비와 성별 임금 격차를 나타낸 것이다. 갑국~병국의 전체 근로자 수와 남성 근로자 평균 임금은 각각 동일하다.

구분	갑국	을국	병국
근로자 여성비	60	100	150
성별 임금 격차	40	20	0

*근로자 여성비=$\frac{\text{여성 근로자 수}}{\text{남성 근로자 수}} \times 100$

**성별 임금 격차=$\frac{(\text{남성 근로자 평균 임금}-\text{여성 근로자 평균 임금})}{\text{남성 근로자 평균 임금}} \times 100$

① 갑국 남성 근로자 수는 병국 여성 근로자 수보다 적다.
② 갑국 남성 근로자 평균 임금은 여성 근로자 평균 임금의 2배를 넘는다.
③ 을국 전체 근로자 임금 총액은 갑국 전체 근로자 임금 총액의 2배이다.
④ 을국 여성 근로자 임금 총액은 병국 남성 근로자 임금 총액과 동일하다.
⑤ 갑국 전체 근로자 중 여성 근로자의 비율은 병국 전체 근로자 중 남성 근로자의 비율보다 높다.

▶ 24065-0195

15 다음 자료에 대한 분석으로 옳은 것은? (단, 갑국의 사회 보장 제도는 우리나라의 사회 보장 제도와 동일함.) [3점]

〈자료 1〉 갑국의 사회 보장 제도
(가) 노령, 장애, 사망 시 본인 또는 가족에게 연금 급여를 실시하는 제도
(나) 생활이 어려운 사람의 질병, 부상, 출산 등에 대하여 급여를 제공하는 제도
(다) 장애인, 중증 질환자 등에게 도우미를 파견하여 가사·간병 서비스를 제공하는 제도

〈자료 2〉 갑국 65세 이상 성별 인구 중 (가)~(다) 수혜자 비율 (단위: %)

구분	t년		t+50년	
	남성	여성	남성	여성
(가) 수혜자	68	72	60	66
(나) 수혜자	12	16	7	10
(다) 수혜자	21	17	17	20

*t년 갑국 65세 이상 인구 중 (가) 수혜자 비율은 70%임.
**갑국 65세 이상 인구와 (다) 수혜자 수는 모두 t+50년이 t년의 1.5배임.

① 65세 이상 남성 인구와 65세 이상 여성 인구 모두 t+50년이 t년보다 많다.
② 강제 가입의 원칙이 적용되는 제도의 경우, t+50년 65세 이상 여성 수혜자 수가 t년 65세 이상 수혜자 수보다 많다.
③ 정부 재정으로 비용 전액을 충당하는 제도의 경우, t년 65세 이상 수혜자 수가 t+50년 65세 이상 수혜자 수보다 많다.
④ 비금전적 지원을 원칙으로 하는 제도의 경우, t년 65세 이상 여성 수혜자 수가 t+50년 65세 이상 남성 수혜자 수보다 많다.
⑤ 사회 보험에 해당하는 제도와 사회 서비스에 해당하는 제도 모두 t+50년 65세 이상 인구 중 수혜자 비율이 t년 65세 이상 인구 중 수혜자 비율보다 높다.

▶ 24065-0196

16 그림은 질문을 통해 빈곤의 유형을 구분한 것이다. 이에 대한 설명으로 옳은 것은? (단, A, B는 각각 절대적 빈곤, 상대적 빈곤 중 하나임.) [3점]

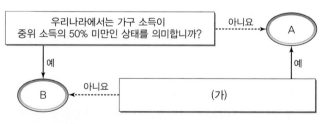

① A는 저개발국보다 선진국에서 두드러지게 나타난다.
② B는 사회의 소득 분포 상태를 고려하여 파악한다.
③ A는 B와 달리 모든 국가가 같은 기준선에 따라 판단한다.
④ B는 A와 달리 상대적 박탈감을 유발한다.
⑤ (가)에는 '소득의 불평등 정도를 측정하는 데 활용됩니까?'가 들어갈 수 있다.

17 사회 변동 이론 (가), (나)에 대한 설명으로 옳은 것은? (단, (가), (나)는 각각 순환론, 진화론 중 하나임.) ▶ 24065-0197

> (가) 달은 가느다란 초승달이 서서히 부풀어 오르면서 반달로 바뀌고 동그랗게 꽉 찬 보름달이 되었다가 다시 반달의 모습을 거쳐 그믐달로 줄어드는 과정을 반복한다. 이와 마찬가지로 사회도 하나의 문명이 성장과 쇠퇴의 과정을 끊임없이 반복한다.
>
> (나) 사회는 야만의 단계에서 미개의 단계를 거쳐 문명의 단계로 발전해 왔다. 이러한 단계를 거치면서 사회는 그 전 단계보다 더 복잡하고 정교한 형태로 분화하였으며, 이러한 변화의 흐름은 앞으로도 계속될 것이다. 이처럼 사회는 일정한 단계를 거치면서 단순한 형태에서 점차 복잡한 형태로 발전해 나아간다.

① (가)는 사회 변동이 일정한 방향성을 지닌다고 본다.
② (나)는 사회 변동을 사회 발전과 동일시한다.
③ (가)는 (나)와 달리 미래 사회의 변동에 대한 역동적 대응이 용이하다.
④ (나)는 (가)와 달리 운명론적 관점에서 사회 변동을 설명한다.
⑤ (가), (나)는 모두 서구 중심적 사고라는 비판을 받는다.

18 밑줄 친 ㉠, ㉡에 대한 설명으로 옳은 것은? ▶ 24065-0198

> • 제2차 세계 대전을 일으켰던 나치주의를 신봉하여 나타나고 있는 ㉠신나치주의 운동은 '유럽인을 위한 유럽, 독일인을 위한 독일'을 슬로건으로 하여 배타적 민족주의, 국권 강화, 옛 영토의 회복 등 과거 전체주의의 부활을 추구한다.
> • 우리나라에서 ㉡사형 폐지 운동이 본격적으로 시작된 것은 1989년 '한국 사형 폐지 운동 협의회'가 설립된 이후이다. 이후 이 단체는 30여 년간 관련 집회 주최, 입법 청원, 헌법 소원 심판의 대리인 지원, 1심에서 사형을 선고받은 피고인에 대한 변론 지원 등의 활동을 이어오고 있다.

① ㉠은 기존의 사회 질서를 유지하고자 사회 변화에 저항하려는 사회 운동이다.
② ㉡은 사회의 특정 부분에 대한 변화를 추구하는 사회 운동이다.
③ ㉠은 ㉡과 달리 체계적인 조직을 바탕으로 집단의 이념을 실현하려는 사회 운동이다.
④ ㉡은 ㉠과 달리 특정 집단 구성원들의 정치적 권리 증진을 목적으로 하는 사회 운동이다.
⑤ ㉠, ㉡은 모두 사회적 소수자의 권리 보장을 목적으로 하는 사회 운동이다.

19 다음 자료에 대한 설명으로 옳은 것은? (단, A, B는 각각 산업 사회, 정보 사회 중 하나임.) ▶ 24065-0199

> 교사: A, B의 일반적인 특징을 비교해 볼까요?
> 갑: 일터와 가정의 결합 정도는 A가 B에 비해 높습니다.
> 을: 구성원 간 직접적 접촉 비중은 B가 A에 비해 높습니다.
> 병: 사회 변동의 속도는 B가 A에 비해 느립니다.
> 정: _____(가)_____
> 교사: 발표한 사람 중 한 사람을 제외하고는 모두 옳게 진술하였습니다.

① A는 B에 비해 정보 생산자와 소비자 간 구분이 명확하다.
② A는 B에 비해 부가가치 창출의 원천으로 자본이 강조된다.
③ B는 A에 비해 산업에서 서비스업이 차지하는 비중이 높다.
④ B는 A에 비해 조직 내 의사 결정의 분권화 경향이 강하다.
⑤ (가)에는 '소품종 대량 생산 방식의 비중은 A가 B에 비해 높습니다.'가 들어갈 수 있다.

20 다음 자료에 대한 분석으로 옳은 것은? [3점] ▶ 24065-0200

> 표는 갑국의 지역별 전체 인구 대비 65세 이상 인구 비율과 노령화 지수를 나타낸 것이다. 단, 갑국은 A, B 두 지역으로만 구성된다.
>
> | 구분 | 갑국 | A 지역 | B 지역 |
> |---|---|---|---|
> | 전체 인구 대비 65세 이상 인구 비율(%) | 15 | 15 | 15 |
> | 노령화 지수 | 300 | 500 | 100 |
>
> *총부양비 $= \dfrac{\text{유소년 인구(0~14세 인구)} + \text{노년 인구(65세 이상 인구)}}{\text{부양 인구(15~64세 인구)}} \times 100$
>
> **노령화 지수 $= \dfrac{\text{노년 인구(65세 이상 인구)}}{\text{유소년 인구(0~14세 인구)}} \times 100$

① 갑국의 총부양비는 20이다.
② 0~14세 인구는 A 지역과 B 지역이 동일하다.
③ 15~64세 인구는 B 지역이 A 지역의 절반을 넘는다.
④ A 지역의 총부양비가 B 지역의 총부양비에 비해 크다.
⑤ B 지역 15~64세 인구는 A 지역 65세 이상 인구에 비해 많다.

문항에 따라 배점이 다르니, 각 물음의 끝에 표시된 배점을 참고하시오. 3점 문항에만 점수가 표시되어 있습니다. 점수 표시가 없는 문항은 모두 2점입니다.

▶ 24065-0201

1 밑줄 친 ㉠~㉣과 같은 현상의 일반적 특징에 대한 설명으로 옳은 것은?

태백산 국립 공원에서는 나도수정초, 범꼬리, 동자꽃, 할미밀망 등 이름이 생경한 야생화가 발견된다. 이 지역은 신비로운 식물들이 많이 발견되어 ㉠국내 최고의 야생화 군락지로 평가받는다. ㉡나도수정초는 엽록소가 없어서 광합성을 할 수 없다. 그렇지만 ㉢다른 식물들과 공생하는 균류로부터 생존에 필요한 영양분을 받아 꽃이 필 수 있다. 또한 이 지역은 해발 고도가 900m를 넘는 고지대로서 한 여름에도 서늘한 기온을 유지하여 다양한 야생화가 필 수 있다. ㉣야생화의 보존을 위해 ○○시는 일부 군락지의 경우 탐방하려는 사람들의 수를 제한하고 있다. 또한 입산 시기도 제한하는 등 야생화 보존을 위해 힘쓰고 있다.

① ㉠과 같은 현상은 ㉡과 같은 현상과 달리 필연성의 원리가 적용된다.

② ㉡과 같은 현상은 ㉣과 같은 현상과 달리 인과 관계가 불명확하다.

③ ㉢과 같은 현상은 ㉣과 같은 현상과 달리 존재 법칙의 지배를 받는다.

④ ㉣과 같은 현상은 ㉡과 같은 현상과 달리 경험적 자료를 통해 연구할 수 있다.

⑤ ㉡, ㉢과 같은 현상은 ㉠, ㉣과 같은 현상과 달리 인간의 의지와 가치가 개입되어 나타난다.

▶ 24065-0202

2 다음 자료에 대한 설명으로 옳은 것은? [3점]

표는 질문 (가)에 따른 자료 수집 방법의 응답을 구분한 것이다. 단, A, B는 각각 면접법, 실험법 중 하나이고, 응답은 '예', '아니요' 중 하나이다.

질문:	(가)	
구분	A	㉠질문지법
㉡참여 관찰법	모두 '아니요'	하나만 '예'
B	하나만 '아니요'	모두 '예'

① ㉠은 ㉡에 비해 자료의 실제성 확보에 유리하다.

② (가)에는 '1차 자료 수집이 가능합니까?'가 들어갈 수 있다.

③ A가 B에 비해 자료 수집 상황에 대한 통제 정도가 강하다면, (가)에는 '언어적 상호 작용이 필수적입니까?'가 들어갈 수 있다.

④ B가 A에 비해 수집된 자료의 계량화가 용이하다면, (가)에는 '비구조화되고 비표준화된 자료 수집 방법입니까?'가 들어갈 수 있다.

⑤ (가)에 '주로 양적 자료 수집에 적합합니까?'가 들어간다면, B는 A에 비해 연구자와 연구 대상자 간 정서적 교감을 중시한다.

▶ 24065-0203

3 빈곤의 유형 A, B에 대한 설명으로 옳은 것은? (단, A, B는 각각 절대적 빈곤, 상대적 빈곤 중 하나임.)

A는 한 사회의 구성원들이 일반적으로 누리는 생활을 영위하는 데 필요한 소득 수준과 비교하여 소득이 부족한 상태인 B와 달리 사람들의 최저 생활에 필요한 최소한의 자원이나 소득이 결핍된 상태를 의미한다. A는 경제 성장을 통해 감소하는 경향이 있지만 사회 구성원 다수가 누리는 인간으로서의 욕구를 고려하지 못한다는 한계가 있어 B가 도입되었다.

① A는 개인이 주관적으로 빈곤하다고 인식하는 상태를 의미한다.

② B는 소득 수준이 높은 국가에서는 나타나지 않는다.

③ A 가구에 속하지 않는 가구도 B 가구에 속할 수 있다.

④ B는 A와 달리 우리나라에서 객관화된 기준에 따라 분류한다.

⑤ 한 국가에서 A에 따른 빈곤율과 B에 따른 빈곤율을 합한 것이 그 나라의 전체 빈곤율이다.

▶ 24065-0204

4 다음 자료에 대한 설명으로 옳은 것은?

〈자료 1〉
• (가)~(다)는 각각 반문화, 반문화가 아닌 하위문화, 주류 문화 중 하나이다.
• 한 사회의 지배적인 문화에 저항하거나 대립하는 문화는 (가), (나)가 아닌 (다)이다.
• 한 사회의 일부 구성원들만 공유하는 문화는 (가)가 아닌 (나), (다)이다.

〈자료 2〉
표는 □□국 문화 요소 모두를 갑~병 지역의 향유 여부에 따라 구분한 것이다. 갑~병 지역으로만 구성되는 □□국에서는 을 지역의 인구가 □□국 총인구의 80%를 차지하고 있고, 갑 지역과 병 지역의 인구는 같으며, 한 지역에서만 □□국의 지배적인 문화 요소에 저항하는 문화 요소가 나타났다. 단, 표의 '○'는 해당 지역 대다수의 사람들이 문화 요소를 향유하고 있음을 의미하고, '×'는 해당 지역에서 누구도 문화 요소를 향유하지 않음을 의미한다.

문화 요소	갑 지역	을 지역	병 지역
a	○	×	○
b	○	×	○
c	○	○	○
d	○	×	×

① □□국에서 (가) 요소는 a이다.
② □□국에서 (다) 요소가 나타난 지역은 갑 지역이다.
③ □□국에서 (나) 요소가 나타난 지역은 을 지역과 병 지역뿐이다.
④ b는 c와 달리 병 지역에서 (나) 요소에 해당한다.
⑤ d는 갑 지역에서 (나) 요소에, □□국에서 (다) 요소에 해당한다.

▶ 24065-0205

5 다음 자료에 대한 설명으로 옳은 것은? [3점]

㉠~㉣은 각각 가족, 회사, 사내 노동조합, 사내 합창 동호회 중 하나이고, A~E는 각각 공동 사회, 이익 사회, 공식 조직, 비공식 조직, 자발적 결사체 중 하나이다. 표는 ㉠~㉣을 A~E의 해당 여부로 분류한 것이다. 단, A는 D에 속한다.

㉠	㉡	㉢	㉣
B	C, (가)	A, D, E	A, C, D

① 가족은 ㉠이 아닌 ㉡이다.
② 사내 노동조합은 ㉣이 아닌 ㉢이다.
③ (가)에는 D가 아닌 A가 들어갈 수 있다.
④ 모든 E는 A와 D에 해당한다.
⑤ C는 B와 달리 일반적으로 비공식적 규범을 통해 구성원을 통제한다.

▶ 24065-0206

6 다음 자료에 대한 옳은 설명만을 〈보기〉에서 고른 것은?

세 장의 카드에는 각각 사회·문화 현상을 바라보는 관점에 대한 설명 (가)~(다)가 적혀 있다. (가)에 해당하는 관점의 수는 (나)보다 많고 (다)보다 적으며, (가)~(다)에 각각 해당하는 관점은 최소 1개이다. 단, 사회·문화 현상을 바라보는 관점은 기능론, 갈등론, 상징적 상호 작용론이다.

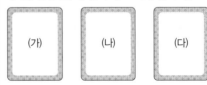

┌ 보기 ┐
ㄱ. (가)에는 '사회·문화 현상을 거시적 측면에서 설명한다.'가 들어갈 수 있다.
ㄴ. (나)에는 '개인의 사회적 행동에 영향을 미치는 사회 구조의 힘을 간과한다.'가 들어갈 수 없다.
ㄷ. (다)에는 '사회 문제의 원인을 설명할 수 있다.'가 들어갈 수 있다.
ㄹ. '사람들이 구성해 내는 주관적 생활 세계를 중시한다.'는 (가)에, '사회 문제를 병리적인 현상으로 간주한다.'는 (나)에 각각 들어갈 수 있다.

① ㄱ, ㄴ ② ㄱ, ㄷ ③ ㄴ, ㄷ ④ ㄴ, ㄹ ⑤ ㄷ, ㄹ

▶ 24065-0207

7 다음 갑, 을의 연구에 대한 설명으로 옳은 것은? [3점]

갑은 학교 주관 자원봉사 활동이 고등학생의 공동체 의식에 미치는 영향에 대한 가설을 검증하고자 하였다. 이를 위해 A 지역 ○○ 고등학교 2학년 학생 중 학교 주관 자원봉사 활동 경험이 있는 100명과 경험이 없는 100명을 각각 무작위로 선정하여 학교 주관 자원봉사 활동과 공동체 의식을 측정할 수 있는 설문지에 학생 스스로 무기명으로 기입하게 하여 조사하였다. 이를 통해 학교 주관 자원봉사 활동이 공동체 의식에 긍정적인 영향을 미친다는 결론을 도출하였다.

을은 갑의 연구 결과를 바탕으로 학교 주관 자원봉사 활동 이외에 교우 관계가 공동체 의식에 영향력이 있을 것이라는 가설을 세워 이를 검증하고자 하였다. 을은 ○○ 고등학교 2학년 학생 중 남녀 각각 100명을 무작위로 선정하여 학교 주관 자원봉사 활동 시간과 공동체 의식 및 교우 관계를 측정할 수 있는 설문지를 통해 자료를 수집하였다. 자료 분석 결과, 남학생의 경우 학교 주관 자원봉사 활동 시간과 교우 관계의 정도 모두 공동체 의식에 정(+)의 영향력이 있다는 결론을 얻었다. 그런데 여학생의 경우 교우 관계와 달리 학교 주관 자원봉사 활동 시간이 공동체 의식에 정(+)의 영향력이 있다는 결론을 얻었다.

① 갑은 방법론적 일원론, 을은 방법론적 이원론을 전제로 하는 연구를 하였다.

② 가설에서 원인이 되는 변인의 개수는 갑의 연구보다 을의 연구에서 더 많다.

③ '공동체 의식'은 갑의 연구에서는 종속 변인, 을의 연구에서는 독립 변인이다.

④ 을의 연구 결과는 갑의 연구 결과와 달리 ○○ 고등학교 학생들에게 일반화할 수 있다.

⑤ 갑과 을은 모두 독립 변인을 처치하고 그로 인한 변화를 파악하는 자료 수집 방법을 활용하였다.

▶ 24065-0208

8 다음 자료에 대한 옳은 설명만을 〈보기〉에서 있는 대로 고른 것은?

갑과 을은 3개의 질문을 통해 산업 사회와 정보 사회의 일반적인 특징을 구분하는 응답 활동을 수행하였다. 갑과 을의 활동에 대한 교사의 평가는 다음과 같다.

- 　〈질문 1〉　에 대한 갑의 응답은 '예', 을의 응답은 '아니요'이므로 갑의 응답만 옳다.
- 　〈질문 2〉　에 대한 갑의 응답과 을의 응답 모두 '예'이므로 갑의 응답과 을의 응답은 모두 　⊙　.
- 〈질문 3〉 '산업 사회는 정보 사회보다 정보 제공자와 정보 수용자 간 구분의 명확성 정도가 큰가?'에 대한 갑의 응답은 '　⊙　', 을의 응답은 '　©　'이므로 을의 응답만 옳다.

┌ 보기 ┐
ㄱ. 〈질문 1〉에 '산업 사회는 정보 사회보다 직업의 동질성 정도가 높은가?'가 들어갈 수 있다.
ㄴ. 〈질문 2〉가 '산업 사회는 정보 사회에 비해 다품종 소량 생산 방식의 비중이 높은가?'라면, ⊙은 '옳다'가 적절하다.
ㄷ. ©은 '예', ©은 '아니요'가 적절하다.

① ㄱ　　② ㄴ　　③ ㄱ, ㄷ　　④ ㄴ, ㄷ　　⑤ ㄱ, ㄴ, ㄷ

▶ 24065-0209

9 다음 자료에 대한 설명으로 옳은 것은? [3점]

그림은 질문 (가)~(다)를 통해 개인과 사회의 관계를 바라보는 관점 A, B를 구분한 것이다. 단 A, B는 각각 사회 명목론, 사회 실재론 중 하나이다.

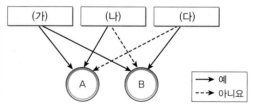

① (가)에는 '사회는 개인의 이익 실현을 위한 수단에 불과하다고 보는가?'가 들어갈 수 있다.

② (나)가 '사회는 개인의 총합에 불과하다고 보는가?'라면, B는 사회 명목론이다.

③ (다)가 '사회의 속성을 개인의 속성으로 환원할 수 있다고 보는가?'라면, A는 사회 실재론이다.

④ A가 사회의 구속력이 개인의 자유 의지보다 우위에 있다고 본다면, (다)에는 '사회는 구성원들에게 외재성을 갖는다고 보는가?'가 들어갈 수 있다.

⑤ B가 개인의 자율적 의지에 의해 사회 현상이 형성된다고 본다면, (나)에는 '개인은 사회에 의해 구조화된 행동을 한다고 보는가?'가 들어갈 수 없다.

▶ 24065-0210

10 다음 자료에 대한 설명으로 옳은 것은? [3점]

표는 갑국의 지역별 인구 중 복지 제도 (가), (나)의 수급자 비율을 나타낸 것이다. 갑국은 A~C 지역으로만 구성되고, A~C 지역의 인구는 각각 100만 명으로 동일하다. 복지 제도 (가), (나) 모두 금전적 지원을 원칙으로 하고, (나)는 (가)와 달리 상호 부조의 성격을 지닌다. (가), (나) 제도의 특징은 우리나라와 일치하고, 갑국에는 복지 제도가 (가), (나)만 있다.

(단위: %)

구분	A 지역	B 지역	C 지역
(가), (나) 중복 수급자를 제외한 (가) 수급자	20	15	25
(가), (나) 중복 수급자를 제외한 (나) 수급자	30	25	30
(가), (나) 중복 수급자	10	10	15

① 사후 처방적 성격이 강한 제도의 수급자 수는 B 지역이 A 지역보다 많다.
② 소득 재분배 효과가 있는 제도의 갑국 전체 수급자 수는 갑국 총인구의 60%이다.
③ 수익자 부담 원칙을 적용하는 제도의 수급자 수는 A 지역이 C 지역보다 많다.
④ 각 지역 인구 중 강제 가입을 원칙으로 하는 제도의 수급자 비율은 C 지역이 A 지역보다 작다.
⑤ 각 지역 인구 중 선별적 복지 이념을 바탕으로 하는 제도의 혜택만 받는 수급자 비율은 A 지역이 B 지역보다 크고, A 지역과 C 지역은 같다.

▶ 24065-0211

11 다음 자료에 대한 분석으로 옳은 것은? [3점]

표는 갑국의 t년과 t+20년의 성별 임금 근로자 중 정규직 비율을 나타낸 것이다. t+20년의 전체 임금 근로자는 t년에 비해 20% 증가하였다. t년과 t+20년 모두 남성과 여성의 전체 임금 근로자의 수는 1:1이고, 고용 형태에 따라 정규직과 비정규직으로만 구성된다.

(단위: %)

구분	t년	t+20년
$\dfrac{\text{남성 정규직 임금 근로자}}{\text{남성 임금 근로자}} \times 100$	60	50
$\dfrac{\text{여성 정규직 임금 근로자}}{\text{여성 임금 근로자}} \times 100$	20	50

① t년에 남성 임금 근로자 수는 전체 비정규직 임금 근로자 수와 같다.
② t+20년에 남성 정규직 임금 근로자 수는 여성 비정규직 임금 근로자 수와 같다.
③ t년에 성별 정규직 임금 근로자 수의 차이는 성별 비정규직 임금 근로자 수의 차이보다 크다.
④ t년 대비 t+20년에 남성 정규직 임금 근로자 증가율은 남성 비정규직 임금 근로자 증가율과 같다.
⑤ t년 대비 t+20년에 여성 비정규직 임금 근로자 수는 남성 정규직 임금 근로자 수와 달리 증가하였다.

▶ 24065-0212

12 표는 질문을 통해 문화 접변 양상 A~C의 응답을 구분한 것이다. 이에 대한 옳은 설명만을 〈보기〉에서 고른 것은? (단, A~C는 각각 문화 동화, 문화 병존, 문화 융합 중 하나임.) [3점]

질문	응답	
	예	아니요
새로운 문화 요소가 만들어지는가?	B	A, C
자문화의 정체성 상실을 초래하는가?	C	A, B
(가)	㉠	㉡

보기

ㄱ. A는 B와 달리 기존 문화의 변형이 나타나지 않는다.
ㄴ. B는 C와 달리 외래문화에 대한 재해석과 재구성을 바탕으로 한다.
ㄷ. C는 A와 달리 자발적 문화 접변에 의해 나타난다.
ㄹ. ㉠에 'A, B', ㉡에 'C'가 들어간다면, (가)에는 '외재적 요인에 의한 문화 변동에 해당하는가?'가 들어갈 수 있다.

① ㄱ, ㄴ   ② ㄱ, ㄷ   ③ ㄴ, ㄷ   ④ ㄴ, ㄹ   ⑤ ㄷ, ㄹ

▶ 24065-0213

13 다음 자료에 대한 옳은 설명만을 〈보기〉에서 고른 것은? [3점]

표는 일탈 이론 A~C를 구분한 것이다. 단, A~C는 각각 낙인 이론, 뒤르켐의 아노미 이론, 차별 교제 이론 중 하나이다.

구분	일탈 이론	
	해당함	해당하지 않음
(가)	A	B, C
(나)	A, C	B
일탈 행동을 규정하는 객관적인 기준이 없다고 봄.	C	A, B

보기

ㄱ. (나)에는 '일탈 행동의 대책으로 사회 규범의 통제력 강화를 중시함.'이 들어갈 수 있다.

ㄴ. (가)가 '급격한 사회 변동을 일탈 행동의 원인으로 봄.'이라면, B는 일탈 행동이 일탈 집단과의 접촉을 통해 학습된다고 본다.

ㄷ. A가 정상 집단과의 교류 촉진을 일탈 행동에 대한 대책으로 강조한다면, (가)에는 '일탈 행동의 발생 과정에서 이루어지는 타인과의 상호 작용을 중시함.'이 들어갈 수 없다.

ㄹ. B가 일탈 행동이 일탈 문화를 학습한 결과라고 본다면, (나)에는 '일탈 행동의 원인을 차별적인 제재에서 찾음.'이 들어갈 수 있다.

① ㄱ, ㄴ ② ㄱ, ㄷ ③ ㄴ, ㄷ ④ ㄴ, ㄹ ⑤ ㄷ, ㄹ

▶ 24065-0214

14 다음 자료에 대한 분석으로 옳은 것은? [3점]

그림은 갑국~병국의 계층 간 상대적 비율을 나타낸다. 갑국~병국의 계층은 상층, 중층, 하층으로만 구성된다.

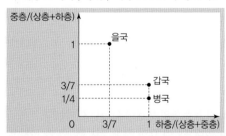

① 갑국의 계층 구조는 을국과 달리 모래시계형이다.
② 을국의 계층 구조는 병국에 비해 사회 통합에 유리하다.
③ 상층 비율과 하층 비율의 차이는 갑국이 병국보다 작다.
④ 상층 비율 대비 중층 비율은 병국이 을국보다 크다.
⑤ 중층 비율과 하층 비율의 합은 병국이 갑국보다 크다.

▶ 24065-0215

15 다음은 사회 변동 이론 A, B에 대한 수행 평가 및 교사의 채점 결과이다. 이에 대한 설명으로 옳은 것은? (단, A, B는 각각 순환론, 진화론 중 하나임.)

※ 수행 평가 과제 (옳은 서술 1개당 1점, 틀린 서술은 0점임.)
• 갑: A와 구분되는 B의 특징 2가지 서술하기
• 을: B와 구분되는 A의 특징 2가지 서술하기

〈각 학생의 서술 내용 및 교사의 채점 결과〉

학생	답란	점수
갑	1. 사회 변동이 곧 사회 발전이라고 본다. 2. _____ (가) _____	2점
을	1. _____ (나) _____ 2. 미래의 사회 변동에 대한 역동적 대응이 곤란하다는 비판을 받는다.	㉠

① A는 사회가 일정한 방향으로 발전한다고 본다.
② B는 사회 변동이 동일한 과정을 주기적으로 반복한다고 본다.
③ (가)에는 '사회가 미분화된 상태에서 분화된 상태로 변동한다고 본다.'가 들어갈 수 없다.
④ ㉠이 '1점'이면, (나)에는 '운명론적 관점에서 사회 변동을 설명한다.'가 들어갈 수 없다.
⑤ (나)에 '사회가 단순한 형태에서 복잡한 형태로 변동한다고 본다.'가 들어간다면, ㉠은 '2점'이다.

▶ 24065-0216

16 밑줄 친 ㉠~㉪에 대한 옳은 설명만을 〈보기〉에서 고른 것은?

㉠장남인 갑은 고등학교를 졸업하고 취업을 할 것인지 창업을 할 것인지 ㉡고민하다가 분식점을 창업하였다. 갑은 ㉢하루 3시간씩 자면서 음식 준비, 조리, 분식점 홍보 등을 하였고, 이러한 노력으로 100여 개의 체인점을 가진 ㉣회사 사장이 되었다. 이후 자녀인 을이 다니는 ㉤○○ 대학교에서 갑은 경영학 강의를 하는 강사가 되어 강의를 개설하였다. 갑이 수업하는 강의에 을이 수강 신청하였지만 을은 ㉥계속 수업을 빠졌다. 그런데 자신의 강의를 듣는 을이 낙제점을 받게 되면 교환 ㉦학생 프로그램에 지원할 수 없다는 것을 갑이 알게 되었다. 을이 자녀이기에 낙제점을 받지 않도록 하고 싶지만 대학 강의에서 공정하게 학점을 부여해야 하므로 갑은 을에게 학점을 어떻게 줄 것인지를 놓고 ㉧고민에 빠졌다.

보기

ㄱ. ㉠은 ㉦과 달리 성취 지위이다.
ㄴ. ㉡은 ㉧과 달리 갑의 역할 갈등이다.
ㄷ. ㉢은 갑의 역할 행동, ㉥은 을의 역할 행동이다.
ㄹ. ㉣은 ㉤과 달리 비공식적 사회화 기관이다.

① ㄱ, ㄴ ② ㄱ, ㄷ ③ ㄴ, ㄷ ④ ㄴ, ㄹ ⑤ ㄷ, ㄹ

17 ▸ 24065-0217

(가)~(다)에 대한 설명으로 가장 적절한 것은?

> (가) 갑국에서는 공연장 출입문 시스템 고장으로 공연장에 들어가지 못해 분노한 일부 관람객들이 돌발적으로 손해 배상을 요구하는 시위를 하였다.
> (나) 을국의 한 시민 단체는 을국 고유의 야생 동물을 다른 국가로 수출하는 것을 허가한 을국 정부 정책을 반대하는 집회 및 서명 운동을 하였다. 이와 함께 야생 동물 보호를 위한 캠페인 활동을 지속적으로 펼쳤다.
> (다) 병국에서는 정국에서 발생한 사상에 영향을 받은 병국 사람들이 전통적으로 전해 내려오는 종교 교리에 따른 신분 제도로 인한 폐해를 해소하기 위해 신분제 철폐를 주장하며 혁명을 일으켰다.

① (가)에서는 사회의 구조적 모순과 갈등을 근본적으로 해결하고자 하는 사회 운동이 나타난다.
② (나)에서는 체계적인 조직을 바탕으로 사회 변화를 추구하는 다수의 행동이 나타난다.
③ (다)에서는 기존 사회 질서를 고수하고 사회 변화에 저항하려는 집합적 행동이 나타난다.
④ (가), (나) 모두에서 자신들의 신념과 가치 실현을 위한 지속적인 활동이 나타난다.
⑤ (나)와 달리 (다)에서는 특정 집단의 이익만을 추구하고자 하는 활동이 나타난다.

18 ▸ 24065-0218

다음 자료는 서술형 평가에 대한 학생의 서술 내용 및 교사의 채점 결과이다. 이에 대한 설명으로 옳은 것은? (단, A, B는 각각 관료제, 탈관료제 중 하나임.)

> ※ 관료제와 탈관료제의 일반적 특징을 비교하는 내용을 3가지만 서술하세요. (단, 각 서술 내용이 옳으면 1점씩, 틀리면 0점씩 부여함.)

답란	채점 결과
A는 B에 비해 ⎡ (가) ⎤가 높다.	1점
B는 A에 비해 ⎡ (나) ⎤가 낮다.	0점
B는 A에 비해 중간 관리층의 비중이 크다.	1점

① A는 B에 비해 과업 수행 절차의 예측 가능성이 낮다.
② A는 B와 달리 공식적 규약과 절차에 의해 구성원을 통제한다.
③ B는 A에 비해 업무 담당자에게 주어진 재량권이 크다.
④ (가)에는 '연공서열에 따른 보상 체계의 중시 정도'가 들어갈 수 있다.
⑤ (나)에는 '과업의 세분화 정도'가 들어갈 수 없다.

19 ▸ 24065-0219

다음 자료에 대한 옳은 설명만을 〈보기〉에서 고른 것은?

> 표는 질문 (가)~(다)에 대하여 응답이 '예'인 문화 이해 태도를 갑~병이 발표한 것이다. 그런데 한 사람만 각 질문에 대하여 응답이 '예'인 문화 이해 태도를 모두 옳게 발표하였고, 두 사람은 (가)~(다) 중 2개의 질문에 대해서만 응답이 '예'인 문화 이해 태도를 옳게 발표하였다.

질문	응답이 '예'인 문화 이해 태도		
	갑	을	병
(가)	자문화 중심주의	자문화 중심주의	문화 사대주의
(나)	문화 사대주의	문화 사대주의	문화 사대주의
(다)	문화 상대주의	자문화 중심주의	문화 상대주의

┌ 보기 ┐
ㄱ. 각 질문에 모두 옳게 발표한 사람은 을이다.
ㄴ. (가)에는 '타 문화와의 공존에 대해 긍정적인 태도를 보이는가?'가 들어갈 수 있다.
ㄷ. (나)에는 '자문화의 정체성을 상실하게 할 수 있다는 비판을 받는가?'가 들어갈 수 있다.
ㄹ. (다)에는 '문화 다양성 보존에 기여하는가?'가 들어갈 수 있다.

① ㄱ, ㄴ   ② ㄱ, ㄷ   ③ ㄴ, ㄷ   ④ ㄴ, ㄹ   ⑤ ㄷ, ㄹ

20 ▸ 24065-0220

다음 자료에 대한 분석으로 옳은 것은? [3점]

> • 갑국의 총인구는 t년과 t+60년이 같고, 부양 인구는 t년과 t+30년이 같으며, 노년 인구는 t+30년과 t+60년이 같다.
> • 갑국의 총인구에서 노년 인구 비율은 t년이 10%이고, t+60년은 20%이다.
> • 갑국의 t년에 유소년 부양비는 노년 부양비의 2배이고, t+30년에 유소년 부양비는 노년 부양비의 1.5배이며, t+60년에 유소년 부양비는 노년 부양비와 같다.
>
> *유소년 부양비 $= \dfrac{\text{유소년 인구(0~14세 인구)}}{\text{부양 인구(15~64세 인구)}} \times 100$
> **노년 부양비 $= \dfrac{\text{노년 인구(65세 이상 인구)}}{\text{부양 인구(15~64세 인구)}} \times 100$
> ***총부양비 $= \dfrac{\text{유소년 인구(0~14세 인구)+노년 인구(65세 이상 인구)}}{\text{부양 인구(15~64세 인구)}} \times 100$

① 유소년 부양비는 t년과 t+30년이 같다.
② 총부양비는 t+30년이 t+60년보다 크다.
③ 노년 인구 대비 유소년 인구는 t+60년이 t년보다 크다.
④ 총인구 중 부양 인구 비율은 t+30년이 가장 작고, t+60년이 가장 크다.
⑤ t년 대비 t+30년의 유소년 인구 증가율은 t+30년 대비 t+60년의 노년 인구 증가율과 같다.

문항에 따라 배점이 다르니, 각 물음의 끝에 표시된 배점을 참고하시오. 3점 문항에만 점수가 표시되어 있습니다. 점수 표시가 없는 문항은 모두 2점입니다.

▶ 24065-0221

1 밑줄 친 ㉠~㉢과 같은 현상에 대한 설명으로 옳은 것은?

○○ 지역에 폭우가 내려 ㉠산사태가 발생하였고, 이로 인해 여러 주택이 무너졌다. 다행히도 산사태 경보 방송을 듣고 ㉡주민들이 미리 대피한 덕분에 인명 피해는 발생하지 않았다. 하지만 상수원이 오염되어 식수 공급이 안 되고, 찌는 듯한 ㉢무더위가 지속되는 상황에서 전기가 끊겨 마을 사람들이 큰 불편을 겪고 있다. 이에 ㉣많은 국민이 구호 물품을 모아 ○○ 지역에 전달하였다.

① ㉠과 같은 현상은 ㉡과 같은 현상과 달리 인과 관계가 불명확하다.
② ㉡과 같은 현상은 ㉢과 같은 현상과 달리 개연성으로 설명된다.
③ ㉢과 같은 현상은 ㉣과 같은 현상과 달리 특수성을 지닌다.
④ ㉣과 같은 현상은 ㉠과 같은 현상과 달리 계량화가 가능하다.
⑤ ㉠, ㉢과 같은 현상은 ㉡, ㉣과 같은 현상과 달리 당위 법칙으로 설명된다.

▶ 24065-0222

2 다음 글의 개인과 사회의 관계를 바라보는 관점에 대한 옳은 설명만을 〈보기〉에서 고른 것은?

우리가 오랜 시간 고민하고 선택한 행동이 결국 그렇게 할 수밖에 없도록 만드는 사회적 압박의 결과라는 것을 깨닫는 것은 고통스러운 일이다. 섬뜩하지만 사회는 우리가 태어나기도 전에 이미 우리가 무엇을 선택해야 하는지 정해 놓았다. 결국 우리의 선택은 사회를 대신하여 사회가 원하는 것이 무엇인지 드러내는 행위인 셈이다.

┌ 보기 ┐
ㄱ. 사회가 개인에 대하여 외재성을 갖는다고 본다.
ㄴ. 사회의 이익은 개인별 이익의 단순한 합으로 설명될 수 없다고 본다.
ㄷ. 사회 변화는 구성원들의 변화에 종속되어 나타나는 현상이라고 본다.
ㄹ. 사회 문제 해결을 위해서 제도 개선보다 의식 개선이 중요하다고 본다.

① ㄱ, ㄴ　② ㄱ, ㄷ　③ ㄴ, ㄷ　④ ㄴ, ㄹ　⑤ ㄷ, ㄹ

▶ 24065-0223

3 다음 자료에 대한 설명 및 추론으로 옳은 것은? [3점]

갑은 자신이 개발한 ○○ 리더십 프로그램이 ㉠우리나라 고등학생의 리더십 함양에 효과가 있는지 알아보기 위해 두 개의 ㉡가설을 설정하였다.
[가설 1] ○○ 리더십 기본 프로그램에 참여한 고등학생이 그렇지 않은 고등학생보다 리더십의 향상 정도가 클 것이다.
[가설 2] ○○ 리더십 기본 프로그램과 심화 프로그램에 모두 참여한 고등학생이 기본 프로그램에만 참여한 고등학생보다 리더십의 향상 정도가 클 것이다.
갑은 전국에서 ㉢고등학생 90명을 모집하여 30명씩 A~C 집단으로 나눈 후, 리더십 검사지를 통해 각 집단의 리더십 평균 점수가 거의 동일함을 확인하였다. 그리고 나서 A 집단은 ○○ 리더십 프로그램에 참여시키지 않았고, B 집단은 ○○ 리더십 기본 프로그램에만 참여시켰으며, C 집단은 ○○ 리더십 기본 프로그램에 참여시킨 후 심화 프로그램에도 참여시켰다. 이후 ㉣세 집단의 리더십 점수를 측정했는데, ㉤자료 분석 결과는 표와 같고, 통계적으로 유의미하다.

〈A~C 집단의 리더십 평균 점수〉

(단위: 점)

구분	A 집단	B 집단	C 집단
사전 검사 결과	50	49	50
사후 검사 결과	51	78	79

* 리더십 점수는 100점 만점이고, 점수가 높을수록 리더십이 강함.

① ㉠은 ㉢을 통해 도출한 연구의 결론을 일반화하고자 하는 대상이다.
② ㉡, ㉣, ㉤에서는 모두 연구자의 가치 중립이 요구된다.
③ 자료 분석 결과에 따르면, 가설 1과 가설 2가 모두 수용된다.
④ 갑의 실험에서 A 집단과 B 집단은 모두 통제 집단이고, C 집단은 실험 집단이다.
⑤ 자료 분석 결과에 따르면, 고등학생의 리더십 향상 효과는 ○○ 리더십 기본 프로그램과 심화 프로그램 간에 거의 차이가 없다.

▶ 24065-0224

4 다음 자료에 대한 설명으로 옳은 것은? (단, A~D는 각각 면접법, 문헌 연구법, 질문지법, 참여 관찰법 중 하나임.)

청소년 비행에 관하여 갑은 A를, 을은 B와 D를, 병은 A와 C를, 정은 A와 D를 사용해 자료를 수집하였다. 갑~정의 자료 수집과 관련한 특징은 다음과 같다.
• 갑과 을의 공통점: 언어적 상호 작용이 필수적인 자료 수집 방법을 사용하였다.
• 을이 갑과 다른 점: 질적 자료를 수집했다.
• 병과 정의 공통점: ┌──── (가) ────┐
• 정이 병과 다른 점: 2차 자료를 수집했다.

① A는 B와 달리 연구자와 연구 대상자 간 정서적 교감 형성이 중요하다.
② B는 C와 달리 주로 방법론적 이원론에 기초한 연구에서 사용된다.
③ C는 A에 비해 실제성 높은 자료를 수집하는 데 불리하다.
④ D는 C에 비해 기존 연구 성과나 연구 동향을 파악하는 데 유리하다.
⑤ (가)에는 '구조화 및 표준화된 문항을 활용해 자료를 수집했다.'가 들어갈 수 없다.

▶ 24065-0225

5 갑~병의 사회·문화 현상을 바라보는 관점에 대한 설명으로 옳은 것은? (단, 갑~병의 관점은 각각 기능론, 갈등론, 상징적 상호 작용론 중 하나임.) [3점]

갑: 농촌 인구의 감소 현상은 사람들이 농업과 농촌 생활에 대하여 부정적인 의미를 부여하고, 그러한 의미가 확산하면서 나타난 현상이다.
을: 농촌 인구의 감소 현상은 공업 중심의 산업 사회에서 사회 전체의 필요를 충족시키기 위해 나타난 현상으로서 사회의 효율적인 자원 배분과 활용에 기여한다.
병: 농촌 인구의 감소 현상은 지배 집단의 이익 보장을 위해 만들어진 도시와 공업 중심의 자원 배분 구조로 인해 나타난 결과이다.

① 갑의 관점은 사회가 본질적으로 조화와 균형 상태에 있음을 강조한다.
② 을의 관점은 사회 불평등 현상이 보편적이고 불가피한 현상이라고 본다.
③ 병의 관점은 사회 문제를 병리적인 현상으로 간주한다.
④ 갑의 관점은 을의 관점과 달리 개인이 사회 구조를 만들어 가는 주체임을 경시한다는 비판을 받는다.
⑤ 을의 관점은 병의 관점과 달리 사회 집단 간에 이익 갈등이 발생할 수 있음을 부정한다.

▶ 24065-0226

6 다음 자료에 대한 설명으로 옳은 것은? (단, A~C는 각각 낙인 이론, 머튼의 아노미 이론, 차별 교제 이론 중 하나임.) [3점]

〈활동 과제〉 일탈 이론 A~C 중 제시된 특징을 갖는 이론을 답란에 쓰시오. 제시된 특징을 갖는 이론이 2개 이상인 경우, 해당하는 이론을 모두 써야 옳은 답이 되고, 제시된 특징을 갖지 않는 이론을 함께 쓰면 틀린 답이 됩니다.

〈학생 갑, 을이 답란에 쓴 일탈 이론〉

특징	답란	
	갑	을
사회 구조적 측면에서 일탈 행동의 원인을 설명하고자 한다.	A	B
일탈 행동이 발생하는 상호 작용 과정에 주목한다.	㉠	C
일탈 행동을 규정하는 객관적인 기준이 존재한다고 본다.	A, B	B
(가)	C	C

〈교사의 평가〉 갑은 3개의 특징에 대하여 옳은 답을 썼고, 을은 2개의 특징에 대하여 옳은 답을 썼음.

① A는 차별적 제재로 인해 일탈 행동이 강화된다고 본다.
② B는 일탈 행동 성향이 학습의 결과라는 점을 강조한다.
③ C는 일탈 행동이 그 행동의 속성이 아닌 그 행동에 대한 사회적 평가에 의해 규정됨을 강조한다.
④ ㉠은 'B, C'이다.
⑤ (가)에는 '문화적 목표와 제도적 수단 간의 괴리로 인해 일탈 행동이 발생한다고 본다.'가 들어갈 수 있다.

▶ 24065-0227

7 다음 자료에 대한 설명으로 옳은 것은? (단, A, B는 각각 산업 사회, 정보 사회 중 하나임.)

> (가)~(라)는 A와 B를 비교한 진술인데, 4개의 진술 중 2개는 옳고, 2개는 틀리다.
>
> > (가) A가 B보다 쌍방향 매체의 활용 비중이 높다.
> > (나) A가 B보다 정보 제공자와 수용자 간 구분이 명확하다.
> > (다) B가 A보다 가정과 일터의 분리 정도가 높다.
> > (라) ⟨　　　⟨ㄱ⟩　　　⟩

① A가 산업 사회이면, (나)와 (다)가 옳은 진술이다.
② B가 산업 사회이면, ㉠에 'B가 A보다 제조업 종사자의 비율이 높다.'가 들어갈 수 있다.
③ (가)가 옳으면, A는 B보다 소품종 대량 생산 방식의 비중이 높다.
④ (다)가 옳으면, B는 A보다 사회 변동의 속도가 빠르다.
⑤ (라)가 옳으면, A는 B보다 하위문화의 다양성 정도가 낮다.

▶ 24065-0228

8 밑줄 친 ㉠~㉣에 대한 설명으로 옳은 것은?

> A국 사람인 갑은 A국에서 자동차 제조 ㉠회사의 직원으로 직장 생활을 한 후, B국으로 이민을 갔다. 이후 B국에서 평사원으로 새로운 직장에 취업했는데, 직장 문화가 너무 달라 다시 A국으로 돌아가야 할지 깊은 ㉡고민에 빠졌다. A국의 직장에는 지위와 상관없이 자유롭게 토론하는 문화가 자리 잡고 있는데, B국의 직장에서는 토론 문화를 찾아볼 수 없었고, 평사원에게는 명령에 대한 절대 복종이 요구되었다. 몇 번은 회사의 의사 결정에 항의하면서 토론을 제안하기도 했지만, 그때마다 평사원이 쓸데없는 분란을 일으킨다며 ㉢상관과 동료들로부터 심한 눈총을 받았다. 갑은 ㉣사내 볼링 동호회 회원들과 함께 모임을 가지면서 차츰 B국에서 중시하는 가치관과 따라야 할 행동 방식을 받아들이게 되었고, 직장 생활도 편하게 할 수 있게 되었다.

① ㉡은 갑의 역할 갈등에 해당한다.
② ㉢은 직장에서의 갑의 역할 행동에 대한 제재이다.
③ ㉣에서 갑은 재사회화가 아닌 예기 사회화를 경험하였다.
④ ㉠은 ㉣에 비해 가입과 탈퇴의 자유가 크다.
⑤ ㉣은 ㉠과 달리 결합 자체가 목적이 되는 사회 집단이다.

▶ 24065-0229

9 다음 자료에 대한 분석으로 옳은 것은? (단, 갑국에서 모든 부모의 자녀는 1명씩임.) [3점]

> 갑국의 계층은 각각 상층, 중층, 하층 중 하나인 A~C로만 구분되고, 부모 세대의 계층 구성 비율은 A가 50%, B가 30%, C가 20%이다. 그림의 수치는 각 사례에 해당하는 자녀가 갑국의 자녀 세대 전체 인구에서 차지하는 비율(%)을 나타낸 것이다. 예를 들어 A에 속해 있고 부모보다 계층이 높은 자녀는 자녀 세대 전체 인구 중 8%이다.

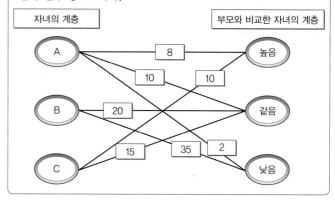

① 상층의 비율은 부모 세대가 자녀 세대보다 높다.
② 부모와 계층이 같은 자녀가 세대 간 이동한 자녀보다 많다.
③ 세대 간 상승 이동한 자녀가 세대 간 하강 이동한 자녀보다 많다.
④ 부모 세대의 계층 구조가 자녀 세대의 계층 구조보다 사회 통합의 실현에 유리하다.
⑤ 자녀 세대의 각 계층 인구 중 부모와 계층이 일치하는 자녀의 비율은 하층이 가장 높다.

▶ 24065-0230

10 다음 자료에 대한 설명으로 옳은 것은? (단, A, B는 각각 관료제, 탈관료제 중 하나임.) [3점]

표는 사회 조직 형태인 A와 B 중 어느 하나가 다른 하나보다 '강함(높음)'으로 평가되는 비교 기준으로 옳은 것과 틀린 것을 나타낸 것이다.

구분	A가 B보다 강함(높음)	B가 A보다 강함(높음)
옳은 비교 기준	(가)	(나)
틀린 비교 기준	성과에 따른 보상을 중시하는 정도	(다)

① A는 B와 달리 조직 목표의 효율적인 달성을 중시한다.
② B는 A보다 업무의 전문화 및 표준화를 중시한다.
③ (가)에는 '업무 수행 시 규약과 절차를 강조하는 정도'가 들어갈 수 없다.
④ (나)에는 '환경 변화에 대한 유연하고 신속한 대응 가능성'이 들어갈 수 있다.
⑤ (다)에는 '구성원의 재량권을 보장하는 정도'가 들어갈 수 있다.

▶ 24065-0231

11 다음 글에 부각되어 있는 문화의 속성에 대한 옳은 진술만을 〈보기〉에서 고른 것은?

갑국에서는 얼마 전까지만 하더라도 마을마다 공동 우물이 있었고, 이 우물은 마을 주민들 간의 소통과 교류를 상징하는 장이 되었다. 갑국 사람들은 함께 해결해야 할 문제가 발생하면 누가 제안하지 않아도 자연스럽게 우물이 있는 곳으로 모였다. 그런데 외국의 한 단체가 갑국에 상수도를 보급해 준 이후 우물을 사용할 일이 사라지자, 마을 주민들이 한 곳에 모일 일이 줄어들었고, 공동체 중심의 생활 방식과 가치관이 개인 중심의 생활 방식과 가치관으로 대체되었다.

┌ 보기 ┐
ㄱ. 특정 현상에 대해 보이는 반응이 사회에 따라 다른 이유를 설명하는 데 적합하다.
ㄴ. 한 사회의 일부 문화를 접한 후 그 사회의 문화를 제대로 이해했다고 말하기 힘든 이유를 설명하는 데 적합하다.
ㄷ. 한 사회의 구성원들이 공통적으로 보여 주는 행동이라도 유전적인 행동이라면 문화가 아님을 설명하는 데 적합하다.
ㄹ. 현재 세대가 향유하고 있는 문화에 이전 세대가 향유한 문화가 반드시 포함되어 있는 이유를 설명하는 데 적합하다.

① ㄱ, ㄴ ② ㄱ, ㄷ ③ ㄴ, ㄷ ④ ㄴ, ㄹ ⑤ ㄷ, ㄹ

▶ 24065-0232

12 다음 자료에 대한 설명으로 옳은 것은? (단, A~C는 각각 문화 사대주의, 문화 상대주의, 자문화 중심주의 중 하나임.)

교사: 문화 이해의 태도 A~C를 비교하여 설명해 보세요.
갑: A는 B와 달리 모든 문화가 지닌 고유한 가치에 주목합니다.
을: B는 C와 달리 자기 문화가 열등하다고 생각하지 않습니다.
병: C는 A와 달리 [(가)]
교사: 갑의 설명은 옳지 않고, 을과 병의 설명은 옳습니다.

① A는 자기 문화의 문제점을 개선하는 데 기여한다.
② B는 문화 다양성을 약화시키는 요인이다.
③ C는 자기 문화를 외부 문화로 대체하는 데 적극적이다.
④ A, B는 C와 달리 문화를 우열 평가의 대상으로 본다.
⑤ (가)에는 '국수주의로 이어질 우려가 큰 태도입니다.'가 들어갈 수 있다.

▶ 24065-0233

13 밑줄 친 ㉠~㉣에 대한 설명으로 옳은 것은? [3점]

갑국의 평야 지대인 남부 지역에는 전체 인구 중 95%를 차지하는 A 민족이 거주하고, 산악 지대인 북부 지역에는 전체 인구 중 5%를 차지하는 B 민족이 거주한다. T 시기에 B 민족은 A 민족과 달리 ㉠매운맛을 내는 재료를 사용하는 음식 문화를 즐겼고, ㉡○○ 종교를 믿었다. 이후 ㉢B 민족의 음식 문화가 남부 지역으로 확산하면서 T+1 시기에 갑국에서 A 민족도 B 민족처럼 음식을 만들 때 매운맛을 내는 재료를 사용하게 되었다. 그런데 B 민족의 ㉣음식 문화가 확산되면서 T+1 시기에 ○○ 종교도 함께 확산할 조짐을 보이자, A 민족은 자신들의 종교 교리와 정면으로 충돌하는 교리를 가진 ○○ 종교를 경계하기 시작하였고, 이로 인해 갑국에서 ○○ 종교에 대한 탄압이 시작되었다.

① T 시기에 ㉠을 향유하는 사람은 갑국의 주류 문화를 향유하지 않는다.
② T+1 시기에 ㉠은 ㉡과 달리 갑국에서 문화 다양성을 보여 주는 요소이다.
③ T+1 시기에 ㉡은 T 시기와 달리 갑국에서 집단 간 원활한 소통을 저해하는 요인으로 작용할 수 있다.
④ ㉢은 갑국에서 특정 민족의 주류 문화를 국가 전체의 주류 문화로 변화시키는 요인이다.
⑤ ㉣에서 '문화'는 좁은 의미로 사용되었다.

▶ 24065-0234

14 다음 사례에 대한 옳은 설명만을 〈보기〉에서 고른 것은?

갑국 사람들이 일상적으로 입는 의복인 A는 원래 을국 사람들이 입는 의복인 B로부터 유래한 것이다. B는 을국의 한 상인이 텔레비전 드라마를 통해 본 병국의 전통 의복에서 아이디어를 얻어 만들어 낸 것이다. 을국에 유학을 간 갑국 사람들은 현지 사람들로부터 B를 만드는 방법을 배워 귀국했고, B가 널리 확산되던 중 갑국에서 B에 갑국의 전통 의복이 결합된 A가 만들어졌다. 이것이 큰 인기를 끌면서 A는 갑국의 대표 의복이 된 것이다. 이후 갑국의 A는 갑국 상인들에 의해 을국에 널리 판매되었고, 이로 인해 을국에서 B를 입는 사람들을 찾아볼 수 없게 되었다.

┌ 보기 ┐
ㄱ. 갑국에서는 을국 문화 요소의 직접 전파로 인한 문화 변동이 나타났다.
ㄴ. 을국에서는 병국 문화 요소의 간접 전파로 인한 문화 변동이 나타났다.
ㄷ. 갑국에서는 을국과 달리 자기 문화 요소의 정체성이 소멸하지 않는 문화 접변 결과가 나타났다.
ㄹ. 을국에서는 갑국과 달리 외재적 요인과 내재적 요인이 모두 영향을 미친 문화 변동이 나타났다.

① ㄱ, ㄴ ② ㄱ, ㄷ ③ ㄴ, ㄷ ④ ㄴ, ㄹ ⑤ ㄷ, ㄹ

▶ 24065-0235

15 다음 자료에 대한 분석으로 옳은 것은? [3점]

2020년에 갑국 전체 근로자 월평균 임금은 4,000달러이고, 근로자 집단별 월평균 임금은 표와 같다. 단, 2020년에 남성 전체 근로자 수는 600만 명이다.

(단위: 달러)

구분	남성	여성
정규직	5,000	4,000
비정규직	3,000	2,500
전체	4,400	3,400

① 정규직 근로자 수는 남성이 여성의 2배보다 많다.
② 남성 비정규직 근로자가 여성 정규직 근로자보다 많다.
③ 비정규직 근로자 중 여성 근로자의 비율이 50%보다 높다.
④ 전체 근로자 중 비정규직 근로자의 비율이 전체 근로자 중 여성 근로자의 비율보다 높다.
⑤ 여성 근로자 중 비정규직 근로자의 비율이 남성 근로자 중 비정규직 근로자의 비율보다 높다.

▶ 24065-0236

16 다음 자료에 대한 설명으로 옳은 것은? (단, A, B는 각각 절대적 빈곤, 상대적 빈곤 중 하나임.) [3점]

갑국에서 A는 B와 달리 갑국의 소득 분포를 반영하여 규정된다. 2022년 갑국에서 A 가구에는 해당하지만 B 가구에는 해당하지 않는 가구가 20만 가구, A 가구와 B 가구에 모두 해당하는 가구가 10만 가구이다. 단, 갑국 전체 가구 수는 100만 가구이고, 가구별 구성원 수는 모두 같다.

① A는 B와 달리 상대적 박탈감을 유발할 수 있다.
② B는 A와 달리 개발도상국보다 선진국에서 더 부각되는 빈곤이다.
③ 한 국가의 빈곤 가구 수는 A에 해당하는 가구 수와 B에 해당하는 가구 수의 합이다.
④ 2022년에 갑국에서 전체 가구 중 상대적 빈곤 가구의 비율은 20%이다.
⑤ 2022년에 갑국에서 상대적 빈곤 가구에는 해당하지 않고 절대적 빈곤 가구에는 해당하는 가구는 존재하지 않는다.

▶ 24065-0237

17 밑줄 친 ㉠, ㉡에 대한 옳은 설명만을 〈보기〉에서 있는 대로 고른 것은?

• 갑국에서는 2000년 이후 이주 노동자의 고용이 허용되면서 일자리의 위협을 받는 국민이 많아졌다. 이에 2015년에 이주 노동자 유입에 반대하는 단체들이 만들어졌고, 이 단체들을 중심으로 ㉠이주 노동자의 고용을 금지하는 법의 제정을 요구하는 집회나 시위 등의 활동이 지속되고 있다.

• 을국에는 결혼할 때 신부의 집에서 신랑의 집에 지참금을 주는 풍습이 있는데, 이로 인해 혼인 후 지참금이 적어 쫓겨나는 여성들이 적지 않다. 이러한 문제가 심각해지자 2020년 이후 여성 단체들을 중심으로 ㉡혼인 지참금 풍습을 법으로 금지할 것을 요구하는 집회나 시위 등의 활동이 지속되고 있다.

┌ 보기 ┐
ㄱ. ㉠은 특정 집단만의 이익을 목적으로 하므로 사회 운동에 해당하지 않는다.
ㄴ. ㉡은 해당 활동을 정당화하는 신념을 바탕으로 한다.
ㄷ. ㉠은 ㉡과 달리 집단 간 갈등을 초래할 수 있다.
ㄹ. ㉠과 ㉡은 모두 사회의 현상 유지가 아닌 변화를 목적으로 한다.

① ㄱ, ㄷ   ② ㄱ, ㄹ   ③ ㄴ, ㄹ
④ ㄱ, ㄴ, ㄷ   ⑤ ㄴ, ㄷ, ㄹ

▶ 24065-0238

18 다음 자료에 대한 분석으로 옳은 것은? [3점]

〈우리나라의 사회 보장 제도〉
A: 65세 이상 노인 중 소득이 일정 수준 이하인 노인에게 연금을 지급하는 제도
B: 노령, 장애, 사망 시 본인 또는 유족에게 노령 연금, 장애 연금, 유족 연금 등을 지급하는 제도

〈우리나라 갑~병 지역의 인구와 각 지역 인구 중 A, B 수급자 비율〉

구분	갑 지역	을 지역	병 지역
인구(만 명)	100	200	300
A의 수급자(%)	9	18	15
B의 수급자(%)	14	15	10
A와 B의 중복 수급자(%)	5	5	5

① 갑 지역에서 상호 부조의 원리를 적용하는 제도의 수급자가 그렇지 않은 제도의 수급자보다 적다.
② 을 지역에서 보편적 복지 이념에 기초한 제도의 수급자가 선별적 복지 이념에 기초한 제도의 수급자보다 많다.
③ 병 지역에서 사전 예방적 성격이 강한 제도의 수급자 중 사후 처방적 성격이 강한 제도의 수급자에도 해당하는 사람의 비율은 40% 미만이다.
④ 수익자 부담 원칙을 적용하는 제도의 수급자 수는 을 지역과 병 지역이 같다.
⑤ 갑~병 지역 중 공공 부조에 속하는 제도의 수급자에만 해당하는 사람이 A와 B의 중복 수급자보다 적은 지역은 없다.

▶ 24065-0239

19 다음 글에 나타나 있는 사회 변동 이론에 대한 옳은 설명만을 〈보기〉에서 고른 것은?

경제 대공황을 겪은 유럽 국가들과 미국이 대공황으로 인해 쇠퇴하고 멸망한 것은 아니다. 장기적으로 보면 대공황은 유럽 국가들과 미국에서 복지 제도와 같이 위기에 대응하는 사회 제도의 등장을 촉진함으로써 자본주의 체제가 보다 견고해지고 성장할 수 있는 계기가 되었다. 이렇듯 장기적으로 보면 사회는 지속적으로 이전 단계보다 발전한 단계로 이행해 간다.

┌ 보기 ┐
ㄱ. 모든 사회가 고유한 변동 방향을 갖는다고 본다.
ㄴ. 서구 제국주의를 정당화하는 이론으로 이용될 우려가 있다.
ㄷ. 사회가 단순·미분화된 상태에서 복잡·분화된 상태로 변동해 간다고 본다.
ㄹ. 미래에 나타날 사회 변동보다 과거에 발생한 사회 변동을 설명하는 데 적합하다는 비판을 받는다.

① ㄱ, ㄴ   ② ㄱ, ㄷ   ③ ㄴ, ㄷ   ④ ㄴ, ㄹ   ⑤ ㄷ, ㄹ

▶ 24065-0240

20 다음 자료에 대한 분석으로 옳은 것은? [3점]

갑국에서 총인구 중 15~64세 인구의 비율은 2010년과 2020년이 70%로 같다. 그런데 노령화 지수는 2020년이 100으로서 2010년의 2배이고, 노년 부양비는 2020년이 2010년의 ⊙ 이다. 단, 갑국의 총인구는 2010년 대비 2020년에 20% 증가하였다.

　*노령화 지수=(65세 이상 인구/0~14세 인구)×100
　**노년 부양비=(65세 이상 인구/15~64세 인구)×100
　***유소년 부양비=(0~14세 인구/15~64세 인구)×100
　****총인구 중 65세 이상 인구의 비율이 7% 이상인 사회를 고령화 사회, 14% 이상인 사회를 고령 사회, 20% 이상인 사회를 초고령 사회라고 함.

① ⊙은 '1.5배'이다.
② 유소년 부양비는 2020년이 2010년보다 크다.
③ 65세 이상 인구는 2020년이 2010년의 2배보다 많다.
④ 2020년의 65세 이상 인구가 2010년의 0~14세 인구보다 많다.
⑤ 2010년에는 고령화 사회, 2020년에는 초고령 사회에 해당한다.

문항에 따라 배점이 다르니, 각 물음의 끝에 표시된 배점을 참고하시오. 3점 문항에만 점수가 표시되어 있습니다. 점수 표시가 없는 문항은 모두 2점입니다.

▶ 24065-0241

1 밑줄 친 ㉠~㉢과 같은 현상의 일반적인 특징에 대한 설명으로 옳은 것은?

앞으로 단순 기온이 아닌 체감 온도에 기반을 둔 폭염 특보가 정식 운영된다. 같은 기온이어도 습도나 바람에 따라 사람이 느끼는 더위나 추위는 달라지는데, 여름철에는 습도를, 겨울철에는 바람을 고려해 ㉠체감 온도를 산출할 수 있다. 이에 기상청은 기존 폭염 특보의 기준이었던 기온에 습도까지 고려해 폭염 특보를 내리기로 했다. 예를 들어 기존 폭염 주의보가 ㉡'일 최고 기온 33도 이상인 상태가 2일 이상 지속될 것으로 보일 때'로 내려졌다면, 개선된 폭염 주의보는 기존 사항에 ㉢'급격한 체감 온도 상승 또는 폭염 장기화 등으로 중대한 피해 발생이 예상될 때'라는 기준이 추가된다.

① ㉠과 같은 현상은 ㉡과 같은 현상에 비해 인과 관계가 명확하다.
② ㉡과 같은 현상은 ㉢과 같은 현상과 달리 가치 함축적이다.
③ ㉢과 같은 현상은 ㉡과 같은 현상과 달리 보편성이 나타난다.
④ ㉠, ㉢과 같은 현상은 ㉡과 같은 현상과 달리 개연성의 원리가 적용된다.
⑤ ㉡, ㉢과 같은 현상은 ㉠과 같은 현상과 달리 경험적 자료를 통해 연구할 수 있다.

▶ 24065-0242

2 다음 글에 나타난 개인과 사회의 관계를 바라보는 관점에 대한 옳은 설명만을 〈보기〉에서 고른 것은?

사회 현상은 사회 구성원의 생물학적, 심리학적 요인으로 환원하는 설명을 거부하고 엄격하게 사회 구조적으로 설명해야 한다. 개인은 태어나면서부터 이미 사회에 수립되어 있는 가치와 규범 속에서 살아갈 수밖에 없고, 사회 제도 역시 강제성을 띠며 개인을 제약한다. 이와 같이 강제성을 띠고 개인 의지와 무관하게 그 의도를 강요하며 외적 구속력을 행사하는 모든 형태의 행위가 사회적 사실이다.

┌ 보기 ┐
ㄱ. 사회가 개인들의 총합에 불과하다고 본다.
ㄴ. 사회 구조에 대한 개인의 불가항력을 강조한다.
ㄷ. 사회가 개인의 외부에서 독자적으로 작동한다고 본다.
ㄹ. 사회의 속성이 개개인의 속성으로 환원될 수 있다고 본다.

① ㄱ, ㄴ ② ㄱ, ㄷ ③ ㄴ, ㄷ ④ ㄴ, ㄹ ⑤ ㄷ, ㄹ

▶ 24065-0243

3 자료 수집 방법 A, B의 일반적인 특징에 대한 설명으로 옳은 것은? [3점]

귀농한 사람이 모여 사는 ○○ 지역 주민의 삶에 대해 연구하기 위해 갑은 자료 수집 방법 A를, 을은 자료 수집 방법 B를 활용하여 함께 연구를 진행하였다. 갑은 ○○ 지역의 귀농민을 대상으로 미리 준비한 구조화된 설문 문항을 배부하여 귀농 결정 동기, 귀농한 삶에 대한 만족도 등을 조사하였다. 을은 ○○ 지역의 귀농민 5명을 선정하여 심층적인 대화를 통해 이들에게 귀농 후의 삶이 어떤 의미를 갖는지에 대해 자료를 수집하였다.

① A는 B에 비해 연구자의 주관이 개입될 우려가 크다.
② A는 B와 달리 조사 대상자와의 언어적 상호 작용이 필수적이다.
③ B는 A에 비해 연구자와 연구 대상자 간의 정서적 교감을 중시한다.
④ B는 A에 비해 자료 수집 과정에서 조사자의 유연한 대처가 어렵다.
⑤ A와 B는 모두 문맹자에게 실시할 수 없다.

▶ 24065-0244

4 다음 자료에 대한 설명으로 옳은 것은? (단, A~C는 각각 반문화, 주류 문화, 하위문화 중 하나임.) [3점]

다음은 서술형 평가 문항에 대한 학생의 서술 내용과 교사의 채점 결과를 나타낸 것이다.

〈서술형 평가〉

문항	점수
문항 1. B와 다른 A의 특징 하나를 서술하시오. └ (한 사회 내에서 일부 구성원들만 공유하는 문화이다.)	1점
문항 2. A와 C의 관계를 서술하시오. └ (모든 C는 A에 해당한다.)	1점

*문항별로 각각 채점하고, 맞으면 1점, 틀리면 0점을 부여함.

① A는 사회가 다원화될수록 B에 수렴되는 경향이 있다.
② B의 예로 조선 시대의 천주교 문화를 들 수 있다.
③ A를 향유하는 구성원은 B의 문화 요소를 향유할 수 없다.
④ B는 모든 A의 총합으로 설명할 수 없다.
⑤ A, B는 C와 달리 전체 사회에 문화 다양성을 제공한다.

▶ 24065-0245

5 사회·문화 현상을 바라보는 관점 (가)~(다)에 대한 설명으로 옳은 것은? [3점]

(가) 사회 복지 제도는 사회가 정상적으로 유지되고 움직이는 상황에서 비정상적이거나 불균형적인 요인으로 인해 발생하는 사회 문제를 방치하면 국가나 사회가 안정을 유지할 수 없기 때문에 사회 통합을 위하여 시행하는 것이다.

(나) 사회 복지 제도는 기득권자들이 자신의 이익을 실현하고 유지하는 과정에서 지배층이 피지배층의 극한 반발이나 사회 구조를 변혁하려는 이들의 혁명적 운동을 막기 위해 기만적으로 만들어진 제도에 불과하다.

(다) 사회 복지 제도의 목적과 운영 방식은 이 제도에 어떤 의미를 부여하느냐에 따라 얼마든지 달라질 수 있다. 동일한 사회 복지 제도에 대해서도 각 사회에서 사람들이 상호 작용하며 부여한 의미에 따라 긍정적 혹은 부정적 해석이 가능하고, 이에 따라 운영 방식이 달라진다.

① (가)의 관점은 집단 간 갈등을 사회 변동의 원동력으로 본다.
② (나)의 관점은 사회를 유기체로 간주한다.
③ (다)의 관점은 사회의 각 부분이 상호 의존적 관계를 맺는다고 본다.
④ (가)의 관점은 (나)의 관점과 달리 기득권층의 이익을 대변하는 논리로 활용될 수 있다는 비판을 받는다.
⑤ '사회 구조가 개인에게 미치는 영향을 간과하는가?'라는 질문으로 (가)와 (나)의 관점을 구분할 수 있다.

▶ 24065-0246

6 갑, 을의 문화 이해 태도에 대한 설명으로 옳은 것은?

갑: A국에서는 사람이 죽으면 화장해서 ○○강에 유골을 뿌리고 그곳에서 목욕도 하며 그 물을 마시기도 한다는데, 너무 미개한 문화라고 생각해. 우리나라 문화와 비교해서 너무 뒤떨어진다고 생각해.

을: A국 사람들이 ○○강에서 이런 관습을 행하는 것은 그들이 그 강을 생명의 물줄기라고 여기기 때문이래. 그들이 믿는 종교에서는 화장을 한 후 ○○강에 유골을 뿌리면 극락에 갈 수 있고 이 물 자체가 죄를 씻어 준다고 생각하기 때문에 그들의 입장에서 나름의 가치를 지니는 문화로 이해해야 한다고 생각해.

① 갑의 태도는 문화의 다양성 증진에 기여한다.
② 갑의 태도는 자기 문화의 정체성을 약화시킨다.
③ 을의 태도는 각 사회의 문화가 형성된 사회적 맥락을 중시한다.
④ 을의 태도는 문화 제국주의로 변질될 가능성이 높다는 비판을 받는다.
⑤ 갑과 을의 태도는 모두 문화를 우열 평가의 대상으로 본다.

▶ 24065-0247

7 다음 사례에 나타난 사회학적 개념만을 〈보기〉에서 고른 것은? [3점]

브라질의 민속 춤인 '삼바'는 흑인들을 멸시하여 부르던 삼보에서 유래된 것으로 흑인의 춤, 혼혈아의 춤이라고도 한다. 삼바는 목화 재배를 위해 아프리카에서 노예로 끌려온 흑인들이 혹사당하면서 고통을 잊으려고 추던 전통 춤에서 시작되었다. 이 춤은 흑인 노예들을 통해 브라질 전역에 점차 알려지게 되었으며, 브라질 사람들이 흑인들의 특유한 몸짓에 자신의 전통 춤 요소를 더하여 지금의 삼바 춤이 만들어졌고, 브라질의 국민 춤으로 발전하게 되었다. 삼바가 리우 카니발을 통해 소개되면서 지금은 전 세계 사람들이 배우고 즐기는 춤이 되었다.

┌ 보기 ┐
ㄱ. 직접 전파   ㄴ. 자극 전파
ㄷ. 문화 융합   ㄹ. 문화 지체

① ㄱ, ㄴ   ② ㄱ, ㄷ   ③ ㄴ, ㄷ   ④ ㄴ, ㄹ   ⑤ ㄷ, ㄹ

▶ 24065-0248

8 다음 자료에 대한 옳은 분석만을 〈보기〉에서 있는 대로 고른 것은? [3점]

표는 t년과 t+10년에 갑국의 성별 근로자 평균 임금 격차 지수와 고용 유형에 따른 근로자 평균 임금 격차 지수를 나타낸 것이다. t년 대비 t+10년에 남성 근로자 평균 임금은 20% 증가하였고, 정규직 근로자 평균 임금은 50% 증가하였다.

구분	t년	t+10년
성별 근로자 평균 임금 격차 지수	20	40
고용 유형별 근로자 평균 임금 격차 지수	50	20

*성별 근로자 평균 임금 격차 지수={(남성 근로자 평균 임금−여성 근로자 평균 임금)/남성 근로자 평균 임금}×100
**고용 유형별 근로자 평균 임금 격차 지수={(정규직 근로자 평균 임금−비정규직 근로자 평균 임금)/정규직 근로자 평균 임금}×100

┌ 보기 ┐
ㄱ. 여성 근로자 평균 임금은 t+10년이 t년에 비해 많다.
ㄴ. 남성 근로자 평균 임금액과 여성 근로자 평균 임금액의 차이는 t년이 t+10년에 비해 작다.
ㄷ. t+10년에 정규직 근로자 평균 임금이 150달러라면 비정규직 근로자 평균 임금은 130달러이다.
ㄹ. t년 대비 t+10년에 정규직 근로자 평균 임금의 상승률은 비정규직 근로자 평균 임금의 상승률보다 작다.

① ㄱ, ㄴ   ② ㄱ, ㄷ   ③ ㄴ, ㄹ
④ ㄱ, ㄷ, ㄹ   ⑤ ㄴ, ㄷ, ㄹ

▶ 24065-0249

9 다음 자료에 대한 분석으로 옳은 것은? [3점]

표는 갑국의 t기와 t+1기의 계층별 비율을 비교한 것이다. 단, 갑국의 t기에 상층의 비율이 가장 작고 하층의 비율이 가장 크다. 또한 갑국의 계층은 상층, 중층, 하층으로만 구분되며, A~C는 각각 상층, 중층, 하층 중 하나이다.

구분	A : (B+C)	(A+B) : C
t기	1 : 3	7 : 13
t+1기	1 : 1	7 : 3

① t+1기 계층 구조는 모래시계형이다.
② t기와 t+1기의 하층 인구는 동일하다.
③ t기는 t+1기와 달리 폐쇄적 계층 구조이다.
④ 상층 비율 대비 중층 비율은 t기가 t+1기에 비해 작다.
⑤ t기 대비 t+1기에 총인구가 1/2배가 되었다면, 상층 인구는 t기와 t+1기가 같다.

▶ 24065-0250

10 밑줄 친 ㉠~㉤에 대한 옳은 설명만을 〈보기〉에서 고른 것은?

갑은 3살 때 피아노를 배우면서 음악을 시작했고, 3년 후 첼로를 배우게 되었다. 첼로를 배운 지 4년만에 전국 콩쿠르에서 1위를 하며 주목받기 시작한 갑은 이듬해 외국 ㉠음악학교에 특별 장학생으로 입학하였다. 갑의 ㉡부모님은 갑의 음악적 재능을 키우기 위해 이민을 결정했고 갑은 승승장구했다. 갑은 세계 최고의 대학에 입학하여 꾸준히 첼로 연주자로서 명성을 이어 가던 중 첼로로 연주할 수 있는 곡의 수가 제한되어 있다는 점과 더 많은 사람들과 음악을 함께 하고 싶다는 점을 ㉢고민하다가 ㉣지휘자의 길을 걷기로 결심하였다. 갑은 훌륭한 공연을 이끌어 내어 지휘자로서의 역량을 인정받았으며 여성 지휘자가 별로 없는 현실 속에서 ㉤그녀가 음악계에 미친 영향은 타 분야에서도 여성의 진출 확대를 촉진하는 자극제가 된다는 찬사를 받았다.

┌ 보기 ┐
ㄱ. ㉠은 비공식적 사회화 기관이다.
ㄴ. ㉡은 귀속 지위, ㉣은 성취 지위이다.
ㄷ. ㉢은 갑이 경험한 역할 갈등에 해당하지 않는다.
ㄹ. ㉤은 지휘자로서의 갑의 역할 행동에 대한 보상이다.

① ㄱ, ㄴ ② ㄱ, ㄷ ③ ㄴ, ㄷ ④ ㄴ, ㄹ ⑤ ㄷ, ㄹ

▶ 24065-0251

11 사회 변동 이론 (가), (나)에 대한 설명으로 옳은 것은?

(가) 사회는 생물 유기체에 비유할 수 있다. 생물 유기체나 사회 모두 성장을 거듭하며, 수와 크기가 증가함과 동시에 구조상으로도 몇 개의 비슷한 부분들로부터 이질적이면서도 상호 연결된 수많은 부분으로 분화해 간다. 이와 같이 사회나 생물은 불명확하고 일관성 없는 동질성으로부터 명확하고 일관성 있는 이질성으로 변화하며 발전한다.

(나) 문명의 운명은 바로 숙명의 문제나 다름없다. 지금까지 존재했던 각각의 문명을 볼 때 모든 창조적 활동은 생활 주기의 초기 단계에서 발생하며 그 문명이 성숙함에 따라 원래의 영감을 잃고, 보다 세속적으로 변하며 종국에 가서는 몰락한다. 이와 같이 문명은 끊임없이 반복되며 나타난다.

① (가)는 사회 변동에 작용하는 인간 행위의 역동성과 자율성을 과소평가한다는 비판을 받는다.
② (나)는 장기적 사회 변동보다 단기적 사회 변동을 설명하는 데 유용하다.
③ (가)는 (나)와 달리 사회 변동이 일정한 방향성을 가지고 있다고 본다.
④ (나)는 (가)와 달리 서구 제국주의를 정당화한다는 비판을 받는다.
⑤ (가), (나)는 모두 흥망성쇠를 거듭한 국가의 사례를 설명하기에 적합하다.

▶ 24065-0252

12 밑줄 친 ㉠~㉣에 대한 옳은 설명만을 〈보기〉에서 있는 대로 고른 것은?

코로나 사태 이후 OTT* ㉠기술이 발전하면서 사람들이 ㉡여가 문화를 즐기는 방식이 바뀌었다. 과거에는 불특정 다수가 모이는 극장 등을 찾아 여가를 보냈던 사람들이 집에서 OTT 서비스를 이용하여 영화나 게임, 영상 등을 이용한다. 사람들은 TV, 스마트폰, 태블릿 PC 등을 이용하여 자신이 원하는 시간에 원하는 콘텐츠를 볼 수 있게 되었고, ㉢이러한 기술의 발전은 관련 OTT 서비스 산업에도 영향을 주고 있다. 한편 ㉣이와 같은 기술이 빠른 속도로 발전하는 것에 비해 영상 불법 복제 등을 규제하는 제도가 미비하여 앞으로 보완이 필요한 상황이다.

*OTT(Over The Top): 인터넷을 통해 다양한 플랫폼으로 사용자가 원할 때 방송을 보여 주는 VOD 서비스

┌ 보기 ┐
ㄱ. ㉠은 물질문화에 해당한다.
ㄴ. ㉡에서의 '문화'는 좁은 의미로 사용되었다.
ㄷ. ㉢에는 문화의 학습성이 부각되어 있다.
ㄹ. ㉣은 문화 지체 현상에 해당한다.

① ㄱ, ㄷ   ② ㄱ, ㄹ   ③ ㄴ, ㄷ
④ ㄱ, ㄴ, ㄹ   ⑤ ㄴ, ㄷ, ㄹ

▶ 24065-0253

13
다음 자료에 대한 옳은 설명만을 〈보기〉에서 있는 대로 고른 것은? [3점]

갑은 또래 칭찬 활동 프로그램이 초등학생의 교우 관계와 학습 동기에 미치는 영향을 연구하기로 하였다. 갑은 관련 연구 논문을 검토한 뒤 다음과 같이 두 개의 가설을 설정하였다.
〈가설 1〉 또래 칭찬 활동 프로그램을 이수한 초등학생이 그렇지 않은 초등학생과 달리 교우 관계가 증진될 것이다.
〈가설 2〉 또래 칭찬 활동 프로그램을 이수한 초등학생이 그렇지 않은 초등학생과 달리 학습 동기가 증진될 것이다.
갑은 ○○시 소재 □□ 초등학교 40명의 학생을 선정하여 이들을 A, B 집단으로 나눈 후 친구에 대한 신뢰도, 학습 의욕 정도에 대해 사전 검사를 진행하였다. 그 결과 A, B 집단 간에 친구에 대한 신뢰도, 학습 의욕 정도에 유의미한 차이가 없었다. 이후 갑은 A 집단에만 1개월에 걸쳐 또래 칭찬 활동 프로그램을 실시하였다. 1개월 후 사후 검사 결과 A 집단은 B 집단과 달리 친구에 대한 신뢰도와 학습 의욕 정도가 모두 올라간 것으로 확인되었으며, 이 분석 결과는 통계적으로 유의미하였다.

┌ 보기 ┐
ㄱ. 방법론적 이원론에 기반한 연구를 진행하였다.
ㄴ. 갑은 1차 자료와 2차 자료를 모두 사용하였다.
ㄷ. A 집단은 실험 집단, B 집단은 통제 집단에 해당한다.
ㄹ. 실험 결과를 바탕으로 〈가설 1〉, 〈가설 2〉가 모두 수용되었음을 알 수 있다.

① ㄱ, ㄷ   ② ㄱ, ㄹ   ③ ㄴ, ㄷ
④ ㄱ, ㄴ, ㄹ   ⑤ ㄴ, ㄷ, ㄹ

▶ 24065-0254

14
다음 자료에 대한 설명으로 옳은 것은? (단, A, B는 각각 관료제, 탈관료제 중 하나임.)

그림은 사회 조직 운영 원리 A, B의 특징을 바탕으로 공통점과 차이점을 나타낸 것이다. 단, A는 B와 달리 의사 결정 권한이 분산되어 있다.

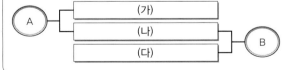

① A는 B와 달리 경력에 따른 보상을 강조한다.
② B는 A에 비해 중간 관리층의 비중이 낮다.
③ (가)에는 '소품종 대량 생산 체제에 적합함.'이 들어갈 수 있다.
④ (나)에는 '효율적인 과업 수행을 지향함.'이 들어갈 수 없다.
⑤ (다)에는 '하향식 의사 결정 방식을 강조함.'이 들어갈 수 있다.

▶ 24065-0255

15
다음 자료에 대한 옳은 분석만을 〈보기〉에서 고른 것은? (단, 갑국의 사회 보장 제도는 우리나라의 사회 보장 제도와 동일함.) [3점]

〈자료 1〉 갑국의 사회 보장 제도
A: 노인 세대의 안정된 노후 생활을 지원하기 위해 65세 이상인 노인 중 가구의 소득 인정액이 선정 기준액 이하인 노인에게 매월 연금을 지급하는 제도
B: 실직자에 대한 생계 지원은 물론 재취업 촉진, 실업 예방 및 고용 안정을 위해 근로자와 사업주가 공동 부담하는 기금에서 급여를 지급하는 제도

〈자료 2〉 갑국의 시기별 각 지역 인구 중 A, B 수급자 비율   (단위: %)

구분	t기			t+1기		
	(가) 지역	(나) 지역	전체	(가) 지역	(나) 지역	전체
A 수급자	20	15	19	20	50	30
B 수급자	50	60	52	60	30	50
A와 B 중복 수급자	10	10	10	5	20	10

*t+1기의 갑국의 총인구는 t기의 1.5배임.
**갑국은 (가), (나) 지역으로만 구성되어 있음.

┌ 보기 ┐
ㄱ. (가) 지역에서 소득 재분배 효과가 더 큰 제도의 수급자 수는 t+1기가 t기보다 많다.
ㄴ. 강제 가입을 원칙으로 하는 제도의 수급자 수는 t+1기 (나) 지역이 t기 (가) 지역보다 많다.
ㄷ. (나) 지역에서 사후 처방적 성격이 강한 제도의 수급자에만 해당하는 사람 수는 t+1기가 t기의 15배이다.
ㄹ. 갑국 전체 지역에서 A와 B 중복 수급자 수는 t+1기가 t기의 2/3배이다.

① ㄱ, ㄴ   ② ㄱ, ㄷ   ③ ㄴ, ㄷ   ④ ㄴ, ㄹ   ⑤ ㄷ, ㄹ

▶ 24065-0256

16
표는 A, B를 특징에 따라 비교한 것이다. 이에 대한 옳은 설명만을 〈보기〉에서 고른 것은? (단, A, B는 각각 산업 사회, 정보 사회 중 하나임.)

비교 기준	비교 결과
전자 상거래의 비중	A>B
(가)	A<B

┌ 보기 ┐
ㄱ. A는 B에 비해 가정과 일터의 결합 정도가 낮다.
ㄴ. B는 A에 비해 정보 이용의 시·공간적 제약이 크다.
ㄷ. A는 자본과 노동, B는 지식과 정보가 부가 가치 창출의 주요 원천이다.
ㄹ. (가)에는 '사회 구성원 간 대면 접촉 비중'이 들어갈 수 있다.

① ㄱ, ㄴ   ② ㄱ, ㄷ   ③ ㄴ, ㄷ   ④ ㄴ, ㄹ   ⑤ ㄷ, ㄹ

► 24065-0257

17 일탈 이론 A~C에 대한 설명으로 옳은 것은? [3점]

A: 일탈은 특정한 규범이나 태도를 자연스럽게 학습한 결과이다. 따라서 개인이 주로 어떤 부류의 사람들과 어울리며 살아가느냐에 따라 일탈 행동이나 범죄를 저지를 가능성이 커지거나 작아진다.

B: 일탈은 사회 구성원들이 일반적으로 받아들이는 문화적 목표와 그 사회가 인정하는 제도적 수단 사이에 괴리가 생겨, 사회가 인정하는 수단을 통해서는 문화적 목표를 실현할 수 없을 때 발생하게 된다.

C: 일탈은 일반적으로 사람들이 자신들과 다른 행동을 보이는 사람에게 '일탈자'라는 딱지를 붙임으로써 생겨난다. 그리고 한 번 일탈자라는 딱지가 붙게 되면 그는 스스로 일탈자라는 의식을 강화하며 또 다른 일탈을 저지르게 된다.

① A는 일탈 행동이 차별적 제재에서 비롯된다고 본다.
② B는 일탈자의 부정적 자아 형성 과정에 주목한다.
③ C는 사회 구조적 차원에서 일탈 행동의 원인을 설명한다.
④ A는 C와 달리 일탈 행동이 발생하는 과정에서 나타나는 상호 작용에 주목한다.
⑤ C는 B와 달리 일탈 행동을 규정하는 객관적인 기준이 없다고 본다.

► 24065-0258

18 다음 자료의 갑, 을에 대한 설명으로 옳은 것은?

• 갑은 동남아시아에서 이주해 온 어머니와 원주민인 아버지 사이에서 태어났다. 갑은 피부색이 다르다는 이유로 학창 시절 내내 차별을 받아 왔으며, 현재 다른 이주민들과 함께 차별을 금지해 달라는 단체 행동을 하고 있다.

• 을은 초등학교 때 교통사고로 다리를 다쳐 장애 판정을 받았다. 을은 장애인에 대한 사회적 차별을 시정하기 위해 시행된 장애인 고용 할당제에 따라 ○○ 기업에 취직하여 다니고 있지만, 다른 장애인들과 단체를 만들어 이들과 함께 차별 금지 시위에 매주 참여하고 있다.

① 갑은 을과 달리 사회적 소수자에 속한다.
② 갑은 을과 달리 선천적 요인에 의해 차별을 받고 있다.
③ 을은 갑과 달리 단지 수적으로 열세라는 이유로 사회적 소수자에 속하게 되었다.
④ 을은 갑과 달리 주류 집단과 다른 특성을 보인다는 이유로 사회적 소수자에 속하게 되었다.
⑤ 갑과 을은 모두 역차별 문제가 발생할 수 있는 혜택을 경험하고 있다.

► 24065-0259

19 밑줄 친 ㉠, ㉡에 대한 설명으로 옳은 것은?

• 갑국에서는 국권 침탈에 대항하고자 사적으로 조직된 의병들이 뜻을 모아 수년간 ㉠외세 저항 운동을 펼쳤다. 이들은 나라의 국난을 극복하기 위해 애국심을 바탕으로 의병 부대를 조직하여 투쟁하였다.

• 을국에서는 노후한 핵 발전소의 수명 연장을 금지하고 신규 핵 발전소 건설을 금지하자는 내용의 ㉡환경 운동이 계속되고 있다. 이 운동에 참여하는 사람들은 기자 회견을 열고, 원자력 발전소 증설 중단을 촉구하는 대규모 시위를 온라인으로 전개하였다.

① ㉠은 일시적이고 즉흥적인 감정에 따른 다수의 행동이다.
② ㉡은 사회 구조를 근본적으로 바꾸고자 하는 사회 운동이다.
③ ㉠은 ㉡과 달리 사회 전체가 아닌 자기 집단만의 특수 이익을 목적으로 한다.
④ ㉡은 ㉠과 달리 과거의 사회 질서로 돌아가려는 사회 운동이다.
⑤ ㉠, ㉡은 모두 자신들의 신념과 가치를 실현하기 위한 다수의 행동이다.

► 24065-0260

20 다음 자료에 대한 분석으로 옳은 것은? (단, 갑국의 총인구는 t+50년이 t년의 2배임.) [3점]

구분	t년	t+50년
노년 부양비	70	125
총인구 중 부양 인구의 비율(%)	50	40
총인구 중 유소년 인구의 비율(%)	㉠	㉡

* 총부양비=유소년 부양비+노년 부양비

** 유소년 부양비$=\dfrac{유소년 인구(0\sim14세 인구)}{부양 인구(15\sim64세 인구)}\times100$

*** 노년 부양비$=\dfrac{노년 인구(65세 이상 인구)}{부양 인구(15\sim64세 인구)}\times100$

① ㉠이 ㉡보다 작다.
② t년은 노년 부양비가 유소년 부양비보다 작다.
③ t+50년은 노년 인구가 부양 인구보다 적다.
④ t+50년이 t년에 비해 부양 인구가 적다.
⑤ 총부양비는 t+50년이 t년의 3/2배이다.

Innovative Leader
단국대학교

인문사회 융합인재양성사업
(글로벌·문화) 주관대학 선정

반도체/미래차/
바이오헬스/
수소에너지
미래산업인재 양성

캠퍼스혁신파크
사업 선정

첨단분야 혁신융합대학
반도체소부장 분야
참여대학 선정

국가고객만족도(NCSI)
국내 4년제 대학 4위

 공식 유튜브
단국대학교

 공식 인스타그램
@dankook_univ
@dankook_ipsi

 공식 페이스북
단국대학교
(Dankook University)

 공식 블로그
단국대학교 블로그
단국대학교 입학처 블로그

 단국대학교
DANKOOK UNIVERSITY

EBS

2025학년도
수능 연계교재
수능완성

한 권에 수능 에너지 가득
YOU MADE IT!

5회분
실전 모의고사
수록

테마편 + 실전편

사회탐구영역

정답과 해설

사회·문화

문제를 사진 찍고
해설 강의 보기
Google Play | App Store

**EBS*i* 사이트
무료 강의 제공**

본 교재는 대학수학능력시험을 준비하는 데 도움을 드리고자 사회과 교육과정을 토대로 제작된 교재입니다.
학교에서 선생님과 함께 교과서의 기본 개념을 충분히 익힌 후 활용하시면 더 큰 학습 효과를 얻을 수 있습니다.

FROM KSU

경성은 이뤄내!

취업에 강하다!
취업이 잘되는 대학

이해빈_21 연극영화학부

◆ 취·창업 지원 든든!
큰 꿈이 현실로!
다양한 취업 장려 프로그램, IPP형 일학습병행제 사업,
해외취업 연수 등 특화 프로그램으로 취업과 창업을
든든하게 지원!

◆ 글로벌 경성!
더 넓은 세계로!
37개국 236개 대학 자매결연(2023년 정보공시 기준),
K-Move 스쿨 해외취업연수 26개국 1,011명 파견,
847명 취업(해외 인턴 포함 2023. 3. 10 기준)

◆ 미래 전문가의 요람
경성 유니버스!
약학과, 간호학과, 심리학과,
동물보건생명과학과, 화학공학과,
스마트바이오학과

수시모집 2024. 9. 9.(월) ~ 9. 13.(금)
정시모집 2024. 12. 31.(화) ~ 2025. 1. 3.(금)
입학상담 T 051-663-5555

(48434) 부산 남구 수영로 309 (대연동)

대표홈페이지

입시홈페이지

▶ 유튜브

ⓞ 인스타그램

경성대학교
KYUNGSUNG UNIVERSITY

본 광고의 수익금은 콘텐츠 품질개선과 공익사업에 사용됩니다.
모두의요강(mdipsi.com)을 통해 경성대학교의 입시정보를 확인할 수 있습니다.

한눈에 보는 정답

01 사회·문화 현상의 이해

수능 실전 문제 본문 5~9쪽

01 ③	02 ⑤	03 ⑤	04 ④
05 ①	06 ④	07 ②	08 ①
09 ⑤	10 ③		

02 사회·문화 현상의 연구 방법

수능 실전 문제 본문 11~15쪽

01 ①	02 ②	03 ④	04 ③
05 ⑤	06 ⑤	07 ③	08 ⑤
09 ③	10 ⑤		

03 자료 수집 방법

수능 실전 문제 본문 17~22쪽

01 ②	02 ②	03 ⑤	04 ②
05 ⑤	06 ④	07 ⑤	08 ②
09 ⑤	10 ①	11 ①	12 ⑤

04 사회·문화 현상의 탐구 태도와 연구 윤리

수능 실전 문제 본문 24~27쪽

01 ①	02 ①	03 ③	04 ③
05 ④	06 ②	07 ③	08 ①

05 사회적 존재로서의 인간

수능 실전 문제 본문 29~33쪽

01 ①	02 ②	03 ⑤	04 ①
05 ⑤	06 ③	07 ③	08 ①
09 ④	10 ②		

06 사회 집단과 사회 조직

수능 실전 문제 본문 35~40쪽

01 ⑤	02 ④	03 ⑤	04 ⑤
05 ③	06 ②	07 ④	08 ⑤
09 ③	10 ①	11 ②	12 ②

07 사회 구조와 일탈 행동

수능 실전 문제 본문 42~47쪽

01 ④	02 ①	03 ②	04 ④
05 ③	06 ⑤	07 ①	08 ④
09 ⑤	10 ②	11 ②	12 ②

08 문화의 이해

수능 실전 문제 본문 49~53쪽

01 ③	02 ①	03 ④	04 ⑤
05 ④	06 ④	07 ①	08 ②
09 ②	10 ④		

09 현대 사회의 문화 양상

수능 실전 문제 본문 55~59쪽

01 ①	02 ④	03 ⑤	04 ③
05 ④	06 ④	07 ①	08 ⑤
09 ①	10 ⑤		

10 문화 변동의 양상과 대응

수능 실전 문제 본문 61~65쪽

01 ④	02 ③	03 ⑤	04 ②
05 ③	06 ④	07 ③	08 ④
09 ②	10 ①		

11 사회 불평등 현상의 이해

수능 실전 문제　　　　　　　　　　본문 67~70쪽

01 ④	02 ③	03 ⑤	04 ③
05 ①	06 ②	07 ⑤	08 ②

12 사회 이동과 사회 계층 구조

수능 실전 문제　　　　　　　　　　본문 72~77쪽

01 ⑤	02 ③	03 ③	04 ⑤
05 ④	06 ⑤	07 ①	08 ②
09 ④	10 ③	11 ②	12 ③

13 다양한 사회 불평등 현상

수능 실전 문제　　　　　　　　　　본문 79~83쪽

01 ②	02 ⑤	03 ①	04 ⑤
05 ④	06 ③	07 ②	08 ④
09 ③	10 ②		

14 사회 복지와 복지 제도

수능 실전 문제　　　　　　　　　　본문 85~89쪽

01 ④	02 ③	03 ⑤	04 ②
05 ④	06 ⑤	07 ①	08 ④
09 ④	10 ⑤		

15 사회 변동과 사회 운동

수능 실전 문제　　　　　　　　　　본문 91~94쪽

01 ①	02 ⑤	03 ④	04 ①
05 ⑤	06 ③	07 ①	08 ⑤

16 현대 사회의 변화와 전 지구적 수준의 문제

수능 실전 문제　　　　　　　　　　본문 96~99쪽

01 ④	02 ③	03 ⑤	04 ②
05 ②	06 ③	07 ③	08 ①

실전 모의고사 1회　　　　본문 102~106쪽

1 ③	2 ①	3 ②	4 ③	5 ①
6 ②	7 ⑤	8 ①	9 ①	10 ①
11 ④	12 ⑤	13 ④	14 ②	15 ①
16 ②	17 ③	18 ⑤	19 ①	20 ⑤

실전 모의고사 2회　　　　본문 107~111쪽

1 ⑤	2 ④	3 ①	4 ③	5 ⑤
6 ④	7 ⑤	8 ③	9 ③	10 ④
11 ⑤	12 ①	13 ①	14 ④	15 ③
16 ②	17 ②	18 ②	19 ⑤	20 ②

실전 모의고사 3회　　　　본문 112~117쪽

1 ③	2 ③	3 ③	4 ②	5 ④
6 ②	7 ②	8 ①	9 ③	10 ②
11 ②	12 ①	13 ③	14 ②	15 ④
16 ⑤	17 ②	18 ①	19 ⑤	20 ②

실전 모의고사 4회　　　　본문 118~123쪽

1 ②	2 ①	3 ①	4 ④	5 ②
6 ③	7 ⑤	8 ②	9 ④	10 ④
11 ①	12 ③	13 ④	14 ②	15 ⑤
16 ⑤	17 ③	18 ④	19 ③	20 ①

실전 모의고사 5회　　　　본문 124~128쪽

1 ④	2 ③	3 ③	4 ④	5 ④
6 ③	7 ②	8 ③	9 ⑤	10 ⑤
11 ③	12 ②	13 ⑤	14 ⑤	15 ②
16 ④	17 ⑤	18 ②	19 ⑤	20 ⑤

THEME 01 사회·문화 현상의 이해

수능 실전 문제   본문 5~9쪽

01 ③	02 ⑤	03 ⑤	04 ④
05 ①	06 ④	07 ②	08 ①
09 ⑤	10 ③		

01 사회·문화 현상의 특징 이해

문제분석 ㉠, ㉣과 같은 현상은 자연 현상, ㉡, ㉢과 같은 현상은 사회·문화 현상이다.

정답찾기 ㄴ. 사회·문화 현상은 개연성, 자연 현상은 필연성을 가진다.
ㄷ. ㉡, ㉢과 같은 현상은 모두 사회·문화 현상이다. 사회·문화 현상은 가치 함축성을 지닌다.

오답피하기 ㄱ. ㉠, ㉣과 같은 현상은 모두 자연 현상이다. 따라서 ㉣과 같은 현상도 존재 법칙으로 설명된다.
ㄹ. 자연 현상은 특수성이 아닌 보편성만 나타나며, 사회·문화 현상은 보편성과 특수성이 모두 나타난다.

02 사회·문화 현상의 특징 이해

문제분석 카드 A의 내용은 자연 현상의 특징, 카드 B와 C의 내용은 사회·문화 현상의 특징에 해당한다. 갑이 A, 을이 B를 가져간 상태이므로 이번 차례에서 갑은 C와 D 중 어떤 카드를 가져가더라도 승리할 수 없다.

정답찾기 ⑤ 필연성은 자연 현상의 특징이다. D의 내용이 '필연성의 원리를 따른다.'이고 갑이 C, 을이 D를 가져가면, 갑과 을은 모두 사회·문화 현상의 특징에 해당하는 카드를 1장씩만 가지게 되므로 이번 차례에서 둘 다 승리할 수 없다.

오답피하기 ① 갑이 C를 가져가도 사회·문화 현상의 특징에 해당하는 카드는 1장만 가지게 되는 것이므로 이번 차례에서 승리할 수 없다.
② 을이 C를 가져가면, 사회·문화 현상의 특징에 해당하는 카드를 2장 가지게 되므로 승리할 수 있다.
③ 가치 함축성은 사회·문화 현상의 특징이다. D의 내용이 '가치 함축적이다.'이고 갑이 D를 가져가더라도 갑은 사회·문화 현상의 특징에 해당하는 카드를 1장만 가지게 되는 것이므로 이번 차례에서 승리할 수 없다.
④ 존재 법칙은 자연 현상의 특징이다. D의 내용이 '존재 법칙을 따른다.'이고 을이 D를 가져가면, 을은 사회·문화 현상의 특징에 해당하는 카드를 1장만 가지게 되는 것이므로 을은 이번 차례에서 승리할 수 없다.

03 사회·문화 현상과 자연 현상의 구분

문제분석 만약 A가 자연 현상, B가 사회·문화 현상이라면, 제시된

3가지 사례가 모두 부적절하다. 따라서 교사의 평가대로 4가지 사례 중 하나가 적절하지 않은 경우가 되려면, A가 사회·문화 현상, B가 자연 현상이어야 하고, (가)에는 부적절한 사례, 즉 자연 현상이 아닌 사례가 제시되어야 한다.

정답찾기 ⑤ A가 사회·문화 현상, B가 자연 현상이므로 갑은 (가)에 부적절한 사례를 제시했어야 교사의 평가에 부합하는 상황이 된다. '환경 보호를 위해 사람들이 플라스틱 사용을 줄임.'은 자연 현상의 사례로 부적절하므로 (가)에 들어갈 수 있다.

오답피하기 ① 몰가치성은 자연 현상의 특징이다.
② 당위적인 규범을 반영하는 것은 사회·문화 현상이다.
③ 특수성으로 설명되는 것은 사회·문화 현상이다. 자연 현상은 보편성을 특징으로 하며, 사회·문화 현상은 보편성과 특수성이 공존한다.
④ 갑은 B(자연 현상)의 사례 중 하나를 잘못 제시하였다.

04 사회·문화 현상의 특징 이해

문제분석 A에는 사회·문화 현상의 특징, B에는 그 특징에 대한 부가 설명, C에는 사회·문화 현상으로 볼 수 없는 사례가 들어가야 한다. 갑은 A~C를 모두 옳게 채웠고, 을은 A를 잘못 채웠으며, 병은 B, C를 모두 잘못 채웠다.

정답찾기 ㄱ. 을은 A를 잘못 채웠으며, 병은 B, C를 잘못 채웠다. A~C를 모두 타당하게 제시한 사람은 갑뿐이다.
ㄴ. 개연성은 일정한 조건하에서 어떤 결과가 발생할 가능성이 확률적으로 높지만 예외적인 현상이 발생할 수 있는 경우의 속성을 말한다. 병의 경우 B에 개연성에 대한 설명을 옳게 하지 못하였다.
ㄷ. 을은 A에 사회·문화 현상의 특징이 아닌 자연 현상의 특징을 제시하였다.

오답피하기 ㄹ. 계절에 따라 날씨가 바뀌는 것은 사회·문화 현상으로 볼 수 없고, 소득이 증가하여 소비가 증가하는 현상은 사회·문화 현상으로 볼 수 있다. 따라서 병은 을과 달리 C를 잘못 채웠다.

05 사회·문화 현상을 바라보는 다양한 관점의 이해

문제분석 교사의 마지막 말과 갑~정의 말을 종합적으로 분석하면, 병과 정의 말은 반드시 옳은 설명이어야 한다. 왜냐하면 갑과 을의 말이 동시에 성립할 수는 없기 때문이다. 즉, 갑과 을 중 한 명이 잘못 설명하였고 병과 정의 말은 옳으므로 B는 갈등론, C는 기능론이고, A는 상징적 상호 작용론이다. 그리고 (가)에는 옳은 말이 들어가야 한다.

정답찾기 ㄱ. 상징적 상호 작용론은 사물이나 행위에 대해 개개인이 부여하는 의미를 중시한다.
ㄴ. 갈등론은 사회적 희소가치가 지배층에게 유리한 방식으로 분배되고 있다는 점을 강조한다.

오답피하기 ㄷ. 기능론과 갈등론은 모두 사회·문화 현상을 사회 구조적 측면에서 바라본다.
ㄹ. (가)에는 옳은 말이 들어가야 한다. 기능론은 상징적 상호 작용론과 달리 사회를 하나의 유기체로 보므로 해당 진술은 (가)에 들어갈 수 있다.

06 기능론과 갈등론의 구분

문제분석 갑의 관점은 갈등론, 을의 관점은 기능론에 해당한다.

정답찾기 ④ 기능론은 사회 규범과 제도는 사회 전체의 합의에 따른 것이라고 본다. 반면, 갈등론은 사회 규범과 제도가 지배 집단의 기득권 유지를 위해 강제와 억압으로 규정된 것이라고 본다.

오답피하기 ① 사회 구성 요소들이 상호 의존적인 관계에 있다고 보는 것은 기능론이다.

② 사회에 내재한 갈등이 사회 변동의 원동력이 된다고 보는 것은 갈등론이다.

③ 기능론과 갈등론은 모두 사회 구조적 측면에서 사회·문화 현상을 바라본다.

⑤ 개인이 사회에 대하여 갖는 자율성과 능동성을 강조하는 것은 상징적 상호 작용론이다.

07 상징적 상호 작용론의 이해

문제분석 제시문은 '제사를 지내야 하는지 말아야 하는지에 대한 질문'에 대해 상황에 따라 다르게 해석하여 답하는 선비의 모습을 보여 준다. 이는 개인이 사물이나 행위에 주관적 의미를 부여하고 해석하는 능동적 존재라는 것을 보여 주는 사례이다. 즉, A는 상징적 상호 작용론이다.

정답찾기 ㄱ. 상징적 상호 작용론은 개인을 사회에 구속된 수동적 존재가 아니라 자율적이고 능동적인 존재로 본다.

ㄷ. 상징적 상호 작용론은 사물이나 행위의 본질은 개인이 부여하는 의미에 따라 달라진다는 점을 강조한다.

오답피하기 ㄴ. 사회가 기본적으로 집단 간 갈등 구조를 이룬다고 보는 것은 갈등론이다.

ㄹ. 사회 구성 요소들의 역할이 사회 전체의 합의에 따라 부여된 것이라고 보는 것은 기능론이다.

08 사회·문화 현상을 바라보는 다양한 관점의 이해

문제분석 질문에 대해 '예'라고 응답할 수 있는 관점만을 모두 적어야 1점을 부여받는다는 점에 주의해야 한다. 첫 번째 질문에 대해 '예'라고 답할 수 있는 것은 갈등론뿐이므로 을은 첫 번째 질문에서 0점을 받는다. 그런데 채점 결과 을이 2점을 받았으므로 두 번째 질문과 세 번째 질문에 대한 을의 응답은 정답이다. 따라서 B와 C는 각각 기능론과 갈등론 중 하나이며, A는 상징적 상호 작용론이다. (가)에는 상징적 상호 작용론만 '예'라고 답할 수 있는 질문이 들어가야 한다. 그리고 두 번째 질문과 세 번째 질문에서 갑은 0점을 받는 상황이므로 채점 결과 갑이 1점을 받으려면 첫 번째 질문에 대한 응답이 정답이어야 한다. 따라서 B는 갈등론, C는 기능론이다.

정답찾기 ① 상징적 상호 작용론은 행위 주체의 해석에 따라 사회·문화 현상의 의미가 달라진다고 본다.

오답피하기 ② 사회 구성 요소의 기능과 역할이 사회 전체의 합의에 따른 것이라고 보는 것은 기능론이다.

③ 사회의 구조적 힘을 간과한다는 비판을 받기도 하는 것은 상징적 상호 작용론이다.

④ A는 상징적 상호 작용론, B는 갈등론, C는 기능론이다. 기능론과 갈등론은 개인의 자율성과 능동성에 주목하지 않는다.

⑤ (가)에는 상징적 상호 작용론만 '예'라고 답할 수 있는 질문이 들어가야 한다. '사회적 희소가치를 둘러싼 집단 간 대립 관계에 주목하는가?'에 '예'라고 답할 수 있는 것은 갈등론이다.

09 사회·문화 현상을 바라보는 다양한 관점의 이해

문제분석 각 관점의 적용 예시를 볼 때 A는 상징적 상호 작용론, B는 기능론, C는 갈등론이다.

정답찾기 ⑤ 상징적 상호 작용론은 기능론, 갈등론과 달리 어떤 대상의 본질은 사람들이 부여하는 의미에 따라 달라진다고 본다.

오답피하기 ① 사회 각 부분의 상호 의존성을 강조하는 것은 기능론이다.

② 사회의 각 집단들이 서로 갈등 관계에 있다고 보는 것은 갈등론이다.

③ 갈등론은 지배 집단과 피지배 집단의 이익이 양립할 수 없기 때문에 필연적으로 갈등이 발생한다고 본다.

④ 사회 구조가 개인에 대하여 가지는 힘을 간과한다는 비판을 받는 것은 상징적 상호 작용론이다.

10 사회·문화 현상의 특징 및 사회·문화 현상을 바라보는 관점의 이해

문제분석 밑줄 친 ㉠은 사회·문화 현상이며, 갑의 관점은 기능론, 을의 관점은 갈등론에 해당한다.

정답찾기 ③ 갈등론은 사회에 내재한 갈등 구조가 사회 변동을 유발한다고 본다.

오답피하기 ① ㉠과 같은 현상은 사회·문화 현상이다. 사회·문화 현상은 개연성의 원리가 적용된다. 필연성의 원리가 적용되는 것은 자연 현상이다.

② 사회 구조를 지배·피지배의 관계로 바라보는 것은 갈등론이다.

④ 사회·문화 현상의 구조적 측면을 경시한다는 비판을 받는 것은 상징적 상호 작용론이다.

⑤ 사회·문화 현상이 개인이 부여하는 의미에 따라 그 본질이 달라진다고 보는 것은 상징적 상호 작용론이다.

THEME 02 사회·문화 현상의 연구 방법

01 ①	02 ②	03 ④	04 ③
05 ⑤	06 ⑤	07 ③	08 ⑤
09 ③	10 ⑤		

01 양적 연구와 질적 연구의 특징 구분

문제분석 갑은 방법론적 일원론의 입장에서 양적 연구를, 을은 방법론적 이원론의 입장에서 질적 연구를 지향함을 알 수 있다.

정답찾기 ㄱ. 갑은 양적 연구를 지지하는 입장이다. 양적 연구는 사회·문화 현상에 내재한 규칙성을 발견하여 일반화를 시도하는 연구이다.

ㄴ. 을은 질적 연구를 지지하는 입장이다. 질적 연구는 계량화나 통계적 분석으로는 사회·문화 현상을 이해하기 어렵다고 본다.

오답피하기 ㄷ. 직관적 통찰과 감정 이입적 이해 기법을 중요시하는 것은 질적 연구이다.

ㄹ. 추상적 개념을 측정 가능하도록 구체화하는 것은 '개념의 조작적 정의'이다. 개념의 조작적 정의를 중요시하는 것은 갑(양적 연구 지향)이다.

02 질적 연구의 이해

문제분석 밑줄 친 연구는 질적 연구에 해당한다.

정답찾기 ㄱ. 질적 연구는 직관적 통찰이나 감정 이입의 방법을 활용한다.

ㄹ. 질적 연구는 인간 행위 속에 담긴 주관적 동기 파악을 통해 사회·문화 현상을 심층적으로 이해하고자 한다.

오답피하기 ㄴ. 변인 간의 관계를 파악하여 법칙을 발견하고자 하는 연구는 양적 연구이다.

ㄷ. 개념의 조작적 정의를 통해 통계 분석이 용이한 자료를 수집하여 가설을 검증하는 연구는 양적 연구이다.

03 양적 연구의 사례 분석

문제분석 첫 번째 연구는 '학업 성취도'라는 종속 변인에 '스마트 기기 의존도'라는 독립 변인이 미치는 영향을 알아보고자 한 양적 연구이고, 두 번째 연구는 '스마트 기기 의존도'라는 종속 변인에 '○○ 프로그램'이라는 독립 변인이 미치는 영향을 알아보고자 한 양적 연구이다.

정답찾기 ④ 두 연구에서 모두 양적 연구 방법을 활용하였는데, 이 방법은 방법론적 일원론을 바탕으로 한다.

오답피하기 ① '스마트 기기 의존도'가 '학업 성취도'에 미치는 영향을 알아보고자 한 것이므로 '학업 성취도'는 종속 변인, '스마트 기기 의존도'는 독립 변인이다.

② 첫 번째 연구의 모집단은 고등학생이고, 100명의 고등학생은 표본이다.

③ 첫 번째 연구에서 '스마트 기기 의존도'는 독립 변인이며, 스마트 기기 의존도를 질문지를 통해 단계화한 것은 조작적 정의에 해당한다.

⑤ 두 번째 연구에서 ⒜은 실험 처치를 한 집단이므로 실험 집단이고, ⒪은 비교하기 위해 실험 처치를 하지 않은 집단이므로 통제 집단이다.

04 질적 연구의 사례 분석

문제분석 제시된 연구는 면접법으로 자료를 수집한 질적 연구이다.

정답찾기 ㄴ. 제시된 연구는 면접법을 통해 학대받은 아동들에 대한 경험적 자료를 수집하였다.

ㄹ. 질적 연구는 인간 행위 속에 담긴 주관적 동기와 의미를 중요시한다.

오답피하기 ㄱ. 통계 분석을 통해 가설을 검증하는 연구는 양적 연구이다.

ㄷ. 제시된 연구에서는 법칙을 발견하고자 한 것이 아니라 면접 대상자였던 아동들의 주관적인 세계를 심층적으로 해석하고자 하였다.

05 양적 연구의 사례 분석

문제분석 제시된 연구는 질문지법을 통해 두 가지 가설을 검증한 연구이다. 〈가설 1〉에서 독립 변인은 '아버지와의 대화 빈도'이고, 종속 변인은 '자아 존중감'이다. 〈가설 2〉에서 독립 변인은 '아버지의 청소년 자녀에 대한 신뢰도'이고, 종속 변인은 '자아 존중감'이다.

정답찾기 ⑤ ㄹ은 '아버지와의 대화 빈도'에 대한 조작적 정의, ㅁ은 '아버지의 청소년 자녀에 대한 신뢰도'에 대한 조작적 정의이다.

오답피하기 ① 갑의 연구는 양적 연구이다. 양적 연구는 방법론적 일원론에 기초한 연구이다.

② 표의 수치를 보면 〈가설 1〉은 수용되고, 〈가설 2〉는 기각된다.

③ ㄷ은 표본이고, 모집단은 청소년이다.

④ ㄱ은 종속 변인, ㄴ은 독립 변인이다.

06 양적 연구와 질적 연구의 특징 구분

문제분석 그림에서 첫 번째 질문에 대한 응답을 통해 A는 양적 연구, B는 질적 연구임을 알 수 있다. 따라서 (가)에는 양적 연구와 질적 연구가 모두 '예'로 답하는 질문이, (나)에는 질적 연구만 '예'로 답하는 질문이 들어가야 한다.

정답찾기 ⑤ (나)에는 질적 연구만 '예'로 답하는 질문이 들어가야 하므로 '계량화를 통한 통계적 분석을 중시하는가?'가 들어갈 수 없다.

오답피하기 ① 양적 연구도 질문지법 등을 사용하여 연구 대상자의 주관적 인식을 파악할 수 있다.

② B는 질적 연구이다.

③ 양적 연구는 자연 현상에 대한 연구 방법을 사회·문화 현상에도 동일하게 적용할 수 있다는 방법론적 일원론을 전제로 한다.

④ 양적 연구와 질적 연구 모두 경험적 자료의 수집을 통해 연구하므로 (가)에는 '경험적 자료를 활용하는가?'가 들어갈 수 있다.

07 개념의 조작적 정의에 대한 이해

문제분석 제시된 상황에서 교사의 말을 통해 ⊙은 '양적 연구', ⓒ은 '개념의 조작적 정의'임을 알 수 있다.

정답찾기 ㄴ. 양적 연구는 자연 현상과 사회·문화 현상을 동일한 방법으로 연구할 수 있다는 것, 즉 방법론적 일원론을 전제로 한다.

ㄷ. 양적 연구에서 추상적인 개념을 측정 가능하도록 구체화하는 것은 '개념의 조작적 정의'이다.

오답피하기 ㄱ. 행위자가 현상에 부여하는 주관적 의미를 심층적으로 이해하고자 하는 것은 질적 연구이다.

ㄹ. '성실성'의 개념을 '정성스럽고 참된 품성'이라고 규정하는 것은 '개념의 조작적 정의'가 아니라 '개념의 정의'에 해당한다. 개념의 조작적 정의는 구체적으로 측정 가능하도록 정의되어야 한다.

08 양적 연구의 이해

문제분석 제시문의 연구 사례는 '흡연 여부'를 독립 변인(원인), '평균 임금'을 종속 변인(결과)으로 보았다. 한편, 학자 A는 변인 간의 관계가 불분명한 상황인데도 마치 인과 관계가 있는 것처럼 단정한 것은 비과학적이라고 주장하고 있다.

정답찾기 ⑤ 학자 A가 예를 들어 말한 내용을 보면 오히려 '평균 임금'이 독립 변인(원인)이고, '흡연 여부'가 종속 변인(결과)일 수도 있다는 점을 지적하고 있다.

오답피하기 ① ○○ 연구진은 계량화된 자료를 통해 결론을 내렸다. 이는 양적 연구에 해당한다. 양적 연구는 방법론적 일원론에 기초한 연구이다.

② ○○ 연구진은 '흡연 여부'를 독립 변인(원인), '평균 임금'을 종속 변인(결과)으로 보았다.

③ 제시된 자료만으로는 학자 A가 양적 연구와 질적 연구 중 어느 것을 더 선호하는지 파악할 수 없다.

④ 학자 A는 '흡연 여부'가 독립 변인이 될 수 없다고 주장하는 것이 아니라, '흡연 여부'가 독립 변인일 수도 있지만 종속 변인일 수도 있다고 주장한다.

09 양적 연구와 질적 연구의 특징 비교

문제분석 A는 질적 연구, B는 양적 연구이다.

정답찾기 ③ 질적 연구는 행위자의 주관적 가치 및 행위의 동기 등에 주목하여 상황 맥락을 고려한 심층적 이해를 추구하기 때문에 양적 연구에 비해 법칙 발견이나 연구 결론의 일반화가 어렵다.

오답피하기 ① 질적 연구는 통계 분석이 아니라 연구자의 직관적 통찰과 감정 이입적 이해를 통한 의미 해석을 중시한다.

② 양적 연구와 질적 연구 모두 일정한 연구 절차에 따라 경험적 자료를 수집 및 분석하여 결론을 도출하는 과학적 연구이다. 따라서 두 연구 방법 모두 과학적 결론을 추구한다.

④ 연구자의 주관이나 편견이 개입될 가능성이 큰 것은 질적 연구이다.

⑤ 양적 연구보다는 질적 연구에서 면접법이나 참여 관찰법으로 자료를 수집하기에 적합하다.

10 양적 연구의 사례 분석 및 이해

문제분석 제시된 연구의 가설(잠정적 결론)을 볼 때, '세대'를 독립 변인으로 보고 '양성평등 의식 수준'을 종속 변인으로 본 양적 연구임을 알 수 있다.

정답찾기 ㄷ. (가)는 자료 분석 단계, (나)는 문제 인식 및 연구 주제의 선정 단계, (다)는 자료 수집 단계, (라)는 가설 설정 단계, (마)는 가설 검증 및 결론 도출 단계에 해당한다. 따라서 연구 순서는 (나)-(라)-(다)-(가)-(마)이다.

ㄹ. 문제 인식 및 연구 주제의 선정 단계나 가설 설정 단계에서는 가치가 개입되어도 객관적이고 과학적인 연구를 저해하지 않으나 자료 수집 단계, 자료 분석 단계, 가설 검증 및 결론 도출 단계에서는 엄격하게 가치 중립을 지켜야 객관적이고 과학적인 연구라고 할 수 있다.

오답피하기 ㄱ. (나), (라)를 볼 때, 독립 변인은 '세대', 종속 변인은 '양성평등 의식 수준'임을 알 수 있다.

ㄴ. 세대(청년층, 장년층), 양성평등 의식 수준에 대한 개념의 조작적 정의가 필요한 연구이다.

THEME 03 자료 수집 방법

수능실전문제 본문 17~22쪽

01 ②	02 ②	03 ⑤	04 ②
05 ⑤	06 ④	07 ⑤	08 ②
09 ⑤	10 ①	11 ①	12 ⑤

01 다양한 자료 수집 방법의 이해

문제분석 교사의 평가를 통해 A는 면접법, B는 질문지법, C는 실험법, D는 참여 관찰법임을 파악할 수 있다. 따라서 (가)에는 질문지법의 특성에 해당하지 않는 내용이 들어가야 한다.

정답찾기 ㄱ. A는 면접법이다. 면접법은 연구 대상자와의 신뢰 관계와 허용적인 분위기의 형성이 중요하다.

ㄷ. C는 실험법, D는 참여 관찰법이다. 참여 관찰법은 실험법에 비해 실제성이 높은 자료를 수집하기에 용이하다.

오답피하기 ㄴ. B는 질문지법이다.

ㄹ. (가)에 '다수를 대상으로 통계 분석에 적합한 자료를 수집하기에 용이하다.'가 들어가면, 갑의 응답은 옳은 응답이 된다. 교사의 평가에 부합하는 상황이 되려면 (가)에는 질문지법의 특성에 해당하지 않는 내용이 들어가야 한다.

02 질문지법, 면접법, 참여 관찰법의 비교

문제분석 적용 사례를 통해 A는 질문지법, B는 면접법, C는 참여 관찰법임을 파악할 수 있다.

정답찾기 ② 면접법은 연구자와 연구 대상자 사이의 신뢰 관계에 기반한 허용적인 분위기의 형성이 중요하다.

오답피하기 ① 주로 기존의 연구 성과와 동향을 파악하기 위해 사용하는 것은 문헌 연구법이다.

③ 참여 관찰법은 연구자의 가치나 편견을 배제하기 어렵다는 단점이 있다.

④ 면접법과 참여 관찰법은 모두 주로 질적 연구에서 활용된다.

⑤ 통계적으로 분석하기 위한 자료 수집에 적합한 것은 질문지법이다.

03 문헌 연구법, 실험법, 참여 관찰법의 비교

문제분석 도식을 통해 A는 문헌 연구법이고, B와 C는 (가)의 질문에 따라 실험법 또는 참여 관찰법이 될 수 있음을 알 수 있다.

정답찾기 ⑤ (가)에 '주로 질적 연구에 활용되는가?'가 들어가면, B는 참여 관찰법, C는 실험법이 된다. 실험법은 참여 관찰법과 달리 인과 관계의 발견에 유리하다.

오답피하기 ① 문헌 연구법은 양적 연구와 질적 연구 모두에서 적합하게 사용할 수 있는 자료 수집 방법이다.

② B가 참여 관찰법이면, (가)에는 참여 관찰법만 '예'라고 답할 수 있는 질문이 들어가야 한다. '변인 통제가 필수적인가?'라는 질문은 실험법만 '예'라고 답할 수 있는 질문이다.

③ C가 실험법이면, (가)에는 실험법이 '아니요'라고 답할 수 있는 질문이 들어가야 한다. '주로 양적 연구에 활용되는가?'는 실험법이 '예'라고 답할 수 있는 질문이다.

④ (가)에 '실제성이 높은 자료의 수집에 용이한가?'가 들어가면, B는 참여 관찰법, C는 실험법이 된다.

04 다양한 자료 수집 방법의 이해

문제분석 (가), (나)의 진술이 옳다는 정보를 통해 A는 실험법, B는 질문지법, C는 참여 관찰법, D는 면접법임을 알 수 있다. 게임 결과 을이 승리하였으므로 (다)의 내용은 틀린 진술, (라)의 내용은 옳은 진술이어야 한다.

정답찾기 ② '질문지법은 엄격한 변인 통제를 필요로 한다.'는 틀린 진술, '실험법은 구조화된 자료 수집 방법이다.'는 옳은 진술에 해당하므로 제시된 게임 결과에 부합한다.

오답피하기 ① '실험법은 구조화된 자료 수집 방법이다.'는 옳은 진술, '질문지법은 대규모 여론 조사에 적합하다.'도 옳은 진술이다.

③ '참여 관찰법은 시간과 비용 측면에서 비교적 효율적이다.'는 틀린 진술, '질문지법은 비언어적 방식으로 자료를 수집한다.'도 틀린 진술이다.

④ '면접법은 2차 자료를 수집하는 방법이다.'는 틀린 진술, '참여 관찰법은 면접법과 달리 비표준화된 자료 수집 방법이다.'도 틀린 진술이다.

⑤ '면접법은 실험법과 달리 비표준화된 자료 수집 방법이다.'는 옳은 진술, '면접법은 연구자가 융통성을 발휘하기 곤란하다.'는 틀린 진술이다.

05 다양한 자료 수집 방법의 이해

문제분석 표에 나타난 속성을 차례대로 찾아가면 A는 면접법, B는 참여 관찰법, C는 실험법, D는 질문지법임을 알 수 있다.

정답찾기 ⑤ 면접법과 질문지법은 모두 연구 대상자와의 언어적 상호 작용을 필수로 한다.

오답피하기 ① 면접법은 비표준화된 자료 수집 방법이다.

② 상대적으로 자료 해석 과정에서 연구자의 주관이 개입할 우려가 큰 것은 면접법이나 참여 관찰법이다.

③ 참여 관찰법은 법칙 발견이나 일반화를 목적으로 하는 양적 연구가 아닌 질적 연구에서 주로 사용된다. 일반화를 목적으로 하는 연구에 적합한 것은 실험법이나 질문지법이다.

④ 연구 대상자의 생활 세계를 심층적으로 이해하는 데 유리한 것은 주로 질적 연구에서 사용되는 면접법이나 참여 관찰법이다.

06 질문지 작성 요령의 이해

문제분석 제시된 설문지 문항들 중 2번 질문을 제외한 나머지 질문에는 모두 문제점이 있다.

정답찾기 ㄱ. 1번 질문에서 '최근에'라는 표현은 '최근'이라는 기간이 어느 정도의 기간을 의미하는지 불분명하여 응답자에게 혼란을 주고 있다.

ㄷ. 3번 질문에서 학원을 보내지 않는 이유 중에는 제시된 선택지 ①~③ 이외에 다른 이유도 있을 수 있다. 따라서 답지가 가능한 모든 경우를 포괄하고 있지 않다.

ㄹ. 4번 질문에서 '최근 예체능 교육이 어린이의 정서 발달에 유익하다는 연구 결과가 보도되었습니다.'라는 문장은 예체능 교육의 필요성을 인식시켜 '예'라는 응답을 유도하는 효과가 있다.

오답피하기 ㄴ. 답지의 상호 배타성이란 답지 간에 서로 중복되는 부분이 없어야 한다는 것을 의미한다. 2번 질문에서는 답지 간에 상호 배타성이 확보되어 있다.

07 실험법의 적용 사례에 대한 분석

문제분석 제시된 연구는 실험법을 통해 자료를 수집한 양적 연구이다.

정답찾기 ⑤ ⓒ은 실험 처치를 한 집단이므로 실험 집단, ⓔ은 비교를 위해 평소대로 생활하게 한 통제 집단이다.

오답피하기 ① 실험법은 엄격한 변인 통제가 필요한 자료 수집 방법이다.

② 실험법은 인간을 구조화된 실험 상황 속에서 연구한다는 점에서 윤리적 문제에 각별히 주의해야 한다.

③ 제시된 연구는 ○○ 프로그램이 다문화 사회에 대한 인식 개선에 미치는 효과를 파악하기 위한 것이다. 따라서 '○○ 프로그램'이 독립 변인, '다문화 사회에 대한 인식'이 종속 변인이다.

④ ⓐ은 실험 처치 전에 조사한 것이므로 사전 검사, ⓜ은 실험 처치 이후에 조사한 것이므로 사후 검사이다.

08 참여 관찰법의 이해

문제분석 밑줄 친 '이 자료 수집 방법'은 참여 관찰법이다.

정답찾기 ㄱ. 참여 관찰법은 주로 질적 연구에서 사용된다.

ㄷ. 참여 관찰법은 실제성이 높은 생생한 1차 자료를 수집하기에 용이하다.

오답피하기 ㄴ. 참여 관찰법은 연구 대상자와의 언어적 상호 작용이 없어도 자료를 수집할 수 있다는 장점이 있다.

ㄹ. 참여 관찰법과 면접법은 모두 연구자의 주관적 가치가 자료 해석에 개입될 우려가 크다.

09 다양한 자료 수집 방법의 이해

문제분석 A는 문헌 연구법, B는 질문지법, C는 실험법, D는 면접법, E는 참여 관찰법이다.

정답찾기 ⑤ 참여 관찰법은 의사소통이 어려운 이민족을 대상으로도 실시할 수 있다. 반면, 질문지법은 의사소통이 어려운 이민족을 대상으로 실시하기는 어렵다.

오답피하기 ① 문헌 연구법은 질적 연구에서도 사용할 수 있는 자료 수집 방법이다.

② 2차 자료의 수집을 위해 사용되는 것은 문헌 연구법이다.

③ 문헌 연구법이 실험법에 비해 시간적·공간적 제약을 적게 받는다.

④ 면접법과 참여 관찰법 모두 비표준화된 자료 수집 방법이다.

10 다양한 자료 수집 방법의 이해

문제분석 방법론적 이원론에 근거한 연구는 질적 연구이며, 주로 질적 연구에서 사용되는 자료 수집 방법은 면접법과 참여 관찰법이다. 따라서 A와 C는 각각 실험법과 질문지법 중 하나에 해당하고, B는 면접법과 참여 관찰법 중 하나에 해당함을 파악할 수 있다.

정답찾기 ㄱ. (가)가 '실험 처치 과정이 필수적인가?'이면, A가 질문지법, C가 실험법이 된다.

오답피하기 ㄴ. B가 어떤 자료 수집 방법인지의 여부와 관계없이 (가)에는 '변인 간의 관계를 파악하기 위한 자료 수집에 적합한가?'가 들어갈 수 없다. A와 C는 각각 실험법과 질문지법 중 하나이고, 실험법과 질문지법은 모두 변인 간의 관계를 파악하기 위한 자료 수집에 적합하기 때문이다.

ㄷ. C가 실험법이면, (가)에는 '다수를 대상으로 대량의 양적 자료를 수집하는 데 용이한가?'가 들어갈 수 없다. 다수를 대상으로 대량의 양적 자료를 수집하는 데 용이한 것은 실험법이 아니라 질문지법이기 때문이다.

11 문헌 연구법과 면접법의 이해

문제분석 ㄱ과 같은 자료 수집 방법은 문헌 연구법, ㄴ과 같은 자료 수집 방법은 면접법에 해당한다.

정답찾기 ㄱ. 문헌 연구법은 2차 자료를 수집하는 데 적합하다.

ㄴ. 면접법은 자료 수집 과정에서 조사자가 유연성이나 융통성을 발휘하여 대응할 수 있다는 장점이 있다.

오답피하기 ㄷ. 문헌 연구법은 면접법에 비해 시간적·공간적 제약이 작다.

ㄹ. 문헌 연구법과 면접법은 모두 자료 해석 시에 연구자의 주관적 가치가 개입될 우려가 있다.

12 사회·문화 현상의 연구 방법 및 자료 수집 방법의 이해

문제분석 A는 양적 연구, B는 질적 연구, ㄱ은 질문지법, ㄴ은 면접법이다.

정답찾기 ⑤ 면접법은 질문지법과 달리 비표준화된 자료 수집 방법이다.

오답피하기 ① 상황 맥락 속에서 규정되는 사회·문화 현상의 의미를 중요시하는 것은 질적 연구이다.

② 통계 분석을 통해 인간의 행위를 설명하고자 하는 것은 양적 연구이다.

③ 질문지법은 의사소통이 곤란한 대상자에게는 적용하기 어렵다.

④ 일반적으로 면접법을 통해 수집한 자료는 질적 자료로서 집단 간 비교 분석이 용이하지 않다.

THEME 04 사회·문화 현상의 탐구 태도와 연구 윤리

수능 실전 문제

01 ①	02 ①	03 ③	04 ③
05 ④	06 ②	07 ③	08 ①

01 사회·문화 현상의 탐구 태도 이해

문제분석 제시문에서는 연구자들이 사회 현상들을 보이는 그대로 받아들이기보다 의문을 품으며 능동적이고 적극적으로 살펴볼 것을 강조하고 있다. 이는 사회·문화 현상의 탐구 태도 중 성찰적 태도와 관련 있다.

정답찾기 ① 성찰적 태도는 사회·문화 현상을 보이는 그대로 받아들이기보다 현상의 이면에 담겨 있는 발생 원인이나 원리 등에 대해 적극적이고 능동적으로 살펴보려는 태도를 의미한다.

오답피하기 ② 개인과 공동체의 조화를 중시하는 태도는 제시문에서 강조하는 태도가 아니다.

③ 자신의 주장에 대한 비판을 허용하는 태도는 개방적 태도이다.

④ 연구자의 주관적 가치나 편견을 배제하는 태도는 객관적 태도이다.

⑤ 사회·문화 현상이 발생한 맥락 속에서 연구하는 태도는 상대주의적 태도이다.

02 사회·문화 현상의 탐구 태도 이해

문제분석 제시문에서 갑은 탐구 과정에서 자신의 이해관계를 반영하여 자신이 원하는 방향대로 연구의 결론을 내렸다. 이는 사회·문화 현상의 탐구 태도 중 객관적 태도가 결여되었음을 보여 준다.

정답찾기 ① 객관적 태도란 탐구 과정에서 연구자가 자신의 주관적 가치나 편견, 이해관계 등을 배제하고 사회·문화 현상이 가진 사실로서의 특성을 파악하는 태도를 의미한다.

오답피하기 ② 연구 대상의 익명성을 보장하는 것은 중요하지만, 갑에게 해 줄 조언으로는 적절하지 않다.

③ 연구 과정에서 자신의 주장에 대한 비판을 허용해야 한다는 것은 개방적 태도에 대한 내용이다.

④ 연구 과정에서 연구 대상의 안전과 이익을 최대한 고려하지 않았다는 것은 제시문을 통해 알 수 없다.

⑤ 연구 과정에서 특정 현상이 발생한 사회적·역사적 맥락을 고려하는 것은 상대주의적 태도에 대한 내용이며, 상대주의적 태도는 연구 과정에서 대부분 필요하다.

03 사회·문화 현상을 탐구하는 태도 이해

문제분석 (가)는 개방적 태도, (나)는 객관적 태도, (다)는 상대주의적 태도를 나타낸다.

정답찾기 ㄱ. 개방적 태도는 연구자의 주장이 검증되기 전에는 하나의 가설로 받아들여야 함을 강조한다.

ㄷ. 객관적 태도는 사회·문화 현상이 가진 사실로서의 특성만을 강조하기 때문에 제3자의 관점을 중시하고, 상대주의적 태도는 사회·문화 현상이 발생한 맥락이나 배경 속에서 연구하려는 태도이므로 연구 대상자의 관점을 중시한다.

오답피하기 ㄴ. 연구 결과에 대한 반증 가능성을 전제로 하는 태도는 개방적 태도이다.

04 과학적 탐구 과정에 대한 분석

문제분석 연구 주제 선정, 가설 설정, 연구 설계, 연구 결과의 활용 단계에서는 연구자의 가치 개입이 허용되고, 자료 수집 및 분석, 가설 검증, 결론 도출 단계에서는 엄격한 가치 중립이 요구된다.

정답찾기 ③ 자료 분석 단계에서는 연구자가 자신의 가치를 개입하지 않는 객관적 태도가 요구된다.

오답피하기 ① 이 연구는 변인 간의 상관관계를 밝혀내는 방법론적 일원론을 전제로 한 연구이다.

② 선행 연구 논문을 검토하는 것은 2차 자료에 대한 검토이다.

④ ㉣은 독립 변인에 해당한다.

⑤ ㉤은 연구 결과의 활용 단계로, 연구자의 가치 개입이 허용된다.

05 과학적 탐구 과정에 대한 분석

문제분석 (가)는 자료 분석, (나)는 자료 수집, (다)는 연구 결과의 활용, (라)는 연구 주제 선정 단계에 해당한다.

정답찾기 ④ 연구 주제 선정 단계에서는 연구자의 가치 개입이 허용되며, 자료 수집 단계에서는 연구자의 엄격한 가치 중립이 요구된다.

오답피하기 ① 연구자의 직관적 통찰이 중시되는 연구 방법은 질적 연구이다. 제시된 자료의 연구는 사회·문화 현상에 내재된 규칙성을 발견하고자 하는 양적 연구이다.

② 스트레스 지수는 독립 변인에 대한 개념의 조작적 정의에 해당한다.

③ (다) 단계에서는 학생들의 명단을 동의 없이 제공하여 연구 대상자와 관련된 연구 윤리를 위반하였다.

⑤ (라) - (나) - (가) - (다) 순서로 연구가 진행되었다.

06 사회·문화 현상 탐구에서의 연구 윤리에 대한 이해

문제분석 (가)는 연구자가 의도한 결론을 이끌어 내기 위해 자료 분석 과정에서 자료를 조작해서는 안 된다는 연구 윤리 내용, (나)는 연구자가 연구에 참여하는 사람들에게 연구 관련 정보를 사전에 알려주어야 한다는 연구 윤리 내용에 해당한다.

정답찾기 ㄱ. 사교육 시장에 관련된 연구의 가설 검증을 위해 자신의 의도와 다른 결과가 나온 특정 지역의 설문 조사 결과를 배제하고 분석한 것은 연구자가 의도한 결론을 이끌어 내기 위해 자료를 조작한 행위에 해당한다.

ㄷ. 인터넷 게임 방송의 언어 사용이 미치는 영향에 대한 연구를 위해 지나가던 고등학생 10명에게 폭력성이 높은 인터넷 게임 방송이라는 점을 숨기고 무료 계정을 알려준 후 매일 5시간씩 의무적으로 인터넷 게임 방송을 보게 한 것은 연구 대상자에 대한 연구 윤리 위반 사례이다.

오답피하기 ㄴ. 가출 청소년의 심리에 대한 연구를 진행한 후 연구자가 고위험군으로 분류한 일부 청소년의 인적 사항을 보고서에 밝힌 것은 연구 대상자의 익명성을 보장하지 않은 연구 윤리 위반 사례이다.

07 연구 윤리에 대한 이해

문제분석 사회·문화 현상의 탐구 과정에서 지켜야 할 연구 윤리는 크게 연구 대상자와 관련된 연구 윤리와 연구 과정 및 연구 결과 공표와 관련된 연구 윤리가 있다. 연구 대상자와 관련된 연구 윤리로는 연구 대상자의 인권 존중, 사생활 보호, 자발적 연구 참여 보장 등이 있으며, 연구 과정 및 연구 결과 공표와 관련된 연구 윤리로는 자료를 조작하거나 왜곡하지 않을 것, 표절하지 않을 것 등이 있다.

정답찾기 ㄴ. 갑은 SNS를 통해 모집한 중·고등학생들에게 연구의 목적과 방법, 연구 참여가 학생에게 미치는 영향 등을 설명하고 참여 의사를 확인하였다.
ㄷ. 갑은 심층 면담을 진행하고 면담에서 많은 이야기를 해 준 여학생들의 자료만을 선별하여 분석하였으므로 임의로 자료를 조작하였다.

오답피하기 ㄱ. 연구 대상자의 익명성을 보장하지 않은 연구 윤리 위반 내용은 사례에서 파악할 수 없다.
ㄹ. 연구 결과를 본래의 연구 목적에 부합하지 않게 활용하였다는 연구 윤리 위반 내용은 사례에서 파악할 수 없다.

08 연구 윤리의 적용

문제분석 (가)~(다)는 연구 과정 및 연구 결과 공표와 관련된 연구 윤리에 해당하며, (라)는 연구 대상자와 관련된 연구 윤리에 해당한다.
정답찾기 ㄱ. '연구 결과를 허위로 만들거나 기록 또는 보고하는 행위를 하였는가?'는 연구 결과의 진실성과 관련된 질문이다.
ㄴ. '타인의 아이디어, 저작물의 전부 또는 일부를 출처를 표시하지 않고 나의 창작물인 것처럼 그대로 활용하였는가?'는 연구 결과의 발표 이전에 확인해야 하는 질문이다.
오답피하기 ㄷ. 무성의한 응답을 제외하고 자료를 분석하는 것은 연구 윤리 위반 행위라고 볼 수 없다.
ㄹ. 연구 대상자에게 연구 목적과 과정을 충분히 설명하는 것은 연구 윤리를 지키기 위한 과정으로서 표본의 대표성을 높이기 위한 것과 관련이 없다.

THEME 05 사회적 존재로서의 인간

수능 실전 문제

본문 29~33쪽

01 ①	02 ②	03 ⑤	04 ①
05 ⑤	06 ③	07 ③	08 ①
09 ④	10 ②		

01 사회화의 이해

문제분석 제시문에는 어린 시절을 인간 사회와 단절된 채로 살다가 발견된 소년이 이후 오랜 기간에 걸친 교육에도 불구하고 인간으로서의 기본적인 모습조차 제대로 갖추지 못한 채 세상을 떠난 사례가 나타나 있다.
정답찾기 ① 소년이 발견된 이후 오랜 기간 동안의 노력에도 불구하고 그의 사회화가 매우 한정적인 수준에 머물렀음을 볼 때 어린 시기의 사회화 과정이 중요하다는 사실을 추론할 수 있다.
오답피하기 ② 제시된 사례의 소년은 발견 당시까지 사회화의 과정을 거치지 못했다. 즉, 인간은 사회 속에 존재할 때만 사회화의 과정을 거칠 수 있다.
③ 인간의 사회화는 평생에 걸쳐 이루어지지만, 제시된 사례와는 직접적인 관련이 없다.
④ 사회화와 관련된 기능론의 주장으로, 제시된 사례와는 직접적인 관련이 없다.
⑤ 사회화와 관련된 갈등론의 주장으로, 제시된 사례와는 직접적인 관련이 없다.

02 사회화의 유형 이해

문제분석 왕세자에게 차기 국왕으로서의 소양을 갖추도록 하는 것은 예기 사회화의 사례이고, 북한에서의 기존 사회화의 내용을 버리고 남한 생활에 필요한 새로운 사회화의 내용을 습득하도록 하는 것은 재사회화의 사례이다.
정답찾기 ② 빠르게 변화하는 현대 사회에서는 재사회화의 중요성이 높아졌다.
오답피하기 ① 예기 사회화는 성인이 되기 전에도 이루어질 수 있다.
③ 재사회화와 예기 사회화는 모두 개인의 의지에 따라 자발적으로 이루어질 수도 있고, 개인 의지와 무관하게 강제적으로 이루어질 수도 있다.
④ 재사회화와 예기 사회화는 모두 공식적 사회화 기관을 통해 이루어질 수도 있고, 비공식적 사회화 기관을 통해 이루어질 수도 있다.
⑤ A는 예기 사회화, B는 재사회화이다.

03 사회화의 유형 이해

문제분석 A는 재사회화이고, B는 예기 사회화이다.
정답찾기 ⑤ 재사회화와 예기 사회화는 모두 개인이 새로운 집단이나 지위에 순조롭게 적응하도록 도와준다.

오답피하기 ① 대학 입학 전 실시하는 신입생 오리엔테이션에서 대학 생활에 대해 안내받는 것은 예기 사회화의 사례이다.

② 입대 후 사회의 언어 활용 습관을 버리고 군대의 언어 활용 방식을 습득하는 것은 재사회화의 사례이다.

③ 재사회화와 예기 사회화는 모두 공식적 사회화 기관과 비공식적 사회화 기관 중 어느 기관에서나 이루어질 수 있다.

④ 예기 사회화가 일반적으로 유년기와 아동기에 이루어진다고 단정할 수 없다.

04 사회화 기관의 유형과 특징 이해

문제분석 ㉠은 비공식적 사회화 기관이자 2차적 사회화 기관에 해당하고, ㉡은 공식적 사회화 기관이자 2차적 사회화 기관에 해당한다.

정답찾기 ① 공식적 사회화 기관인 국립공원 산악 안전 교육원은 비공식적 사회화 기관인 국립 식량 과학원과 달리 사회화를 목적으로 설립되었고, 공식적이고 체계적인 사회화를 담당한다. 따라서 첫 번째 질문에 대한 옳은 응답은 '아니요'이고, 두 번째 질문에 대한 옳은 응답은 '예'이다. 국립 식량 과학원과 국립공원 산악 안전 교육원은 모두 2차적 사회화 기관이므로 전문적이고 심화된 수준의 사회화를 담당한다. 따라서 세 번째 질문에 대한 옳은 응답은 '예'이다.

05 사회화 기관의 유형과 사례 이해

문제분석 노동조합은 비공식적 사회화 기관이자 2차적 사회화 기관에 해당하므로 B는 비공식적 사회화 기관이고, C는 2차적 사회화 기관이다.

정답찾기 ⑤ (다)에는 비공식적 사회화 기관이자 1차적 사회화 기관에 해당하는 사례가 들어가야 하는데, 가족은 비공식적 사회화 기관이자 1차적 사회화 기관에 해당하므로 (다)에 들어갈 수 있다.

오답피하기 ① B가 비공식적 사회화 기관이므로 A는 공식적 사회화 기관이다.

② C가 2차적 사회화 기관이므로 D는 1차적 사회화 기관이다.

③ (가)에는 공식적 사회화 기관이자 2차적 사회화 기관에 해당하는 사례가 들어가야 하는데, 회사는 비공식적 사회화 기관이자 2차적 사회화 기관에 해당하므로 (가)에 들어갈 수 없다.

④ (나)에는 공식적 사회화 기관이자 1차적 사회화 기관에 해당하는 사례가 들어가야 하는데, 정당은 비공식적 사회화 기관이자 2차적 사회화 기관에 해당하므로 (나)에 들어갈 수 없다.

06 사회화 기관의 유형과 특징 이해

문제분석 청소년기에 그들만의 세대 문화를 형성하고, 개인의 자아 정체성 형성에 큰 영향을 미치는 A는 또래 집단이다. '사회화를 목적으로 설립되었는가?'라는 질문에 '예'라고 답할 수 있는 사회화 기관은 대학교뿐이다. 그런데 B는 또래 집단과 같이 '아니요'라고 답할 수 있고, C는 B와 달리 '예'라고 답할 수 있으므로 C는 대학교이다. '전문적이고 심화된 수준의 사회화를 담당하는가?'라는 질문에 대학교와 같이 '예'라고 답할 수 있는 D는 회사이다. 따라서 B는 가족이다.

정답찾기 ㄴ. 가족은 1차적 사회화 기관에 해당하고, 대학교는 2차적

사회화 기관에 해당한다.

ㄷ. 대학교는 공식적 사회화 기관에 해당하고, 회사는 비공식적 사회화 기관에 해당한다.

오답피하기 ㄱ. 아동기의 또래 집단과 가족은 모두 1차적 사회화 기관에 해당한다.

ㄹ. 회사와 또래 집단은 모두 비공식적 사회화 기관에 해당한다.

07 여러 가지 사회학적 개념의 이해

문제분석 제시문을 통해 사회화 기관, 지위, 역할 행동, 역할 갈등 등을 구분할 수 있다.

정답찾기 ③ 을은 남편으로서의 역할과 스승으로서의 역할 사이에서 고민하는 역할 갈등을 경험하고 있다. 반면, 갑, 병이 진로 선택이나 출연 프로그램 선택에 대해 고민하는 것은 역할 갈등이라고 볼 수 없다.

오답피하기 ① (가)에 제시된 내용만으로 미술 심리 치료사와 공무원이 갑의 준거 집단인지는 판단할 수 없다.

② 병이 다수의 방송사로부터 출연 제의를 받은 것은 요리사로서 병의 역할 행동에 대한 보상이 아니다.

④ (나)의 대학교는 공식적 사회화 기관에 해당하지만 (다)의 방송사는 비공식적 사회화 기관에 해당한다.

⑤ (가)~(다)에 나타난 대학생, 미술 심리 치료사, 공무원, 교수, 아내, 제자, 요리사 등은 모두 성취 지위에 해당한다.

08 여러 가지 사회학적 개념의 이해

문제분석 제시문을 통해 지위, 역할 행동, 역할 갈등 등을 구분할 수 있다.

정답찾기 ㄱ. 갑이 영화배우로서의 역할과 엄마로서의 역할 사이에서 고민한 것은 역할 갈등에 해당한다.

ㄴ. 갑이 여우 주연상을 수상한 것은 영화배우로서 갑의 역할 행동에 대한 보상이다.

오답피하기 ㄷ. 영화배우는 갑의 성취 지위이지만, 피아니스트는 갑의 극 중 배역일 뿐 갑의 지위가 아니다.

ㄹ. 딸은 귀속 지위, 남편은 성취 지위에 해당한다.

09 여러 가지 사회학적 개념의 이해

문제분석 제시문을 통해 사회화 기관, 지위, 역할 행동, 역할 갈등 등을 구분할 수 있다.

정답찾기 ㄴ. 군인과 부모는 모두 성취 지위에 해당한다.

ㄹ. 갑이 ○○ 건축상을 수상한 것은 건축가로서의 역할 행동에 대한 보상이다.

오답피하기 ㄱ. 건축학과와 육군 사관학교는 모두 공식적 사회화 기관에 해당한다.

ㄷ. 자신의 진로에 대한 갑의 고민은 역할 갈등에 해당하지 않지만, 갑이 □□ 건축 박람회 홍보관 개관식에 참석해야 할지, ◇◇ 센터 준공식에 참석해야 할지 고민하는 것은 □□ 건축 박람회 홍보 대사로서의 역할과 ◇◇ 센터 설계 및 시공자로서의 역할이 충돌하여 발생한 역할 갈등에 해당한다.

10 역할 갈등의 이해

문제분석 가게 이름 결정에 대한 고민이 나타난 카드 1의 내용은 역할 갈등에 해당하지 않는다. 국내 또는 외국 중 어디에서 박사 학위를 받을지에 대한 고민이 나타난 카드 2의 내용은 역할 갈등에 해당하지 않는다. 회사원으로서 중요한 계약 체결을 수행해야 할지, 부모로서 딸의 졸업식에 참석해야 할지 고민하는 카드 3의 내용은 역할 갈등에 해당한다. 가족 구성원으로서 아픈 동생을 돌봐야 할지, 조원으로서 조별 과제 수행 모임에 참석해야 할지 고민하는 카드 4의 내용은 역할 갈등에 해당한다.

정답찾기 ② 을의 경우 0점에서 출발하여 2점, 1점, 2점을 거쳐 최종적으로 3점에 도달하여 우승자가 된다.

오답피하기 ① 갑의 경우 0점에서 출발하여 2점, 3점, 0점을 거쳐 최종적으로 1점에 도달한다.

③ 병의 경우 0점에서 출발하여 1점, 2점, 3점을 거쳐 최종적으로 2점에 도달한다.

④ 정의 경우 0점에서 출발하여 1점, 3점, 2점을 거쳐 최종적으로 1점에 도달한다.

⑤ 무의 경우 0점에서 출발하여 2점, 1점, 3점을 거쳐 최종적으로 0점에 도달한다.

THEME
06 사회 집단과 사회 조직

수능 실전 문제

본문 35~40쪽

01 ⑤	02 ④	03 ⑤	04 ⑤
05 ③	06 ②	07 ④	08 ⑤
09 ③	10 ①	11 ②	12 ②

01 사회 집단의 유형 이해

문제분석 구성원 간 접촉 방식에 따라 구분되는 A, B는 각각 1차 집단, 2차 집단 중 하나이고, 구성원의 결합 의지에 따라 구분되는 C, D는 각각 공동 사회, 이익 사회 중 하나이다. 1차 집단의 성격을 지닌 집단도 존재하고, 2차 집단의 성격을 지닌 집단도 존재하는 C는 이익 사회이므로 D는 공동 사회이다. 공동 사회 중에는 1차 집단의 성격을 지닌 집단만 존재하고, 2차 집단의 성격을 지닌 집단은 존재하지 않으므로 A는 1차 집단, B는 2차 집단이다.

정답찾기 ⑤ 가족은 1차 집단이면서 동시에 공동 사회이고, 회사는 2차 집단이면서 동시에 이익 사회이다.

오답피하기 ① 특정 목적 달성을 위한 수단적이고 단편적인 접촉이 중심이 되는 것은 2차 집단이다.

② 도덕, 윤리, 관습 등 비공식적 규범을 통한 통제 방식이 일반적인 것은 1차 집단이다.

③ 결합 자체가 목적으로서 구성원 간 친밀하고 전인격적 관계가 중심이 되는 것은 공동 사회이다.

④ 구성원들이 필요할 때 선택적 의지에 따라 인위적으로 형성된 것은 이익 사회이다.

02 사회 집단의 유형 이해

문제분석 ○○ 고등학교, 방송반, 연극반은 이익 사회이고, 가족은 공동 사회이다.

정답찾기 ④ 갑에게 있어서 방송반은 소속 집단이면서 깊은 애착을 갖고 있으므로 내집단에 해당한다. 반면, 갑에게 있어서 연극반은 소속 집단이 아니면서 적대적인 의식을 갖고 있으므로 외집단에 해당한다.

오답피하기 ① 자신의 행동이나 입장 선택의 근거로 삼는 집단은 준거 집단이다. 주어진 자료만으로 ○○ 고등학교와 가족이 갑의 준거 집단인지는 판단할 수 없다.

② 결합 자체를 목적으로 형성된 집단은 공동 사회이다. ○○ 고등학교와 방송반은 모두 이익 사회에 해당한다.

③ 구성원들의 본질 의지에 의해 형성된 집단은 공동 사회이다. 가족은 공동 사회에 해당하지만, 방송반은 이익 사회에 해당한다.

⑤ 구성원 간 접촉 방식에 따라 ○○ 고등학교는 2차 집단으로, 가족은 1차 집단으로 분류된다.

03 사회 집단 및 사회 조직의 특징 이해

문제분석 가족, ○○ 대학교, □□ 시민 단체, ○○ 대학교 내 연극 동아리 중 가족을 제외한 나머지 3가지는 모두 이익 사회에 해당하므로 B는 가족이다. 가족, ○○ 대학교, □□ 시민 단체, ○○ 대학교 내 연극 동아리 중 비공식 조직은 ○○ 대학교 내 연극 동아리뿐이므로 A는 ○○ 대학교 내 연극 동아리이다. ○○ 대학교 내 연극 동아리와 달리 가족과 함께 자발적 결사체에 해당하지 않는 D는 ○○ 대학교이다. 따라서 C는 □□ 시민 단체이다.

정답찾기 ⑤ ㉠에 대해 '예'라고 응답할 수 있는 것은 ○○ 대학교, □□ 시민 단체, ○○ 대학교 내 연극 동아리이다. ㉡에 대해 '예'라고 응답할 수 있는 것은 ○○ 대학교 내 연극 동아리뿐이다. ㉢에 대해 '예'라고 응답할 수 있는 것은 □□ 시민 단체와 ○○ 대학교 내 연극 동아리이다. 따라서 ㉠~㉢에 2번 이상 '예'라고 응답할 수 있는 것은 □□ 시민 단체와 ○○ 대학교 내 연극 동아리로 2개이다.

오답피하기 ① 공동 사회이자 1차 집단인 가족은 구성원 간 친밀하고 전인격적인 관계가 중심이 된다. 비공식 조직인 ○○ 대학교 내 연극 동아리는 이익 사회이지만 정서적인 관계가 중심이 되므로 2차 집단보다 1차 집단의 특성이 강하다.

② 가족은 비공식적 규범에 의한 행동 통제가 일반적이고, □□ 시민 단체는 공식적 규범에 의한 통제가 일반적이다.
③ □□ 시민 단체와 ○○ 대학교는 모두 공식 조직으로서 구성원의 지위와 역할이 명확하게 구분된다.
④ 자발적 결사체인 ○○ 대학교 내 연극 동아리가 그렇지 않은 ○○ 대학교에 비해 가입과 탈퇴가 자유롭다.

04 사회 집단 및 사회 조직의 특징 이해

문제분석 갑의 진술을 통해 A는 자발적 결사체, B는 비공식 조직임을 알 수 있고, 을의 진술을 통해 C는 공식 조직, D는 공동 사회임을 알 수 있다.

정답찾기 ㄷ. 공식 조직은 공식적 규범에 의해, 공동 사회는 비공식적 규범에 의해 구성원들의 행동을 통제한다.
ㄹ. 이익 사회인 자발적 결사체와 달리 공동 사회는 구성원들의 본질 의지에 의해 자연 발생적으로 형성되었다.

오답피하기 ㄱ. 비공식 조직은 자발적 결사체에 포함되며, 자발적 결사체는 공통의 관심사나 목표를 달성하기 위해 자발적으로 결성되었다.
ㄴ. 공식 조직은 과업 지향적이고 수단적인 인간관계가 지배적이다.

05 사회 집단 및 사회 조직의 특징 이해

문제분석 제시된 수행 평가에서 갑의 답변에 대한 교사의 채점 결과에 따라 A~C에 해당하는 사회 집단 및 사회 조직이 결정된다.

정답찾기 ③ ㉠, ㉡이 모두 0점이면, '공식 조직에 해당하는가?'라는 질문을 통해 A와 B를 구분할 수 없으므로 C는 ○○ 주식회사 내 야구 동호회이고, '자발적 결사체에 해당하는가?'라는 질문을 통해 B와 C를 구분할 수 있으므로 B는 ○○ 주식회사이다. 따라서 A는 ○○ 주식회사 노동조합이다. 비공식 조직인 ○○ 주식회사 내 야구 동호회의 구성원은 모두 공식 조직인 ○○ 주식회사의 구성원이다.

오답피하기 ① ㉠이 0점이고 ㉡이 1점이면, '공식 조직에 해당하는가?'라는 질문을 통해 A와 B를 구분할 수 없으므로 C는 ○○ 주식회사 내 야구 동호회이고, '자발적 결사체에 해당하는가?'라는 질문을 통해 B와 C를 구분할 수 없으므로 A는 ○○ 주식회사이다. 따라서 B는 ○○ 주식회사 노동조합이다. ○○ 주식회사와 ○○ 주식회사 노동조합은 모두 공식 조직으로 2차 집단의 성격이 강하게 나타난다.
② ㉠이 1점이고 ㉡이 0점이면, '공식 조직에 해당하는가?'라는 질문을 통해 A와 B를 구분할 수 있고, '자발적 결사체에 해당하는가?'라는 질문을 통해 B와 C를 구분할 수 있는데, 이 경우 B와 C 중 하나는 ○○ 주식회사이므로 A는 ○○ 주식회사가 될 수 없다.
④ ㉠, ㉡이 모두 1점이면, '공식 조직에 해당하는가?'라는 질문을 통해 A와 B를 구분할 수 있으므로 A, B 중 하나는 ○○ 주식회사 내 야구 동호회이고, '자발적 결사체에 해당하는가?'라는 질문을 통해 B와 C를 구분할 수 없으므로 A는 ○○ 주식회사이다. 따라서 B는 ○○ 주식회사 내 야구 동호회이고, C는 ○○ 주식회사 노동조합이다. 공식 조직인 ○○ 주식회사는 공식적 규범을 통해 구성원을 통제한다.
⑤ A가 ○○ 주식회사 내 야구 동호회, B가 ○○ 주식회사 노동조합, C가 ○○ 주식회사이면, ㉠이 1점이고 ㉡이 0점이다.

06 사회 집단 및 사회 조직의 특징 이해

문제분석 (주) □□ 자동차는 공식 조직, ○○ 환경연합은 공식 조직이자 자발적 결사체, △△ 조기 축구회는 자발적 결사체, ◇◇당 ○○시당 당원 탁구 동호회는 비공식 조직이자 자발적 결사체, ○○ 중앙시장 상가 번영회는 공식 조직이자 자발적 결사체, 가족은 공동 사회에 해당한다.

정답찾기 ② 집단의 목표 달성을 기준으로 구성원들을 평가하는 경향이 강한 것은 공식 조직의 특징이다. (주) □□ 자동차와 ○○ 환경연합은 △△ 조기 축구회나 ◇◇당 ○○시당 당원 탁구 동호회와 달리 공식 조직에 해당한다.

오답피하기 ① (주) □□ 자동차나 ○○ 환경연합과 같은 공식 조직은 공식적 규범에 의해 구성원들의 행동을 통제한다.
③ ◇◇당 ○○시당 당원 탁구 동호회, ○○ 환경연합, △△ 조기 축구회, ○○ 중앙시장 상가 번영회는 모두 자발적 결사체로서 의사 결정에 있어서 유연성과 민주성을 중시한다.
④ ◇◇당 ○○시당 당원 탁구 동호회, ○○ 환경연합, △△ 조기 축구회, ○○ 중앙시장 상가 번영회는 모두 자발적 결사체로서 공통의 관심사나 목표를 달성하기 위해 자발적으로 결성되었다.
⑤ 공식 조직인 (주) □□ 자동차, ○○ 환경연합, ○○ 중앙시장 상가 번영회는 공동 사회인 가족과 달리 과업 수행을 위한 규범과 절차가 체계화되어 있다.

07 사회 집단 및 사회 조직의 특징 이해

문제분석 을이 받은 카드 중 첫 번째 카드의 경우 공동 사회에 대한 설명이, 두 번째 카드의 경우 비공식 조직과 자발적 결사체에 대한 공통된 설명이, 세 번째 카드의 경우 공식 조직과 자발적 결사체에 대한 공통된 설명이, 네 번째 카드의 경우 비공식 조직과 자발적 결사체에 대한 공통된 설명이, 다섯 번째 카드의 경우 공식 조직에 대한 설명이 적혀 있다.

정답찾기 ㄴ. (나)의 경우 갑이 첫 번째 카드를 제시하면, 을은 두 번째, 세 번째, 네 번째 카드를 버리므로 을에게는 2장의 카드가 남는다.
ㄹ. (가), (나)의 경우 을이 이기고, (다)의 경우는 갑이 이긴다.

오답피하기 ㄱ. (가)의 경우 갑이 두 번째 카드를 제시하면, 을은 세 번째 카드와 다섯 번째 카드 2장을 버린다.
ㄷ. (다)의 경우 갑이 세 번째 카드까지 제시해도 을에게는 다섯 번째 카드가 남는다.

08 준거 집단의 특징 이해

문제분석 개인의 행동과 가치 판단의 모범이 되거나 기준이 되는 집단인 A는 준거 집단이다.

정답찾기 ⑤ 준거 집단과 소속 집단이 일치하지 않는 경우, 개인은 상대적 박탈감을 느낄 수 있다.

오답피하기 ① 개인이 미래에 속하기를 기대하는 집단의 구성원과 접촉하거나 그들의 행동 방식을 모방하고자 하는 것은 사회화의 유형 중 재사회화보다는 예기 사회화에 가깝다. 따라서 (가)에는 '재사회화', (나)에는 '예기 사회화'가 들어갈 수 있다.

② 한 개인에게 여러 개의 준거 집단이 존재할 수 있다.

③ 1차 집단과 2차 집단 모두 한 개인의 준거 집단이 될 수 있다.

④ 준거 집단과 소속 집단이 일치하는 경우, 소속 집단에 대해 만족감이 높고 적극적으로 참여하는 태도를 갖게 된다. 따라서 이 경우에 개인의 일탈 행동 가능성이 커진다고 볼 근거는 없다.

09 사회 조직 유형의 특징 이해

문제분석 직급 체계의 세분화 정도가 상대적으로 큰 A는 관료제이고, 상대적으로 작은 B는 탈관료제이다.

정답찾기 ③ 관료제와 탈관료제는 모두 효율적인 조직 운영과 과업 수행을 지향한다.

오답피하기 ① 조직의 안정성보다 유연성을 중시하는 것은 탈관료제이다.

② 연공서열에 따른 보상 체계를 강조하는 것은 관료제이다.

④ 업무 수행 방식의 표준화 정도는 관료제가 탈관료제보다 크다. 따라서 해당 비교 기준은 (가)에 들어갈 수 없다.

⑤ 의사 결정 권한의 분산 정도는 탈관료제가 관료제보다 크다. 따라서 해당 비교 기준은 (나)에 들어갈 수 없다.

10 관료제의 특징 이해

문제분석 구성원들이 문서화된 규칙과 절차를 엄정하게 따르도록 훈련되어 자율성과 창의성을 발휘할 수 없고, 규칙 준수가 본질적인 조직 목표에 우선하는 상황이 우려되는 A는 관료제이다.

정답찾기 ㄱ. 관료제는 구성원의 업무 경험 및 숙련도를 중시하여 연공서열에 따라 보상하고 신분을 보장한다.

ㄴ. 일반적으로 관료제에서는 구성원의 지위에 따른 권한과 책임이 서열화되어 있어 고위층이 어떠한 의사 결정을 내리면 그에 따라 일사불란하게 업무가 처리된다.

오답피하기 ㄷ. 일반적으로 관료제는 과업 수행 절차에 대한 예측 가능성이 높은 것으로 평가된다.

ㄹ. 일상적 상황보다 새로운 상황에 대응하는 데 적합하다는 평가를 받는 것은 탈관료제이다.

11 탈관료제의 특징 이해

문제분석 급변하는 시장 상황에 대한 대응력 제고를 위해 팀제 도입, 직급 단순화, 성과에 근거한 연봉제 도입 등을 추진하는 것은 조직을 관료제에서 탈관료제로 개편하고자 하는 의도가 담겨 있다.

정답찾기 ㄱ, ㄷ. 관료제는 수직적인 위계 서열 구조를 강조하는 반면, 탈관료제는 수평적 조직 체계를 강조하므로 조직을 관료제에서 탈관료제로 개편할 경우, 조직 구조의 유연성 증진과 수평적인 의사소통 관계의 확산을 기대할 수 있다.

오답피하기 ㄴ. 업무 수행의 안정성은 탈관료제보다 관료제가 높다.

ㄹ. 업무 체계의 전문화와 세분화는 탈관료제보다 관료제가 강하다.

12 사회 조직 유형의 특징 이해

문제분석 조직의 유연성을 증가시키는 방향으로의 변화를 통해 나타난 조직 형태인 A는 탈관료제이고, 조직의 경직성으로 인해 개인의 창의성과 자율성을 약화시키고 효율성을 저하시킨다는 역기능이 있는 B는 관료제이다.

정답찾기 ② 탈관료제는 의사 결정 권한의 분산을 추구하는 반면, 관료제는 의사 결정 권한의 집중을 추구한다.

오답피하기 ① 업무 처리의 안정성이 높다는 평가를 받는 것은 관료제이다.

③ 중간 관리층의 역할과 비중은 탈관료제보다 관료제에서 크다.

④ 관료제와 탈관료제 모두 공식적 규범을 통해 조직 구성원을 통제한다.

⑤ 관료제는 경력에 따른 보상을, 탈관료제는 성과에 따른 보상을 강조한다.

THEME 07 사회 구조와 일탈 행동

수능 실전 문제
본문 42~47쪽

01 ④	02 ①	03 ②	04 ④
05 ③	06 ⑤	07 ①	08 ④
09 ⑤	10 ②	11 ②	12 ②

01 사회 구조의 특성 이해

문제분석 '오늘도 내일도 크게 변하지 않으며, 구성원들이 그것을 자유롭게 바꾸기도 어렵다.'와 '나아가 이러한 사회적 관계를 바탕으로 형성된 사회 구조는 사회 구성원 개개인의 의지와 상관없이 그들이 맡은 일정한 역할을 수행하도록 하는 힘을 갖는다.'에서 사회 구조의 특성 중 지속성과 강제성이 부각되어 있음을 알 수 있다.

정답찾기 ㄴ. 구성원들이 바뀌더라도 비교적 오랜 기간 유지된다는 진술은 사회 구조의 특성 중 지속성과 부합한다.

ㄹ. 구성원들이 구조에 부합하는 행동을 하도록 강한 영향력을 행사한다는 진술은 사회 구조의 특성 중 강제성과 부합한다.

오답피하기 ㄱ. 지배 집단의 기득권 보호에 기여한다는 진술은 사회 구조에 대한 갈등론의 입장과 부합하지만, 제시문의 내용과는 관련이 없다.

ㄷ. 장기적으로는 구성원들의 가치관 변화로 인해 변동할 수 있다는 진술은 사회 구조의 특성 중 변동 가능성과 부합한다.

02 개인과 사회의 관계를 바라보는 관점 이해

문제분석 실재하는 것은 개인과 그 개인들 간의 상호 작용뿐이라고 보는 갑의 관점은 사회 명목론이고, 사회가 개인의 외부에 실재한다고 보는 을의 관점은 사회 실재론이다.

정답찾기 ① 사회 명목론은 개인에 대한 사회 구조의 영향을 간과한다는 비판을 받는다.

오답피하기 ② 사회는 개인의 이익을 실현해 주는 수단에 불과하다고 보는 관점은 사회 명목론이다.

③ 사회 문제의 해결책으로 제도의 개선을 강조하는 관점은 사회 실재론이다.

④ 사회의 속성을 개인의 속성으로 환원할 수 있다고 보는 관점은 사회 명목론이다.

⑤ 사회 실재론은 개인은 사회에 의해 구조화된 행동을 한다고 보지만, 사회 명목론은 그렇지 않다.

03 사회 명목론의 이해

문제분석 사회·문화 현상을 파악할 때 사회 자체보다는 개인의 특성과 행동 양식에 초점을 두어야 한다고 보는 관점은 사회 명목론이다.

정답찾기 ㄱ. 사회는 개개인의 집합체에 붙여진 이름에 불과하다는 진술은 사회 명목론과 부합한다.

ㄷ. 사회를 구성하는 구성원이 바뀌면 사회의 특성도 변화한다는 진술은 사회 명목론과 부합한다.

오답피하기 ㄴ. 사회는 개인의 외부에 존재하는 독립적인 실체라는 진술은 사회 실재론과 부합한다.

ㄹ. 개인은 사회 구조와의 관련 속에서만 존재의 의미를 지닌다는 진술은 사회 실재론과 부합한다.

04 개인과 사회의 관계를 바라보는 관점 이해

문제분석 외국인 노동자에 대해 배타적인 우리 사회의 특성에서 문제의 원인을 찾고 있는 갑의 관점은 사회 실재론이고, 고용주의 잘못된 사고방식과 낮은 의식 수준에서 문제의 원인을 찾고 있는 을의 관점은 사회 명목론이다.

정답찾기 ④ 사회 실재론은 개인에 대한 사회의 우월성을 인정하지만, 사회 명목론은 개인에 대한 사회의 우월성을 부정한다.

오답피하기 ① 개인의 능동성이 사회의 구속성보다 우선한다고 보는 관점은 사회 명목론이다.

② 개인의 의식과 행위는 사회에 의해 규정된다고 보는 관점은 사회 실재론이다.

③ 사회를 개인의 단순한 집합체로 보는 관점은 사회 명목론이다.

⑤ 사회 실재론은 개인이 사회 속에서만 존재의 의미를 갖는 존재라고 보지만, 사회 명목론은 그렇지 않다.

05 개인과 사회의 관계를 바라보는 관점 이해

문제분석 사회 구조나 유형화된 상호 작용이 개인의 행위로 환원될 수 없다고 보는 A는 사회 실재론이고, 실존하는 것은 개인 간의 상호 작용과 사회적 관계뿐이라고 주장하는 B는 사회 명목론이다.

정답찾기 ③ 전체를 위한 개인의 희생을 정당화할 우려가 있다는 비판을 받는 관점은 사회 실재론이다. 따라서 첫 번째 질문에 대한 옳은 응답은 '예'이다. 사회를 구성하고 변화시키는 능동적인 존재로서의 개인을 강조하는 관점은 사회 명목론이다. 따라서 두 번째 질문에 대한 옳은 응답은 '예'이다. 사회가 개인의 권리를 보장하기 위한 수단에 불과하다고 보는 관점은 사회 명목론이다. 따라서 세 번째 질문에 대한 옳은 응답은 '아니요'이다. 사회 문제의 해결에 있어서 의식 개선보다 제도 개선을 중시하는 관점은 사회 실재론이다. 따라서 네 번째 질문에 대한 옳은 응답은 '아니요'이다.

06 사회 실재론의 이해

문제분석 후보자 개인의 자질보다 소속 정당을 기준으로 대표자를 선출해야 한다는 주장은 사회 실재론에 부합한다.

정답찾기 병. 사회 실재론은 사회를 개개인의 합을 뛰어넘는 그 이상의 독립적인 실체로 본다.

정. 사회 실재론은 개인이 사회라는 구조 속에 갇혀 있는 하나의 요소에 불과하다고 본다.

오답피하기 갑. 사회가 개인의 목표를 증진하는 도구에 불과하다고 보는 관점은 사회 명목론이다.

을. 개인 행위나 심리를 중심으로 사회 현상을 탐구해야 한다고 보는 관점은 사회 명목론이다.

07 일탈 행동의 특성 이해

문제분석 제시된 사례를 통해 시대나 상황에 따라 일탈 행동에 대한 판단 기준이 달라진다는 사실을 파악할 수 있다.

정답찾기 ① 일탈 행동에 대한 판단 기준이 시대나 상황에 따라 달라진다는 사실을 통해 일탈 행동에 대한 판단 기준이 상대적임을 알 수 있다.

오답피하기 ② 일탈 행동의 부정적 영향에 대한 진술로, 제시된 사례와의 연관성은 낮다.

③ 일탈 행동의 긍정적 영향에 대한 진술로, 제시된 사례와의 연관성은 낮다.

④ 차별 교제 이론이나 낙인 이론에 부합하는 진술로, 제시된 사례와의 연관성은 낮다.

⑤ 일탈 행동에 대한 일반적인 진술로, 제시된 사례와의 연관성은 낮다.

08 일탈 이론의 이해

문제분석 경제적 안정이라는 문화적 목표를 달성하기 위해 필요한 제도적 수단을 갖지 못해 일탈 행동을 저지르게 되는 생계형 범죄를 설명하는 데 적합한 일탈 이론 A는 머튼의 아노미 이론이고, 경미범죄 심사 위원회가 특정 개인이 사회적으로 범죄자로 인식되어 더 무거운 범죄를 저지르게 되는 악순환을 막는 데 기여할 것이라는 범죄학자 갑의 판단의 바탕이 된 일탈 이론 B는 낙인 이론이다.

정답찾기 ④ 낙인 이론은 일탈 행동 자체보다 일탈 행동에 대한 사회적 반응을 중시하지만, 머튼의 아노미 이론은 그렇지 않다.

① 일탈 행동의 해결 방법으로 일탈 규정에 대한 신중한 접근을 강조하는 것은 낙인 이론이다.

② 문화적 목표와 제도적 수단 간 괴리를 일탈 행동의 원인으로 지목하는 것은 머튼의 아노미 이론이다.

③ 일탈 행동을 규정하는 객관적 기준은 존재하지 않는다고 보는 것은 낙인 이론이다.

⑤ 낙인 이론은 일탈 행동의 발생에 영향을 미치는 상호 작용 과정에 주목하지만, 머튼의 아노미 이론은 그렇지 않다.

09 일탈 이론의 이해

문제분석 일탈 행동을 규정하는 객관적 기준이 존재하지 않는다고 보는 것은 낙인 이론 하나뿐인데, 을은 B, C 두 가지를 기재하였으므로 옳지 않은 답변을 쓴 것이다. 그런데 을이 받은 총점이 3점이므로 나머지 세 개의 답변은 모두 옳아야 한다. 이에 따라 사회 규범의 통제력 강화를 일탈 행동의 대책으로 제시하는 C는 뒤르켐의 아노미 이론이고, 뒤르켐의 아노미 이론과 함께 사회 구조적 차원에서 일탈 행동의 원인을 설명하고자 하는 A는 머튼의 아노미 이론이다. 이 경우 갑의 첫 번째와 세 번째 답변은 모두 옳지 않은 답변이 되는데, 갑의 총점이 2점이므로 갑의 나머지 두 개의 답변은 모두 옳아야 한다. 즉, 일탈 행동을 규정하는 객관적 기준이 존재하지 않는다고 보는 B는 낙인 이론이다. 따라서 D는 차별 교제 이론이다.

정답찾기 ⑤ 일탈 행동이 학습되는 과정에 주목하는 것은 차별 교제 이론이다. (가)에 해당 진술이 들어가면, 이에 대한 갑, 을의 답변은 모두 옳아야 하므로 ㉠, ㉡은 모두 차별 교제 이론이어야 한다.

오답피하기 ① 낙인 이론은 일탈 행동 자체보다 그 행동에 대한 사회적 반응을 중시한다.

② 뒤르켐의 아노미 이론은 급격한 사회 변동을 일탈 행동의 근본적인 원인으로 본다.

③ 차별 교제 이론은 일탈 집단과의 교류 차단을 일탈 행동의 대책으로 제시한다.

④ 머튼의 아노미 이론은 일탈 행동은 문화적 목표와 제도적 수단 간의 괴리에서 비롯된다고 본다.

10 일탈 이론의 이해

문제분석 금전상의 성공, 물질적 풍요와 같은 문화적 목표를 달성하는 데 필요한 합법적 수단이 부재 또는 부족하여 일탈 행동을 저지른 사례를 설명하기에 적합한 A는 머튼의 아노미 이론이다. 똑같은 행동에 대한 차별적 제재로 인해 낙인이 찍힌 아이가 이를 내면화하여 범죄자로 성장하게 되는 사례를 설명하기에 적합한 B는 낙인 이론이다.

정답찾기 ② 낙인 이론은 일탈이 특정 행위가 갖는 본질적 특성은 아니라고 본다.

오답피하기 ① 2차적 일탈이 발생하는 과정에 초점을 두는 것은 낙인 이론이다.

③ 낙인 이론은 차별적 제재를 일탈 행동의 원인으로 본다.

④ 일탈을 타인과의 상호 작용을 통한 학습의 산물로 보는 것은 차별 교제 이론이다.

⑤ 머튼의 아노미 이론은 사회 구조적 관점에서 일탈 행동의 해결 방안을 제시하고자 하지만, 낙인 이론은 그렇지 않다.

11 일탈 이론의 이해

문제분석 일탈의 발생에 영향을 미치는 상호 작용 과정에 주목하는 것은 낙인 이론과 차별 교제 이론 두 가지이고, 일탈을 규정하는 객관적 기준이 존재한다고 보는 것은 뒤르켐의 아노미 이론과 차별 교제 이론 두 가지이므로 A는 뒤르켐의 아노미 이론, B는 차별 교제 이론, C는 낙인 이론이다.

정답찾기 ② 뒤르켐의 아노미 이론은 무규범 상태를 일탈의 원인으로 강조하지만, 차별 교제 이론은 일탈자 또는 일탈 집단과의 접촉을 일탈의 원인으로 본다.

오답피하기 ① 두 가지 질문 모두에 대해 '예'라고 응답할 이론이 각각 2가지씩이므로 ㉡이 '예'이고, ㉠이 '아니요'이다.

③ 낙인 이론은 낙인에 대한 신중한 검토를 일탈의 해결 방안으로 제시한다.

④ 일탈 집단과의 교제를 일탈을 학습하는 계기로 지목하는 것은 차별 교제 이론이다.

⑤ 일탈자가 부정적 자아를 내면화하는 과정에 주목하는 것은 낙인 이론이다.

12 일탈 이론의 이해

문제분석 갑이 고른 카드의 내용이 적절하다면 A는 낙인 이론이고, 을이 고른 카드의 내용이 적절하다면 B는 머튼의 아노미 이론이다.

정답찾기 ㄱ. 갑이 적절하지 못한 내용을 골라 탈락했다면, A는 낙인 이론일 수 없고, 을이 고른 카드의 내용은 적절해야 하므로 B는 머튼의 아노미 이론이 되어 A는 차별 교제 이론, C는 낙인 이론이 된다. 낙인 이론은 차별적인 제재를 일탈 행동의 원인으로 보지만, 머튼의 아노미 이론은 그렇지 않다.

ㄷ. 병이 적절하지 못한 내용을 골라 탈락했다면, 갑과 을이 고른 카드의 내용은 모두 적절해야 하므로 A는 낙인 이론, B는 머튼의 아노미 이론, C는 차별 교제 이론이 된다. 차별 교제 이론은 일탈 행동이 타인과의 상호 작용을 통해 학습되는 과정에 주목하지만, 머튼의 아노미 이론은 그렇지 않다.

오답피하기 ㄴ. 을이 적절하지 못한 내용을 골라 탈락했다면, B는 머튼의 아노미 이론일 수 없고, 갑이 고른 카드의 내용은 적절해야 하므로 A는 낙인 이론이 되어 B는 차별 교제 이론, C는 머튼의 아노미 이론이 된다. 낙인 이론은 1차적 일탈보다 2차적 일탈의 발생에 주목한다.

ㄹ. 병이 적절하지 못한 내용을 골라 탈락했다면, A는 낙인 이론, B는 머튼의 아노미 이론, C는 차별 교제 이론이다. 그런데, '일탈자의 부정적 자아 형성 과정에 초점을 둔다.'는 차별 교제 이론과 구분되는 낙인 이론의 특징에 해당하는 적절한 내용이므로 (가)에 들어갈 경우, 병이 적절하지 못한 내용을 골랐다는 앞선 조건과 모순된다.

문화의 이해

수능 실전 문제

본문 49~53쪽

01 ③	02 ①	03 ④	04 ⑤
05 ④	06 ④	07 ①	08 ②
09 ②	10 ④		

01 문화의 의미와 속성 이해

문제분석 문화의 속성 중 원활한 사회적 상호 작용이 가능하게 하는 것은 문화의 공유성이고, 문화는 시간이 흐르면서 변화하는 생활 양식임을 의미하는 것은 문화의 변동성이며, 문화 요소가 서로 긴밀한 유기적 연관성을 지니고 있다는 것은 문화의 전체성이다.

정답찾기 ③ 방언 문화가 지역 간 산업의 차이와 관련 있다는 것은 문화 요소가 서로 긴밀하게 연관되어 있다는 문화의 전체성으로 설명할 수 있다.

오답피하기 ① '방언 문화'에서의 '문화'는 방언과 관련된 생활 양식의 총체를 가리키므로 넓은 의미의 문화에 해당한다.
② 교통수단, 정보 통신 기술은 모두 물질문화에 해당한다.
④ 점차 방언이 사라지고 있다는 것은 문화가 변화하는 생활 양식임을 의미하는 것이므로 문화의 변동성으로 설명할 수 있다.
⑤ 문화를 향유하는 해당 지역 사람들에게 원활한 사회적 상호 작용을 가능하게 하는 것은 문화의 공유성과 관련 있다. 문화가 시간의 흐름에 따라 그 형태나 내용이 변화하는 생활 양식임을 의미하는 것은 문화의 변동성이다.

02 문화의 속성 이해

문제분석 우리나라 사람들은 설날이 되면 "새해 복 많이 받으세요!"라고 말하며 세배를 올리는 것을 당연하게 생각하는 것은 문화의 공유성과 관련된 사례이다. 과거에는 사람들이 평상시에 한복을 입고 생활했지만, 지금은 평상시에는 한복을 입지 않고 특별한 날이나 관광지에서 한복을 입는 형태로 바뀌게 된 것은 문화의 변동성과 관련된 사례이다. 따라서 A는 문화의 변동성, B는 문화의 공유성이다.

정답찾기 ㄱ. 문화의 전체성은 문화의 각 요소들이 서로 긴밀하게 연관되어 있음을 의미한다.
ㄴ. 문화의 변동성은 문화가 시간이 흐르면서 그 형태나 내용이 변화하는 생활 양식임을 의미한다.

오답피하기 ㄷ. 문화의 축적성은 문화가 상징체계를 통해 전승되면서 더욱 풍부해진다는 것을 의미한다.
ㄹ. '문화가 사회 구성원들의 원활한 사회생활에 기여할 수 있다.'는 문화의 공유성에 대한 진술이다.

03 문화의 의미와 속성, 문화 이해 태도의 이해

문제분석 문화를 우열 평가의 대상으로 보는 것은 자문화 중심주의와 문화 사대주의이고, 문화 상대주의는 문화를 평가의 대상이 아닌 이해의 대상으로 본다. 또한 문화 요소는 서로 긴밀한 유기적 연관성을 지니고 있어 어느 한 부분에 변화가 생기면 연쇄적으로 다른 부분에도 영향을 준다는 문화의 속성은 문화의 전체성이다.

정답찾기 ㄴ. '문화생활'에서의 '문화'는 예술적인 것에 한정시키는 것으로 좁은 의미의 문화에 해당하고, '대중문화'에서의 '문화'는 대중들의 생활 양식의 총체를 의미하므로 넓은 의미의 문화에 해당한다.
ㄹ. 을국 정부가 신설한 보조금 지급 제도로 인해 을국의 전통 악기 제작 산업이 발달하고, 지역별 전통문화 축제가 늘어나는 등 을국의 산업과 축제 문화의 변화로 이어지는 것은 문화의 전체성으로 설명할 수 있다.

오답피하기 ㄱ. 음악은 비물질문화, 악기 제작 기술은 물질문화이다.
ㄷ. 외국의 문화보다 자국의 문화가 열등하다고 생각하는 태도는 문화 사대주의이며, 문화 사대주의는 문화를 이해의 대상이 아닌 평가의 대상으로 본다.

04 문화 이해 태도의 이해

문제분석 해당 사회의 맥락에서 문화를 이해해야 할 필요성을 중시하는 태도는 문화 상대주의인데, 해당 질문으로 A와 B를 구분할 수 없으므로 A, B는 각각 자문화 중심주의, 문화 사대주의 중 하나이다. 따라서 C는 문화 상대주의이다. 자기 사회의 문화를 다른 사회로 이식하는 것을 정당화하는 태도는 자문화 중심주의이다. 따라서 A는 자문화 중심주의, B는 문화 사대주의이다.

정답찾기 ⑤ 문화 상대주의는 해당 사회의 맥락에서 문화를 이해해야 할 필요성을 중시하므로 문화를 우열 평가의 대상으로 간주하지 않는다. 문화 사대주의는 해당 사회의 맥락에서 문화를 이해하는 것이 아니라 우월하다고 보는 다른 사회의 문화를 기준으로 문화를 평가하는 것이므로 해당 질문은 문화 상대주의와 문화 사대주의를 구분할 수 있는 질문이다. 따라서 해당 질문은 (가)에 들어갈 수 있다.

오답피하기 ① 자문화 중심주의는 자문화의 우수성을 강조하므로 타문화 수용에 소극적이고, 문화 사대주의는 타 문화 수용에 적극적이다.
② 문화 상대주의는 문화 사대주의에 비해 문화의 다양성 보존에 유리하다.
③ 문화 사대주의는 문화 상대주의와 달리 자국의 문화 정체성을 약화시킨다는 비판을 받는다.
④ 문화 상대주의는 문화 사대주의, 자문화 중심주의와 달리 모든 문화가 고유한 가치를 지닌다고 전제한다.

05 자문화 중심주의와 문화 상대주의의 이해

문제분석 갑은 자신의 문화가 우수하고 A국의 문화는 열등하다고 평가하고 있으므로 갑의 문화 이해 태도는 자문화 중심주의이다. 을은 A국의 문화가 열등하다고 평가할 수 없고 A국의 입장에서 문화를 이해해야 한다고 하므로 을의 문화 이해 태도는 문화 상대주의이다.

정답찾기 ④ 문화 상대주의는 자문화 중심주의와 달리 문화의 다양성 보존에 적합하다.

오답피하기 ① 자문화의 정체성을 약화시킬 우려가 있는 태도는 문화 사대주의이다.
② 문화를 이해가 아닌 평가의 대상으로 보는 태도는 자문화 중심주의이다.

③ 문화 향유자의 입장에서 문화를 이해하는 태도는 문화 상대주의이다.

⑤ 문화 상대주의는 다양한 문화를 인정하므로 다른 사회와의 갈등을 초래할 가능성이 높다고 보기 어렵다.

06 문화의 속성 이해

문제분석 첫 번째 진술은 문화의 축적성, 두 번째 진술은 문화의 전체성, 세 번째 진술은 문화의 공유성이다. 갑~병 모두 두 가지 진술에만 옳게 기재했는데, 만약 갑이 첫 번째 진술에 대한 문화의 속성을 옳지 않게 기재했다면 두 번째 진술과 세 번째 진술에 대해서는 모두 옳게 기재한 것인데, 갑이 두 번째 진술과 세 번째 진술 모두에 B라고 기재했으므로 갑이 두 가지 진술에만 옳게 기재했다는 조건이 성립하지 않는다. 따라서 갑은 첫 번째 진술에 대한 문화의 속성을 옳게 기재했으며, 갑, 을 모두 동일하게 기재한 A는 축적성이고, 병이 기재한 B는 공유성과 전체성 중 하나이다. 병은 첫 번째 진술에 대해 옳지 않게 기재했으므로 두 번째 진술과 세 번째 진술에 대해서는 모두 옳게 기재하였다. 따라서 B는 전체성, C는 공유성이다. 이 경우 갑은 첫 번째 진술과 두 번째 진술에만, 을은 첫 번째 진술과 세 번째 진술에만 옳게 기재하였다.

정답찾기 ④ 문화의 공유성을 통해 사회 구성원의 행동을 예측하고 대응할 수 있다.

오답피하기 ① 첫 번째 진술에 해당하는 문화의 속성을 갑은 옳게 기재했고, 병은 옳지 않게 기재했다.

② 문화가 여러 요소들이 관련을 맺으면서 하나의 체계를 형성함을 의미하는 것은 문화의 전체성이다.

③ 문화가 시간의 흐름에 따라 그 형태나 내용이 변화함을 의미하는 것은 문화의 변동성이다.

⑤ 기성세대가 청소년들이 사용하는 줄임말을 이해하지 못하는 것은 문화의 공유성이 부각된 사례이다.

07 문화 사대주의와 문화 상대주의의 이해

문제분석 갑은 자문화를 A국 문화보다 열등하다고 평가하므로 갑의 문화 이해 태도는 문화 사대주의, 을은 자문화와 A국 문화 모두 우열을 평가할 수 없으며 각 문화가 나름대로 가치가 있다고 보고 있으므로 을의 문화 이해 태도는 문화 상대주의이다.

정답찾기 ① 문화 사대주의는 자문화의 정체성을 상실하게 할 우려가 크다는 비판을 받는다.

오답피하기 ② 자기 문화를 다른 사회로 이식하는 것을 정당화하는 태도는 자문화 중심주의이다.

③ 문화의 다양성 보존을 위해 필요한 태도는 문화 상대주의이다.

④ 문화 상대주의는 제3자의 입장이 아니라 문화 향유자의 입장에서 문화를 이해한다.

⑤ 문화 제국주의로 흐를 가능성이 높은 태도는 자문화 중심주의이다.

08 문화 이해 태도의 이해

문제분석 자기 문화만의 우수성을 강조하는 태도는 자문화 중심주의이므로 A는 자문화 중심주의이고, 문화 사대주의는 문화 상대주의와

달리 문화의 다양성을 저해할 수 있다는 비판을 받으므로 B는 문화 사대주의이다. 따라서 C는 문화 상대주의이다.

정답찾기 ㄱ. 자문화 중심주의는 자기 문화를 다른 사회로 이식하는 것을 정당화할 우려가 크다.

ㄷ. 문화 상대주의는 문화를 해당 사회의 맥락에서 이해한다. 문화 사대주의는 특정 문화를 기준으로 자문화가 열등하다고 평가한다.

오답피하기 ㄴ. 국수주의를 초래할 가능성이 높은 태도는 자문화 중심주의이다.

ㄹ. (가)에는 자문화 중심주의와 다른 문화 상대주의의 특징이 들어갈 수 없다. 특정 문화를 기준으로 각 사회의 문화를 평가하는 것은 문화 상대주의가 아닌 자문화 중심주의와 문화 사대주의의 특징이므로 해당 진술은 (가)에 들어갈 수 있다.

09 총체론적 관점의 이해

문제분석 필자는 A 지역의 장례 풍습이 종교적 신앙, 가족 제도와 밀접하게 관련되어 있으므로 문화를 이해하기 위해서는 다양한 측면에서 살펴보는 것이 필요하다고 본다. 이는 필자가 문화를 바라보는 관점 중 총체론적 관점을 강조하고 있음을 보여 준다.

정답찾기 ㄷ. 문화의 각 구성 요소는 상호 유기적인 관계를 맺으면서 하나로서 전체를 이루고 있어 문화를 부분이 아닌 전체적인 측면에서 바라보고자 하는 관점은 총체론적 관점이다.

오답피하기 ㄱ. 여러 문화를 비교하면서 특수성을 파악하는 것은 비교론적 관점이다.

ㄴ. 특정한 기준으로 다른 사회의 문화를 평가하는 것은 총체론적 관점에 해당한다고 볼 수 없다.

10 문화의 속성 이해

문제분석 '문화는 한 사회 구성원들이 공통으로 가지는 생활 양식이다.'는 문화의 공유성이다. '문화는 세대 간 전승되면서 점점 풍부해진다.'는 문화의 축적성이다. '문화는 전체 속에서 다른 요소와 관련을 맺으며 형성된다.'는 문화의 전체성이다.

정답찾기 ㄱ. 문화가 한 사회 구성원들이 공통으로 가지는 생활 양식임을 의미하는 것은 문화의 공유성이므로 ㉠은 '1점'이다.

ㄷ. 문화는 전체 속에서 다른 요소와 관련을 맺으며 형성된다는 것은 문화의 전체성이다. ㉣이 '1점'이라면 ㉢은 '전체성'이다.

ㄹ. (가)에 문화의 변동성에 대한 진술이 들어가야 옳은 응답이 되어 1점을 받을 수 있다. '문화는 후천적 학습에 의해 습득되는 생활 양식이다.'는 문화의 학습성이므로 해당 진술은 (가)에 들어갈 수 없다.

오답피하기 ㄴ. 문화는 세대 간 전승되면서 점점 풍부해진다는 것은 문화의 축적성인데, 응답이 틀려 채점 결과가 0점이므로 ㉡은 '축적성'이 아니다.

THEME 09 현대 사회의 문화 양상

수능 실전 문제

본문 55~59쪽

01 ①	02 ④	03 ⑤	04 ③
05 ④	06 ④	07 ①	08 ⑤
09 ①	10 ⑤		

01 주류 문화, 하위문화, 반문화의 이해

문제분석 음악 문화 요소 a는 갑국에서 대부분의 사람들이 공유하는 것으로 갑국의 주류 문화 요소에 해당한다. ◇◇ 지역에서만 공유되는 음악 문화 요소 b, ○○ 지역에서 갑국의 젊은 세대들과 을국의 소수 부족 사람들이 향유하는 음악 문화 요소 c는 갑국의 하위문화 요소에 해당한다. 음악 문화 요소 d는 갑국의 주류 사회를 비판하는 내용으로 갑국의 반문화 요소에 해당한다.

정답찾기 ㄱ. 갑국에서 대부분의 사람들이 음악 문화 요소 a를 공유하므로 a는 갑국의 주류 문화 요소에 해당한다.

ㄴ. c는 갑국 ○○ 지역의 젊은 세대들과 ○○ 지역에 거주하는 을국의 소수 부족 사람들이 공유하는 것으로 갑국의 하위문화 요소에 해당한다.

오답피하기 ㄷ. b는 갑국의 ◇◇ 지역에서만 공유되는 음악 문화 요소이므로 갑국에서 하위문화 요소에 해당하고, d는 갑국에서 반문화 요소에 해당한다.

ㄹ. 갑국 전체 국민의 일체감 형성에 기여하는 것은 갑국의 주류 문화 요소인 a이다.

02 대중문화 수용의 바람직한 태도 이해

문제분석 제시문에는 대중 매체의 우선순위 선정에 따라 사람들이 대중 매체가 선정한 대중문화만을 향유하게 된다는 문제가 발생한다는 내용이 나타나 있다. 이를 통해 대중문화 수용에 있어 비판적 태도의 필요성을 파악할 수 있다.

정답찾기 ④ 대중이 대중 매체에 의해 형성되는 대중문화를 수동적으로 받아들이는 문제를 극복하기 위해서는 대중문화를 비판적으로 인식하고 수용하는 태도가 필요하다.

오답피하기 ① 대중 매체를 통한 사회화 기능은 점차 약화된다는 내용은 빈칸에 들어갈 내용으로 적절하지 않다.

② 대중문화는 대중의 욕구를 충족할 수 있는 수단이 될 수 있지만 빈칸에 들어갈 내용으로 적절하지 않다.

③ 제시문에서는 대중이 아닌 대중 매체의 의도에 따라 여론이 조성된다고 본다.

⑤ 제시문에서는 대중 매체가 어떤 내용을 보여 주고 전달하느냐에 따라 대중문화가 다르게 형성될 수 있다고 본다.

03 주류 문화, 반문화, 반문화가 아닌 하위문화의 이해

문제분석 A는 한 사회의 구성원 대다수가 향유하는 문화이므로 주

류 문화이다. 조선 후기의 천주교 문화는 당시에 반문화의 사례이므로 C는 반문화이고, 현재 우리사회에서 천주교 문화는 반문화가 아닌 하위문화의 사례이므로 B는 반문화가 아닌 하위문화이다. (가)에는 주류 문화와 반문화가 아닌 하위문화를 구분할 수 없지만, 반문화가 아닌 하위문화와 반문화는 구분할 수 있는 질문이 들어가야 한다.

정답찾기 ⑤ 전체 사회의 지배적인 문화에 저항하거나 대립하는 문화는 반문화이다. 해당 질문에 대해 주류 문화와 반문화가 아닌 하위문화는 모두 '아니요'라고 응답하고, 반문화는 '예'라고 응답한다. 따라서 해당 질문은 (가)에 들어갈 수 있다.

오답피하기 ① 반문화가 아닌 하위문화와 반문화는 모두 사회 변동의 요인으로 작용한다. 따라서 해당 질문은 (가)에 들어갈 수 없다.

② 주류 문화, 반문화가 아닌 하위문화, 반문화는 모두 사회에 따라 상대적으로 규정된다. 따라서 해당 질문은 (가)에 들어갈 수 없다.

③ 반문화가 아닌 하위문화, 반문화는 모두 한 사회의 문화적 다양성 증대에 기여한다. 따라서 해당 질문은 (가)에 들어갈 수 없다.

④ 주류 문화, 반문화가 아닌 하위문화, 반문화는 모두 해당 문화를 향유하는 사람들에게 정체성을 형성시킨다. 따라서 해당 질문은 (가)에 들어갈 수 없다.

04 주류 문화, 반문화, 반문화가 아닌 하위문화의 이해

문제분석 한 사회에서 일부 지역이나 일부 사람들이 향유하는 생활 양식은 A의 사례이므로 A는 반문화가 아닌 하위문화이다. 1960년대 미국에서의 히피 문화는 당시에 B의 사례이므로 B는 반문화이다. 따라서 C는 주류 문화이다.

정답찾기 ㄴ. 반문화와 반문화가 아닌 하위문화는 모두 한 사회의 문화적 다양성 증가 요인이다.

ㄷ. 주류 문화는 사회의 변화에 따라 반문화나 반문화가 아닌 하위문화로 변화될 수 있다.

오답피하기 ㄱ. 우리나라에서 비행 청소년 문화는 반문화에 해당한다.

ㄹ. '우리나라 특정 지역에서만 향유되는 탈춤 문화'는 반문화가 아닌 하위문화에 해당한다. 따라서 해당 사례는 (가)에 들어갈 수 없다.

05 주류 문화, 하위문화, 반문화의 이해

문제분석 갑국에서 청바지를 입는 문화는 반문화에서 주류 문화로 변화하였고, 을국에서 청바지를 입는 문화는 광산 노동자들과 청소년들의 문화로서 하위문화이다.

정답찾기 ④ 갑국에서는 청바지를 입는 문화가 반문화이자 하위문화였는데, 현재는 갑국에서 전 세대가 청바지를 입는 것이 하나의 의복 문화로 자리 잡았으므로 주류 문화로 변화하는 과정이 나타났다.

오답피하기 ① 청바지, 통신 기술 모두 물질문화에 해당한다.

② '문화적 환경'의 '문화'와 '의복 문화'의 '문화'는 모두 넓은 의미로 사용되었다.

③ 기성세대 문화, 청소년 문화는 모두 해당 문화를 향유하는 사람들의 정체성 형성에 기여한다.

⑤ 갑국에서는 반문화 성격이 있는 하위문화가 등장하였지만, 을국에서는 반문화가 아닌 하위문화가 등장하였다.

06 주류 문화, 반문화, 반문화가 아닌 하위문화의 이해

문제분석 한 사회 구성원 대다수가 향유하는 문화는 주류 문화이므로 C는 주류 문화이다. 한 사회의 지배적인 문화를 거부하거나 저항하는 문화는 반문화이므로 A는 반문화이다. 따라서 B는 반문화가 아닌 하위문화이다.

정답찾기 ④ 반문화와 반문화가 아닌 하위문화는 모두 집단 간 갈등을 유발하는 요인이 될 수 있다.

오답피하기 ① 반문화와 반문화가 아닌 하위문화는 모두 사회 변화에 따라 주류 문화로 변동될 수 있다.

② 주류 문화와 반문화가 아닌 하위문화는 모두 해당 문화를 향유하는 구성원 간의 지속적인 상호 작용의 산물이다.

③ 반문화는 전체 사회에 문화적 다양성을 제공할 수 있다.

⑤ 한 사회 내에서 특정 집단 구성원들만 향유하는 문화는 하위문화이므로 해당 질문에 대해 반문화와 반문화가 아닌 하위문화는 모두 '예'라고 응답한다.

07 주류 문화, 하위문화, 반문화의 이해

문제분석 t기 △△ 종교 문화는 갑국의 일부 계층 사람들만이 향유하는 하위문화이므로 A는 하위문화이다. t+1기 △△ 종교 문화는 갑국의 전통적인 신분제에 저항하는 성격으로 변화되어 반문화가 되었으므로 B는 반문화이다. t+2기 △△ 종교 문화는 갑국에서 대다수의 사람들이 향유하는 주류 문화가 되었으므로 C는 주류 문화이다.

정답찾기 ㄱ. 반문화는 한 사회의 문화 다양성 증대에 기여할 수 있다.

ㄴ. 하위문화는 사회 변동에 따라 주류 문화가 되기도 한다.

오답피하기 ㄷ. 사회가 다원화되더라도 반문화가 주류 문화에 수렴된다고 보기 어렵다.

ㄹ. 주류 문화가 하위문화와 반문화의 총합으로 나타나는 것은 아니다.

08 주류 문화, 하위문화, 반문화의 이해

문제분석 ○○국 갑~병 지역의 문화 요소 a~e를 ○○국에서의 주류 문화, 하위문화, 반문화로 분류하면 다음과 같다.

구분	주류 문화	하위문화	반문화
문화 요소	a, b	c, d, e	e

정답찾기 ⑤ 반문화 요소인 e가 나타난 지역은 병 지역이다.

오답피하기 ① a는 ○○국의 주류 문화 요소에 해당한다.

② b는 갑 지역과 을 지역 모두에서 주류 문화 요소에 해당한다.

③ c는 갑 지역과 병 지역에서만 향유되므로 ○○국의 하위문화 요소에 해당한다.

④ d, e는 모두 병 지역에서 향유되므로 병 지역의 주류 문화 요소에 해당한다.

09 주류 문화, 하위문화, 반문화의 이해

문제분석 갑은 우리나라에서 반문화에 해당하는 사례를 맞게 제시했으므로 (가)에는 우리나라에서 하위문화 중 반문화에 해당하는 사례가 들어가야 한다. 을이 발표한 사례는 주류 문화에 해당하는 사례

가 아니므로 (나)에는 우리나라에서 주류 문화에 해당하는 사례가 들어갈 수 없다. 병이 발표한 사례는 하위문화에 해당하는 사례가 아니므로 (다)에는 우리나라에서 하위문화에 해당하는 사례가 들어갈 수 없다.

정답찾기 ㄱ. 우리나라에서 조직폭력배의 범죄 문화는 반문화에 해당하므로 (가)에 들어갈 수 있다.

오답피하기 ㄴ. 우리나라에서 김치를 반찬으로 먹는 음식 문화는 주류 문화에 해당하므로 (나)에 들어갈 수 없다.

ㄷ. 우리나라의 일부 지역에서만 나타나는 사투리 문화는 하위문화에 해당하므로 (다)에 들어갈 수 없다.

10 주류 문화, 하위문화, 반문화의 이해

문제분석 반문화는 하위문화에 속하고, t 시기 ◇◇ 문화는 B, C에 해당하므로 B, C는 각각 하위문화와 반문화 중 하나이고, A는 주류 문화이다. ☆☆ 문화는 B에만 해당하므로 B는 하위문화, C는 반문화이다. ○○ 문화는 t 시기 주류 문화에 해당하는데, t+1 시기에는 하위문화에 해당한다. ☆☆ 문화는 t 시기 하위문화에 해당하는데, t+1 시기에는 주류 문화에 해당한다.

정답찾기 ⑤ t 시기와 t+1 시기 모두에서 갑국의 지배적인 문화에 저항하거나 대립하는 성격을 지닌 문화는 ◇◇ 문화이다.

오답피하기 ① 하위문화는 전체 사회에 문화 다양성을 제공한다.

② 모든 하위문화는 사회 변동의 요인이 될 수 있다.

③ t 시기 ○○ 문화는 주류 문화에 해당하고, ◇◇ 문화는 반문화이면서 하위문화에 해당한다.

④ ☆☆ 문화는 t+1 시기에 주류 문화에 해당하고, t 시기에는 반문화가 아닌 하위문화에 해당한다.

THEME 10 문화 변동의 양상과 대응

수능 실전 문제   본문 61~65쪽

01 ④	02 ③	03 ⑤	04 ②
05 ③	06 ④	07 ③	08 ④
09 ②	10 ①		

01 문화 변동의 요인 이해

문제분석 갑국에서는 갑국에 들어온 을국 선교사들이 사용하는 병국 문자에 착안하여 자신들만의 독특한 문자를 만들었으므로 자극 전파에 의한 문화 변동이 나타났다. 을국에서는 병국과의 교류가 활발해

지면서 병국 사람들을 통해 병국의 전통 음식이 을국에 전해졌으므로 직접 전파에 의한 문화 변동이 나타났다. 병국에서는 TV 드라마를 통해 을국 사람들의 옷이 병국 사람들에게 전해져 을국의 의복 문화가 병국에서 유행하게 되었으므로 간접 전파에 의한 문화 변동이 나타났다.

정답찾기 ㄴ. 을국에서는 직접 전파에 의한 문화 변동이, 병국에서는 간접 전파에 의한 문화 변동이 나타났다.

ㄹ. 갑국에서는 자극 전파, 을국에서는 직접 전파, 병국에서는 간접 전파에 의한 문화 변동이 나타났으므로 갑국, 을국, 병국 모두에서 외재적 요인에 의한 문화 변동이 나타났다.

오답피하기 ㄱ. 갑국에서는 외재적 요인인 자극 전파에 의한 문화 변동이 나타났다.

ㄷ. 갑국에서는 독특한 문자, 병국에서는 을국의 옷과 같은 새로운 문화 요소가 등장하였다.

02 문화 변동의 요인 이해

문제분석 문화 변동 요인 A~E 중 내재적 요인 A, B는 각각 발견, 발명 중 하나이고, C, D, E는 각각 직접 전파, 간접 전파, 자극 전파 중 하나이다. 갑, 을 모두 문화 변동의 요인에 대해 옳게 발표했으므로 D는 직접 전파이고, A는 발명, E는 자극 전파이다. 따라서 B는 발견, C는 간접 전파이다.

정답찾기 ③ 한국의 대중음악이 인터넷을 통해 외국에서 유행하게 된 것은 문화 변동의 요인 중 간접 전파에 해당한다.

오답피하기 ① 발견, 발명, 직접 전파, 간접 전파, 자극 전파 모두 새로운 문화 요소의 등장 요인이므로 해당 질문은 (가), (나) 모두에 들어갈 수 없다.

② 전기나 지하자원을 찾아낸 것은 발견의 사례로 적절하다.

④ 두 문화 요소가 결합되어 만들어진 '김치버거'는 문화 융합의 사례로서 자극 전파의 사례에 해당하지 않는다.

⑤ 발견과 직접 전파는 모두 한 사회에서 문화 요소를 다양하게 하는 요인이 될 수 있다.

03 문화 변동의 요인 이해

문제분석 A국에서는 B국의 주거 문화가 B국으로부터 이민 온 사람들에 의해 전파되었으므로 직접 전파에 의한 문화 변동이 나타났다. B국에서는 C국의 대중문화가 인터넷을 통해 전달되어 B국 사람들이 즐기고 있으므로 간접 전파에 의한 문화 변동이 나타났다. C국에서는 새로운 지하자원을 찾아냈고, 그 지하자원이 난방에 효과가 있음을 알게 되어 이를 활용하고 있으므로 발견에 의한 문화 변동이 나타났다.

정답찾기 ⑤ (다)에는 A국에서 나타난 직접 전파와 C국에서 나타난 발견의 차이점이 들어가야 한다. 직접 전파는 외재적 요인이고, 발견은 내재적 요인이므로 해당 내용은 (다)에 들어갈 수 있다.

오답피하기 ① A국에서는 직접 전파에 의한 문화 변동이, B국에서는 간접 전파에 의한 문화 변동이 나타났으므로 A국과 B국 모두에서 외재적 문화 변동이 나타났다.

② B국에서는 자발적 문화 접변이 나타났고, C국에서는 내재적 문화 변동이 나타났다.

③ (가)에는 문화 변동 요인 중 직접 전파와 간접 전파의 공통점이 들어가야 한다. 직접 전파와 간접 전파 모두 새로운 문화 요소가 창조되는 것은 아니므로 해당 내용은 (가)에 들어갈 수 없다.

④ (나)에는 문화 변동 요인 중 간접 전파와 발견의 차이점이 들어가야 한다. 간접 전파는 발견과 달리 외부 문화 요소를 수용하므로 해당 내용은 (나)에 들어갈 수 있다.

04 문화 동화, 문화 병존, 문화 융합의 이해

문제분석 (가)에는 문화 접변 양상 중 A, C에만 해당되는 질문이, (나)에는 문화 접변 양상 중 A, B에만 해당되는 질문이 들어가야 한다.

정답찾기 ② A가 문화 융합이고 C가 문화 동화이면, B는 문화 병존이다. (나)에는 문화 동화가 '아니요'라고 응답하고 문화 융합과 문화 병존이 모두 '예'라고 응답할 수 있는 질문이 들어가야 한다. 문화 융합과 문화 병존은 모두 기존 문화의 정체성이 남아 있으므로 해당 질문은 (나)에 들어갈 수 있다.

오답피하기 ① 문화 동화, 문화 병존, 문화 융합 모두 문화 변동 요인 중 외재적 요인에 의해 나타나므로 해당 질문은 (가)에 들어갈 수 없다.

③ B가 문화 동화이면, (가)에는 문화 동화가 '아니요'라고 응답할 수 있는 질문이 들어가야 한다. 자국의 언어가 식민 지배한 나라의 언어로 대체되는 것은 문화 동화에 해당하므로 해당 질문은 (가)에 들어갈 수 없다.

④ 문화 동화, 문화 병존 모두 외래문화 요소가 변형되지 않은 상태로 정착된다. 해당 질문이 (나)에 들어가면 A, B는 각각 문화 동화, 문화 병존 중 하나이므로 문화 융합은 C이다.

⑤ 문화 동화, 문화 병존, 문화 융합 모두 새로운 문화 요소의 등장으로 발생하므로 해당 질문은 (가), (나) 모두에 들어갈 수 없다.

05 문화 지체의 이해

문제분석 제시문에는 전자 통신 기술과 같은 물질문화는 발달하였지만 이를 사용하는 사람들의 의식과 같은 비물질문화의 변동 속도가 물질문화의 변동 속도를 따라가지 못해 나타난 문화 지체의 사례가 나타나 있다.

정답찾기 ③ 제시된 내용은 물질문화의 변동 속도를 비물질문화가 따라가지 못한 부조화 현상인 문화 지체의 사례이다.

오답피하기 ① 문화 지체는 문화 변동 과정에서 세대 간의 가치관 차이로 인해 발생하는 현상이라고 볼 수 없다.

② 문화 지체는 물질문화의 변동 속도를 비물질문화가 따라가지 못한 현상이므로 시민 의식의 성숙을 통해 해결할 수 있다.

④ 문화 지체는 정보 통신 기술의 발달로 인해 다양한 하위문화가 주류 문화로 수렴되어 나타난 현상이라고 볼 수 없다.

⑤ 문화 지체는 물질문화와 비물질문화가 밀접하게 연관되어 있어서 나타나는 현상이다.

06 문화 변동의 요인 이해

문제분석 1차 문화 변동 요인에는 (가), (나)가 있고, 2차 문화 변동 요인에는 (나), (다)가 있는데, 2차 문화 변동의 요인에는 외재적 변동 요인만 있으므로 (가)는 문화 변동의 내재적 요인인 발명이다. 문화 변동의 외재적 요인인 (나), (다)는 각각 직접 전파, 자극 전파 중 하나인데, 병국에서 2차 문화 변동으로 인해 등장한 문화 요소 f는 갑국의 문화 요소 d에 착안하여 만들어진 기존에 없던 문화 요소이므로 (다)는 자극 전파이고, (나)는 직접 전파이다. 이를 통해 갑국~병국의 문화 변동 요인과 시기별로 새로 나타난 문화 접변의 결과를 정리하면 다음과 같다.

구분	1차 변동 요인	t+1기	2차 변동 요인	t+2기
갑국	발명	–	직접 전파	문화 융합
을국	직접 전파	문화 병존	직접 전파	문화 병존
병국	직접 전파	문화 병존	자극 전파	–

(정답찾기) ㄴ. (나), (다)는 모두 문화 변동의 외재적 요인으로, (나)는 직접 전파, (다)는 자극 전파이다.
ㄹ. t+2기에 갑국에서는 을국의 문화 요소 b와 갑국의 문화 요소 d의 특성을 지니면서도 새로운 성격을 갖는 제3의 문화 요소인 e가 나타났으므로 문화 융합이 나타났고, 병국에서는 자극 전파에 의한 문화 변동이 나타났다.
(오답피하기) ㄱ. 발명, 직접 전파는 모두 갑국의 문화 요소를 다양하게 하는 요인이 될 수 있다.
ㄷ. t+1기에 을국과 병국 모두에서 문화 병존이 나타났다.

07 문화 변동의 요인, 문화 접변의 이해

(문제분석) B국에서는 A국의 식민 통치를 받으면서 A국의 언어도 공용어로 사용하게 되었으므로 직접 전파에 의한 문화 병존이 나타났다. C국에서는 A국의 대중음악이 인터넷을 통해 전달되었고, A국의 대중음악과 C국의 전통 음악이 결합된 새로운 형식의 음악이 등장하였으므로 간접 전파에 의한 문화 융합이 나타났다. D국에서는 C국의 건축 양식을 배운 D국 사람들에 의해 C국의 건축 양식이 전파되었고, D국의 전통적인 가옥 양식이 C국의 가옥 양식으로 대체되었으므로 직접 전파에 의한 문화 동화가 나타났다.
(정답찾기) ③ D국에서는 문화 동화가 나타났고, C국에서는 문화 융합이 나타났다. 문화 동화는 문화 융합과 달리 자문화의 정체성이 상실되므로 D국에서는 C국과 달리 자문화의 정체성이 상실되는 문화 변동이 나타났다.
(오답피하기) ① B국, D국에서는 모두 외재적 요인에 의한 문화 변동이 나타났다.
② B국에서는 문화 병존이, C국에서는 문화 융합이 나타났다. 문화 병존과 문화 융합 모두 문화 다양성 유지에 기여할 수 있다.
④ B국에서는 강제적 문화 접변이, C국에서는 자발적 문화 접변이 이루어졌다.
⑤ C국에서는 인터넷을 통해 대중음악이 전달되었으므로 간접 전파에 의한 문화 변동이 나타났다.

08 문화 접변 결과의 이해

(문제분석) 자문화의 정체성이 유지되는 것은 문화 병존, 문화 융합이므로 C는 문화 동화이고, A, B는 각각 문화 병존과 문화 융합 중 하나이다.

(정답찾기) ㄴ. B가 문화 병존이라면, A는 문화 융합이고 (가)에는 문화 융합만 '예'라고 응답할 수 있는 질문이 들어갈 수 있다. 새로운 문화 요소가 창조된 것은 문화 융합이므로 해당 질문은 (가)에 들어갈 수 있다.
ㄹ. 서로 다른 문화가 한 문화 체계 안에서 나란히 존재하는 현상은 문화 병존이므로 A는 문화 병존, B는 문화 융합이다. 외래문화 요소를 문화 수용자가 재해석하고 재구성한 결과는 문화 융합이다.
(오답피하기) ㄱ. (가)에는 A만 '예'라고 응답할 수 있는 질문이 들어가야 한다. '외부 사회의 문화 요소를 수용하였는가?'에 대해 문화 병존, 문화 융합, 문화 동화 모두 '예'라고 응답하므로 해당 질문은 (가)에 들어갈 수 없다.
ㄷ. 서구식 침대와 온돌 문화가 결합된 돌침대는 문화 융합의 사례이므로 A는 문화 융합, B는 문화 병존이다. 문화 병존, 문화 동화 모두 강제적 문화 접변에 의해 나타날 수 있다.

09 문화 변동의 요인, 문화 접변 결과의 이해

(문제분석) (가)는 직접 전파에 의한 문화 동화가 나타난 사례이고, (나)는 직접 전파에 의한 문화 병존이 나타난 사례이다. (다)는 간접 전파에 의한 문화 병존이 나타난 사례이고, (라)는 간접 전파에 의한 문화 융합이 나타난 사례이다.
(정답찾기) ㄱ. 이웃 국가의 침략으로 자신의 언어를 상실하고 이웃 국가의 언어를 사용하는 것은 직접 전파에 의한 문화 동화 사례이므로 해당 사례는 (가)에 해당한다.
ㄷ. TV를 통해 소개된 외국의 의복 양식이 그대로 정착되어 자국의 의복 양식과 함께 존재하는 것은 간접 전파에 의한 문화 병존 사례이므로 해당 사례는 (다)에 해당한다.
(오답피하기) ㄴ. 외국의 종교 교리에 착안하여 기존에 없었던 종교가 만들어져 국교가 된 것은 자극 전파에 의한 문화 변동 결과이다.
ㄹ. 외국에서 만들어진 새로운 음악이 라디오를 통해 알려져 자국의 전통 음악과 함께 인기 있는 음악 중 하나가 된 것은 간접 전파에 의한 문화 병존 사례이다.

10 문화 접변 양상의 이해

(문제분석) 우리나라에서 음력 설날과 양력 새해 첫날에 "새해 복 많이 받으세요!"라고 인사를 하는 것은 문화 병존의 사례에 해당한다. 갑은 사례가 해당하는 문화 접변의 양상과 그 이유를 모두 옳게 설명하였고, 을은 사례가 해당하는 문화 접변의 양상과 그 이유를 모두 옳지 않게 설명하였다.
(정답찾기) ㄱ. 새로운 제3의 문화 요소가 만들어지는 것은 문화 융합에 해당한다. 갑은 사례가 해당되는 문화 접변의 양상과 그 이유를 모두 옳게 설명했으므로 ㉠에는 해당 진술이 들어갈 수 없다.
(오답피하기) ㄴ. 문화 병존은 자문화의 정체성이 유지되고, 문화 동화는 자문화의 정체성이 상실된다. 을은 사례가 해당하는 문화 접변의 양상과 그 이유를 모두 옳지 않게 설명했으므로 ㉡에는 해당 진술이 들어갈 수 있다.
ㄷ. 갑은 을과 달리 사례가 해당되는 문화 접변의 양상과 그 이유를 모두 옳게 설명했으므로 A는 B와 달리 문화 병존이다. 전통문화 요소와 외래문화 요소가 나란히 존재하는 현상은 문화 병존이다.

11 사회 불평등 현상의 이해

| 01 ④ | 02 ③ | 03 ⑤ | 04 ③ |
| 05 ① | 06 ② | 07 ⑤ | 08 ② |

01 사회 불평등 현상을 바라보는 관점의 이해

문제분석 제시된 글은 기능론의 관점에서 사회 불평등 현상의 정당성을 강조하고 있다.

정답찾기 ㄴ. 기능론은 사회 불평등 현상이 사회적 희소가치의 효율적인 이용과 사회 전체의 발전을 위해 불가피한 현상이고, 모든 사회에서 나타나는 보편적인 현상이라고 본다.
ㄹ. 기능론은 사회 불평등 현상을 초래하는 사회적 희소가치의 배분 기준이 사회 전체의 합의와 필요를 반영하고 있음을 강조한다.

오답피하기 ㄱ. 사회 각 집단 간에 이익의 충돌이 필연적이라고 보는 관점은 갈등론이다.
ㄷ. 사회 불평등 현상의 부당성을 강조하며 지배 집단에게 유리한 사회 구조의 변혁이 필요하다고 보는 관점은 갈등론이다.

02 사회 불평등 현상을 바라보는 관점의 이해

문제분석 기능론과 갈등론은 모두 사회 불평등 현상이 거의 모든 사회에서 보편적으로 나타나고 있다는 점을 인정한다. 따라서 세 사람 중 틀린 설명을 한 사람은 갑이고, A는 갈등론, B는 기능론이다.

정답찾기 ③ 갈등론은 기능론과 달리 사회적 희소가치의 차등 분배 체계가 피지배층의 계층 상승을 막아 지배와 피지배의 관계를 유지하기 위한 장치라고 본다.

오답피하기 ① 사회 불평등 현상이 각 직업의 사회적 기여도의 차이를 반영하고 있다고 보는 관점은 기능론이다.
② 기능론은 사회적 희소가치의 차등 분배가 사회 구성원들의 성취동기를 자극한다는 점을 강조한다.
④ 사회적 희소가치의 배분 기준이 지배 집단의 이익만을 반영하고 있다고 보는 관점은 갈등론이다.
⑤ (가)에는 기능론과 다른 갈등론의 입장으로 옳은 설명이 들어가야 한다. 사회 불평등 현상의 해결 및 대응 방안으로 갈등론은 불평등한 분배 구조의 변혁을 강조하고, 기능론은 개인의 사회 적응 노력을 강조한다. 따라서 '사회 불평등 현상의 해결 방안으로 개인의 사회 적응 노력을 강조합니다.'는 (가)에 들어갈 수 없다.

03 사회 불평등 현상을 바라보는 관점의 이해

문제분석 '불가피한 현상이 아니며, 타파해야 할 현상이다.'가 A와 다른 B의 입장이므로 A는 기능론, B는 갈등론이다.

정답찾기 ⑤ 사회 불평등 현상의 해결 및 대응 방안으로 차등 분배 구조 속에서 개인이 계층 상승을 위해 노력해야 함을 강조하는 관점은 기능론이다. 따라서 해당 진술은 (나)가 아닌 (다)에 들어갈 수 있다.

오답피하기 ① 사회적 희소가치가 개인의 가정배경이나 부모의 계층에 의해 배분된다고 보는 관점은 갈등론이다.
② 갈등론은 직업 간 사회적 중요도에 차이가 없음을 강조한다.
③ 기능론과 갈등론은 모두 사회적 가치가 희소성을 갖는다는 점을 인정한다.
④ (가)에는 갈등론과 다른 기능론의 입장이 들어가야 한다. 기능론과 갈등론은 모두 사회 불평등 현상이 거의 모든 사회에서 나타나는 보편적인 현상임을 인정한다. 따라서 해당 진술은 (가)에 들어갈 수 없다.

04 사회 불평등 현상의 이해

문제분석 사회 불평등 현상의 의미와 다양한 사회 불평등 현상 간의 관계를 파악하기 위한 문제이다.

정답찾기 ③ 권력의 소유 정도나 정치 참여 기회의 차이는 소득이나 재산 등 경제적 희소가치의 차등 분배에 영향을 미칠 수 있으므로 정치적 측면의 불평등 현상은 경제적 측면의 불평등 현상을 초래하는 요인이 될 수 있다.

오답피하기 ① 사회 불평등 현상은 사회 제도적 요인과 개인적 요인 모두에 의해 발생할 수 있다.
② 경제적 측면의 불평등 현상을 포함하여 모든 사회 불평등 현상은 사회 구성원 간 갈등을 초래할 수 있다.
④ 사회·문화적 측면의 불평등 현상을 포함하여 모든 사회 불평등 현상은 사회 구성원 간 삶의 질 격차를 초래할 수 있다.
⑤ 경제적 불평등, 정치적 불평등, 사회·문화적 불평등은 모두 객관적으로 나타나는 사회적 희소가치의 차등 분배 현상이다.

05 사회 계층화 현상의 이해

문제분석 사회 불평등 현상과 사회 계층화 현상의 의미, A 사회에서 나타나고 있는 사회 계층화 현상의 성격을 파악하기 위한 문제이다.

정답찾기 ㄱ. 기능론은 사회 불평등 현상이 사람들의 성취동기를 자극하고, 경쟁을 유발함으로써 인재를 선발하고 적재적소에 배치하는 것을 가능하게 한다고 본다. 즉, 사회 불평등 현상이 인재의 효율적인 활용을 가능하게 함으로써 사회의 유지와 발전에 기여한다고 본다.
ㄴ. 사회 계층화 현상은 각 계층에 속한 사람들 간 생활 양식이나 가치관의 차이를 초래할 수 있다.

오답피하기 ㄷ. 사회 계층화 현상이 존재하는 사회에서 사회 불평등 현상은 계층 간에서도 나타날 수 있고, 한 계층 내부에서도 나타날 수 있다. 즉, 동일한 계층에 속한 사람들 간에도 사회적 희소가치의 소유 정도나 접근 기회에 있어서 차이가 나타날 수 있다.
ㄹ. A 사회에서 계층은 학력에 따라 결정되는 성격이 있는데, 학력은 개인의 노력이나 능력, 업적에 따라 결정될 수도 있으므로 A 사회의 계층이 갖는 성격이 성취 지위보다 귀속 지위의 성격에 가깝다고 단정할 수 없다.

06 사회 계층화 현상을 설명하는 이론의 이해

문제분석 생산 수단의 소유 여부에 따라 나타나는 사회 계층화 현상에만 주목하는 이론은 계급론이다. 다원론에 기초하여 사회 계층화 현상을 설명하는 이론은 계층론이다. 계급론과 계층론은 모두 경제적 측면에서 나타나는 사회 계층화 현상을 설명할 수 있다. 지위 불일치 현상을 설명하는 데 적합한 이론은 계층론이다. A가 계층론, B가 계급론이면, 첫 번째와 두 번째 특징에 대해 갑이 모두 틀린 스티커를 붙인 것이므로 갑이 3개의 특징에 대해 과제를 옳게 수행했다는 교사의 평가에 부합하지 않게 된다. 따라서 A는 계급론, B는 계층론이고, 갑은 첫 번째, 두 번째, 세 번째 특징에 대해 과제를 옳게 수행했으며, 을은 세 번째, 네 번째 특징에 대해 과제를 옳게 수행했다.

정답찾기 ㄱ. 을이 세 번째 특징에 대해 과제를 옳게 수행했으므로 ⊙에는 'O(계급론), □(계층론)'이 들어갈 수 있다. 갑이 네 번째 특징에 대해 과제를 옳게 수행하지 못했으므로 ⓒ에는 'O(계급론)'이 들어갈 수 있다.

ㄷ. 계층론은 사회 계층화 현상이 다양한 요인에 의해 사회 구성원들 간에 연속적이고 복합적인 서열이 나타나는 현상이라고 본다.

오답피하기 ㄴ. 계급론은 사회 계층화 현상을 이분법적인 대립 구조로 이해하는 이론이다.

ㄹ. 동일한 계급에 속한 사람들 간에 강한 연대 의식이 형성될 가능성이 높다고 보는 이론은 계급론이다.

07 계층론에 따른 사회 계층화 현상의 이해

문제분석 지위 불일치 현상은 경제적 측면, 정치적 측면, 사회적 측면 등 각 측면에서 나타나는 개인의 계층적 위치가 서로 다른 현상을 가리킨다. 표에서 세 가지 측면의 계층적 위치가 모두 일치하는 사람은 병과 무뿐이다.

정답찾기 ㄷ. 권력과 계급 측면에서 계층이 일치하는 사람은 갑, 병, 무이고, 권력과 위신 측면에서 계층이 일치하는 사람은 병과 무이다.

ㄹ. 정치적 측면, 즉 권력 측면에서 계층이 중층으로 같은 을, 병, 정 중 경제적 측면, 즉 계급 측면에서 계층이 가장 높은 사람은 상층에 속해 있는 을이고, 사회적 측면, 즉 위신 측면에서 계층이 가장 낮은 사람은 중층에 속해 있는 병이다.

오답피하기 ㄱ. 지위 불일치 상태에 있는 사람은 갑, 을, 정이고, 그렇지 않은 사람은 병과 무이다.

ㄴ. 경제적 측면의 계층이 높은 사람일수록 사회적 측면의 계층이 높은 것은 아니다. 예를 들어 경제적 측면, 즉 계급 측면에서 상층인 갑은 사회적 측면, 즉 위신 측면에서 중층이고, 계급 측면에서 하층인 정은 위신 측면에서 상층이다.

08 사회 불평등 현상을 바라보는 관점의 이해

문제분석 사회적 희소가치의 분배 제도가 갖는 불완전성은 인정하지만, 불평등 문제 해결 및 대응을 위해 개인의 사회 적응 노력이 가장 중요하다고 보는 갑의 관점은 기능론이다. 이와 달리 사회적 희소가치의 분배 구조를 근본적이고 전면적으로 바꿔야 함을 강조하는 을의 관점은 갈등론이다.

정답찾기 ② 기능론은 사회적 희소가치의 분배 기준이 사회 전체의 합의를 반영하고 있고, 이러한 분배 기준은 사회 전체의 유지와 발전이라는 필요에 부합한다고 본다.

오답피하기 ① 기능론은 원칙적으로 사회 불평등 현상을 사회 병리적인 현상이 아니라 정상적이고 필요한 현상이라고 본다. 다만, 기능론은 예외적으로 분배 제도의 불완전성으로 인해 나타나는 사회 양극

화 현상과 같은 문제를 사회 병리적인 현상으로 보고, 분배 제도 보완의 필요성을 인정하기도 한다.

③ 갈등론은 차등 분배 제도의 불가피성과 정당성을 모두 인정하지 않는다.

④ 사회 발전에 대한 기여도 측면에서 직업 간에 차이가 존재함을 강조하는 관점은 기능론이다. 갈등론은 현실 사회에서 직업 간 사회적 중요도나 기여도의 차이가 지배 집단에 의해 규정되어 강요되고 있다고 본다.

⑤ 기능론과 갈등론은 모두 사회적 희소가치의 차등 분배로 인해 사회 구성원 간 갈등이 나타날 수 있다고 본다. 다만, 기능론은 그러한 갈등을 일시적이고 병리적인 현상으로 보는 반면, 갈등론은 그러한 갈등을 불평등한 사회 구조로 인해 나타날 수밖에 없는 필연적인 현상으로 본다.

THEME 12

사회 이동과 사회 계층 구조

수능 실전 문제 본문 72~77쪽

01 ⑤	02 ③	03 ③	04 ⑤
05 ④	06 ⑤	07 ①	08 ②
09 ④	10 ③	11 ②	12 ③

01 사회 이동 및 사회 계층 구조의 이해

문제분석 사회 이동의 의미와 유형, 사회 계층 구조의 유형을 이해하고 있는지 확인하기 위한 문제이다.

정답찾기 ㄷ. 세대 간 이동과 세대 내 이동은 이동 범위(세대 범위)에 따라 구분되는 사회 이동 유형이다.

ㄹ. 세대 간 이동은 주로 부모의 계층과 자녀의 계층을 비교하여 파악하는 사회 이동 유형으로서 세대 간 이동 연구는 부모의 계층과 같은 개인의 귀속적 요인이 그의 세대 간 이동에 미치는 영향을 파악하는 데 유용한 정보를 제공할 수 있다. 따라서 부모의 계층은 개인의 세대 간 이동 가능성이나 정도에 영향을 미치는 귀속적 요인에 해당할 수 있다.

오답피하기 ㄱ. 수직 이동이 나타났다고 해서 반드시 계층 구조에 변화가 나타나는 것은 아닐 수 있다.

ㄴ. 피라미드형 계층 구조와 다이아몬드형 계층 구조는 계층 구조의 개방성 정도가 아니라 계층 구성 비율에 따라 구분되는 사회 계층 구조이다.

02 사회 이동 및 사회 계층 구조의 이해

문제분석 갑은 수직 이동, 세대 내 이동, 세대 간 이동, 개인적 이동을 경험하였다. 을은 수평 이동, 수직 이동, 세대 내 이동, 세대 간 이동, 개인적 이동, 구조적 이동을 경험하였다.

정답찾기 ③ 갑이 경험한 사회 이동은 모두 계층 구조 내에서 개인적 요인으로 인해 나타난 사회 이동으로서 개인적 이동에 해당한다. 을은 쿠데타가 발생하여 모든 사기업이 국유화되면서 계층의 하강을 경험했는데, 이는 구조적 이동에 해당한다.

오답피하기 ① 갑은 대기업 회장에서 노숙인으로, 을은 대기업 회장에서 작은 목공소의 청소 노동자로 하강 이동을 경험하였다.
② 갑과 을은 모두 작은 기업을 성장시켜 계층 상승을 하였다가 계층 하강을 하였으므로 세대 내 이동을 경험하였다.
④ 갑과 을은 모두 부모의 계층과 다른 계층에 속하는 경험을 하였으므로 세대 간 이동을 경험하였다.
⑤ 갑의 사례에서는 수평 이동을 찾아볼 수 없다. 반면 을의 사례에서 을이 의류 기업 사장에서 식기 세척기 기업 사장이 된 것은 동일한 계층 내에서 종사하는 분야에 변화가 나타난 것이므로 수평 이동에 해당한다.

03 사회 이동 유형의 이해

문제분석 A는 세대 내 이동, B는 세대 간 이동, C는 구조적 이동, D는 개인적 이동이다.

정답찾기 ㄴ. 소작농의 딸이 대기업에 평사원으로 입사하여 30년 후 사장이 되는 경우, 평사원이었다가 사장이 되었으므로 세대 내 이동을 하였고, 부모의 계층과 다른 계층으로 이동하였으므로 세대 간 이동을 하였다.
ㄷ. 대부분의 기업이 생산 과정을 자동화함으로써 대규모 실직이 발생하는 것은 기존 계층 구조에 변화를 초래하는 사회 구조적 요인이므로 이로 인해 나타나는 사회 이동은 구조적 이동에 해당한다.

오답피하기 ㄱ. 피라미드형 계층 구조를 가진 사회라고 해서 폐쇄적 계층 구조를 가진 사회라고 단정할 수 없다. 따라서 피라미드형 계층 구조를 가진 사회라 해도 세대 간 이동이 나타날 수 없다고 단정할 수 없다.
ㄹ. 세대 내 이동과 세대 간 이동은 이동 범위, 구조적 이동과 개인적 이동은 이동 원인에 따라 구분되는 사회 이동의 유형이다.

04 세대 내 이동과 세대 간 이동의 이해

문제분석 A, B, G는 세대 내 이동과 세대 간 이동 중 어느 이동도 경험하지 않았고, C, D, F, I, J는 세대 내 이동과 세대 간 이동을 모두 경험했다. H, K는 세대 내 이동만 경험했고, E는 세대 간 이동만 경험했다.

정답찾기 ⑤ 세대 내 이동과 세대 간 이동을 모두 경험한 사람은 5명, 두 이동 중 어떤 이동도 경험하지 않은 사람은 3명이다.

오답피하기 ① 세대 간 이동한 사람은 6명, 세대 내 이동한 사람은 7명이다.
② 세대 간 이동만 경험한 사람은 1명, 세대 내 이동만 경험한 사람은 2명이다.

③ 세대 내 이동과 세대 간 이동을 모두 경험한 사람 중 I는 세대 내 상승 이동과 세대 간 하강 이동을 경험하여 이동 방향이 불일치한다.
④ 세대 내 이동과 세대 간 이동 측면에서 모두 상승 이동한 사람은 J뿐이고, 모두 하강 이동한 사람은 C, D, F이다.

05 세대 간 이동의 이해

문제분석 각 직업이 속한 계층을 고려하여 아버지(부모)와 자녀의 계층을 비교하면 표와 같다.

(단위: %)

구분		부모의 계층			계
		상층	중층	하층	
자녀의 계층	상층	10	8	2	20
	중층	13	30	17	60
	하층	1	7	12	20
계		24	45	31	100

정답찾기 ④ 자녀 세대 각 계층 인구 중 부모와 계층이 일치하는 자녀의 비율은 상층이 50%, 중층이 50%, 하층이 60%이다.

오답피하기 ① 전체 자녀 중 세대 간 이동한 자녀는 48%이고, 부모의 계층을 세습한 자녀는 52%이다.
② 전체 자녀 중 세대 간 하강 이동한 자녀는 21%이고, 세대 간 상승 이동한 자녀는 27%이다.
③ 부모 세대 계층 구조는 중층 비율이 가장 높으므로 피라미드형이 아니라 다이아몬드형이다. 자녀 세대 계층 구조는 다이아몬드형이다.
⑤ 전체 비교 사례 중 부모는 상층이고 자녀는 하층인 사례는 1%이고, 부모는 하층이고 자녀는 상층인 사례는 2%이다.

06 세대 간 이동의 이해

문제분석 제시된 자료를 바탕으로 각 계층에 속해 있는 자녀와 부모를 나타내면 표와 같다.

구분	해당하는 자녀	해당하는 부모
상층	C, D	B, C, G
중층	A, F, G	A, D, H
하층	B, E, H	E, F

이를 바탕으로 부모와 자녀의 계층을 비교하면 표와 같다.

구분		부모의 계층		
		상층	중층	하층
자녀의 계층	상층	C	D	
	중층	G	A	F
	하층	B	H	E

정답찾기 ㄷ. 세대 간 하강 이동한 자녀는 3명, 세대 간 상승 이동한 자녀는 2명이다.
ㄹ. 중층에 속해 있는 자녀 중 G의 부모는 상층, A의 부모는 중층, F의 부모는 하층이다.

오답피하기 ㄱ. 하층에 속해 있는 자녀 중 B의 부모의 계층은 상층이다.
ㄴ. 부모와 계층이 일치하는 자녀는 3명, 세대 간 이동한 자녀는 5명이다.

07 사회 계층 구조의 이해

문제분석 상층 인구 비율 : 중층 인구 비율 : 하층 인구 비율이 1980년에 2 : 3 : 5이고, 2000년에 3 : 12 : 5이며, 2020년에 2 : 5 : 3이다. 2000년 총인구를 100명으로 가정하면, 1980년 총인구는 80명이고, 2020년 총인구는 120명이다. 이를 바탕으로 총인구 중 계층별 인구 비율과 계층별 인구수를 나타내면 표와 같다.

구분	1980년		2000년		2020년	
	비율(%)	수(명)	비율(%)	수(명)	비율(%)	수(명)
상층	20	16	15	15	20	24
중층	30	24	60	60	50	60
하층	50	40	25	25	30	36
계	100	80	100	100	100	120

정답찾기 ① 총인구 중 중층 인구의 비율은 2000년이 60%이고, 1980년이 30%이므로 2000년이 1980년의 2배이다.

오답피하기 ② 상층에 속하는 인구는 2000년이 가장 적고, 2020년이 가장 많다.

③ 하층에 속하는 인구는 2000년이 가장 적고, 1980년이 가장 많다.

④ 상층 인구에 대한 하층 인구의 비는 1980년이 5/2, 2000년이 5/3, 2020년이 3/2이므로 1980년이 가장 크고, 2020년이 가장 작다.

⑤ 계층 구조 측면에서 다이아몬드형 계층 구조가 나타나는 2000년과 2020년이 피라미드형 계층 구조가 나타나는 1980년보다 사회 통합의 실현에 유리하다. 2000년과 2020년 중에서는 2000년이 2020년보다 중층 인구 비율이 높으므로 2020년이 2000년보다 사회 통합의 실현에 유리하다고 보기는 어렵다.

08 세대 내 이동의 이해

문제분석 갑과 을의 세대 내 이동 방향이 상반되므로 C는 중층이다. ㉠이 '상승'이고 ㉡이 '하강'이면, A는 하층, B는 상층, C는 중층이다. ㉠이 '하강'이고 ㉡이 '상승'이면, A는 상층, B는 하층, C는 중층이다. 각 상황에 따른 갑~무의 현재 계층과 20년 전 계층을 나타내면 표와 같다.

〈㉠이 '상승', ㉡이 '하강'인 경우〉

구분		20년 전 계층		
		상층(B)	중층(C)	하층(A)
현재 계층	상층(B)		병	
	중층(C)	을		갑
	하층(A)	무	정	

〈㉠이 '하강', ㉡이 '상승'인 경우〉

구분		20년 전 계층		
		상층(A)	중층(C)	하층(B)
현재 계층	상층(A)		정	무
	중층(C)	갑		을
	하층(B)		병	

정답찾기 ㄱ. ㉠이 '상승'이고 ㉡이 '하강'이면, A는 하층, B는 상층, C는 중층이므로 현재 계층은 갑이 중층이고, 병이 상층이다.

ㄷ. 병이 세대 내 상승 이동했다면, B가 상층, A가 하층이므로 무는 세대 내 하강 이동하였다.

오답피하기 ㄴ. ㉠이 '하강'이고 ㉡이 '상승'이면, A는 상층, B는 하층,

C는 중층이므로 20년 전 계층은 을이 하층이고, 정이 중층이다.

ㄹ. 갑과 을의 세대 내 이동 방향이 상반되므로 세대 내 상승 이동한 사람이 세대 내 하강 이동한 사람보다 많으려면, 병~무 중 세대 내 상승 이동한 사람이 2명, 세대 내 하강 이동한 사람이 1명이 되어야 한다. C가 중층이므로 A가 상층, B가 하층이 되어야 세대 내 상승 이동한 사람이 2명, 세대 내 하강 이동한 사람이 1명이 될 수 있다. 따라서 20년 전 계층이 하층인 사람은 을, 무이다.

09 주관적 계층과 객관적 계층의 이해

문제분석 개인이 주관적으로 느끼는 자신의 계층과 객관적인 기준에 따라 구분되는 계층이 다를 수 있음을 분석하는 문제이다.

정답찾기 ④ 객관적 계층이 중층인 사람 중 주관적 계층도 중층인 사람의 비율은 갑국이 (15/50)×100=30%이고, 을국이 (36/60)×100=60%이므로 을국이 갑국의 2배이다.

오답피하기 ① 20세 이상 인구 중 주관적 계층이 객관적 계층보다 낮은 사람의 비율은 갑국이 37%이고, 을국이 22%이므로 주관적 계층이 객관적 계층보다 낮은 사람은 갑국이 을국보다 많다.

② 20세 이상 인구 중 주관적 계층과 객관적 계층이 일치하는 사람의 비율은 갑국이 51%이고, 을국이 72%이다. 따라서 주관적 계층과 객관적 계층이 일치하는 사람은 을국이 갑국보다 많다.

③ 객관적 계층 구조 측면에서 갑국과 을국은 모두 다이아몬드형 계층 구조가 나타나고 있다. 그런데 갑국이 을국보다 중층 비율이 낮고 하층 비율이 높으므로 갑국이 을국보다 사회 통합의 실현에 유리하다고 보기는 어렵다.

⑤ 갑국에서 20세 이상 인구 중 주관적 계층이 객관적 계층보다 낮은 사람의 비율은 37%, 주관적 계층이 객관적 계층보다 높은 사람의 비율은 12%이다. 을국에서 20세 이상 인구 중 주관적 계층이 객관적 계층보다 낮은 사람의 비율은 22%, 주관적 계층이 객관적 계층보다 높은 사람의 비율은 6%이다. 따라서 갑국과 을국은 모두 주관적 계층이 객관적 계층보다 낮은 사람이 그 반대에 해당하는 사람보다 많다.

10 사회 계층 구조의 이해

문제분석 세 국가의 A~C가 차지하는 인구 비율은 표와 같다.

(단위: %)

구분	갑국	을국	병국
A	60	25	60
B	10	20	25
C	30	55	15
계	100	100	100

상층 인구의 비율은 갑국이 가장 낮으므로 B는 상층이고, 하층 인구의 비율은 을국이 가장 낮으므로 A는 하층이다. 따라서 C는 중층이다. 이를 반영하여 각국의 계층별 인구 비율을 나타내면 표와 같다.

(단위: %)

구분	갑국	을국	병국
상층(B)	10	20	25
중층(C)	30	55	15
하층(A)	60	25	60
계	100	100	100

계층 구조는 갑국이 피라미드형, 을국이 다이아몬드형, 병국이 모래시계형이다.

정답찾기 ㄴ. 하층 인구에 대한 중층 인구의 비는 갑국이 30/60, 병국이 15/60이므로 갑국이 병국의 2배이다.

ㄷ. 을국의 계층 구조는 다이아몬드형이고, 병국의 계층 구조는 모래시계형이다. 따라서 병국의 계층 구조는 을국의 계층 구조보다 사회 통합의 실현에 불리하다.

오답피하기 ㄱ. 피라미드형 계층 구조를 가진 갑국과 모래시계형 계층 구조를 가진 병국에서 수직 이동이 엄격히 통제되고 있는지 알 수 없다.

ㄹ. 다른 계층으로의 사회 이동이 상승 이동이 될 수 있는 계층은 중층과 하층이다. 총인구 중 중층과 하층의 인구 비율은 갑국이 가장 높다.

11 사회 이동과 사회 계층 구조의 이해

문제분석 제시된 정보에 따라 부모와 자녀의 계층을 나타내면 표와 같다.

(단위: %)

구분		부모의 계층			계
		상층	중층	하층	
자녀의 계층	상층	10	8	2	20
	중층	10	5	35	50
	하층	3	6	21	30
계		23	19	58	100

정답찾기 ② 자녀 세대 인구 중 부모와 계층이 일치하는 자녀의 비율은 36%이고, 세대 간 이동한 자녀의 비율은 64%이다.

오답피하기 ① 부모 세대의 계층 구조는 모래시계형이다.

③ 자녀 세대 인구 중 세대 간 하강 이동한 자녀의 비율은 19%이고, 세대 간 상승 이동한 자녀의 비율은 45%이다.

④ 부모와 계층이 일치하는 자녀가 36명이라면 그들 중에서 하층에 속해 있는 자녀가 21명이다. (21/36)×100 = (7/12)×100이므로 그 비율은 60%보다 낮다.

⑤ 부모가 중층에 속해 있는 자녀가 19명이라면 그들 중 세대 간 하강 이동한 자녀가 6명이고, 세대 간 상승 이동한 자녀가 8명이다.

12 세대 간 이동과 사회 계층 구조의 이해

문제분석 A와 B에 모두 세대 간 하강 이동하여 유입된 사람이 존재하므로 A와 B는 각각 중층과 하층 중 하나이다. B와 C에는 세대 간 상승 이동하여 유입된 사람과 세대 간 하강 이동하여 유입된 사람 중 한 유형의 사람만 존재하므로 B와 C는 각각 상층과 하층 중 하나이다. 따라서 A는 중층, B는 하층, C는 상층이다. 이를 바탕으로 〈자료 2〉를 재구성하면 표와 같다.

(단위: %)

구분		부모의 계층			계
		상층(C)	중층(A)	하층(B)	
자녀의 계층	상층(C)	14	4	2	20
	중층(A)	6	24	30	60
	하층(B)	0	2	18	20
계		20	30	50	100

정답찾기 ③ 자녀 세대 인구 중 세대 간 상승 이동한 자녀의 비율은 36%이고, 세대 간 하강 이동한 자녀의 비율은 8%이다.

오답피하기 ① 상층 비율은 부모 세대와 자녀 세대가 20%로 같다.

② 자녀 세대 인구 중 세대 간 이동한 자녀의 비율은 44%이고, 부모와 계층이 일치하는 자녀의 비율은 56%이다.

④ 부모 세대의 계층 구조는 피라미드형이고, 자녀 세대의 계층 구조는 다이아몬드형이다. 다이아몬드형이 피라미드형보다 사회 통합의 실현에 유리하다.

⑤ 중층에 속해 있는 자녀가 60명이라면, 그들 중 세대 간 하강 이동한 자녀가 6명이고, 세대 간 상승 이동한 자녀가 30명이다.

THEME 13 다양한 사회 불평등 현상

수능 실전 문제

본문 79~83쪽

01 ②   02 ⑤   03 ①   04 ⑤
05 ④   06 ③   07 ②   08 ④
09 ③   10 ②

01 빈곤의 유형 이해

문제분석 A는 절대적 빈곤이고, B는 상대적 빈곤이다.

정답찾기 ㄱ. 절대적 빈곤은 최저 생계비, 상대적 빈곤은 중위 소득의 50%와 같이 객관적인 기준에 의해 규정된다.

ㄷ. 한 사회에서 절대적 빈곤과 상대적 빈곤 모두에 해당하는 가구가 존재할 수 있다. 예를 들어 상대적 빈곤선이 절대적 빈곤선보다 높은 사회인 경우, 절대적 빈곤 가구에 해당하는 가구는 상대적 빈곤 가구에도 해당한다.

오답피하기 ㄴ. 절대적 빈곤과 상대적 빈곤은 모두 상대적 박탈감을 유발하는 요인이 될 수 있다.

ㄹ. 소득 불평등이 전혀 없는 사회에서는 상대적 빈곤은 나타날 수 없으나 절대적 빈곤은 나타날 수 있다. 소득이 같은 모든 인구 또는 모든 가구가 최저 생계비에 미치지 못하는 소득을 얻고 있다면 모든 인구 또는 모든 가구가 절대적 빈곤 상태에 있게 된다.

02 절대적 빈곤과 상대적 빈곤의 이해

문제분석 갑국의 가구원 수에 따른 가구별 절대적 빈곤선과 상대적 빈곤선을 나타내면 표와 같다.

(단위: 달러/월)

구분	1인 가구	2인 가구	3인 가구	4인 가구	5인 가구
절대적 빈곤선 (최저 생계비)	1,200	2,300	3,300	4,200	5,000
상대적 빈곤선 (중위 소득 50% 금액)	1,700	3,100	3,700	4,300	4,900

정답찾기 ⑤ 1~4인 가구에서는 절대적 빈곤선이 상대적 빈곤선보다 낮다. 따라서 1~4인 가구에서는 모든 절대적 빈곤 가구가 상대적 빈곤 가구에 해당한다. 5인 가구에서는 절대적 빈곤선이 상대적 빈곤선보다 높다. 따라서 5인 가구에서는 모든 상대적 빈곤 가구가 절대적 빈곤 가구에 해당하고, 절대적 빈곤 가구 중 상대적 빈곤 가구에 해당하지 않는 가구가 존재한다.

오답피하기 ① 상대적 빈곤 가구가 절대적 빈곤 가구에도 해당할 수 있으므로 상대적 빈곤도 생계 곤란을 초래할 수 있다.
② 절대적 빈곤과 달리 상대적 빈곤은 해당 사회의 소득 분포를 고려하여 규정된다.
③ 가구원 수가 증가할수록 최저 생계비 증가액이 1,100달러, 1,000달러, 900달러, 800달러로 감소하고 있으므로 가구원 수가 증가할수록 최저 생계비 증가율이 작아진다.
④ 절대적 빈곤선과 상대적 빈곤선 간의 금액 차이는 2인 가구에서 800달러로 가장 크므로 가구원 수가 증가할수록 커지는 것은 아니다.

03 절대적 빈곤과 상대적 빈곤의 이해

문제분석 A는 절대적 빈곤이고, B는 상대적 빈곤이다. 갑국의 2010년 전체 가구 수를 100가구로 가정하여 2010년과 2020년의 전체 가구 수, 절대적 빈곤 가구 수, 상대적 빈곤 가구 수를 나타내면 표와 같다.

(단위: 가구)

구분	2010년	2020년
전체 가구 수	100	150
절대적 빈곤 가구 수	10	9
상대적 빈곤 가구 수	20	30

정답찾기 ① 2020년에 전체 가구 중 절대적 빈곤 가구의 비율은 (9/150)×100=6%이므로 ㉠은 '6'이다. 상대적 빈곤 가구 중 절대적 빈곤 가구의 비율은 (9/30)×100=30%이므로 ㉡은 '30'이다.

오답피하기 ② 절대적 빈곤과 상대적 빈곤은 모두 객관적인 기준에 따라 규정되는 객관적 빈곤이며, 두 빈곤은 모두 상대적 박탈감을 유발하는 요인이 될 수 있다.
③ 2010년에 갑국에서는 모든 절대적 빈곤 가구가 상대적 빈곤 가구에 포함되므로 갑국의 전체 빈곤 가구 수는 상대적 빈곤 가구 수와 같다.
④ 갑국에서 전체 가구 중 상대적 빈곤 가구의 비율은 2010년과 2020년이 20%로 같다.
⑤ 갑국에서 2010년과 2020년 모두 상대적 빈곤 가구가 절대적 빈곤 가구보다 많으므로 중위 소득의 50% 금액이 최저 생계비보다 크다. 절대적 빈곤 가구는 2010년 대비 2020년에 감소하였는데, 그렇다고 해서 최저 생계비가 작아졌다고 단정할 수는 없다.

04 빈곤의 이해

문제분석 제시된 정보를 바탕으로 연도별 빈곤 탈출 가구 수, 빈곤을 탈출하지 못하고 빈곤 가구로 남아 있는 빈곤 잔류 가구 수, 새롭게 빈곤 가구가 된 빈곤 진입 가구 수를 나타내면 표와 같다.

(단위: 만 가구)

구분	2000년	2010년	2020년
전체 가구 수	150	200	300
빈곤 가구 수	15	30	60
빈곤 탈출 가구 수	8	6	9
빈곤 잔류 가구 수	12	9	21
빈곤 진입 가구 수	3	21	39

정답찾기 ⑤ 2000년에 빈곤 가구 중 10년 전에도 빈곤 가구인 가구는 12/15이므로 과반수이다. 2020년 빈곤 가구 중 10년 전에도 빈곤 가구인 가구는 21/60이므로 과반수가 아니다.

오답피하기 ① 빈곤 탈출 가구는 2000년이 8만 가구, 2010년이 6만 가구이다.
② 전체 가구 중 빈곤 가구의 비율은 2010년이 15%, 2020년이 20%이다.
③ 비빈곤 가구 중 빈곤 탈출 가구의 비율은 2000년이 (8/135)×100, 2010년이 (6/170)×100이므로 2000년이 2010년보다 높다.
④ 2010년 대비 2020년에 전체 가구는 200만 가구에서 300만 가구로 증가하였고, 빈곤 탈출 가구는 6만 가구에서 9만 가구로 증가하였다. 따라서 전체 가구 증가율과 빈곤 탈출 가구의 증가율은 50%로 같다.

05 성 불평등 현상의 이해

문제분석 2000년에 성별 근로자 월평균 임금 불평등 지수가 40이므로 여성 근로자 월평균 임금은 남성 근로자 월평균 임금의 60% 수준이다. 2010년에 여성 근로자 월평균 임금은 남성 근로자 월평균 임금의 80% 수준이고, 2020년에 여성 근로자 월평균 임금은 남성 근로자 월평균 임금의 90% 수준이다. 이러한 정보와 세 연도에 각각 남성 근로자 수와 여성 근로자 수가 같다는 정보를 활용하여 성별 근로자 및 전체 근로자 월평균 임금을 나타내면 표와 같다.

(단위: 달러)

구분	2000년	2010년	2020년
남성 근로자 월평균 임금	2,000	2,500	3,000
여성 근로자 월평균 임금	1,200	2,000	2,700
전체 근로자 월평균 임금	1,600	2,250	2,850

정답찾기 ④ 10년 전 대비 전체 근로자 월평균 임금 상승률은 2010년이 (650/1,600)×100이고, 2020년이 (600/2,250)×100이므로 2010년이 2020년보다 크다.

오답피하기 ① 2000년에 (여성 근로자 월평균 임금/전체 근로자 월평균 임금)×100=(1,200/1,600)×100=75이다. 따라서 전체 근로자 월평균 임금이 100이라면 여성 근로자 월평균 임금은 75이다.
② 2020년에 남성 근로자 월평균 임금은 전체 근로자 월평균 임금보다 150달러 많다.
③ 성별 근로자 간 월평균 임금의 차액은 2000년이 800달러이고, 2010년이 500달러이다.
⑤ 2000년 대비 2020년에 월평균 임금 상승률은 여성 근로자가 (1,500/1,200)×100=125%이고, 남성 근로자가 (1,000/2,000)×100=50%이므로 여성 근로자가 남성 근로자의 2배보다 높다.

06 성 불평등 현상의 이해

문제분석 5년 전 대비 근로자 증가율을 통해 각 집단 근로자 수의 변동 양상, 전체 근로자 중 각 집단이 차지하는 비율, 고용 안정성의 변동 양상 등을 파악할 수 있는지 묻는 문제이다.

정답찾기 ㄴ. 2005년 대비 2010년에 남성 근로자 증가율은 5%보다 크고 6%보다 작으며, 여성 근로자 증가율은 7%보다 크고 8%보다 작다. 여성 근로자 증가율이 남성 근로자 증가율보다 크므로 전체 근로자 중 여성 근로자의 비율은 상승하고, 남성 근로자의 비율은 하락한다.

ㄷ. 남성 정규직 근로자와 남성 비정규직 근로자의 경우, 2010년 대비 2015년의 증가율, 2015년 대비 2020년의 증가율이 4%, 2%와 2%, 4%로 동일한 수치가 순서만 다르게 나열되어 있다. 이는 2010년 대비 2020년에 남성 정규직 근로자 증가율과 남성 비정규직 근로자 증가율, 남성 근로자 증가율이 모두 같음을 의미한다. 따라서 남성 근로자 중 비정규직 근로자의 비율은 2010년과 2020년이 같다.

오답피하기 ㄱ. 여성 정규직 근로자는 2010년 대비 2015년에 3% 증가하였고, 2015년 대비 2020년에 3% 감소하였다. 따라서 여성 정규직 근로자 수는 2010년이 2020년보다 많다.

ㄹ. 2010년 대비 2020년에 남성 근로자와 여성 근로자 모두 비정규직 근로자가 증가하였는데, 증가율은 여성 근로자가 남성 근로자보다 높다. 따라서 남성 근로자가 여성 근로자보다 고용 불안 문제가 심화되었다고 단정할 수 없다.

07 성 불평등 현상의 이해

문제분석 2010년에 남성 전체 근로자 월평균 임금=(남성 정규직 근로자 월평균 임금+남성 비정규직 근로자 월평균 임금)÷2이므로 남성 정규직 근로자 수와 남성 비정규직 근로자 수가 같다. 이와 같은 방식을 활용하면 2010년에 여성 정규직 근로자 수와 여성 비정규직 근로자 수가 같고, 남성 정규직 근로자 수와 여성 정규직 근로자 수가 같으며, 남성 비정규직 근로자 수와 여성 비정규직 근로자 수가 같음을 알 수 있다.

2020년에 남성 전체 근로자 월평균 임금=(남성 정규직 근로자 월평균 임금+남성 비정규직 근로자 월평균 임금)÷2이므로 남성 정규직 근로자 수와 남성 비정규직 근로자 수가 같다. (남성 정규직 근로자 월평균 임금−전체 정규직 근로자 월평균 임금) : (전체 정규직 근로자 월평균 임금−여성 정규직 근로자 월평균 임금)=1 : 2이므로 남성 정규직 근로자 수가 여성 정규직 근로자 수의 2배이다. 전체 비정규직 근로자 월평균 임금=(남성 비정규직 근로자 월평균 임금+여성 비정규직 근로자 월평균 임금)÷2이므로 남성 비정규직 근로자 수와 여성 비정규직 근로자 수가 같다. 남성 정규직 근로자가 2010년과 2020년이 200만 명으로 같다는 점을 활용하여 집단별 근로자 수를 나타내면 표와 같다.

(단위: 만 명)

구분	2010년			2020년		
	정규직	비정규직	전체	정규직	비정규직	전체
남성	200	200	400	200	200	400
여성	200	200	400	100	200	300
전체	400	400	800	300	400	700

정답찾기 ② 2020년에 비정규직 근로자가 400만 명이고, 정규직 근로자가 300만 명이므로 비정규직 근로자가 정규직 근로자보다 100만 명 많다.

오답피하기 ① 2010년에 남성 근로자 수와 여성 근로자 수가 같다.

③ 비정규직 근로자 중 여성 근로자의 비율은 2010년과 2020년이 50%로 같다.

④ 2010년 대비 2020년에 월평균 임금 상승률은 여성 근로자가 (1,200/3,000)×100이므로 40%이고, 남성 근로자가 (2,300/4,000)×100이므로 50%를 넘는다. 따라서 2010년 대비 2020년에 월평균 임금 상승률은 남성 근로자가 여성 근로자보다 높다.

⑤ 근로자 집단 간 월평균 임금 액수 격차는 2010년에 고용 형태별의 경우 2,000달러, 성별의 경우 1,000달러이다. 2020년에 고용 형태별의 경우 2,800달러, 성별의 경우 2,100달러이다. 따라서 2010년과 2020년 모두 고용 형태별 근로자 간 월평균 임금 액수 격차가 성별 근로자 간 월평균 임금 액수 격차보다 크다.

08 성 불평등 현상의 이해

문제분석 2000년에 남성 근로자 월평균 임금이 4,000달러, 성별 근로자 월평균 임금 격차 지수가 25, 즉 남성 근로자 월평균 임금이 100일 때 여성 근로자 월평균 임금이 75이므로 여성 근로자 월평균 임금은 3,000달러이다. 2020년에 남성 근로자 월평균 임금은 5,000달러, 성별 근로자 월평균 임금 격차 지수는 20, 즉 남성 근로자 월평균 임금이 100일 때 여성 근로자 월평균 임금이 80이므로 여성 근로자 월평균 임금은 4,000달러이다. 이를 바탕으로 성별 근로자 연령대별 월평균 임금 격차를 활용하여 집단별 월평균 임금을 구하면 표와 같다.

(단위: 달러)

연령대	2000년		2020년	
	남성 근로자	여성 근로자	남성 근로자	여성 근로자
20대 이하	1,500	1,300	3,000	2,800
30대	2,500	2,000	4,000	3,400
40대	4,200	3,500	5,200	4,500
50대 이상	4,800	4,000	6,000	5,600
전체	4,000	3,000	5,000	4,000

정답찾기 ④ 2000년의 50대 이상 여성 근로자 월평균 임금과 2020년의 30대 남성 근로자 월평균 임금이 4,000달러로 같다.

오답피하기 ① 2000년에 성별 근로자 간 월평균 임금의 차액이 가장 큰 연령대는 50대 이상이다.

② 2020년에는 성별 근로자 간 월평균 임금의 차액이 20대 이하의 경우 200달러, 30대의 경우 600달러, 40대의 경우 700달러, 50대 이상의 경우 400달러이다.

③ 2000년 대비 2020년에 50대 이상 근로자의 월평균 임금 상승률은 남성이 (1,200/4,800)×100=25%, 여성이 (1,600/4,000)×100=40%이므로 여성이 남성보다 높다.

⑤ 20대 이하 근로자에서 남성 근로자 월평균 임금에 대한 여성 근로자 월평균 임금의 비는 2000년이 13/15, 즉 26/30이고, 2020년이 28/30이므로 2000년이 2020년보다 작다.

09 사회적 소수자 문제의 이해

문제분석 갑국에는 종교의 차이에 따른 사회적 소수자가 존재하고, 을국에는 인종의 차이에 따른 사회적 소수자가 존재한다.

정답찾기 ㄴ. 사회적 소수자 문제의 해결을 위해 갑국에서는 B 종교 신자들에게도 A 종교 신자들과 똑같이 정치에 참여할 수 있는 권리를 부여하는 법을 제정했는데, 이는 주류 집단 구성원들과 사회적 소수자 집단 구성원들을 단지 동등하게 대우하기 위한 조치로서 사회적 소수자에게 주류 집단 구성원들보다 더 많은 기회나 자원을 제공하는 적극적 우대 조치에 해당하지 않는다. 을국에서는 대학의 신입생이나 기업의 신입 사원 선발 시에 D 인종 사람을 10% 이상 선발하도록 하는 법을 제정했는데, 이는 사회적 소수자에 대한 적극적 우대 조치에 해당한다.
ㄷ. 갑국에서는 종교의 차이라는 문화적 특징의 차이, 을국에서는 인종의 차이라는 신체적 특징의 차이가 사회적 소수자를 규정하는 기준이 되었다.

오답피하기 ㄱ. 상대적으로 인구가 적은 집단이 사회적 소수자로 차별받은 국가는 갑국이 아니라 을국이다.
ㄹ. 갑국의 B 종교 신자들과 을국의 D 인종은 모두 자신들에 대한 차별에 저항하였는데, 이를 통해 볼 때 갑국의 B 종교 신자들과 을국의 D 인종은 모두 자신들이 주류 집단으로부터 차별받는 집단에 속해 있다는 점을 인식하였다.

10 사회적 소수자 문제의 이해

문제분석 한 사회 내에서 상대적으로 인구가 적은 집단이 반드시 사회적 소수자가 되는 것은 아니다. 상대적으로 인구가 많은 집단이라 하더라도 정치적·경제적·사회적으로 불평등한 대우를 받고 있다면 사회적 소수자에 해당할 수 있다. 개인이 갖는 정체성은 여러 가지가 있으므로 개인은 여러 사회적 소수자 집단에 동시에 속해 있을 수 있다. 따라서 옳지 않은 설명을 한 사람은 갑과 병이다.

정답찾기 ㄱ. 사회적 소수자를 규정하는 기준은 시대와 사회에 따라 상대적이므로 동일한 집단이 어떤 사회에서는 사회적 소수자가 아닌데, 다른 사회에서는 사회적 소수자가 될 수 있다.
ㄷ. 상대적으로 인구가 적다고 해서 반드시 사회적 소수자가 되는 것은 아니므로 갑의 설명은 옳지 않다. 흑인과 장애인을 차별하는 사회에서 흑인이자 장애인인 사람은 두 가지 사회적 소수자 집단에 동시에 속할 수 있으므로 병의 설명은 옳지 않다.

오답피하기 ㄴ. 적극적 우대 조치는 주류 집단 구성원들에 비해 사회적 소수자 집단 구성원들에게 보다 많은 기회와 자원을 제공하는 정책이므로 주류 집단 구성원들에 대한 역차별 논란을 초래할 수 있다.
ㄹ. (가)에는 옳은 설명이 들어가야 한다. 사회적 소수자로 규정되는 데에는 자신들이 주류 집단으로부터 차별받는 집단에 속해 있다는 인식이 중요한 역할을 한다. 따라서 (가)에 '사회적 소수자로 규정되는 데 자신들이 주류 집단으로부터 차별받는 집단에 속해 있다는 인식은 불필요합니다.'가 들어갈 수 없다.

THEME 14 사회 복지와 복지 제도

01 ④	02 ③	03 ⑤	04 ②
05 ④	06 ⑤	07 ①	08 ④
09 ④	10 ⑤		

01 사회 보험과 공공 부조의 이해

문제분석 사회 보험과 공공 부조는 모두 금전적 지원을 원칙으로 한다. 따라서 'A는 B와 달리 금전적 지원을 원칙으로 하는가?'에 대한 옳은 응답은 '아니요'이다. 첫 번째 질문에 대하여 갑이 틀린 응답을 했고, 을이 옳은 응답을 했으므로 4개의 질문에 대한 옳은 응답의 개수가 갑이 을보다 2개 많으려면 나머지 3개의 질문에 대한 갑의 응답이 모두 옳고, 을의 응답이 모두 틀려야 한다. 'B는 A와 달리 상호 부조의 원리를 적용하는가?'에 대한 갑의 응답 '예'가 옳은 응답이므로 A는 공공 부조, B는 사회 보험이다.

정답찾기 ④ (가)에는 '아니요'가 옳은 응답이 될 수 있는 질문이 들어가야 한다. 공공 부조와 사회 보험은 모두 소득 재분배 효과를 갖는다. 따라서 (가)에 'A는 B와 달리 소득 재분배 효과를 갖는가?'가 들어갈 수 있다.

오답피하기 ① 국민연금 제도는 사회 보험에 해당한다.
② 공공 부조는 선별적 복지 이념을, 사회 보험은 보편적 복지 이념을 바탕으로 한다.
③ 공공 부조의 수급자는 사회 보험의 수급자가 될 수 있다. 예를 들어 개인은 기초 연금 제도의 수급자이면서 동시에 국민연금 제도의 수급자가 될 수 있다.
⑤ (나)에는 '예'가 옳은 응답이 될 수 있는 질문이 들어가야 한다. 사회 보험은 공공 부조와 달리 수익자 부담 원칙을 적용한다. 따라서 (나)에 'B는 A와 달리 수익자 부담 원칙을 적용하는가?'가 들어갈 수 있다.

02 사회 보장 제도의 이해

문제분석 공공 부조, 사회 보험, 사회 서비스 중에서 상호 부조의 원리를 바탕으로 하는 것은 사회 보험뿐이다. 공공 부조와 사회 보험은 금전적 지원을 원칙으로 하고, 사회 서비스는 비금전적 지원을 원칙으로 한다. (가)와 (나) 중 어느 진술이 참인지에 따라 A~C에 각각 해당하는 사회 보장 제도를 나타내면 표와 같다.

구분	A	B	C
(가)가 참인 경우	사회 보험	사회 서비스	공공 부조
(나)가 참인 경우	공공 부조	사회 보험	사회 서비스

정답찾기 ㄴ. (가)가 참인 경우, A는 사회 보험, C는 공공 부조이다. 국가와 지방 자치 단체가 복지 비용을 모두 부담하는 공공 부조는 수익자 부담 원칙을 적용하는 사회 보험과 달리 복지 비용 부담자와 복지 수혜자가 불일치한다. 따라서 ㉠에 '복지 비용 부담자와 복지 수

혜자가 불일치한다.'가 들어갈 수 있다.

ㄷ. (나)가 참인 경우, B는 사회 보험, C는 사회 서비스이다. 사회 서비스는 사회 보험과 달리 민간 부문이 법으로 정한 일정한 요건을 갖춰 복지 제공자로 등록하고 국가 및 지방 자치 단체와 함께 복지 제공에 참여한다.

오답피하기 ㄱ. (가)가 참인 경우, A는 사회 보험, C는 공공 부조이다. 사회 보험은 사전 예방적 성격이 강하고, 공공 부조는 사후 처방적 성격이 강하다.

ㄹ. (나)가 참인 경우, A는 공공 부조, C는 사회 서비스이다. 의무 가입을 원칙으로 하는 것은 사회 보험뿐이다. 따라서 ㉠에 '의무 가입을 원칙으로 한다.'가 들어갈 수 없다.

03 사회 보험과 공공 부조의 이해

문제분석 '복지 수혜자가 경제력에 따라 복지 비용을 부담하게 한다.'와 '사후 처방적 성격보다 사전 예방적 성격이 강하다.'는 모두 공공 부조와 달리 사회 보험이 지닌 특징이다. 따라서 A는 공공 부조이고, B는 사회 보험이다.

정답찾기 ⑤ (가)에는 공공 부조와 달리 사회 보험이 지닌 특징으로 틀린 진술이 들어가야 한다. 생활 유지 능력이 없거나 생활이 어려운 국민의 최저 생활 보장을 목적으로 하는 것은 공공 부조이므로 해당 진술은 (가)에 들어갈 수 있다.

오답피하기 ① 상호 부조의 원리를 바탕으로 하는 것은 사회 보험이다.

② 사회 보험은 보편적 복지 이념을, 공공 부조는 선별적 복지 이념을 바탕으로 한다.

③ 공공 부조와 사회 보험은 모두 소득 재분배 효과를 갖는데, 그 효과는 공공 부조가 사회 보험보다 크다.

④ 고용 보험 제도는 사회 보험에, 국민 기초 생활 보장 제도는 공공 부조에 해당한다.

04 사회 보장 제도의 이해

문제분석 금전적 지원을 원칙으로 하는 제도는 공공 부조와 사회 보험 2개이고, 민간 부문이 복지 제공에 참여하는 제도는 사회 서비스 1개뿐이므로 첫 번째 특징과 두 번째 특징에 대하여 을은 틀린 답을 썼다. 따라서 을은 세 번째 특징과 네 번째 특징에 대하여 모두 옳은 답을 썼고, 의무 가입을 원칙으로 하는 A는 사회 보험, 복지 비용 부담에 있어서 수익자 부담 원칙을 배제하는 C는 공공 부조이고, B는 사회 서비스이다. 사회 서비스의 경우, 비용 부담 능력이 있는 국민에 대해서는 수익자 부담 원칙을 적용하고, 일정 소득 수준 이하의 국민에 대해서는 수익자 부담 원칙을 적용하지 않으므로 비용 부담에 있어서 수익자 부담 원칙을 배제하지는 않는다.

정답찾기 ㄱ. 갑은 첫 번째 특징과 두 번째 특징에 대하여 옳은 답을 썼다. 따라서 ㉠은 '사회 보험(A), 공공 부조(C)'이고, ㉡은 '사회 서비스(B)'이다.

ㄷ. 사회 보험은 공공 부조, 사회 서비스와 달리 상호 부조의 원리를 바탕으로 한다.

오답피하기 ㄴ. 국민연금 제도는 사회 보험에, 기초 연금 제도는 공공 부조에 해당한다.

ㄹ. 미래에 직면할 수 있는 사회적 위험에 대비하는 것을 목적으로 하는 제도는 사회 보험이다.

05 사회 보장 제도의 이해

문제분석 '의무 가입을 원칙으로 하는가?'에 대한 응답은 사회 보험이 '예'이고, 공공 부조와 사회 서비스는 모두 '아니요'이다. 그 질문으로 A와 B를 구분할 수 없으므로 A와 B는 각각 공공 부조와 사회 서비스 중 하나이고, C는 사회 보험이다. '금전적 지원을 원칙으로 하는가?'를 통해 B와 사회 보험(C)을 구분할 수 있으므로 B는 사회 서비스이다. 정리하면 A는 공공 부조, B는 사회 서비스, C는 사회 보험이다.

정답찾기 ④ (가)에는 공공 부조와 사회 서비스를 구분할 수 있는 질문이, (다)에는 공공 부조와 사회 보험을 구분할 수 없는 질문이 들어가야 한다. '복지 제공에 민간 부문이 참여하는가?'에 대한 공공 부조의 응답은 '아니요'이고, 사회 서비스의 응답은 '예'이므로 해당 질문은 (가)에 들어갈 수 있다. '복지 제공에 민간 부문이 참여하는가?'에 대한 공공 부조와 사회 보험의 응답은 모두 '아니요'이므로 해당 질문은 (다)에 들어갈 수 있다.

오답피하기 ① 공공 부조는 선별적 복지 이념을 바탕으로 한다.

② 사회 보험은 사후 처방적 성격보다 사전 예방적 성격이 강하다.

③ 사회 서비스의 ㉠과 ㉡에 대한 응답은 모두 '아니요'이다.

⑤ (나)에는 공공 부조와 사회 보험을 구분할 수 있는 질문이, (라)에는 사회 서비스와 사회 보험을 구분할 수 없는 질문이 들어가야 한다. '상호 부조의 원리를 바탕으로 하는가?'에 대한 공공 부조의 응답은 '아니요'이고, 사회 보험의 응답은 '예'이므로 해당 질문은 (나)에 들어갈 수 있다. '상호 부조의 원리를 바탕으로 하는가?'에 대한 사회 서비스의 응답은 '아니요'이고, 사회 보험의 응답은 '예'이므로 해당 질문은 (라)에 들어갈 수 없다.

06 사회 보장 제도의 이해

문제분석 A는 국민연금 제도로서 사회 보험에 해당하고, B는 가사·간병 방문 지원 사업으로서 사회 서비스에 해당한다. C는 국민 기초 생활 보장 제도로서 공공 부조에 해당한다.

정답찾기 ⑤ 금전적 지원을 원칙으로 하는 제도는 사회 보험에 해당하는 국민연금 제도와 공공 부조에 해당하는 국민 기초 생활 보장 제도이다. 사회 보험은 보편적 복지 이념을 바탕으로 하고, 공공 부조는 선별적 복지 이념을 바탕으로 한다. 2020~2022년에 금전적 지원을 원칙으로 하는 제도의 수혜자 중 국민연금 제도의 수혜자가 국민 기초 생활 보장 제도의 수혜자보다 많다.

오답피하기 ① 민간 부문이 복지 제공에 참여하는 제도는 사회 서비스에 해당하는 가사·간병 방문 지원 사업이다. 2020년에 A~C 중 가사·간병 방문 지원 사업의 수혜자가 가장 적다.

② 의무 가입을 원칙으로 하는 제도는 사회 보험에 해당하는 국민연금 제도뿐이다. 2022년에 갑 지역 총인구가 100명이라면 국민연금

제도의 수혜자가 14명, 가사·간병 방문 지원 사업의 수혜자가 5명, 국민 기초 생활 보장 제도의 수혜자가 9명이다. 그런데 저소득층을 대상으로 하는 가사·간병 방문 지원 사업과 국민 기초 생활 보장 제도의 중복 수혜자가 존재할 수 있으므로 의무 가입을 원칙으로 하는 제도의 수혜자 수와 그렇지 않은 제도의 수혜자 수가 같다고 단정할 수 없다.
③ 상호 부조의 원리를 적용하는 제도는 사회 보험에 해당하는 국민연금 제도이다. 국민연금 제도의 수혜자는 2021년이 2020년보다 많다.
④ 비금전적 지원을 원칙으로 하는 제도는 사회 서비스에 해당하는 가사·간병 방문 지원 사업이다. 가사·간병 방문 지원 사업의 수혜자는 2022년이 2021년보다 많다.

07 사회 보험과 공공 부조의 이해

문제분석 A는 사회 보험에 해당하는 노인 장기 요양 보험 제도이고, B는 공공 부조에 해당하는 국민 기초 생활 보장 제도이다. 갑 지역 총인구를 2,000명, 을 지역 총인구를 1,000명으로 가정하여 각 제도의 수급자 수, 65세 이상 인구와 각 제도의 65세 이상 수급자 수를 나타내면 표와 같다.

(단위: 명)

구분	갑 지역	을 지역
총인구	2,000	1,000
A의 수급자 수	400	100
B의 수급자 수	300	200
65세 이상 인구	400	150
A의 65세 이상 수급자 수	360	90
B의 65세 이상 수급자 수	120	60

정답찾기 ㄱ. 선별적 복지 이념에 기초한 제도는 공공 부조에 해당하는 국민 기초 생활 보장 제도(B)이다. 이 제도의 65세 이상 수급자 수는 갑 지역이 120명이고, 을 지역이 60명이므로 갑 지역이 을 지역의 2배이다.
ㄴ. 상호 부조의 원리에 기초한 제도는 사회 보험에 해당하는 노인 장기 요양 보험 제도(A)이다. 이 제도의 수급자 중 65세 이상 수급자의 비율은 갑 지역이 $(360/400) \times 100$이고, 을 지역이 $(90/100) \times 100$이므로 갑 지역과 을 지역이 90%로 같다.

오답피하기 ㄷ. 수익자 부담 원칙을 적용하지 않는 제도는 공공 부조에 해당하는 국민 기초 생활 보장 제도(B)이다. 이 제도의 수급자 중 65세 이상 수급자의 비율은 갑 지역이 $(120/300) \times 100 = 40\%$이고, 을 지역이 $(60/200) \times 100 = 30\%$이므로 갑 지역이 을 지역보다 높다.
ㄹ. 사전 예방적 성격이 강한 제도는 사회 보험에 해당하는 노인 장기 요양 보험 제도(A)이고, 사후 처방적 성격이 강한 제도는 공공 부조에 해당하는 국민 기초 생활 보장 제도(B)이다. 노인 장기 요양 보험 제도의 수급자가 국민 기초 생활 보장 제도의 수급자보다 많은 지역은 을 지역이 아니라 갑 지역이다.

08 사회 보험과 공공 부조의 이해

문제분석 A는 공공 부조에 해당하는 기초 연금 제도이고, B는 사회 보험에 해당하는 국민연금 제도이다. [(가) 지역 A의 수급자 비

율－갑 권역 전체 A의 수급자 비율] : [갑 권역 전체 A의 수급자 비율－(나) 지역 A의 수급자 비율]=1 : 2이므로 (가) 지역 인구는 (나) 지역 인구의 2배이다. 공공 부조에 해당하는 제도(A)의 수급자 중 사회 보험에 해당하는 제도(B)의 수급자가 차지하는 비율은 A의 수급자 중 A와 B의 중복 수급자가 차지하는 비율을 말한다. (가), (나) 지역에서 A의 수급자 중 A와 B의 중복 수급자가 차지하는 비율이 각각 50%이므로 (가) 지역 인구 중 A와 B의 중복 수급자 비율은 6%이고, (나) 지역 인구 중 A와 B의 중복 수급자 비율은 3%이다. (가) 지역 인구를 200명, (나) 지역 인구를 100명, 갑 권역 전체 인구를 300명으로 가정하여 각 제도의 수급자 수를 나타내면 표와 같다.

(단위: 명)

구분	(가) 지역	(나) 지역	갑 권역 전체
인구	200	100	300
A의 수급자	24	6	30
B의 수급자	22	14	36
A와 B의 중복 수급자	12	3	15

정답찾기 ④ 사전 예방적 성격보다 사후 처방적 성격이 강한 제도는 공공 부조에 해당하는 기초 연금 제도(A)이다. 기초 연금 제도의 수급자 수는 (가) 지역이 24명, (나) 지역이 6명이므로 (가) 지역이 (나) 지역의 4배이다.

오답피하기 ① 보편적 복지 이념에 기초한 제도는 사회 보험에 해당하는 국민연금 제도(B)이다. 국민연금 제도의 수급자는 (가) 지역이 (나) 지역보다 많다.
② 상호 부조의 원리를 적용하는 제도는 사회 보험에 해당하는 국민연금 제도(B)이다. 국민연금 제도의 수급자 중 A와 B의 중복 수급자를 제외한 사람은 (가) 지역이 10명, (나) 지역이 11명이므로 (나) 지역이 (가) 지역보다 많다.
③ 의무 가입의 원칙을 적용하는 제도는 사회 보험에 해당하는 국민연금 제도(B)이고, 의무 가입의 원칙을 적용하지 않는 제도는 공공 부조에 해당하는 기초 연금 제도(A)이다. 갑 권역 전체에서 국민연금 제도의 수급자가 기초 연금 제도의 수급자보다 많다.
⑤ (가) 지역에서는 사회 보험에 해당하는 제도의 수급자 중 공공 부조에 해당하는 제도의 수급자, 즉 A와 B의 중복 수급자가 12/22이므로 과반수이다. (나) 지역에서는 사회 보험에 해당하는 제도의 수급자 중 A와 B의 중복 수급자가 3/14이므로 과반수가 아니다.

09 생산적 복지 이념의 이해

문제분석 갑국의 근로 장려금 제도는 생산적 복지 이념을 반영하여 근로 의욕을 자극하면서 동시에 저소득 근로자 가구의 복지를 증진하는 것을 목적으로 한다. (가)에서 근로 장려금은 근로 소득이 1,000달러 미만인 구간의 경우 근로 소득과 같고, 근로 소득이 1,000달러 이상 2,000달러 미만인 구간의 경우 1,000달러로 일정하며, 근로 소득이 2,000달러 이상 4,000달러 미만인 구간의 경우 근로 장려금/(4,000달러－근로 소득)=1/2이므로 근로 장려금은 (4,000달러－근로 소득)×1/2이다. (나)에서 근로 장려금은 근로 소득이 1,600달러 미만인 구간의 경우 근로 소득×1/2이고, 근로 소득이 1,600달러 이상 2,600달러 미만인 구간의 경우 800달러로 일정하며, 근로 소득이 2,600달러 이상 5,000달러 미만인 구간의 경

우 근로 장려금/(5,000달러−근로 소득)=1/3이므로 근로 장려금은 (5,000달러−근로 소득)×1/3이다.

정답찾기 ④ 근로 소득이 3,200달러인 가구의 경우, 근로 장려금은 (가)에서 (4,000−3,200)×1/2=400달러이고, (나)에서 (5,000−3,200)×1/3=600달러이므로 (나)가 (가)보다 200달러 많다.

오답피하기 ① 갑국의 근로 장려금 제도는 저소득 근로자 가구만을 대상으로 하므로 선별적 복지 이념을 바탕으로 한다.

② ㉠에서 가구의 근로 소득이 증가하면, 근로 소득과 근로 장려금의 합은 모든 구간에서 증가한다. 근로 장려금이 감소하는 구간에서도 근로 소득이 증가하면 근로 소득 증가액보다 근로 장려금 감소액이 작으므로 근로 소득이 증가하면 근로 소득과 근로 장려금의 합은 증가한다.

③ 근로 소득이 800달러인 가구의 경우, 근로 장려금은 (가)에서 800달러, (나)에서 400달러이므로 (가)가 (나)보다 400달러 많다.

⑤ (가)의 경우, 근로 소득이 1,000달러에서 1,600달러로 증가하면, 근로 소득은 증가하는데 근로 장려금은 일정하므로 근로 소득에 대한 근로 장려금의 비가 작아진다. (나)의 경우 근로 소득이 1,000달러에서 1,600달러로 증가하면, 근로 소득 증가율과 근로 장려금 증가율이 같으므로 근로 소득에 대한 근로 장려금의 비는 1/2로 일정하다.

10 사회 보장 제도의 이해

문제분석 '상호 부조의 원리를 바탕으로 한다.'는 사회 보험에만 해당하는 특징이므로 〈카드 1〉을 통해 얻을 수 있는 점수는 1점이다. '민간 부문이 복지 제공에 참여한다.'는 사회 서비스에만 해당하는 특징이므로 〈카드 4〉를 통해 얻을 수 있는 점수는 1점이다. 갑이 〈카드 1〉과 〈카드 3〉, 을이 〈카드 2〉와 〈카드 4〉를 선택했고, 갑이 승리했으므로 갑이 획득한 점수의 합은 3점, 을이 획득한 점수의 합은 2점이다.

정답찾기 ㄷ. 사회 보험, 공공 부조, 사회 서비스 중 복지 제공에 민간 부문이 참여하는 제도는 사회 서비스뿐이다. 따라서 〈카드 4〉에는 사회 서비스에만 해당하는 특징이 적혀 있다.

ㄹ. 〈카드 2〉에는 1점을 얻을 수 있는 특징이, 〈카드 3〉에는 2점을 얻을 수 있는 특징이 적혀 있다. 금전적 지원을 원칙으로 하는 것은 사회 보험과 공공 부조의 공통점이다. 따라서 해당 특징은 (가)에는 들어갈 수 없고, (나)에는 들어갈 수 있다.

오답피하기 ㄱ. 기초 연금 제도와 의료 급여 제도는 모두 공공 부조에 해당한다.

ㄴ. 사회 보험, 공공 부조, 사회 서비스 중 상호 부조의 원리를 바탕으로 하는 제도는 사회 보험뿐이다. 따라서 〈카드 1〉에는 사회 보험에만 해당하는 특징이 적혀 있다.

THEME 15 사회 변동과 사회 운동

수능 실전 문제

본문 91~94쪽

01 ①	**02** ⑤	**03** ④	**04** ①
05 ⑤	**06** ③	**07** ①	**08** ⑤

01 사회 변동의 요인과 특징 이해

문제분석 총포술, 인쇄술, 가전제품 등의 발명을 바탕으로 인류의 발전이 거듭되었다는 제시문의 내용을 통해 사회 변동이 기술의 변화에 의해 영향을 받는다는 결론을 도출할 수 있다.

정답찾기 ① 사회 변동의 요인 중 기술의 발달은 근대 사회의 태동, 민주주의의 태동, 여성의 권리 확대 등의 사회 변동에 기여하였다.

오답피하기 ② 사회 변동의 속도가 시대에 따라 다르게 나타난다는 것은 제시문을 통해 파악할 수 없다.

③ 사회 변동의 양상이 각 사회마다 다양하게 나타난다는 것은 제시문을 통해 파악할 수 없다.

④ 사회 변동에 경제적 요인보다 문화적 요인이 크게 작용한다는 것은 제시문을 통해 파악할 수 없다.

⑤ 사회 변동이 물질문화보다 비물질문화에 의해 영향을 받는다는 것은 제시문을 통해 파악할 수 없다.

02 사회 변동에 대한 기능론의 입장 이해

문제분석 사회가 일시적인 변동 과정을 거쳐 다시 새로운 균형 상태로 이행한다는 것은 사회 변동을 기능론의 관점에서 분석한 것이다.

정답찾기 ㄷ. 기능론은 장기간에 걸쳐 점진적·부분적으로 이루어지는 사회 변동을 설명하기에 적합하다.

ㄹ. 기능론은 사회 변동을 사회의 안정과 조화를 유지하기 위해 사회 각 부분들이 조정되는 과정으로 본다.

오답피하기 ㄱ. 기존 사회의 구조적 모순을 극복하고자 하는 것은 갈등론이다.

ㄴ. 사회 변동을 갈등과 대립의 측면에서 파악하는 것은 갈등론이다.

03 순환론과 진화론의 특징 이해

문제분석 사회 변동이 곧 발전이라고 보는 것은 진화론이고, 운명론적 관점에서 사회 변동을 설명하는 것은 순환론이다. 만약 A가 순환론, B가 진화론이라면, 갑, 을의 진술은 모두 틀리게 된다. 반면, 만약 A가 진화론, B가 순환론이라면, 병의 진술에서 사회 변동이 일정한 양상을 반복하며 진행된다고 보는 A는 순환론이므로 병이 틀리게 설명했음을 알 수 있다. 따라서 A는 진화론, B는 순환론이다.

정답찾기 ㄴ. 진화론은 서구 사회가 진보된 사회임을 전제하여 서구 중심적 사고라는 비판을 받는다.

ㄹ. 순환론은 인류 사회가 시간의 흐름에 따라 생성, 성장, 쇠퇴, 소멸을 반복한다고 본다.

오답피하기 ㄱ. ㉠은 '병'이다.

ㄷ. 사회 변동이 일정한 방향을 가지고 있다고 보는 것은 진화론이다.

04 사회 구조적 측면에서 사회 변동을 설명하는 이론의 이해

문제분석 사회 변동을 일시적 불균형을 해소하는 과정으로 설명하는 갑은 기능론의 입장이고, 사회 변동을 피지배 집단의 사회 변혁 차원과 관련지어 설명하는 을은 갈등론의 입장이다.

정답찾기 ㄱ. 기능론은 사회 변동을 일시적 불균형을 극복하고 새로운 균형을 찾아가는 과정으로 이해한다.

ㄴ. 갈등론은 사회 변동을 피지배 집단과 지배 집단 사이의 대립과 갈등으로 인해 발생하는 과정으로 이해한다.

오답피하기 ㄷ. 기능론과 갈등론은 모두 사회 변동을 거시적인 측면에서 이해한다.

ㄹ. 기능론은 급격한 사회 변동을 설명하기에 용이하지 않다.

05 순환론의 특징 이해

문제분석 인류의 역사를 유목민형 사회와 정주민형 사회의 반복으로 설명하는 것은 순환론에 해당한다.

정답찾기 ㄷ. 순환론은 사회 변동을 생성, 성장, 쇠퇴, 소멸의 동일한 과정이 주기적으로 반복되는 현상이라고 본다.

ㄹ. 순환론은 운명론적 입장에서 사회 변동을 설명하므로 사회 변동에 대응하는 인간의 노력을 과소평가한다는 비판을 받는다.

오답피하기 ㄱ. 사회 변동이 곧 발전을 의미한다고 보는 것은 진화론이다.

ㄴ. 모든 사회 변동의 방향이 동일하다고 보는 것은 진화론이다.

06 순환론과 진화론의 특징 이해

문제분석 자료에서 A와 구분되는 B의 장점과 비판을 써야 하는데 을이 '2점'이므로 장점과 비판을 모두 옳게 서술했음을 알 수 있다. 따라서 을이 서술한 '서구 제국주의를 정당화하는 수단으로 악용될 수 있다.'는 비판을 통해 B가 진화론임을 알 수 있다. 이에 따라 갑이 장점에 서술한 '흥망성쇠를 거듭한 국가의 사례를 설명하기에 적합하다.'는 틀린 내용이므로 갑은 (나)에 옳은 내용을 서술하였다.

정답찾기 ③ 진화론은 사회가 단순·미분화된 형태에서 복잡·분화된 형태로 변동해 간다고 본다.

오답피하기 ① 모든 사회가 동일한 방향으로 변동한다고 보는 것은 진화론이다.

② 사회 변동을 대립과 갈등이라는 속성을 통해 파악하는 것은 갈등론이다.

④ (가)에는 진화론의 장점이 들어가야 한다. 진화론은 장기간에 걸쳐 일정한 방향으로 발전해 가는 사회 변동을 설명하기에 적합하므로 해당 내용은 (가)에 들어갈 수 없다.

⑤ (나)에는 진화론에 대한 비판이 들어가야 한다. 사회 변동에 대응하는 인간의 노력을 과소평가하는 것은 순환론이므로 해당 내용은 (나)에 들어갈 수 없다.

07 사회 운동의 특징 이해

문제분석 첫 번째 사례에서 환경 단체 회원들을 중심으로 일회용품 사용을 반대하는 시위와 두 번째 사례에서 인종 차별에 반대하는 사람들을 중심으로 해시태그 운동을 하는 것은 모두 사회 운동에 해당한다.

정답찾기 ㄱ. 첫 번째 사례는 환경 문제, 두 번째 사례는 인종 차별 문제와 같은 사회 문제 해결을 위해 전개된 사회 운동이다.

ㄴ. 첫 번째 사례에서는 조형물 세우기, 탄원서에 서명하기, 두 번째 사례에서는 소셜 미디어에 해시태그 달기 등 뚜렷한 목표와 활동 방법을 바탕으로 사회 운동이 전개되었다.

오답피하기 ㄷ. 두 사례 모두 일시적이고 즉흥적인 감정에 따른 행동이 아닌 뚜렷한 목표와 구체적인 활동 방법을 바탕으로 나타난 지속적인 다수의 행동이다.

ㄹ. 두 사례 모두 사회 구조 전체를 근본적으로 바꾸고자 하는 사회 운동이라고 보기 어렵다.

08 사회 운동의 특징 이해

문제분석 '공정 무역 마을 운동'과 '고래 보호 운동'은 모두 자신들의 신념과 가치를 실현하기 위해 다수의 사람들이 자발적으로 행동하는 집단적이고 지속적인 활동으로서 사회 운동에 해당한다.

정답찾기 ⑤ 공정 무역 마을 운동은 공정 무역의 가치를 퍼뜨리는 데 목적을 두고, 고래 보호 운동은 멸종 위기에 처한 고래를 보호하는 데 목적을 두고 펼쳐지는 사회 운동으로서 뚜렷한 목표와 체계적 활동 계획을 바탕으로 한 다수의 행동이다.

오답피하기 ① 공정 무역 마을 운동은 기득권을 보호하기 위한 사회 운동이라고 볼 수 없다.

② 과거 질서로 회귀하려는 사회 운동은 복고적 사회 운동이다. 고래 보호 운동을 복고적 사회 운동이라고 볼 수 없다.

③ 기존 사회 질서를 유지하고자 하는 다수의 행동은 보수적 사회 운동으로서 ㉠, ㉡에 나타난 사회 운동이라고 볼 수 없다.

④ 사회 구조의 근본적인 변화를 추구하는 사회 운동은 혁명적 사회 운동으로서 ㉠, ㉡에 나타난 사회 운동이라고 볼 수 없다.

THEME 16 현대 사회의 변화와 전 지구적 수준의 문제

수능 실전 문제 본문 96~99쪽

| 01 ④ | 02 ③ | 03 ⑤ | 04 ② |
| 05 ② | 06 ③ | 07 ③ | 08 ① |

01 세계화의 영향 이해

문제분석 제시문에는 국가 간의 상호 의존성이 심화되는 세계화로 인하여 특정 지역의 문제가 전 세계의 문제로 확산되고 있다는 내용이 나타나 있다.

정답찾기 ④ 세계화로 인하여 특정 지역의 문제가 전 세계의 문제로 확산될 수 있다.

오답피하기 ① 세계화가 문화의 획일화를 가져온다는 것은 제시문과 관련이 없다.

② 세계화로 인해 국가 간 불평등 문제가 심화된다는 것은 제시문과 관련이 없다.

③ 세계화로 인해 소비자들의 제품에 대한 선택권이 다양해졌다는 것은 제시문과 관련이 없다.

⑤ 세계화로 인한 사회 문제가 현재 세대뿐만 아니라 다음 세대에도 영향을 미친다는 것은 제시문과 관련이 없다.

02 세계화의 영향 이해

문제분석 (가)에는 세계화가 저개발국의 경제에까지 도움이 된다는 긍정적 영향이, (나)에는 세계화가 선진국의 이해관계와 다국적 기업의 이윤 추구만을 강조한다는 부정적 영향이 드러나 있다.

정답찾기 ㄴ. (나)에는 세계화를 통해 무역 자유화가 이루어지면서 저개발국의 지역 경제가 파탄나고 선진국은 이득을 보게 되어 경제적 측면에서 국가 간 빈부 격차가 나타난다는 점이 강조되어 있다.

ㄷ. (가)에는 세계화가 저개발국의 경제에도 도움이 된다는 긍정적인 측면이 강조되어 있다.

오답피하기 ㄱ. (가)에는 세계화의 확산이 저개발국의 경제에 도움이 된다는 경제적 측면의 내용이 나타나 있다.

ㄹ. 세계화로 인해 개별 국가의 자율성이 약화된다는 내용은 (가), (나)를 통해 알 수 없다.

03 정보 사회의 문제점 이해

문제분석 제시문은 훈련된 데이터를 제공하는 생성형 AI가 잘못된 데이터를 포함하고 있는 경우 이를 바탕으로 한 잘못된 응답이 제공될 수 있다는 점을 통해 정보 통신 기술이 거짓되고 편향된 정보를 제공할 수 있다는 한계점을 지닌다는 것을 보여 준다.

정답찾기 ⑤ 정보 사회에서는 생성형 AI와 같은 정보 통신 기술의 발달로 인해 편향된 정보가 증가할 수 있다는 문제점이 있다.

오답피하기 ① 정보 통신 기술 사용자의 익명성 심화는 제시문을 통해 알 수 없다.

② 정보 격차로 인한 경제적 불평등의 심화는 제시문을 통해 알 수 없다.

③ 정보 통신 기술 사용을 통한 사이버 범죄의 증가는 제시문을 통해 알 수 없다.

④ 정보 통신 기술을 통한 의사 결정의 중앙 집권화는 제시문을 통해 알 수 없다.

04 정보 사회의 특징 이해

문제분석 소품종 대량 생산 방식의 비중이 높은 것은 산업 사회이므로 B는 산업 사회이고, A는 정보 사회이다.

정답찾기 ㄱ. 정보 사회는 산업 사회에 비해 쌍방향 정보 매체 활용이 증가하여 정보 생산자와 소비자의 경계가 불명확하다.

ㄷ. 산업 사회는 재택근무 등이 가능한 정보 사회에 비해 가정과 일터의 분리 정도가 높다.

오답피하기 ㄴ. 탈관료제 조직의 비중은 정보 사회가 산업 사회에 비해 높다.

ㄹ. 사회 구성원 간 비대면 접촉의 정도는 정보 사회가 산업 사회에 비해 높으므로 해당 내용은 (가)에 들어갈 수 있다.

05 정보 사회의 특징 이해

문제분석 카드 (가)~(다)의 내용 중 (가)의 소품종 대량 생산 방식의 비중은 산업 사회가 높고, (나)의 가정과 일터의 결합 정도는 정보 사회가 높으며, (다)의 탈관료제 조직의 비중은 정보 사회가 높다. 그런데 게임 결과에서 갑은 산업 사회가 정보 사회보다 높은 특징에 해당하는 (가), 정보 사회가 산업 사회보다 높은 특징에 해당하는 (다)를 뽑고, 을은 (나)와 (라)를 뽑아 게임에서 승리하였으므로 을은 정보 사회가 산업 사회보다 높은 특징에 해당하는 두 장의 카드 내용으로 승리했다고 볼 수 있다. 따라서 A는 정보 사회, B는 산업 사회이다.

정답찾기 ㄱ. 게임에서 갑의 경우 정보 사회가 산업 사회보다 높은 특징에 해당하는 (다)를 통해 1점을 획득하였다.

ㄹ. ㉠에는 정보 사회가 산업 사회보다 높거나 강한 기준이 들어가야 한다. '정보 확산의 시·공간적 제약 정도'는 산업 사회가 정보 사회보다 강하므로 해당 내용은 ㉠에 들어갈 수 없다.

오답피하기 ㄴ. 정보 사회는 산업 사회에 비해 사회의 다원화 정도가 높다.

ㄷ. 산업 사회는 정보 사회에 비해 직업의 동질성 정도가 높다.

06 인구 구조의 분석

문제분석 갑국은 t년의 경우 총인구 중 15~64세 인구 비율이 75%이므로 0~14세 인구 비율을 'x%'라고 한다면 65세 이상 인구의 비율은 '(25−x)%'이다. 갑국의 t년 노령화 지수 150은 '{(25−x)/x}×100'을 통해 계산된 결과이므로 이를 계산하면 x, 즉 0~14세 인구 비율은 10%이고, 65세 이상 인구 비율은 15%이다. 이와 같은 방식으로 t년에 갑국과 을국의 총인구를 각각 100명이라고 했을 때 갑국과 을국의 t년, t+50년의 인구 비율과 인구를 계산한 값은 표와 같다.

구분	갑국				을국			
	t년		t+50년		t년		t+50년	
	비율(%)	수(명)	비율(%)	수(명)	비율(%)	수(명)	비율(%)	수(명)
0~14세	10	10	5	10	20	20	20	40
15~64세	75	75	65	130	65	65	70	140
65세 이상	15	15	30	60	15	15	10	20
계	100	100	100	200	100	100	100	200

정답찾기 ③ t+50년에 15~64세 인구 1명당 65세 이상 인구는 갑국이 (60/130)명, 을국이 (20/140)명으로 갑국이 을국보다 많다.

오답피하기 ① t년에 총인구 중 65세 이상 인구 비율은 갑국이 15%, 을국이 15%로 동일하다.

② t+50년에 0~14세 인구는 갑국이 10명, 을국이 40명으로 을국이 갑국보다 많다.

④ t년 대비 t+50년에 65세 이상 인구의 증가율은 갑국이 {(60-15)/15}×100인 300%, 을국이 {(20-15)/15}×100인 약 33.3%로 갑국이 을국보다 높다.

⑤ 갑국은 고령 사회에서 초고령 사회로, 을국은 고령 사회에서 고령화 사회로 변화하였다.

07 인구 구조의 분석

문제분석 총인구가 t+50년에 t년 대비 50% 증가하였고, t+100년에는 t년의 2배가 되었으므로 t년의 인구가 100명이라면 t+50년의 인구는 150명이고, t+100년의 인구는 200명이다. 한편, t+100년의 총부양비가 100인데 이때 0~14세 인구의 비율이 20%이므로 65세 이상 인구 비율을 'x'라고 하면, 총부양비 100은 {(20+x)/(80-x)}×100을 통해 계산된 값이다. 이를 통해 x가 30임을 알 수 있다. 이와 같은 방식으로 t년, t+50년, t+100년의 인구 비율과 인구를 계산하면 표와 같다.

구분	t년		t+50년		t+100	
	비율(%)	수(명)	비율(%)	수(명)	비율(%)	수(명)
0~14세 인구	40	40	10	15	20	40
15~64세 인구	40	40	80	120	50	100
65세 이상 인구	20	20	10	15	30	60
계	100	100	100	150	100	200

정답찾기 ③ 노령화 지수는 t년이 50{=(20/40)×100}, t+50년이 100{=(15/15)×100}, t+100년이 150{=(60/40)×100}이므로 t+100년이 가장 크고, t년이 가장 작다.

오답피하기 ① 15~64세 인구는 t년이 40명, t+50년이 120명으로 t+50년이 t년의 3배이다.

② t+50년은 고령화 사회, t+100년은 초고령 사회에 해당한다.

④ t년 대비 t+100년의 총인구 증가율은 100%[={(200-100)/100}×100]이고, 15~64세 인구 증가율은 150%[={(100-40)/40}×100]이므로 15~64세 인구 증가율이 총인구 증가율보다 높다.

⑤ 총인구 중 15~64세 인구 비율은 t+50년이 가장 크고, t년이 가장 작다.

08 다문화 사회로의 변화 이해

문제분석 갑과 을은 다문화 사회에서 필요한 교육 정책과 지원에 대해 서로 다른 의견을 제시하고 있다.

정답찾기 ㄱ. 갑은 문화 다양성을 보장하기보다 사회 구성원 간 동질성을 확보하는 정책을 주장하고 있다.

ㄴ. 을은 다문화 가정 아이들의 문화 다양성 보장을 존중하는 차원의 정책을 주장하고 있다.

오답피하기 ㄷ. 갑, 을은 모두 제도적 차원의 해결 방안을 제시하고 있다.

ㄹ. 갑과 달리 을의 의견은 다문화 사회에서 문화 상대주의를 바탕으로 한다.

1 ③	2 ①	3 ②	4 ③	5 ①
6 ②	7 ⑤	8 ①	9 ①	10 ①
11 ④	12 ⑤	13 ④	14 ②	15 ①
16 ②	17 ③	18 ⑤	19 ①	20 ⑤

1 사회·문화 현상과 자연 현상의 특징 이해

문제분석 ㉠과 같은 현상은 자연 현상, ㉡, ㉢과 같은 현상은 사회·문화 현상이다.

정답찾기 ③ 사회·문화 현상은 개연성, 자연 현상은 필연성으로 설명된다.

오답피하기 ① 자연 현상은 몰가치성, 사회·문화 현상은 가치 함축성을 지닌다.

② 당위적 규범을 반영하는 것은 사회·문화 현상이다. ㉡, ㉢과 같은 현상은 모두 사회·문화 현상이다.

④ 자연 현상은 확실성의 원리, 사회·문화 현상은 확률의 원리가 적용된다.

⑤ 사회·문화 현상은 당위적 규범을 반영하고, 자연 현상은 존재 법칙을 따른다.

2 상징적 상호 작용론의 이해

문제분석 제시문은 동일하게 보이는 상황에서도 개인마다 상황 정의가 달라질 수 있으며, 그것에 따라 상호 작용의 모습이 달라질 수 있음을 보여 주고 있다. 따라서 제시문에는 상징적 상호 작용론의 관점이 나타나 있다.

정답찾기 ① 집단 간 갈등이 사회 변동의 원동력이라고 보는 것은 갈등론, 사회를 하나의 유기체로 간주하는 것은 기능론이다. 인간이 사회에 대하여 자율성을 지닌 능동적 존재라고 보는 것과 사회·문화 현상의 의미가 그것이 발생하는 맥락과 행위 주체에 따라 달라진다고 보는 것은 모두 상징적 상호 작용론이다. 따라서 표의 각 질문에 모두 옳게 답한 학생은 갑이다.

3 순환론과 진화론의 비교

문제분석 사회 변동에 일정한 방향성이 있다고 보는 것은 진화론, 사회 변동에 일정한 방향성이 없고 생성, 성장, 쇠퇴, 소멸의 과정을 반복한다고 보는 것은 순환론이다. 따라서 A는 진화론, B는 순환론이다.

정답찾기 ㄴ. 진화론은 순환론과 달리 서구 제국주의를 정당화할 수 있다는 비판을 받는다.

오답피하기 ㄱ. 운명론적 입장에서 사회 변동을 이해하는 것은 순환론이므로 해당 진술은 (가)에 들어갈 수 있다.

ㄷ. 서구 사회가 가장 진보된 사회임을 전제로 하는 것은 진화론이다.

4 양적 연구의 사례 분석

문제분석 갑의 연구는 '성인'이라는 모집단을 대상으로 '성인 남녀 각각 100명'의 표본을 선정하여 실시한 양적 연구이다. '결혼에 대한 부정적 인식에 소득 수준이나 성별이 미치는 영향'을 연구하기로 한 것이므로 '소득 수준', '성별'은 독립 변인이고, '결혼에 대한 부정적 인식'은 종속 변인이다.

(정답찾기) ③ 자료 분석의 결과는 소득 수준이 낮은 집단이 소득 수준이 높은 집단보다 결혼에 대한 부정적 인식의 정도가 높으며, 여성이 남성보다 결혼에 대한 부정적 인식의 정도가 높은 것으로 나타났다. 따라서 가설이 '소득 수준이 높은 집단이 소득 수준이 낮은 집단보다 결혼에 대한 부정적 인식의 정도가 높을 것이다.'라면, 그 가설은 기각된다.

(오답피하기) ① 이 연구에서 모집단은 대학생이 아니라 성인이다.
② '결혼에 대한 부정적 인식'은 종속 변인, '성별'은 독립 변인이다.
④ 이 연구에서 실험법으로 자료를 수집하고 있지는 않으므로 실험 처치 과정은 없다.
⑤ 자료 분석 결과 여성이 남성보다 결혼에 대한 부정적 인식의 정도가 높은 것으로 나타났다.

5 산업 사회와 정보 사회의 비교

(문제분석) 두 번째 질문에 대한 답을 통해 A가 정보 사회, B가 산업 사회임을 파악할 수 있다.

(정답찾기) ① 정보 사회가 산업 사회보다 가정과 일터의 결합 정도가 강하다. 따라서 ㉠은 '예'이다.

(오답피하기) ② 사회의 다원화 정도는 정보 사회가 산업 사회보다 높다.
③ 소품종 대량 생산 방식의 비중은 산업 사회가 정보 사회보다 크다.
④ 구성원 간 대면 접촉의 비중은 산업 사회가 정보 사회보다 높다.
⑤ 정보의 생산자와 소비자 간 구분이 불분명한 것은 정보 사회이다.

6 사회 계층화 현상 관련 자료의 분석

(문제분석) 중층 인구의 비율이 낮아졌다는 정보를 통해 B와 C 중 하나가 중층이라는 것을 알 수 있다. 또한 중층 인구에 대한 상층 인구의 비가 작아졌다는 정보를 통해 B가 중층, C가 상층임을 알 수 있다. (만약 B가 중층, C가 하층이면, A가 상층이 되고 중층 인구에 대한 상층 인구의 비는 커진다. 또한 C가 중층이면 B가 상층이든 하층이든 중층 인구에 대한 상층 인구의 비는 커진다.) 따라서 A는 하층, B는 중층, C는 상층이며, 계층별 비율은 다음과 같이 변화하였다.

(단위: %)

구분	변화 전	변화 후
상층	20	10
중층	50	40
하층	30	50

(정답찾기) ㄱ. 제시된 조건을 만족하려면 A는 하층, B는 중층, C는 상층이어야 한다.
ㄷ. 계층 구조는 다이아몬드형에서 피라미드형으로 변화하였다. 피라미드형이 다이아몬드형에 비해 사회 안정 달성에 불리하다.

(오답피하기) ㄴ. 중층 인구에 대한 하층 인구의 비는 3/5에서 5/4로 커졌다.

ㄹ. 전체 인구는 변화가 없으므로 비율에 따라 계산하면 상층 인구는 감소하였고, 하층 인구는 증가하였다.

7 관료제와 탈관료제의 비교

(문제분석) 그림의 첫 번째 질문에서 A가 탈관료제, B가 관료제임을 파악할 수 있다. 따라서 (가)에는 관료제만 '예'라고 답할 수 있는 질문이 들어가야 한다.

(정답찾기) ⑤ '근대 산업화 과정에서 대규모 조직을 안정적으로 운영하기 위해 확산하였는가?'라는 질문에 관료제는 '예', 탈관료제는 '아니요'라고 답해야 한다. 따라서 해당 질문은 (가)에 들어갈 수 있다.

(오답피하기) ① 목적 전치 현상이 발생할 가능성이 높은 것은 관료제이다.
② 환경 변화에 유연하게 대처할 수 있는 조직 구조는 탈관료제이다.
③ 업무의 전문화와 세분화를 특징으로 하는 것은 관료제이다.
④ 탈관료제가 관료제보다 능력과 성과에 따른 보상 체계를 중시한다. 관료제는 일반적으로 연공서열에 따른 보상 체계를 중시한다.

8 일탈 이론의 이해

(문제분석) 적용 예시의 내용을 통해 A는 낙인 이론, B는 차별 교제 이론, C는 머튼의 아노미 이론임을 파악할 수 있다.

(정답찾기) ① 낙인 이론은 1차적 일탈에 대한 사회적 낙인에 의해 부정적 자아를 가지게 되어 2차적 일탈로 이어진다는 점을 강조한다.

(오답피하기) ② 문화적 목표와 제도적 수단 간의 괴리에 주목하는 것은 머튼의 아노미 이론이다.
③ 학습을 통해 일탈 행위가 발생한다는 점을 강조하는 것은 차별 교제 이론이다.
④ 차별 교제 이론은 일탈자로부터 일탈을 배우게 되어 일탈이 발생한다고 보므로 최초의 일탈자가 어떻게 일탈을 하게 되었는지 설명할 수 없다는 한계가 있다.
⑤ 일탈 행위의 객관적 기준이 없다고 보는 것은 낙인 이론이다.

9 문화 접변의 유형 이해

(문제분석) 〈질문 1〉에서 A와 B는 '예'라는 답변으로 묶일 수 있으므로 C는 문화 동화임을 알 수 있고, 〈질문 2〉에서 A와 C는 '아니요'라는 답변으로 묶일 수 있으므로 B는 문화 융합임을 알 수 있다. 따라서 A는 문화 병존, B는 문화 융합, C는 문화 동화이다.

(정답찾기) ① 우리나라 사람이 때로는 서양식 병원을, 때로는 한의원을 이용하는 것은 문화 병존의 사례이다.

(오답피하기) ② 북아메리카 원주민이 유럽인의 문화와 접촉하면서 자기 문화를 상실한 것은 문화 동화의 사례이다.
③ 문화 동화는 자발적 문화 접변에서도 나타날 수 있다.
④ 문화 수용자가 외래문화를 변형하여 정착시킨 결과에 해당하는 것은 문화 융합이다.
⑤ 서로 다른 사회의 문화 요소가 한 사회의 문화 체계 속에 나란히 존재하는 현상은 문화 병존이다.

10 사회 불평등 자료의 분석

문제분석 근로자 성비가 1 : 1이므로 전체 근로자 월평균 임금은 (남성 근로자 월평균 임금＋여성 근로자 월평균 임금)÷2이다. 갑국의 남성 근로자 월평균 임금이 300달러이고, 성별 임금 격차 지수가 40이므로 여성 근로자 월평균 임금을 a달러라고 가정하면, $[(300-a)/\{(300+a)÷2\}]×100=40$이다. 이를 계산하면 갑국의 여성 근로자 월평균 임금은 200달러이다. 이러한 방식을 활용하면 을국의 여성 근로자 월평균 임금은 90달러임을 알 수 있다.

갑국의 남성 정규직 근로자 수가 300만 명이고, 성별 정규직 격차 지수가 50이므로 여성 정규직 근로자 수를 b명이라고 가정하면, $\{(300만-b)/(300만+b)\}×100=50$이다. 이를 계산하면 갑국의 여성 정규직 근로자 수는 100만 명이다. 이러한 방식을 활용하면 을국의 여성 정규직 근로자 수는 300만 명임을 알 수 있다. 이를 표로 나타내면 다음과 같다.

구분	갑국	을국
남성 근로자 월평균 임금(달러)	300	110
여성 근로자 월평균 임금(달러)	200	90
남성 정규직 근로자 수(만 명)	300	700
여성 정규직 근로자 수(만 명)	100	300

정답찾기 ① 갑국의 남성 근로자 월평균 임금이 300달러이고, 여성 근로자 월평균 임금이 200달러이므로 여성 근로자 월평균 임금은 남성 근로자 월평균 임금의 2/3이다.

오답피하기 ② 을국의 여성 정규직 근로자 수는 남성 정규직 근로자 수의 절반보다 적다.

③ 여성 근로자 월평균 임금은 을국이 갑국의 절반보다 작다.

④ 성별에 따른 근로자 임금 불평등은 갑국이 을국보다 심하다.

⑤ 전체 정규직 근로자 중 여성 정규직 근로자가 차지하는 비율은 갑국이 25%, 을국이 30%이므로 을국이 갑국보다 높다.

11 문화의 속성 이해

문제분석 제시문에 부각되어 있는 문화의 속성은 전체성과 변동성이다. 과학 기술의 발달과 함께 공업화와 도시화, 그리고 친족 문화나 전통 신앙에 연쇄적으로 영향을 준다는 점에서 전체성이, 과학 기술의 발달 그 자체와 친족 문화나 전통 신앙의 변화에서 변동성이 드러나 있다.

정답찾기 ㄴ. 문화는 시간이 흐르면서 그 형태나 의미가 변화한다는 것은 문화의 변동성에 해당한다.

ㄹ. 한 사회의 문화를 구성하는 요소들은 상호 유기적으로 관련을 맺는다는 것은 문화의 전체성에 해당한다.

오답피하기 ㄱ. 문화가 세대 간 전승을 통해 더욱 풍부해진다는 것은 문화의 축적성에 해당한다. 축적성은 제시문에 부각되어 있지 않다.

ㄷ. 문화가 후천적인 학습에 의해 향유되는 생활 양식이라는 것은 문화의 학습성에 해당한다. 학습성은 제시문에 부각되어 있지 않다.

12 다양한 자료 수집 방법의 이해

문제분석 교사의 말과 힌트를 통해 ㉠은 질문지법, ㉡은 면접법임을 알 수 있다.

정답찾기 ㄷ. 질문지법은 면접법에 비해 구조화 및 표준화를 중시한다.

ㄹ. 질문지법과 면접법은 모두 연구 대상자와의 언어적 상호 작용이 필수적이다.

오답피하기 ㄱ. ㉠은 질문지법이다.

ㄴ. 실제성 높은 자료를 수집하기에 가장 적합한 방법은 참여 관찰법이다.

13 하위문화의 이해

문제분석 제시문의 내용을 통해 갑국에서 A는 주류 문화에 해당하는 문화, B는 반문화의 성격을 갖지 않는 하위문화에 해당하는 문화, C는 반문화에 해당하는 문화임을 파악할 수 있다.

정답찾기 ㄴ. 반문화의 성격을 갖지 않는 하위문화와 반문화는 모두 하위문화에 해당한다.

ㄹ. 반문화도 시간이 흘러 주류 문화가 될 수 있다.

오답피하기 ㄱ. 반문화는 하위문화에 속하며, 하위문화는 문화 다양성에 기여한다.

ㄷ. 반문화를 향유하는 사람도 주류 문화를 향유할 수 있다.

14 빈곤의 유형 이해

문제분석 상대적 빈곤에는 해당하지 않지만 절대적 빈곤에는 해당하는 가구가 있다는 것은 절대적 빈곤선이 상대적 빈곤선보다 높다는 것을 의미하고, 절대적 빈곤에는 해당하지 않지만 상대적 빈곤에는 해당하는 가구가 있다는 것은 상대적 빈곤선이 절대적 빈곤선보다 높다는 것을 의미한다.

정답찾기 ② 상대적 빈곤은 한 사회의 소득 분포를 고려하여 설정되는 개념이지만 절대적 빈곤은 소득 분포와 상관없이 그 당시의 절대적인 최저 생계비를 고려하여 결정되는 개념이다. 절대적 빈곤과 상대적 빈곤 모두 객관적인 소득 수준으로 측정된다. 2022년 A국은 상대적 빈곤에는 해당하지 않고 절대적 빈곤에만 해당하는 가구가 있으므로 절대적 빈곤선(최저 생계비 수준)이 상대적 빈곤선(중위 소득의 50% 수준)보다 높은 것이다. 2022년 B국은 절대적 빈곤에는 해당하지 않고 상대적 빈곤에만 해당하는 가구가 있으므로 상대적 빈곤선이 절대적 빈곤선보다 높은 것이다.

15 사회 보장 제도 관련 자료의 분석

문제분석 ○○연금은 국민연금, △△연금은 기초 연금임을 알 수 있다. 국민연금은 사회 보험에 해당하고, 기초 연금은 공공 부조에 해당한다. A 지역, B 지역, C 지역의 인구를 각각 a, b, c라고 가정하면, ○○연금과 △△연금의 중복 수급자 수는 B 지역이 A 지역의 4배라고 하였으므로 '0.05a×4＝0.08b'의 식이 성립하고 $b=\frac{5}{2}a$임을 알 수 있다. 그리고 전체 인구 중 ○○연금과 △△연금의 중복 수급자의 비율이 8%인데, B 지역도 8%이므로 A 지역과 C 지역을 합한 지역에서도 8%가 나와야 함을 알 수 있다. 따라서 $\{(0.05a+0.1c)/(a+c)\}×100=8$이므로 c는 a의 3/2배이다. 정리하면 a : b : c=2 : 5 : 3이다. a를 200명이라고 가정하면 각 연금 수급자의 절대적인 수를 표와 같이 나타낼 수 있다.

(단위: 명)

구분	A 지역	B 지역	C 지역	전체
총인구	200	500	300	1,000
○○연금 수급자	60	75	45	180
△△연금 수급자	30	50	60	140
○○연금과 △△연금 중복 수급자	10	40	30	80
○○연금과 △△연금 중 하나라도 받는 수급자	80	85	75	240

정답찾기 ① 표에서 45명은 300명의 15%에 해당하며, 140명은 1,000명의 14%에 해당한다. 따라서 ㉠은 '15', ㉡은 '14'이다.

오답피하기 ② A 지역 인구가 200명이라면, 갑국 전체 인구에서 ○○연금 수급자는 180명이다.

③ 강제 가입의 원칙이 적용되는 제도는 사회 보험에 해당하는 ○○연금이다. 수급자 비율과 수급자 수를 혼동해서는 안 된다. 위 표에서 ○○연금의 수급자 수는 A 지역이 60명, B 지역이 75명이므로 A 지역이 B 지역보다 적다.

④ 위 표에서 ○○연금과 △△연금 중 하나라도 받는 수급자의 수는 A 지역이 80명, C 지역이 75명이므로 A 지역이 C 지역보다 많다.

⑤ 사후 처방적 성격이 강한 제도는 공공 부조에 해당하는 △△연금이다. 위 표에서 △△연금의 수급자 수는 B 지역이 50명, C 지역이 60명이므로 B 지역이 C 지역보다 적다.

16 사회 운동의 이해

문제분석 제시문의 내용을 통해 ㉠은 사회 운동에 해당하지만, ㉡은 사회 운동이 아니라 여러 사람들이 단순히 함께하는 행동임을 파악할 수 있다.

정답찾기 ② ㉠은 사회 운동이며, ㉡은 사회 운동이 아니다. 사회 운동은 체계적인 조직을 갖추고 있으며, 구성원 간 역할 분담이 이루어진다.

오답피하기 ① 사회 운동은 집단적인 행위이다.

③ ㉡은 사회 운동이 아니며, 보수주의적 성격도 띠지 않는다.

④ ㉡에서도 자신이 응원하는 팀의 승리를 기원하는 공동의 목표를 가지고 있다고 볼 수 있다.

⑤ ㉡은 사회 개혁을 추구하는 활동이라고 볼 수 없다.

17 지위와 역할, 사회화 기관, 사회 집단의 이해

문제분석 제시문을 통해 지위의 종류, 역할 및 역할 갈등의 개념, 사회화 기관의 유형, 사회 집단의 유형에 대해 이해하고 있는지 종합적으로 묻고 있다.

정답찾기 ③ 내집단은 자신이 속해 있으면서 강한 소속감이나 일체감, 애착심 등의 내집단 의식을 갖는 집단이다. 갑은 △△ 고등학교에서 학교에 대한 애착과 만족감을 느끼며 교사 생활을 하고 있으므로 △△ 고등학교는 현재 갑의 내집단에 해당한다.

오답피하기 ① ㉡은 지위에 따른 역할 간의 충돌로 인한 것이 아니므로 역할 갈등에 해당하지 않는다.

② 대학교는 2차적 사회화 기관이다.

④ 교사, 부모 모두 성취 지위에 해당한다.

⑤ ㉥은 ㉤의 구성원으로서 갑의 역할이 아닌 역할 행동에 대한 보상이다.

18 문화 이해 태도의 구분

문제분석 갑과 을의 말을 통해 갑은 문화 사대주의의 태도, 을은 문화 상대주의의 태도를 가지고 있음을 파악할 수 있다.

정답찾기 ⑤ 을은 문화 상대주의의 태도를 가지고 있다. '문화는 해당 사회의 맥락과 시각에서 바라보아야 한다.'는 진술은 문화 상대주의의 태도에 부합한다.

오답피하기 ① 강대국의 문화를 적극적으로 배워야 한다는 입장은 문화 사대주의의 태도를 가진 갑의 주장에 부합한다.

② 문화 상대주의의 태도는 문화를 우열 평가의 대상으로 보지 않는다.

③ 문화 상대주의의 태도는 문화를 우열 평가의 대상으로 보지 않기 때문에 문화를 '발전'의 개념으로 바라보지 않는다.

④ 문화 상대주의의 태도는 문화를 평가가 아닌 이해의 대상으로 바라본다.

19 사회 실재론과 사회 명목론의 이해

문제분석 제시문을 통해 사회 명목론의 관점을 파악할 수 있다.

정답찾기 ㄱ. 개인의 능동성이 사회의 구속성보다 우선한다고 보는 입장은 사회 명목론에 부합한다.

ㄴ. 사회 명목론은 사회의 특성은 개개인의 특성이 모여 나타나는 것에 불과하다고 보므로 사회의 특성은 개개인의 특성으로 환원될 수 있다고 본다.

오답피하기 ㄷ. 사회 명목론은 개인별 특성의 합이 곧 사회의 특성이라고 보기 때문에 구성원의 능력을 파악하면 조직의 역량을 파악할 수 있다고 본다.

ㄹ. 사회 명목론은 사회 문제의 해결을 위해서는 사회 구조나 제도보다는 개인의 의식 변화가 중요하다고 본다.

20 저출산·고령화 관련 자료의 분석

문제분석 A국의 경우 t년 총부양비가 100이므로 부양 인구 : (유소년 인구+노년 인구)=1 : 1이고, 노령화 지수가 25이므로 유소년 인구 : 노년 인구=4 : 1이다. 따라서 t년 총인구를 1,000명이라고 가정하면, 부양 인구는 500명, 유소년 인구는 400명, 노년 인구는 100명이다. t+50년 총부양비가 50이므로 부양 인구 : (유소년 인구+노년 인구)=2 : 1이고, 노령화 지수가 100이므로 유소년 인구 : 노년 인구=1 : 1이다. 따라서 t+50년 총인구를 t년보다 200% 증가한 3,000명이라고 가정하면, 부양 인구는 2,000명, 유소년 인구는 500명, 노년 인구는 500명이다.

B국의 경우 t년 총부양비가 100이므로 부양 인구 : (유소년 인구+노년 인구)=1 : 1이고, 노령화 지수가 100이므로 유소년 인구 : 노년 인구=1 : 1이다. 따라서 t년 총인구를 2,000명이라고 가정하면, 부양 인구는 1,000명, 유소년 인구는 500명, 노년 인구는 500명이다. t+50년 총부양비가 200이므로 부양 인구 : (유소년 인구+노년 인구)=1 : 2이고, 노령화 지수가 100이므로 유소년 인구 : 노년 인구=1 : 1이다. 따라서 t+50년 총인구를 t년보다 50% 증가한 3,000명

으로 가정하면, 부양 인구는 1,000명, 유소년 인구는 1,000명, 노년 인구는 1,000명이다. 이를 통해 A, B국의 인구 구조를 정리하면 표와 같다.

(단위: 명)

구분	A국		B국	
	t년	t+50년	t년	t+50년
유소년 인구	400	500	500	1,000
부양 인구	500	2,000	1,000	1,000
노년 인구	100	500	500	1,000
총인구	1,000	3,000	2,000	3,000

정답찾기 ⑤ t+50년에 총인구 중 부양 인구의 비율은 A국이 $(2,000/3,000) \times 100$, B국이 $(1,000/3,000) \times 100$이므로 A국이 B국의 2배이다.

오답피하기 ① A국의 노년 부양비는 t년이 20, t+50년이 25이므로 t년이 t+50년보다 작다.
② t년에 부양 인구는 A국이 500명, B국이 1,000명이므로 A국이 B국보다 적다.
③ t년에 유소년 부양비는 A국이 80, B국이 50이므로 A국이 B국보다 크다.
④ t+50년에 총인구 중 노년 인구의 비율은 A국이 $(500/3,000) \times 100$, B국이 $(1,000/3,000) \times 100$이므로 B국이 A국보다 크다.

실전 모의고사 2회

본문 107~111쪽

1 ⑤	2 ④	3 ①	4 ③	5 ⑤
6 ④	7 ⑤	8 ③	9 ③	10 ④
11 ⑤	12 ①	13 ①	14 ④	15 ③
16 ②	17 ②	18 ②	19 ⑤	20 ②

1 사회·문화 현상과 자연 현상의 이해

문제분석 ㉠, ㉣과 같은 현상은 사회·문화 현상, ㉡, ㉢과 같은 현상은 자연 현상이다.

정답찾기 ⑤ 사회·문화 현상은 보편성과 특수성이 공존하지만, 자연 현상은 보편성만 나타난다.

오답피하기 ① 사회·문화 현상은 가치 함축적이고, 자연 현상은 몰가치적이다.
② 두 현상 모두 자연 현상으로 존재 법칙을 따른다.
③ 자연 현상은 사회·문화 현상에 비해 인과 관계가 명확하다.
④ 두 현상 모두 사회·문화 현상으로 개연성의 원리가 적용된다.

2 사회·문화 현상을 바라보는 관점의 이해

문제분석 사회 제도를 지배층이 피지배층을 지배하기 위한 도구로 보는 A는 갈등론이고, 사회 제도를 전체 사회 구성원들 간 합의의 산물로 보는 B는 기능론이다.

정답찾기 ④ 기능론은 기득권층의 이익을 대변하는 논리로 사용된다는 비판을 받지만, 갈등론은 그렇지 않다.

오답피하기 ① 사회 구성 요소의 상호 의존 관계에 주목하는 관점은 기능론이다.
② 인간을 사회·문화 현상을 구성해 나가는 능동적 존재로 보는 관점은 상징적 상호 작용론이다.
③ 갈등론은 사회 집단 간 갈등을 정상적이고 필연적인 현상으로 인식한다.
⑤ 개인에 대한 사회 구조의 영향력을 간과한다는 비판을 받는 관점은 상징적 상호 작용론이다.

3 연구 사례의 분석

문제분석 갑은 면접법을 통해 집단 상담을 받은 학생들의 학교생활에 나타난 변화에 대해 깊이 있게 이해하고자 하는 질적 연구를 수행하였다. 그 과정에서 연구 대상자는 집단 상담과 학교생활 만족도 간 상관관계를 파악하고자 양적 연구를 진행했던 을의 연구를 바탕으로 선정하였다.

정답찾기 ① 갑은 방법론적 이원론에 바탕을 둔 질적 연구를 수행하였다.

오답피하기 ② 을은 집단 상담과 고등학생의 학교생활 만족도 간에 정(+)의 상관관계가 나타날 것이라는 가설을 바탕으로 연구를 수행하였다. 그런데 이와 같은 가설만으로는 을이 집단 상담과 학교생활 만족도 중 각각 어느 것을 독립 변인과 종속 변인으로 설정하였는지 특정할 수 없다.
③ 갑은 을의 연구를 통해 2차 자료를, 면담을 통해 1차 자료를 수집하였다.
④ 을이 실험법을 활용하였는지는 자료에 명확히 제시되고 있지 않다. 더욱이 을의 연구 후 집단 상담을 중단한 학생과 지금까지 계속하여 집단 상담에 참여하고 있는 학생을 파악한 사람은 갑이다.
⑤ 갑의 연구와 을의 연구는 서로 다른 별도의 연구로서 갑이 면담을 통해 확인한 사실은 을이 설정한 가설의 수용 여부와 관련이 없다.

4 자료 수집 방법의 특징 이해

문제분석 갑이 활용한 A는 질문지법이고, 을이 활용한 B는 참여 관찰법이다.

정답찾기 ③ 질문지법은 언어를 매개로 한 상호 작용이 필수적이지만, 참여 관찰법은 그렇지 않다.

오답피하기 ① 구조화된 자료 수집 방법에 해당하는 질문지법은 조사자와 조사 대상자 간 교감을 중시하지 않는다.
② 참여 관찰법은 비구조화·비표준화된 자료 수집 방법에 해당한다.
④ 참여 관찰법뿐만 아니라 질문지법도 조사 대상자의 주관적 인식을 파악할 수 있다.
⑤ 질문지법은 양적 연구, 참여 관찰법은 질적 연구에서 주로 활용되는 자료 수집 방법이다.

5 개인과 사회의 관계를 바라보는 관점 이해

문제분석 전동 킥보드 사고 증가의 원인을 운전자들의 잘못된 인식과 운행 습관에서 찾고 있는 갑의 관점은 사회 명목론이고, 불합리한 관행이 용인되는 사회에서 찾고 있는 을의 관점은 사회 실재론이다.

정답찾기 ⑤ 사회 명목론은 사회에 대한 개인의 자율성을, 사회 실재론은 개인에 대한 사회의 구속성을 강조한다.

오답피하기 ① 사회는 개인에 외재하며 독자적으로 작동한다고 보는 관점은 사회 실재론이다.

② 사회의 속성을 개인의 속성으로 환원할 수 있다고 보는 관점은 사회 명목론이다.

③ 개인은 사회 속에서만 존재의 의미를 갖는다고 보는 관점은 사회 실재론이다.

④ 사회 문제 해결 시 제도 개선보다 의식 개선을 중시하는 관점은 사회 명목론이다.

6 사회 조직 유형의 특징 이해

문제분석 아메바형 조직이 대표적인 유형 중 하나인 A는 탈관료제이고, 탈관료제보다 조직의 안정적인 운영 측면에서 우수한 B는 관료제이다.

정답찾기 ④ 관료제는 탈관료제에 비해 규약과 절차를 중시하여 업무 수행 과정의 예측 가능성이 높다.

오답피하기 ① 탈관료제는 일반적으로 중간 관리층 감소 및 의사 결정 단계의 축소를 추구한다.

② 관료제와 탈관료제는 모두 지위 획득과 보상에 대한 공정한 기회의 제공을 중시한다.

③ 관료제와 탈관료제는 모두 공식적 규범과 절차에 따라 구성원들을 통제한다.

⑤ 관료제에서는 하향식 의사 결정 방식이, 탈관료제에서는 상향식 의사 결정 방식이 지배적이다.

7 여러 가지 사회학적 개념의 이해

문제분석 제시문을 통해 사회화 기관, 역할 행동, 역할 갈등, 사회 집단 및 사회 조직 등을 구분할 수 있다.

정답찾기 ⑤ 고등학교와 대학교는 사회화를 목적으로 설립된 공식적 사회화 기관에 해당하고, 광고 회사와 노동조합은 사회화를 목적으로 설립되지는 않았으나 사회화의 기능을 수행하는 비공식적 사회화 기관에 해당한다.

오답피하기 ① 진로에 대해 고민하는 것은 서로 다른 역할 간 충돌이 아니므로 역할 갈등에 해당하지 않는다.

② 올해의 우수 사원상 수상은 회사원으로서 갑의 역할 행동에 대한 보상에 해당한다.

③ 비공식 조직인 사내 등산 동호회는 공식 조직의 한 부분인 영업팀과 달리 비공식적 규범을 통해 구성원을 통제하는 것이 일반적이다.

④ 사내 등산 동호회와 노동조합은 모두 자발적 결사체로서 공통의 관심사나 목표를 가진 사람들이 자발적으로 결성한 사회 집단이다.

8 일탈 이론의 이해

문제분석 일탈 행동을 긍정적으로 평가하는 사람들과의 접촉 정도에 따라 일탈을 저지를 가능성이 좌우된다고 보는 (가)의 이론은 차별 교제 이론이고, 문화적 목표에 도달할 적절한 수단이 없어 일탈 행동을 저지르게 된다고 보는 (나)의 이론은 머튼의 아노미 이론이다.

정답찾기 ③ 차별 교제 이론은 일탈 행동이 학습의 결과임을 강조하지만, 머튼의 아노미 이론은 그렇지 않다.

오답피하기 ① 일탈의 원인을 차별적인 제재에서 찾는 것은 낙인 이론이다.

② 급격한 사회 변동을 일탈의 근본적인 원인으로 보는 것은 뒤르켐의 아노미 이론이다.

④ 2차적 일탈 행동의 발생 과정에 주목하는 것은 낙인 이론이다.

⑤ 차별 교제 이론과 머튼의 아노미 이론은 모두 일탈을 규정하는 객관적 기준이 존재한다고 본다.

9 문화의 속성 이해

문제분석 ㉠에는 문화의 공유성이, ㉡에는 문화의 전체성이, ㉢에는 문화의 변동성이 부각되어 있다.

정답찾기 ㄱ. 문화는 사회 구성원 간 원활한 상호 작용의 토대가 된다는 진술은 문화의 공유성과 부합한다.

ㄴ. 문화의 구성 요소들이 유기적으로 연결되어 있다는 진술은 문화의 전체성과 부합한다.

오답피하기 ㄷ. 문화가 세대 간 전승을 통해 더욱 풍부해진다는 진술은 문화의 축적성과 부합한다.

10 문화 이해의 태도 비교

문제분석 자문화를 우수한 것으로, A국의 문화를 미개한 것으로 평가하는 갑의 태도는 자문화 중심주의이다. 타 문화를 우수한 것으로 평가하고, 이를 자신이 속한 사회에 도입해야 한다고 보는 을의 태도는 문화 사대주의이다. 서로 다른 문화가 갖는 가치를 이해하고 존중해야 한다고 보는 병의 태도는 문화 상대주의이다.

정답찾기 ④ 자문화 중심주의는 자문화의 정체성 보존에 유리하지만, 문화 사대주의는 그렇지 않다.

오답피하기 ① 자문화 중심주의는 타 문화의 수용에 부정적이다.

② 문화 사대주의는 문화를 이해가 아닌 평가의 대상으로 본다.

③ 문화 상대주의는 타 문화를 바라볼 때, 해당 사회 구성원의 시각으로 이해하고자 한다.

⑤ 문화 상대주의는 문화의 다양성 보존에 유리하지만, 문화 사대주의는 그렇지 않다.

11 주류 문화, 하위문화, 반문화의 이해

문제분석 1960년대 히피들이 주로 입던 시절의 슬로건 패션은 반문화였지만, 1980년대 이후 유명 인사들이 자신이 지지하는 정책이나 사회적 메시지를 담아내기 위해 활용했던 시절의 슬로건 패션은 하위문화에 해당하며, 오늘날 남녀노소 누구나 패션 아이템으로 활용하는 슬로건 패션은 주류 문화에 해당한다. 따라서 A는 반문화, B는 하위문화, C는 주류 문화이다.

정답찾기 ⑤ 반문화는 모두 하위문화에 해당하지만 하위문화가 모두 반문화에 해당하는 것은 아니다.

오답피하기 ① 주류 문화를 하위문화의 총합으로 설명할 수는 없다.

② 모든 하위문화는 주류 문화를 대체할 수 있다.

③ 모든 하위문화는 주류 집단에 의해 일탈로 규정될 수 있다.

④ 하위문화(반문화 포함), 주류 문화는 모두 어느 사회를 전체 사회로 보느냐에 따라 상대적으로 규정된다.

12 문화 변동의 요인 및 양상 이해

문제분석 갑국 가수인 A에 의해 을국 작곡가 B가 발명한 ○○ 음악이 을국에서 갑국으로 전파된 것은 직접 전파의 사례에 해당한다. 이후 ○○ 음악이 전통 음악인 □□ 음악과 함께 갑국에서 가장 인기 있는 음악 장르로 자리 잡은 것은 문화 병존의 사례에 해당한다. 또한, SNS를 통해 ○○ 음악이 병국으로 전파된 것은 간접 전파의 사례에 해당하며, 이후 병국의 전통 음악인 ●● 음악과 결합하여 ◉◉ 음악이 개발된 것은 문화 융합의 사례에 해당한다.

정답찾기 ① 갑국에서는 문화 병존이 나타났다. 문화 병존의 경우, 외래문화 요소가 변형되지 않고 정착되는 문화 접변의 양상에 해당한다. 반면 문화 융합이 나타난 병국에서는 외래문화 요소가 변형되어 정착하였다.

오답피하기 ② 을국에서는 발명을 통해, 병국에서는 문화 융합을 통해 이전에 없었던 새로운 문화 요소가 창조되었다.
③ 문화 융합과 문화 병존은 모두 자기 문화의 정체성이 유지되는 문화 접변의 양상에 해당한다.
④ 을국에서는 내재적 요인인 발명에 의한 문화 변동이 나타났다.
⑤ SNS를 통해 ○○ 음악이 병국으로 전파된 것은 간접 전파의 사례에 해당한다.

13 계층 구조의 현황 분석

문제분석 세대 간 상승 이동한 사람이 존재할 수 없는 A는 하층이고, 세대 간 하강 이동한 사람이 존재할 수 없는 C는 상층이다. 따라서 세대 간 상승 이동한 사람과 세대 간 하강 이동한 사람이 모두 존재할 수 있는 B는 중층이다. t년 부모 세대의 경우, 상층 비율과 하층 비율의 합은 80%이고, 상층 비율과 중층 비율의 합은 30%이므로 상층 비율은 10%, 중층 비율은 20%, 하층 비율은 70%이다. 이와 같은 방식으로 갑국의 연도별·세대별 계층 구성을 정리하면 표와 같다.

(단위: %)

| 구분 | t년 | | t+50년 | |
	부모 세대	자녀 세대	부모 세대	자녀 세대
상층(C)	10	25	20	20
중층(B)	20	50	50	10
하층(A)	70	25	30	70

정답찾기 ① t년 자녀 세대 상층 비율과 하층 비율은 각각 25%로 동일하다.

오답피하기 ② t+50년 부모 세대 상층 비율과 자녀 세대 상층 비율은 각각 20%로 동일하다.
③ 주어진 자료만으로 계층 구조의 개방성 여부는 판단할 수 없다.
④ t+50년 부모 세대의 계층 구조는 다이아몬드형이고, 자녀 세대의 계층 구조는 모래시계형이다. 다이아몬드형 계층 구조가 모래시계형 계층 구조보다 사회 통합에 유리하다.
⑤ t년 부모 세대의 계층 구조는 피라미드형, t+50년 자녀 세대의 계층 구조는 모래시계형이다.

14 성 불평등 양상의 분석

문제분석 갑국~병국의 전체 근로자 수를 각각 200명으로, 남성 근로자 평균 임금을 100달러로 가정하고 갑국~병국의 성별 근로자 수 및 평균 임금을 정리하면 표와 같다.

구분	갑국	을국	병국
남성 근로자 수(명)	125	100	80
여성 근로자 수(명)	75	100	120
남성 근로자 평균 임금(달러)	100	100	100
여성 근로자 평균 임금(달러)	60	80	100

정답찾기 ④ 을국 여성 근로자 임금 총액은 8,000달러(=100명×80달러)로 병국 남성 근로자 임금 총액인 8,000달러(=80명×100달러)와 동일하다.

오답피하기 ① 갑국 남성 근로자 수는 125명으로 병국 여성 근로자 수인 120명보다 많다.
② 갑국 남성 근로자 평균 임금은 100달러로 여성 근로자 평균 임금인 60달러의 2배에 미치지 못한다.
③ 을국 전체 근로자 임금 총액은 18,000달러(=100명×100달러 +100명×80달러)로 갑국 전체 근로자 임금 총액인 17,000달러(=125명×100달러+75명×60달러)의 2배에 미치지 못한다.
⑤ 갑국 전체 근로자 중 여성 근로자의 비율은 37.5%(=75명÷200명 ×100)로 병국 전체 근로자 중 남성 근로자의 비율인 40%(=80명÷ 200명×100)보다 낮다.

15 사회 보장 제도의 현황 분석

문제분석 (가)는 국민연금 제도로 사회 보험, (나)는 의료 급여 제도로 공공 부조, (다)는 가사·간병 방문 지원 사업으로 사회 서비스에 해당한다. t년 갑국 65세 이상 인구 중 (가) 수혜자 비율이 65세 이상 남성 인구 중 (가) 수혜자 비율과 65세 이상 여성 인구 중 (가) 수혜자 비율의 중간값이므로 t년 65세 이상 남성 인구와 65세 이상 여성 인구는 동일하다. 따라서 t년 갑국 65세 이상 인구 중 (다) 수혜자 비율은 65세 이상 남성 인구 중 (다) 수혜자 비율과 65세 이상 여성 인구 중 (다) 수혜자 비율의 중간값인 19%인데, 갑국 65세 이상 인구와 (다) 수혜자 수는 모두 t+50년이 t년의 1.5배이므로 t+50년 갑국 65세 이상 인구 중 (다) 수혜자 비율도 19%이다. 그런데 이는 t+50년 65세 이상 남성 인구 중 (다) 수혜자 비율인 17%와 2%p 격차가 나고, t+50년 65세 이상 여성 인구 중 (다) 수혜자 비율인 20%와 1%p 격차가 나므로 t+50년 65세 이상 여성 인구는 65세 이상 남성 인구의 2배임을 알 수 있다. t년 갑국 65세 이상 남성 인구를 100명으로 가정하고 갑국 65세 이상 인구의 연도별·성별 (가)~(다) 수혜자 수를 정리하면 표와 같다.

(단위: 명)

| 구분 | t년 | | | t+50년 | | |
	남성	여성	계	남성	여성	계
(가) 수혜자	68	72	140	60	132	192
(나) 수혜자	12	16	28	7	20	27
(다) 수혜자	21	17	38	17	40	57

정답찾기 ③ 정부 재정으로 비용 전액을 충당하는 제도는 공공 부조이다. t년 65세 이상 (나) 수혜자 수는 28명으로, t+50년 65세 이상

(나) 수혜자 수인 27명보다 많다.

오답피하기 ① 65세 이상 여성 인구는 t+50년이 t년보다 많지만, 65세 이상 남성 인구는 t년과 t+50년이 동일하다.

② 강제 가입의 원칙이 적용되는 제도는 사회 보험이다. t+50년 65세 이상 여성 (가) 수혜자 수는 132명으로, t년 65세 이상 (가) 수혜자 수인 140명보다 적다.

④ 비금전적 지원을 원칙으로 하는 제도는 사회 서비스이다. t년 65세 이상 여성 (다) 수혜자 수와 t+50년 65세 이상 남성 (다) 수혜자 수는 각각 17명으로 동일하다.

⑤ t+50년 65세 이상 인구 중 (가) 수혜자 비율은 64%로, t년 65세 이상 인구 중 (가) 수혜자 비율인 70%보다 낮고, t+50년 65세 이상 인구 중 (다) 수혜자 비율과 t년 65세 이상 인구 중 (다) 수혜자 비율은 각각 19%로 동일하다.

16 빈곤의 유형 이해

문제분석 우리나라에서 가구 소득이 중위 소득의 50% 미만인 상태를 의미하는 B는 상대적 빈곤이고, 그렇지 않은 A는 절대적 빈곤이다.

정답찾기 ② 상대적 빈곤은 사회의 소득 분포 상태를 고려하여 파악한다.

오답피하기 ① 절대적 빈곤은 선진국보다 저개발국에서 두드러지게 나타난다.

③ 절대적 빈곤, 상대적 빈곤 모두 그 판단 기준선은 국가에 따라 다를 수 있다.

④ 절대적 빈곤, 상대적 빈곤 모두 해당하는 사람에게 상대적 박탈감을 유발할 수 있다.

⑤ 절대적 빈곤, 상대적 빈곤 모두 소득 불평등 정도를 측정하는 데 활용된다. 따라서 해당 질문은 (가)에 들어갈 수 없다.

17 사회 변동 이론의 이해

문제분석 사회가 성장과 쇠퇴의 과정을 끊임없이 반복한다고 보는 (가)는 순환론이고, 사회가 일정한 단계를 거치면서 단순한 형태에서 복잡한 형태로 발전해 나아간다고 보는 (나)는 진화론이다.

정답찾기 ② 진화론은 사회 변동을 사회 발전과 동일시한다.

오답피하기 ① 사회 변동이 일정한 방향성을 지닌다고 보는 이론은 진화론이다.

③ 순환론은 미래 사회의 변동에 대한 역동적 대응이 곤란하다는 비판을 받는다.

④ 순환론은 운명론적 관점에서 사회 변동을 설명한다.

⑤ 진화론은 서구 중심적 사고라는 비판을 받지만, 순환론은 그렇지 않다.

18 사회 운동의 이해

문제분석 신나치주의 운동은 복고적 운동에 해당하고, 사형 폐지 운동은 개혁주의 운동에 해당한다.

정답찾기 ② 개혁주의 운동에 해당하는 사형 폐지 운동은 사회의 특정 부분에 대한 변화를 추구하는 사회 운동이다.

오답피하기 ① 복고적 운동에 해당하는 신나치주의 운동은 과거의 사회 유형, 제도 등으로 되돌아가려는 사회 운동이다. 사회 질서를 유지하고자 사회 변화에 저항하려는 사회 운동은 보수주의 운동이다.

③ 신나치주의 운동과 사형 폐지 운동 모두 체계적인 조직을 바탕으로 집단의 이념을 실현하려는 사회 운동이다.

④ 사형 폐지 운동은 공공의 이익 증진을 목적으로 하는 시민 단체에 의해 주도되는 사회 운동으로 특정 집단 구성원들의 정치적 권리 증진을 목적으로 한다고 보기는 어렵다.

⑤ 신나치주의 운동과 사형 폐지 운동 모두 사회적 소수자의 권리 보장과는 직접적인 관련이 없다.

19 산업 사회와 정보 사회의 특징 이해

문제분석 A가 산업 사회, B가 정보 사회라면 갑, 을, 병의 진술이 모두 틀리므로, 세 사람이 옳게 진술했다는 조건에 따르면 A는 정보 사회, B는 산업 사회이고, 갑, 을, 병의 진술은 모두 옳다. 따라서 (가)에는 옳지 않은 진술이 들어가야 한다.

정답찾기 ⑤ 소품종 대량 생산 방식의 비중은 정보 사회가 산업 사회에 비해 낮으므로 해당 진술은 옳지 않다. 따라서 해당 진술은 (가)에 들어갈 수 있다.

오답피하기 ① 산업 사회가 정보 사회에 비해 정보 생산자와 소비자 간 구분이 명확하다.

② 산업 사회가 정보 사회에 비해 부가가치 창출의 원천으로 자본이 강조된다.

③ 정보 사회가 산업 사회에 비해 산업에서 서비스업이 차지하는 비중이 높다.

④ 정보 사회가 산업 사회에 비해 조직 내 의사 결정의 분권화 경향이 강하다.

20 인구 지표의 분석

문제분석 갑국 전체 인구 중 유소년 인구 비율은 5%($=15 \times 100 \div 300$)이고, A 지역 전체 인구 중 유소년 인구 비율은 3%($=15 \times 100 \div 500$)이며, B 지역 전체 인구 중 유소년 인구 비율은 15%($=15 \times 100 \div 100$)이다. A 지역 전체 인구를 a명, B 지역 전체 인구를 b명이라고 가정하면, $3a+15b=5(a+b)$이다. 이를 통해 A 지역 전체 인구는 B 지역 전체 인구의 5배임을 알 수 있다. B 지역 전체 인구를 100명으로 가정하고, 갑국의 지역별 인구 구성을 정리하면 표와 같다.

구분	갑국	A 지역	B 지역
전체 인구 대비 0~14세 인구 비율(%)	5	3	15
전체 인구 대비 15~64세 인구 비율(%)	80	82	70
전체 인구 대비 65세 이상 인구 비율(%)	15	15	15
0~14세 인구(명)	30	15	15
15~64세 인구(명)	480	410	70
65세 이상 인구(명)	90	75	15
전체 인구(명)	600	500	100

정답찾기 ② A 지역과 B 지역의 0~14세 인구는 15명으로 동일하다.

오답피하기 ① 갑국의 총부양비는 25{$=(5+15) \div 80 \times 100$}이다.

③ B 지역 15~64세 인구는 70명으로, 410명인 A 지역 15~64세 인구의 절반에 미치지 못한다.

④ A 지역의 전체 인구 대비 15~64세 인구 비율이 82%로, 70%인 B 지역의 전체 인구 대비 15~64세 인구 비율보다 높으므로 총부양비는 A 지역이 B 지역보다 작다.

⑤ B 지역 15~64세 인구는 70명으로, 75명인 A 지역 65세 이상 인구보다 적다.

실전 모의고사 3회				본문 112~117쪽
1 ③	2 ③	3 ③	4 ②	5 ④
6 ②	7 ②	8 ①	9 ③	10 ②
11 ②	12 ①	13 ③	14 ②	15 ④
16 ⑤	17 ②	18 ①	19 ⑤	20 ②

1 사회·문화 현상과 자연 현상의 이해

문제분석 ㉠, ㉣과 같은 현상은 사회·문화 현상, ㉡, ㉢과 같은 현상은 자연 현상이다.

정답찾기 ③ 자연 현상은 존재 법칙의 지배를 받고, 사회·문화 현상은 당위 규범의 영향을 받는다.

오답피하기 ① 사회·문화 현상은 개연성의 원리가, 자연 현상은 필연성의 원리가 적용된다.

② 자연 현상은 사회·문화 현상과 달리 인과 관계가 명확하다.

④ 자연 현상과 사회·문화 현상은 모두 경험적 자료를 통해 연구할 수 있다.

⑤ 사회·문화 현상은 자연 현상과 달리 인간의 의지와 가치가 개입되어 나타난다.

2 자료 수집 방법의 이해

문제분석 (가)에는 A와 참여 관찰법 모두 '아니요', B와 질문지법 모두 '예'라고 응답할 수 있는 질문이 들어가야 한다.

정답찾기 ③ 자료 수집 상황에 대한 통제 정도는 실험법이 면접법보다 강하므로 A는 실험법, B는 면접법이다. '언어적 상호 작용이 필수적입니까?'라는 질문에 대해 실험법은 '아니요', 면접법은 '예'라고 응답하므로 해당 질문은 (가)에 들어갈 수 있다.

오답피하기 ① 참여 관찰법은 질문지법에 비해 자료의 실제성 확보에 유리하다.

② 질문지법, 면접법, 실험법, 참여 관찰법 모두 1차 자료 수집이 가능하므로 해당 질문은 (가)에 들어갈 수 없다.

④ 실험법이 면접법에 비해 수집된 자료의 계량화가 용이하므로 A는 면접법, B는 실험법이다. '비구조화되고 비표준화된 자료 수집 방법입니까?'라는 질문에 대해 실험법은 '아니요'라고 응답하므로 해당 질문은 (가)에 들어갈 수 없다.

⑤ '주로 양적 자료 수집에 적합합니까?'라는 질문에 대해 실험법은 '예', 면접법은 '아니요'라고 응답하므로 A는 면접법, B는 실험법이

다. 면접법은 실험법에 비해 연구자와 연구 대상자 간 정서적 교감을 중시한다.

3 절대적 빈곤과 상대적 빈곤의 이해

문제분석 A는 사람들의 최저 생활에 필요한 최소한의 자원이나 소득이 결핍된 상태를 의미하므로 절대적 빈곤이고, B는 한 사회의 구성원들이 일반적으로 누리는 생활을 영위하는 데 필요한 소득 수준과 비교하여 소득이 부족한 상태를 의미하므로 상대적 빈곤이다.

정답찾기 ③ 절대적 빈곤 가구에 속하지 않는 가구도 상대적 빈곤 가구에 속할 수 있다.

오답피하기 ① 절대적 빈곤은 개인이 주관적으로 빈곤하다고 인식하는 상태를 의미하지 않는다.

② 상대적 빈곤은 소득 수준이 높은 국가에서도 나타날 수 있다.

④ 절대적 빈곤, 상대적 빈곤은 모두 우리나라에서 객관화된 기준에 따라 분류한다.

⑤ 절대적 빈곤과 상대적 빈곤 모두에 해당하는 가구가 존재할 수 있으므로 절대적 빈곤에 따른 빈곤율과 상대적 빈곤에 따른 빈곤율을 합한 것이 전체 빈곤율이 되는 것은 아니다.

4 주류 문화, 하위문화, 반문화의 이해

문제분석 한 사회의 지배적인 문화에 저항하거나 대립하는 문화인 (다)는 반문화이고, 한 사회의 일부 구성원들만 공유하는 문화는 하위문화이므로 (나)는 반문화가 아닌 하위문화, (가)는 주류 문화이다. □□국에서 갑~병 지역 모두에서 향유되는 문화 요소는 c이고, 이는 □□국의 주류 문화 요소에 해당한다. a, b는 갑~병 지역 중 두 지역에서만 향유되는 문화 요소로서 □□국의 하위문화 요소에 해당한다. d는 갑 지역에서만 향유되는 문화 요소로서 한 지역에서만 □□국의 지배적인 문화 요소에 저항하는 문화 요소가 나타났으므로 d는 □□국의 반문화 요소에 해당한다.

정답찾기 ② □□국에서 반문화 요소인 d가 나타난 지역은 갑 지역이다.

오답피하기 ① □□국에서 주류 문화 요소는 c이다.

③ 갑 지역과 병 지역 모두에서 □□국의 반문화가 아닌 하위문화 요소가 나타난다.

④ b는 □□국에서 반문화가 아닌 하위문화 요소에 해당하고, 병 지역에서 주류 문화 요소에 해당한다.

⑤ d는 갑 지역에서 주류 문화 요소에, □□국에서 반문화 요소에 해당한다.

5 사회 집단 및 사회 조직의 이해

문제분석 가족, 회사, 사내 노동조합, 사내 합창 동호회를 공동 사회, 이익 사회, 공식 조직, 비공식 조직, 자발적 결사체로 구분하면 다음과 같다.

가족	회사	사내 합창 동호회	사내 노동조합
공동 사회	공식 조직 이익 사회	자발적 결사체 비공식 조직 이익 사회	자발적 결사체 공식 조직 이익 사회

가족은 공동 사회에만 해당하므로 ㉠은 가족, B는 공동 사회이다. 회사는 공식 조직, 이익 사회 2가지에만 해당하므로 ㉡은 회사이고, ㉢, ㉣은 각각 사내 노동조합, 사내 합창 동호회 중 하나이다. 회사와 사내 합창 동호회는 공통적으로 이익 사회에만 해당하고, 회사와 사내 노동조합은 공통적으로 공식 조직과 이익 사회에만 해당하므로 C는 공식 조직, ㉢은 사내 합창 동호회, ㉣은 사내 노동조합이다. 사내 합창 동호회와 사내 노동조합은 모두 자발적 결사체와 이익 사회에 해당하므로 A, D는 각각 자발적 결사체와 이익 사회 중 하나이다. A는 D에 속한다는 조건에 따라 모든 자발적 결사체는 이익 사회에 속하므로 A는 자발적 결사체, D는 이익 사회이다. 또한 사내 합창 동호회만 비공식 조직에 해당하므로 E는 비공식 조직이다.

(정답찾기) ④ 모든 비공식 조직은 자발적 결사체와 이익 사회에 해당한다.

(오답피하기) ① ㉠은 가족이고, ㉡은 회사이다.
② ㉢은 사내 합창 동호회이고, ㉣은 사내 노동조합이다.
③ 회사는 공식 조직, 이익 사회이므로 (가)에는 D가 들어간다.
⑤ 공식 조직은 일반적으로 공식적 규범을 통해 구성원을 통제한다.

6 사회·문화 현상을 보는 관점의 이해

(문제분석) 카드 (가)에 해당하는 관점의 수는 (나)보다 많고 (다)보다 적으며, 관점의 수는 최소 1개이므로 (가)에 해당하는 관점의 수는 2개이다. 따라서 (나)에 해당하는 관점의 수는 1개, (다)에 해당하는 관점의 수는 3개이다.

(정답찾기) ㄱ. 사회·문화 현상을 거시적 측면에서 설명하는 것은 기능론과 갈등론 모두에 해당하므로 해당 진술은 (가)에 들어갈 수 있다.
ㄷ. 기능론, 갈등론, 상징적 상호 작용론은 모두 사회 문제의 원인을 설명할 수 있으므로 해당 진술은 (다)에 들어갈 수 있다.

(오답피하기) ㄴ. 개인의 사회적 행동에 영향을 미치는 사회 구조의 힘을 간과하는 것은 상징적 상호 작용론에만 해당하므로 해당 진술은 (나)에 들어갈 수 있다.
ㄹ. 사람들이 구성해 내는 주관적 생활 세계를 중시하는 것은 상징적 상호 작용론뿐이므로 해당 진술은 (가)에 들어갈 수 없고, 사회 문제를 병리적인 현상으로 간주하는 것은 기능론이므로 해당 진술은 (나)에 들어갈 수 있다.

7 양적 연구 분석

(문제분석) 갑은 학교 주관 자원봉사 활동이 공동체 의식에 미치는 영향에 대한 양적 연구를 수행하였고, 을은 학교 주관 자원봉사 활동과 교우 관계가 공동체 의식에 미치는 영향에 대한 양적 연구를 수행하였다.

(정답찾기) ② 가설에서 원인이 되는 변인은 독립 변인을 의미한다. 갑의 연구에서 독립 변인은 '학교 주관 자원봉사 활동'뿐이고, 을의 연구에서 독립 변인은 '학교 주관 자원봉사 활동'과 '교우 관계'이다. 따라서 가설에서 원인이 되는 변인의 개수는 갑의 연구보다 을의 연구에서 더 많다.

(오답피하기) ① 갑과 을은 모두 양적 연구를 수행했으므로 방법론적 일원론을 전제로 하는 연구를 하였다.
③ '공동체 의식'은 갑의 연구와 을의 연구에서 모두 종속 변인이다.
④ 갑의 연구와 을의 연구 모두에서의 표본은 ○○ 고등학교 2학년

학생 200명이다. 이는 ○○ 고등학교 학생 전체를 대표한다고 볼 수 없으므로 갑의 연구 결과와 을의 연구 결과 모두 ○○ 고등학교 학생들에게 일반화할 수 있다고 단정할 수 없다.
⑤ 갑과 을은 모두 질문지법을 활용하였다. 독립 변인을 처치하고 그로 인한 변화를 파악하는 자료 수집 방법은 실험법이다.

8 산업 사회와 정보 사회의 이해

(문제분석) 〈질문 1〉에는 '예'라고 응답할 수 있는 질문이 들어갈 수 있다. 또한 산업 사회는 정보 사회보다 정보 제공자와 정보 수용자 간 구분의 명확성 정도가 크므로 〈질문 3〉에 대한 응답은 '예'가 옳은 응답이다.

(정답찾기) ㄱ. 산업 사회는 정보 사회보다 직업의 동질성 정도가 높고, 해당 질문에 대한 갑의 응답이 을의 응답과 달리 '예'이므로 갑의 응답만 옳다. 따라서 해당 질문은 〈질문 1〉에 들어갈 수 있다.

(오답피하기) ㄴ. 산업 사회는 정보 사회에 비해 다품종 소량 생산 방식의 비중이 낮다. 따라서 해당 질문에 대한 갑의 응답과 을의 응답 모두 '예'이므로 갑의 응답과 을의 응답 모두 옳지 않다. 따라서 ㉠은 '옳지 않다'가 적절하다.
ㄷ. 산업 사회는 정보 사회보다 정보 제공자와 수용자 간 구분의 명확성 정도가 크다. 해당 질문에 대한 응답이 을만 옳으므로 ㉡은 '아니요', ㉢은 '예'가 적절하다.

9 사회 명목론과 사회 실재론의 이해

(문제분석) (가)에는 사회 명목론과 사회 실재론 모두 '예'라고 응답할 수 있는 질문이, (나), (다)에는 각각 사회 명목론과 사회 실재론 중 어느 하나만 '예'라고 응답할 수 있는 질문이 들어갈 수 있다.

(정답찾기) ③ '사회의 속성을 개인의 속성으로 환원할 수 있다고 보는가?'에 대해 '예'라고 응답하는 관점은 사회 명목론이므로 A는 사회 실재론이다.

(오답피하기) ① '사회는 개인의 이익 실현을 위한 수단에 불과하다고 보는가?'에 대해 사회 실재론과 사회 명목론의 응답은 다르므로 해당 질문은 (가)에 들어갈 수 없다.
② '사회는 개인의 총합에 불과하다고 보는가?'에 대해 '예'라고 응답하는 관점은 사회 명목론이므로 B는 사회 실재론이다.
④ 사회의 구속력이 개인의 자유 의지보다 우위에 있다고 보는 관점은 사회 실재론이다. '사회는 구성원들에게 외재성을 갖는다고 보는가?'에 대해 사회 실재론은 '예'라고 응답하므로 해당 질문은 (다)가 아닌 (나)에 들어갈 수 있다.
⑤ 개인의 자율적 의지에 의해 사회 현상이 형성된다고 보는 관점은 사회 명목론이다. '개인은 사회에 의해 구조화된 행동을 한다고 보는가?'에 대해 사회 실재론은 '예'라고 응답하므로 해당 질문은 (나)에 들어갈 수 있다.

10 사회 복지 제도의 이해

(문제분석) 금전적 지원을 원칙으로 하는 복지 제도는 사회 보험과 공공 부조이고, (나)는 상호 부조의 성격을 지닌 것으로 사회 보험에 해당하므로 (가)는 공공 부조이다. 갑국의 총인구는 300만 명이고,

A~C 지역의 복지 제도의 수급자 수를 정리하면 다음과 같다.

(단위: 만 명)

구분	A 지역	B 지역	C 지역	전체
(가) 수급자 수	30	25	40	95
(나) 수급자 수	40	35	45	120
(가), (나) 중복 수급자 수	10	10	15	35
(가) 또는 (나) 수급자 수	60	50	70	180

정답찾기 ② 사회 보험과 공공 부조 모두 소득 재분배 효과가 있다. 소득 재분배 효과가 있는 제도의 갑국 전체 수급자 수는 180만 명으로 총인구의 60%이다.

오답피하기 ① 사후 처방적 성격이 강한 제도 (가)의 수급자 수는 B 지역이 25만 명, A 지역이 30만 명으로 B 지역이 A 지역보다 적다.
③ 수익자 부담 원칙을 적용하는 제도 (나)의 수급자 수는 A 지역이 40만 명, C 지역이 45만 명으로 A 지역이 C 지역보다 적다.
④ 강제 가입을 원칙으로 하는 제도 (나)의 지역별 수급자 비율은 C 지역이 45%, A 지역이 40%이므로 C 지역이 A 지역보다 크다.
⑤ 선별적 복지 이념을 바탕으로 하는 제도 (가)의 혜택만 받는 지역별 수급자 비율은 A 지역이 20%, B 지역이 15%, C 지역이 25%이다.

11 성 불평등 문제의 이해

문제분석 갑국의 t년 전체 임금 근로자의 수를 20만 명이라고 가정할 경우 t+20년의 전체 임금 근로자의 수는 24만 명이다. t년과 t+20년 모두 남성과 여성의 전체 임금 근로자의 수는 1 : 1이므로 t년의 남성 임금 근로자 수와 여성 임금 근로자 수는 각각 10만 명이고, t+20년의 남성 임금 근로자 수와 여성 임금 근로자 수는 각각 12만 명이다. 이를 종합하여 갑국의 시기별 남성과 여성, 정규직과 비정규직 임금 근로자 수를 나타내면 표와 같다.

(단위: 만 명)

구분	t년 임금 근로자			t+20년 임금 근로자		
	남성	여성	전체	남성	여성	전체
정규직	6	2	8	6	6	12
비정규직	4	8	12	6	6	12
전체	10	10	20	12	12	24

정답찾기 ② t+20년에 남성 정규직 임금 근로자 수는 6만 명이고, 여성 비정규직 임금 근로자 수도 6만 명으로 같다.

오답피하기 ① t년에 남성 임금 근로자 수는 10만 명, 전체 비정규직 임금 근로자 수는 12만 명이다.
③ t년에 성별 정규직 임금 근로자 수의 차이는 4만 명, 성별 비정규직 임금 근로자 수의 차이도 4만 명이다.
④ t년 대비 t+20년에 남성 정규직 임금 근로자 증가율은 0%이고, 남성 비정규직 임금 근로자 증가율은 50%이다.
⑤ t년 대비 t+20년에 여성 비정규직 임금 근로자 수는 2만 명 감소하였고, 남성 정규직 임금 근로자 수는 변동이 없다.

12 문화 동화, 문화 병존, 문화 융합의 이해

문제분석 문화 동화, 문화 병존, 문화 융합 중 새로운 문화 요소가 만들어지는 B는 문화 융합이고, 자문화의 정체성 상실을 초래하는

C는 문화 동화이므로 A는 문화 병존이다.

정답찾기 ㄱ. 문화 융합은 기존 문화의 변형이 나타나고, 문화 병존은 기존 문화의 변형이 나타나지 않는다.
ㄴ. 문화 융합은 문화 동화와 달리 외래문화에 대한 재해석과 재구성을 바탕으로 한다.

오답피하기 ㄷ. 문화 동화, 문화 병존은 모두 자발적 문화 접변에 의해 나타날 수 있다.
ㄹ. ㉠에 'A, B', ㉡에 'C'가 들어간다면 (가)에는 문화 병존과 문화 융합만 '예'라고 응답할 수 있는 질문이 들어간다. '외재적 요인에 의한 문화 변동에 해당하는가?'는 문화 동화, 문화 병존, 문화 융합 모두 '예'라고 응답하는 질문이므로 (가)에 들어갈 수 없다.

13 일탈 이론의 이해

문제분석 일탈 행동을 규정하는 객관적인 기준이 없다고 보는 C는 낙인 이론이고, A, B는 각각 뒤르켐의 아노미 이론과 차별 교제 이론 중 하나이다.

정답찾기 ㄴ. 뒤르켐의 아노미 이론은 급격한 사회 변동을 일탈 행동의 원인으로 보므로 A는 뒤르켐의 아노미 이론, B는 차별 교제 이론이다. 차별 교제 이론은 일탈 행동이 일탈 집단과의 접촉을 통해 학습된다고 본다.
ㄷ. 차별 교제 이론은 정상 집단과의 교류 촉진을 일탈 행동에 대한 대책으로 강조하므로 A는 차별 교제 이론, B는 뒤르켐의 아노미 이론이다. 낙인 이론과 차별 교제 이론은 일탈 행동의 발생 과정에서 이루어지는 타인과의 상호 작용을 중시하므로 해당 진술은 (가)에 들어갈 수 없고, (나)에 들어갈 수 있다.

오답피하기 ㄱ. 일탈 행동의 대책으로 사회 규범의 통제력 강화를 중시하는 것은 뒤르켐의 아노미 이론뿐이므로 해당 진술은 (나)에 들어갈 수 없다.
ㄹ. 차별 교제 이론은 일탈 행동이 일탈 문화를 학습한 결과라고 보므로 B는 차별 교제 이론, A는 뒤르켐의 아노미 이론이다. 일탈 행동의 원인을 차별적인 제재에서 찾는 것은 낙인 이론이므로 해당 진술은 (나)에 들어갈 수 없다.

14 사회 계층 구조의 이해

문제분석 '중층/(상층+하층)'의 값이 1일 때에는 전체에서 중층의 비율이 50%이고, 3/7일 때에는 전체에서 중층의 비율이 30%, 1/4일 때에는 전체에서 중층의 비율이 20%이다. '하층/(상층+중층)'의 값이 1일 때에는 전체에서 하층의 비율이 50%이고, 3/7일 때에는 전체에서 하층의 비율이 30%이다. 이를 종합하여 갑국~병국의 계층 비율을 정리하면 표와 같다.

(단위: %)

구분	갑국	을국	병국
상층	20	20	30
중층	30	50	20
하층	50	30	50
전체	100	100	100

정답찾기 ② 을국의 계층 구조는 다이아몬드형이고, 병국의 계층 구조는 모래시계형이므로 을국의 계층 구조는 병국에 비해 사회 통합에 유리하다.

오답피하기 ① 갑국의 계층 구조는 피라미드형이고, 을국의 계층 구조는 다이아몬드형이다.

③ 상층 비율과 하층 비율의 차이는 갑국이 30%p, 병국이 20%p이므로 갑국이 병국보다 크다.

④ 상층 비율 대비 중층 비율은 병국이 2/3, 을국이 5/2이므로 병국이 을국보다 작다.

⑤ 중층 비율과 하층 비율의 합은 갑국이 80%, 병국이 70%이므로 병국이 갑국보다 작다.

15 진화론과 순환론의 이해

문제분석 갑은 A와 구분되는 B의 특징을 서술해야 하는데, 사회 변동이 곧 사회 발전이라고 본다는 내용을 작성하였고, 옳은 내용이라고 평가를 받았다. 따라서 A는 순환론, B는 진화론이다. 을은 진화론과 구분되는 순환론의 특징을 서술해야 하는데, 미래의 사회 변동에 대한 역동적 대응이 곤란하다는 비판을 받는다는 내용을 작성하였다. 이는 진화론과 구분되는 순환론의 특징이므로 을은 최소 1점을 얻을 수 있다.

정답찾기 ④ ㉠이 '1점'이면, (나)에는 진화론과 구분되는 순환론의 특징이 들어갈 수 없다. 순환론은 운명론적 관점에서 사회 변동을 설명하므로 해당 진술은 (나)에 들어갈 수 없다.

오답피하기 ① 진화론은 사회가 일정한 방향으로 발전한다고 본다.

② 순환론은 사회 변동이 동일한 과정을 주기적으로 반복한다고 본다.

③ 진화론은 사회가 미분화된 상태에서 분화된 상태로 변동한다고 본다. (가)에는 순환론과 구분되는 진화론의 특징이 들어가야 하므로 해당 진술은 (가)에 들어갈 수 있다.

⑤ 진화론은 사회가 단순한 형태에서 복잡한 형태로 변동한다고 본다. 을은 진화론과 구분되는 순환론의 특징을 서술해야 하므로 (나)에 순환론에만 해당하는 특징이 들어가면 추가로 1점을 받을 수 있지만 진화론의 특징이 들어가면 추가 점수를 받을 수 없다. 따라서 해당 진술이 (나)에 들어가면 을이 받는 점수는 1점이므로 ㉠은 '1점'이다.

16 지위, 역할 갈등, 사회화 기관의 이해

문제분석 지위, 역할 갈등, 역할 행동, 사회화 기관 등의 사회학 개념에 대한 이해를 묻고 있다.

정답찾기 ㄷ. ㉢은 갑이 분식점 사장으로서 노력한 것으로서 갑의 역할 행동이고, ㉤은 을이 학생으로 해야 할 역할을 다하지 못한 을의 역할 행동이다.

ㄹ. 회사는 비공식적 사회화 기관이고, ○○ 대학교는 공식적 사회화 기관이다.

오답피하기 ㄱ. 장남은 귀속 지위, 학생은 성취 지위이다.

ㄴ. ㉡은 갑이 취업을 할 것인지 창업을 할 것인지에 대한 고민으로 역할 갈등이 아니다. ㉣은 부모로서의 지위와 대학 강사로서의 지위에 따른 갑의 역할 갈등에 해당한다.

17 사회 운동의 이해

문제분석 사회 운동은 다수의 사람들이 자신들의 신념과 가치를 실현하기 위해 자발적으로 수행하는 집단적이고 지속적인 활동을 의미한다. (가)에서 일부 관람객들이 돌발적으로 시위를 한 것은 사회 운동에 해당하지 않는다. (나)에서 을국의 시민 단체가 야생 동물 보호를 위해 지속적으로 다양한 방식의 집합적 행동을 한 것은 사회 운동에 해당한다. (다)에서 병국 사람들이 신분제 철폐를 주장하며 혁명을 일으킨 것은 사회 운동에 해당한다.

정답찾기 ② (나)에서는 시민 단체와 같이 체계적인 조직을 바탕으로 사회 변화를 추구하는 다수의 행동이 나타난다.

오답피하기 ① (가)에서 나타나는 일부 관람객들의 행동은 사회 운동에 해당하지 않는다.

③ (다)에서는 혁명과 같이 기존 사회 질서를 변화시키기 위한 집합적 행동이 나타난다.

④ (가)에 나타난 일부 관람객들의 시위는 지속적인 활동이 아닌 돌발적인 행동이다.

⑤ (나), (다) 모두에서 특정 집단의 이익만을 추구하고자 하는 활동이 나타난다고 볼 수 없다.

18 관료제와 탈관료제의 이해

문제분석 중간 관리층의 비중은 관료제가 탈관료제보다 크므로 B는 관료제, A는 탈관료제이다. (가)에는 탈관료제가 관료제보다 그 정도가 높은 특징이 들어갈 수 있고, (나)에는 관료제가 탈관료제보다 그 정도가 낮은 특징이 들어갈 수 없다.

정답찾기 ① 탈관료제는 관료제에 비해 과업 수행 절차의 예측 가능성이 낮다.

오답피하기 ② 관료제와 탈관료제는 모두 공식적 규약과 절차에 의해 구성원을 통제한다.

③ 관료제는 탈관료제에 비해 업무 담당자에게 주어진 재량권이 작다.

④ 관료제는 탈관료제에 비해 연공서열에 따른 보상 체계를 중시한다. 따라서 해당 내용은 (가)에 들어갈 수 없다.

⑤ 관료제는 탈관료제보다 과업의 세분화 정도가 높다. 따라서 해당 내용은 (나)에 들어갈 수 있다.

19 문화 이해 태도의 이해

문제분석 각 질문에 대하여 응답이 '예'인 문화 이해 태도를 모두 옳게 발표한 사람이 갑이라면, 을은 질문 (다)에만, 병은 질문 (가)에만 옳지 않게 발표했으므로 주어진 조건에 부합한다. 각 질문에 대하여 응답이 '예'인 문화 이해 태도를 모두 옳게 발표한 사람이 을이라면, 갑은 질문 (다)에만, 병은 질문 (가), (다)에만 옳지 않게 발표했으므로 주어진 조건에 부합하지 않는다. 각 질문에 대하여 응답이 '예'인 문화 이해 태도를 모두 옳게 발표한 사람이 병이라면, 갑은 질문 (가)에만, 을은 질문 (가), (다)에만 옳지 않게 발표했으므로 주어진 조건에 부합하지 않는다. 따라서 (가)에는 자문화 중심주의가 '예'라고 응답할 수 있는 질문이, (나)에는 문화 사대주의가 '예'라고 응답할 수 있는 질문이, (다)에는 문화 상대주의가 '예'라고 응답할 수 있는 질문이 들어가야 한다.

정답찾기 ㄷ. (나)에는 문화 사대주의가 '예'라고 응답할 수 있는 질문이 들어가야 한다. '자문화의 정체성을 상실하게 할 수 있다는 비판을 받는가?'에 대해 문화 사대주의는 '예'라고 응답하므로 해당 질문은 (나)에 들어갈 수 있다.

ㄹ. (다)에는 문화 상대주의가 '예'라고 응답할 수 있는 질문이 들어가야 한다. '문화 다양성 보존에 기여하는가?'에 대해 문화 상대주의는 '예'라고 응답하므로 해당 질문은 (다)에 들어갈 수 있다.

오답피하기 ㄱ. 각 질문에 모두 옳게 발표한 사람은 을이 아닌 갑이다.

ㄴ. (가)에는 자문화 중심주의가 '예'라고 응답할 수 있는 질문이 들어가야 한다. '타 문화와의 공존에 대해 긍정적인 태도를 보이는가?'에 대해 자문화 중심주의는 '아니요'라고 응답하므로 해당 질문은 (가)에 들어갈 수 없다.

20 인구 구조의 분석

문제분석 갑국의 t년 총인구를 100만 명이라고 가정할 경우 t+60년 총인구도 100만 명이다. 갑국의 t년 노년 인구는 총인구의 10%이므로 10만 명이고, t+60년 노년 인구는 총인구의 20%이므로 20만 명이며, t+30년 노년 인구는 t+60년 노년 인구와 같으므로 20만 명이다.

t년에 유소년 부양비는 노년 부양비의 2배이므로 t년 유소년 인구는 노년 인구의 2배인 20만 명이고, t+30년에 유소년 부양비는 노년 부양비의 1.5배이므로 t+30년 유소년 인구는 노년 인구의 1.5배인 30만 명이며, t+60년에 유소년 부양비와 노년 부양비는 같으므로 t+60년 유소년 인구는 노년 인구와 같은 20만 명이다.

부양 인구는 총인구에서 유소년 인구와 노년 인구의 합을 뺀 값인데, t년과 t+30년의 부양 인구가 같으므로 t년과 t+30년의 부양 인구는 각각 70만 명이고, t+60년의 부양 인구는 60만 명이다. 이를 종합하여 갑국의 시기별 인구 구성을 나타내면 표와 같다.

(단위: 만 명)

구분	t년	t+30년	t+60년
유소년 인구	20	30	20
부양 인구	70	70	60
노년 인구	10	20	20
총인구	100	120	100

정답찾기 ② 총부양비는 t+30년이 약 71.4{=(50/70)×100}, t+60년이 약 66.7{=(40/60)×100}이므로 t+30년이 t+60년보다 크다.

오답피하기 ① 유소년 부양비는 t년이 약 28.6{=(20/70)×100}, t+30년이 약 42.9{=(30/70)×100}이므로 t+30년이 t년보다 크다.

③ 노년 인구 대비 유소년 인구는 t+60년이 1, t년이 2이므로 t+60년이 t년보다 작다.

④ 총인구 중 부양 인구 비율은 t년이 70%{=(70/100)×100}, t+30년이 약 58.3%{=(70/120)×100}, t+60년이 60%{=(60/100)×100}이므로 t+30년이 가장 작고, t년이 가장 크다.

⑤ t년 대비 t+30년의 유소년 인구 증가율은 50%이고, t+30년 대비 t+60년의 노년 인구 증가율은 0%이다.

실전 모의고사 4회 본문 118~123쪽

1 ②	2 ①	3 ①	4 ④	5 ②
6 ③	7 ⑤	8 ②	9 ④	10 ④
11 ①	12 ③	13 ④	14 ②	15 ⑤
16 ⑤	17 ③	18 ④	19 ③	20 ①

1 사회·문화 현상의 특징 이해

문제분석 ㉠, ㉢과 같은 현상은 자연 현상, ㉡, ㉣과 같은 현상은 사회·문화 현상이다.

정답찾기 ② ㉡과 같은 사회·문화 현상은 개연성이나 확률의 원리로 설명되고, ㉢과 같은 자연 현상은 필연성이나 확실성으로 설명된다.

오답피하기 ① ㉠과 같은 자연 현상은 ㉡과 같은 사회·문화 현상과 달리 인과 관계가 명확하다.

③ ㉢과 같은 자연 현상은 보편성만 지니고, ㉣과 같은 사회·문화 현상은 보편성과 특수성을 함께 지닌다.

④ ㉣과 같은 사회·문화 현상과 ㉠과 같은 자연 현상은 모두 계량화가 가능하다.

⑤ ㉠, ㉢과 같은 자연 현상은 존재 법칙으로 설명되고, ㉡, ㉣과 같은 사회·문화 현상은 당위 법칙으로 설명된다.

2 개인과 사회의 관계를 바라보는 관점의 이해

문제분석 제시된 글은 사회 실재론의 관점에서 개인에 대한 사회의 우월성과 강제성을 강조하고 있다.

정답찾기 ㄱ. 사회 실재론은 사회가 개인의 외부에 존재하면서 개인에게 강제력을 행사한다고 본다.

ㄴ. 사회 실재론은 사회의 이익 또는 공익이 개인별 이익의 합을 초월한 의미나 가치를 지닌다고 본다.

오답피하기 ㄷ. 사회 변화가 구성원들의 변화에 종속되어 있다는 것은 개인들의 변화가 사회 변화를 만들어 낸다는 것을 의미한다. 이러한 주장은 사회 명목론에 부합한다.

ㄹ. 사회 문제 해결을 위해 사회 실재론은 제도 개선을, 사회 명목론은 의식 개선을 중시한다.

3 양적 연구 방법의 이해

문제분석 갑은 두 개의 가설을 설정하고 실험법을 통해 자료를 수집하였다. 가설 1에서 독립 변인은 ○○ 리더십 기본 프로그램의 참여 여부이고, 가설 2에서 독립 변인은 ○○ 리더십 기본 프로그램과 심화 프로그램 모두에 참여하는지, 아니면 기본 프로그램에만 참여하는지이다. 두 가설에서 종속 변인은 모두 리더십의 향상 정도이다.

정답찾기 ① ㉠은 모집단, ㉢은 표본이다. 모집단은 표본을 통해 도출한 연구의 결론을 일반화하고자 하는 대상이다.

오답피하기 ② ㉡은 가설 설정 단계, ㉣은 자료 수집 단계, ㉤은 자료 분석 단계이다. 가설 설정 단계는 자료 수집 및 분석 단계와 달리 연구자의 가치 중립이 요구되는 단계가 아니다.

③ 자료 분석 결과에 따르면, 가설 1은 수용되고, 가설 2는 기각된다.

④ 독립 변인을 처치하지 않은 A 집단은 통제 집단이고, 독립 변인을 처치한 B 집단과 C 집단은 모두 실험 집단이다.
⑤ 자료 분석 결과에 따르면, ○○ 리더십 기본 프로그램에만 참여한 고등학생과 기본 프로그램, 심화 프로그램에 모두 참여한 고등학생 간에 리더십 향상 폭에 차이가 없다. 이러한 결과는 기본 프로그램은 리더십 향상 효과가 크고, 심화 프로그램은 리더십 향상 효과가 거의 없어 나타났을 수도 있으므로 '고등학생의 리더십 향상 효과는 ○○ 리더십 기본 프로그램과 심화 프로그램 간에 거의 차이가 없다.'는 결론을 내려서는 안 된다.

4 자료 수집 방법의 이해

문제분석 갑(A만 사용)과 을(B와 D 사용)이 모두 언어적 상호 작용이 필수적인 자료 수집 방법을 사용했으므로 A는 질문지법과 면접법 중 하나이고 B와 D 중 1개는 질문지법과 면접법 중 하나이다. 을이 갑과 달리 질적 자료를 수집했으므로 A는 질문지법이고, B와 D 중 하나는 면접법이다. 정(질문지법과 D 사용)이 병(질문지법과 C 사용)과 다른 점이 2차 자료를 수집한 것이므로 D는 문헌 연구법이다. 따라서 B는 면접법, C는 참여 관찰법이다.

정답찾기 ④ 문헌 연구법은 참여 관찰법에 비해 기존 연구 성과나 연구 동향을 파악하는 데 유리하다.

오답피하기 ① 연구 대상자의 주관적인 세계에 관한 심층적 자료를 수집하고자 하는 면접법은 질문지법과 달리 연구자와 연구 대상자 간 정서적 교감 형성이 중요하다.
② 면접법과 참여 관찰법은 모두 방법론적 이원론에 기초한 연구, 즉 질적 연구에서 주로 사용된다.
③ 참여 관찰법은 질문지법에 비해 실제성 높은 자료를 수집하는 데 유리하다.
⑤ 병과 정은 모두 질문지법을 사용했으므로 (가)에 '구조화 및 표준화된 문항을 활용해 자료를 수집했다.'가 들어갈 수 있다.

5 사회·문화 현상을 바라보는 관점의 이해

문제분석 사람들이 농업과 농촌 생활에 부여하는 의미에 초점을 맞추어 농촌 인구의 감소 현상을 설명하고 있는 갑의 관점은 상징적 상호 작용론이다. 농촌 인구의 감소 현상이 사회 전체의 필요에 의해 나타난 현상이고, 사회에 기여하는 현상임을 강조하는 을의 관점은 기능론이다. 농촌 인구의 감소 현상이 지배 집단에게 유리한 자원 배분 구조로 인해 나타난 결과임을 강조하는 병의 관점은 갈등론이다.

정답찾기 ② 기능론은 사회 불평등 현상이 모든 사회에서 나타나는 보편적인 현상이고, 사회 전체의 효율적인 작동을 위해 불가피한 현상이라고 본다.

오답피하기 ① 사회가 본질적으로 조화와 균형 상태에 있음을 강조하는 관점은 기능론이다.
③ 사회 구성 요소가 비정상적으로 작동하거나 사회의 원활한 작동을 위해 필요한 구성 요소가 불충분하여 병리적인 현상으로서 사회 문제가 발생한다고 보는 관점은 기능론이다.
④ 개인이 사회 구조를 만들어 가는 주체임을 경시한다는 비판을 받는 관점은 거시적 관점인 기능론과 갈등론이다.

⑤ 기능론은 사회 집단 간에 이익 갈등이 발생할 수 있음을 부정하지 않는다. 다만 집단 간 이익 갈등이 필연적인 현상이라고 보는 갈등론과 달리 기능론은 집단 간 이익 갈등이 분배 구조나 제도의 불완전성으로 인해 나타나는 일시적이고 비정상적인 현상이라고 본다.

6 일탈 이론의 이해

문제분석 '일탈 행동이 발생하는 상호 작용 과정에 주목한다.'는 특징을 갖는 이론은 낙인 이론과 차별 교제 이론이고, '일탈 행동을 규정하는 객관적인 기준이 존재한다고 본다.'는 특징을 갖는 이론은 차별 교제 이론과 머튼의 아노미 이론이므로 두 번째 특징, 세 번째 특징에 대하여 을은 틀린 답을 썼다. 따라서 을은 첫 번째 특징과 네 번째 특징에 대하여, 갑은 두 번째 특징, 세 번째 특징, 네 번째 특징에 대하여 옳은 답을 썼다. 을이 첫 번째 특징에 대하여 옳은 답을 썼으므로 B는 머튼의 아노미 이론이고, 갑이 세 번째 특징에 대하여 옳은 답을 썼으므로 A는 차별 교제 이론이다. 따라서 C는 낙인 이론이다.

정답찾기 ③ 낙인 이론은 일탈 행동이 그 행동의 속성이 아닌 그 행동에 대한 사회적 평가나 반응에 의해 규정됨을 강조한다. 즉, 사회 구성원들이 특정 행동에 대하여 바람직하지 않은 행동이라는 의미를 부여하고, 그 의미를 공유함으로써 특정 행동이 일탈 행동으로 규정된다고 본다.

오답피하기 ① 1차적 일탈을 저지른 사람 중 특정인에 대하여 가해지는 차별적 제재로 인해 일탈 행동이 강화된다고 보는 이론은 낙인 이론이다.
② 일탈 행동 성향이 학습의 결과라는 점을 강조하는 이론은 차별 교제 이론이다.
④ ⊙은 'A(차별 교제 이론), C(낙인 이론)'이다.
⑤ (가)에는 낙인 이론에만 해당하는 특징이 들어가야 한다. '문화적 목표와 제도적 수단 간의 괴리로 인해 일탈 행동이 발생한다고 본다.'는 머튼의 아노미 이론에만 해당하는 특징이다.

7 정보 사회의 특징 이해

문제분석 A와 B가 각각 어느 사회에 해당하는지에 따라 옳은 진술을 나타내면 표와 같다.

구분	옳은 진술
A가 산업 사회, B가 정보 사회	(나), (라)
A가 정보 사회, B가 산업 사회	(가), (다)

정답찾기 ⑤ (라)가 옳으면, A는 산업 사회, B는 정보 사회가 되어야 한다. 산업 사회가 정보 사회보다 하위문화의 다양성 정도가 낮다.

오답피하기 ① A가 산업 사회이면, (나)와 (라)가 옳은 진술이다.
② B가 산업 사회이면, ⊙에 틀린 진술이 들어가야 한다. '산업 사회가 정보 사회보다 제조업 종사자의 비율이 높다.'는 옳은 진술이므로 ⊙에 들어갈 수 없다.
③ (가)가 옳으면, A는 정보 사회, B는 산업 사회이다. 산업 사회가 정보 사회보다 소품종 대량 생산 방식의 비중이 높다.
④ (다)가 옳으면, A는 정보 사회, B는 산업 사회이다. 정보 사회가 산업 사회보다 사회 변동의 속도가 빠르다.

8 사회화, 지위와 역할, 사회 집단의 이해

문제분석 역할에 부합하는 역할 행동을 할 경우 보상이, 역할에 부합하지 않는 역할 행동을 할 경우 제재가 주어질 수 있다. 예기 사회화는 미래에 속하게 되거나 속하기를 바라는 집단에서 요구되는 행동 방식을 미리 학습하는 과정이고, 재사회화는 기존 사회화된 규범이나 가치관 등이 새로운 집단에의 적응을 저해하는 경우에 새롭게 요구되는 규범이나 가치관 등을 학습하는 과정이다.

정답찾기 ② ©은 갑이 직장에서 요구되는 평사원의 역할에 부합하지 않는 역할 행동을 함으로써 가해진 제재이다.

오답피하기 ① ©은 자신이 직면한 문제 상황에서 어느 대안을 선택할지 고민하는 것이므로 역할 갈등에 해당하지 않는다.

③ ©에서 갑은 새로운 집단에의 적응을 저해하는 가치관과 행동 방식을 버리고 새롭게 요구되는 가치관과 행동 방식을 습득하였으므로 재사회화를 경험하였다.

④ 자발적 결사체이자 비공식 조직인 사내 볼링 동호회가 회사에 비해 가입과 탈퇴의 자유가 크다.

⑤ 결합 자체가 목적이 되는 사회 집단은 본질 의지에 따라 자연스럽게 형성되는 공동 사회이다. 회사와 사내 볼링 동호회는 모두 선택의지에 따라 인위적으로 형성하는 이익 사회에 해당한다.

9 사회 이동과 사회 계층 구조의 이해

문제분석 부모보다 계층이 높은 자녀와 낮은 자녀가 모두 존재하는 A는 중층이다. 부모보다 계층이 높은 자녀가 존재하지 않는 B는 하층이다. 부모보다 계층이 낮은 자녀가 존재하지 않는 C는 상층이다. 부모 세대의 계층 구성 비율은 상층이 20%, 중층이 50%, 하층이 30%라는 점을 활용하여 부모와 자녀의 계층을 비교하면 표와 같다.

(단위: %)

구분		부모의 계층			계
		상층(C)	중층(A)	하층(B)	
자녀의 계층	상층(C)	15	8	2	25
	중층(A)	2	10	8	20
	하층(B)	3	32	20	55
계		20	50	30	100

정답찾기 ④ 다이아몬드형인 부모 세대의 계층 구조가 모래시계형인 자녀 세대의 계층 구조보다 사회 통합의 실현에 유리하다.

오답피하기 ① 상층의 비율은 자녀 세대가 부모 세대보다 높다.

② 부모와 계층이 같은 자녀는 자녀 세대 전체 인구 중 45%이고, 세대 간 이동한 자녀는 자녀 세대 전체 인구 중 55%이므로 세대 간 이동한 자녀가 부모와 계층이 같은 자녀보다 많다.

③ 세대 간 상승 이동한 자녀는 자녀 세대 전체 인구 중 18%이고, 세대 간 하강 이동한 자녀는 자녀 세대 전체 인구 중 37%이므로 세대 간 하강 이동한 자녀가 세대 간 상승 이동한 자녀보다 많다.

⑤ 자녀 세대의 각 계층 인구 중 부모와 계층이 일치하는 자녀의 비율은 상층이 (15/25)×100, 중층이 (10/20)×100, 하층이 (20/55)×100이므로 상층이 가장 높다.

10 관료제와 탈관료제의 이해

문제분석 '성과에 따른 보상을 중시하는 정도'를 기준으로 비교할 때, A가 B보다 강함(높음)으로 평가되지 않으므로 A는 관료제, B는 탈관료제이다.

정답찾기 ④ (나)에는 탈관료제가 관료제보다 강함(높음)으로 평가되는 비교 기준이 들어가야 한다. 따라서 (나)에 '환경 변화에 대한 유연하고 신속한 대응 가능성'이 들어갈 수 있다.

오답피하기 ① 관료제와 탈관료제는 모두 공식 조직의 형태로서 조직 목표의 효율적인 달성을 중시한다.

② 관료제가 탈관료제보다 업무의 전문화 및 표준화를 중시한다.

③ (가)에는 관료제가 탈관료제보다 강함(높음)으로 평가되는 비교 기준이 들어가야 한다. 따라서 (가)에 '업무 수행 시 규약과 절차를 강조하는 정도'가 들어갈 수 있다.

⑤ (다)에는 탈관료제가 관료제보다 강함(높음)으로 평가될 수 없는 비교 기준이 들어가야 한다. 따라서 (다)에 '구성원의 재량권을 보장하는 정도'가 들어갈 수 없다.

11 문화의 속성 이해

문제분석 갑국에서는 우물이 마을 주민들 간에 소통과 교류의 장이 됨으로써 공동의 문제가 발생하면 자연스럽게 우물이 있는 장소에 모였는데, 이에는 문화의 공유성이 부각되어 있다. 상수도가 보급되면서 갑국의 공동체 중심의 생활 방식과 가치관에 변화가 나타났는데, 이에는 문화의 전체성이 부각되어 있다. 갑국의 공동체 중심의 문화가 개인주의적인 문화로 대체된 것을 통해 변동성도 파악해 볼 수 있다.

정답찾기 ㄱ. 한 사회의 구성원들은 자신들의 문화를 공유함으로써 특정 현상에 대하여 다른 사회와 구분되는 반응을 보이게 된다. 따라서 공유성은 특정 현상에 대해 보이는 반응이 사회에 따라 다른 이유를 설명하는 데 적합하다.

ㄴ. 문화는 각각의 부분들이 유기적으로 관련을 맺으며 전체를 이루고 있다. 즉, 문화는 전체성을 지니고 있기 때문에 한 사회의 일부 문화를 접한 후 그 사회의 문화를 제대로 이해했다고 말하기는 힘들다.

오답피하기 ㄷ. 한 사회의 구성원들이 공통적으로 보여 주는 행동이라도 그 행동이 유전적 또는 선천적 행동이라면 문화가 될 수 없음을 설명하는 데 적합한 것은 문화의 학습성이다.

ㄹ. 현재 세대가 향유하고 있는 문화에 이전 세대가 향유한 문화가 반드시 포함되어 있는 이유를 설명하는 데 적합한 문화의 속성은 축적성이다.

12 문화 이해 태도의 이해

문제분석 갑의 설명이 옳지 않으므로 A는 문화 상대주의가 될 수 없다. 을의 설명이 옳으므로 B는 자문화 중심주의와 문화 상대주의 중 하나이다. B가 자문화 중심주의이면, C는 문화 사대주의, A는 문화 상대주의가 되어야 하는데, 이는 A가 문화 상대주의가 될 수 없는 조건에 어긋난다. 따라서 B는 문화 상대주의, C는 문화 사대주의이고, A는 자문화 중심주의이다.

정답찾기 ③ 문화 사대주의는 외부 문화가 자기 문화보다 우월하다고 생각하므로 자기 문화를 외부 문화로 대체하는 데 적극적이다.

오답피하기 ① 자문화 중심주의는 자기 문화가 가장 우수하다고 믿으므로 자기 문화가 지닌 문제점을 개선하는 데 기여하지 못한다.
② 문화 상대주의는 문화 다양성을 증진하는 데 기여한다.
④ 자문화 중심주의와 문화 사대주의는 문화 상대주의와 달리 문화를 우열 평가의 대상으로 본다.
⑤ (가)에는 옳은 설명이 들어가야 한다. C는 문화 사대주의이므로 (가)에 '국수주의로 이어질 우려가 큰 태도입니다.'가 들어갈 수 없다.

13 하위문화의 이해

문제분석 B 민족의 매운맛을 내는 재료를 사용하는 음식 문화는 시간이 흘러 갑국 전체로 확산하였고, B 민족의 ○○ 종교는 시간이 흘러 갑국의 주류 집단인 A 민족의 탄압을 받게 되었다.

정답찾기 ④ B 민족의 음식 문화가 남부 지역으로 확산하면서 매운맛을 내는 재료를 사용하는 음식 문화는 B 민족의 주류 문화에서 갑국의 주류 문화로 변화하였다.

오답피하기 ① 하위문화를 향유하는 사람도 주류 문화를 향유할 수 있다. 따라서 T 시기에 ㉠을 향유하는 사람은 갑국의 주류 문화를 향유하지 않는다고 단정할 수 없다.
② T+1 시기에 주류 문화가 된 매운맛을 내는 재료를 사용하는 음식 문화는 갑국 전체에서 향유되므로 문화 다양성과 무관하다. ○○ 종교는 갑국의 하위문화이자 반문화이므로 갑국에서 문화 다양성을 보여 주는 요소이다.
③ 반문화와 반문화의 성격이 없는 하위문화는 한 국가 내에서 구성원들 간 원활한 소통을 저해하는 요인으로 작용할 수 있다. 따라서 T 시기와 T+1 시기에 모두 ○○ 종교는 갑국에서 집단 간 원활한 소통을 저해하는 요인으로 작용할 수 있다.
⑤ 음식 문화에서 '문화'는 음식과 관련된 모든 생활 양식의 총체를 가리키므로 넓은 의미로 사용되었다.

14 문화의 변동 요인과 문화 접변의 이해

문제분석 병국의 의복에서 아이디어를 얻어 을국에서 만들어진 B가 갑국으로 전파되었고, B와 갑국의 전통 의복이 결합되어 갑국에서 만들어진 A가 을국으로 전파되어 B를 대체하였다.

정답찾기 ㄱ. 을국에 유학 간 갑국 사람들이 현지 사람들로부터 B를 만드는 방법을 배워 귀국하고 갑국에서 B가 널리 확산된 것은 을국 문화 요소의 직접 전파로 인한 갑국의 문화 변동이다.
ㄷ. 갑국에서는 문화 융합이, 을국에서는 문화 동화가 나타났다. 문화 융합은 문화 동화와 달리 자기 문화 요소의 정체성이 소멸하지 않는 문화 접변 결과이다.

오답피하기 ㄴ. 을국에서 텔레비전 드라마를 통해 본 병국 전통 의복으로부터 아이디어를 얻어 B가 만들어진 것은 자극 전파이다. 간접 전파는 매개체를 통해 문화 요소가 그대로 전달되어 그 사회의 문화 체계 속에 정착하는 현상이다.
ㄹ. 갑국과 을국에서는 모두 문화 전파에 의한 문화 변동이 나타났으므로 외재적 요인에 의한 문화 변동이 나타났다. 을국에서 B가 만들어진 것은 자극 전파의 결과로서 외재적 요인에 의한 문화 변동이다.

15 성불평등 현상의 이해

문제분석 남성 정규직 근로자 월평균 임금 5,000달러−남성 전체 근로자 월평균 임금 4,400달러 : 남성 전체 근로자 월평균 임금 4,400달러−남성 비정규직 근로자 월평균 임금 3,000달러=3 : 7이므로 남성 정규직 근로자 수 : 남성 비정규직 근로자 수=7 : 3이다. 여성 정규직 근로자 월평균 임금 4,000달러−여성 전체 근로자 월평균 임금 3,400달러 : 여성 전체 근로자 월평균 임금 3,400달러−여성 비정규직 근로자 월평균 임금 2,500달러=2 : 3이므로 여성 정규직 근로자 수 : 여성 비정규직 근로자 수=3 : 2이다. 남성 전체 근로자 월평균 임금 4,400달러−갑국 전체 근로자 월평균 임금 4,000달러 : 갑국 전체 근로자 월평균 임금 4,000달러−여성 전체 근로자 월평균 임금 3,400달러=2 : 3이므로 남성 전체 근로자 수 : 여성 전체 근로자 수=3 : 2이다.

남성 전체 근로자 수가 600만 명이라는 점을 활용하여 집단별 근로자 수를 나타내면 표와 같다.

(단위: 만 명)

구분	남성	여성
정규직	420	240
비정규직	180	160
전체	600	400

정답찾기 ⑤ 여성 근로자 중 비정규직 근로자의 비율은 40%이고, 남성 근로자 중 비정규직 근로자의 비율은 30%이다.

오답피하기 ① 정규직 근로자 수는 남성이 420만 명, 여성이 240만 명이므로 남성이 여성의 2배 미만이다.
② 남성 비정규직 근로자는 180만 명이고, 여성 정규직 근로자는 240만 명이다.
③ 비정규직 근로자 340만 명 중 여성 근로자는 160만 명이므로 그 비율은 50%보다 낮다.
④ 전체 근로자 중 비정규직 근로자의 비율은 34%이고, 전체 근로자 중 여성 근로자의 비율은 40%이다.

16 절대적 빈곤과 상대적 빈곤의 이해

문제분석 한 국가의 소득 분포를 반영하여 규정되는 A는 상대적 빈곤이고, 그렇지 않은 B는 절대적 빈곤이다. 2022년에 갑국에는 상대적 빈곤 가구가 30만 가구, 절대적 빈곤 가구가 10만 가구 존재한다.

정답찾기 ⑤ 2022년에 갑국에서 상대적 빈곤선이 절대적 빈곤선보다 높으므로 모든 절대적 빈곤 가구는 상대적 빈곤 가구에 해당한다. 따라서 2022년에 갑국에서 상대적 빈곤 가구에는 해당하지 않고 절대적 빈곤 가구에는 해당하는 가구는 존재하지 않는다.

오답피하기 ① 절대적 빈곤과 상대적 빈곤은 모두 상대적 박탈감을 유발할 수 있다.
② 일반적으로 절대적 빈곤은 선진국보다 개발도상국에서 더 부각되는 빈곤이다.
③ 모든 절대적 빈곤 가구가 상대적 빈곤 가구에 해당할 수도 있고, 모든 상대적 빈곤 가구가 절대적 빈곤 가구에 해당할 수도 있으므로 한 국가의 빈곤 가구 수는 절대적 빈곤 가구 수와 상대적 빈곤 가구 수의 합이 아니다. 2022년 갑국을 예로 들면, 갑국의 전체 빈곤 가구 수는 상대적 빈곤 가구 수와 같은 30만 가구이다.

④ 2022년에 갑국에서 전체 가구는 100만 가구이고, 상대적 빈곤 가구는 30만 가구이므로 전체 가구 중 상대적 빈곤 가구의 비율은 30%이다.

17 사회 운동의 이해

문제분석 사회 운동은 다수의 사람들이 공통의 신념과 목표, 조직화된 체계를 바탕으로 사회에 영향을 미치기 위해 지속적으로 벌이는 활동을 말한다.

정답찾기 ㄴ. 혼인 지참금 풍습을 없애려는 활동은 양성평등이나 인간의 존엄성 존중 등과 같은 신념을 바탕으로 하는 사회 운동이다.

ㄹ. 이주 노동자의 유입을 막기 위한 활동은 갑국을 과거의 상태로 되돌리기 위한 사회 운동이고, 혼인 지참금 풍습을 없애려는 활동은 을국을 현재와 부분적으로 다른 상태로 나아가게 하기 위한 사회 운동이다. 따라서 두 활동은 모두 사회의 현상 유지가 아닌 변화를 목적으로 한다.

오답피하기 ㄱ. 이주 노동자의 유입을 막으려는 활동이 특정 집단만의 이익을 목적으로 한다고 볼 수도 있지만, 그렇다고 해서 그 활동이 사회 운동에 해당하지 않는다고 단정할 수는 없다.

ㄷ. 두 활동은 모두 이해관계나 가치관 등의 차이로 인한 집단 간 갈등을 초래할 수 있다.

18 사회 보장 제도의 이해

문제분석 A는 공공 부조에 해당하는 기초 연금 제도이고, B는 사회 보험에 해당하는 국민연금 제도이다. 갑~병 지역 인구를 바탕으로 각 지역의 기초 연금 제도의 수급자 수, 국민연금 제도의 수급자 수, 두 제도의 중복 수급자 수를 나타내면 표와 같다.

(단위: 만 명)

구분	갑 지역	을 지역	병 지역
인구	100	200	300
기초 연금 제도의 수급자	9	36	45
국민연금 제도의 수급자	14	30	30
두 제도의 중복 수급자	5	10	15

정답찾기 ④ 수익자 부담 원칙을 적용하는 제도는 사회 보험에 해당하는 국민연금 제도이다. 국민연금 제도의 수급자 수는 을 지역과 병 지역이 30만 명으로 같다.

오답피하기 ① 상호 부조의 원리를 적용하는 제도는 사회 보험에 해당하는 국민연금 제도이고, 상호 부조의 원리를 적용하지 않는 제도는 공공 부조에 해당하는 기초 연금 제도이다. 갑 지역에서 국민연금 제도의 수급자가 기초 연금 제도의 수급자보다 많다.

② 보편적 복지 이념에 기초한 제도는 사회 보험에 해당하는 국민연금 제도이고, 선별적 복지 이념에 기초한 제도는 공공 부조에 해당하는 기초 연금 제도이다. 을 지역에서 기초 연금 제도의 수급자가 국민연금 제도의 수급자보다 많다.

③ 사전 예방적 성격이 강한 제도는 사회 보험에 해당하는 국민연금 제도이고, 사후 처방적 성격이 강한 제도는 공공 부조에 해당하는 기초 연금 제도이다. 병 지역에서 국민연금 제도의 수급자 30만 명 중 기초 연금 제도의 수급자에도 해당하는 사람(두 제도의 중복 수급자)은 15만 명이므로 그 비율은 50%이다.

⑤ 갑 지역은 을 지역, 병 지역과 달리 공공 부조에 속하는 제도, 즉 기초 연금 제도의 수급자에만 해당하는 사람이 4만 명으로서 두 제도의 중복 수급자 5만 명보다 적다.

19 사회 변동 이론의 이해

문제분석 제시된 글에 나타나 있는 사회 변동 이론은 진화론이다.

정답찾기 ㄴ. 진화론은 서구 사회가 가장 발전한 사회임을 전제로 하기 때문에 서구 제국주의를 정당화하는 이론으로 이용될 우려가 있다.

ㄷ. 진화론은 유기체가 진화하듯이 사회도 단순·미분화된 상태에서 복잡·분화된 상태로 변동해 간다고 보며, 이러한 변동을 발전으로 간주한다.

오답피하기 ㄱ. 진화론은 모든 사회가 동일한 변동 방향을 갖는다고 본다.

ㄹ. 미래에 나타날 사회 변동보다 과거에 발생한 사회 변동을 설명하는 데 적합하다는 비판을 받는 사회 변동 이론은 순환론이다.

20 인구 고령화 현상의 이해

문제분석 총인구 중 15~64세 인구의 비율은 2010년과 2020년이 70%로 같고, 노령화 지수는 2020년이 100으로서 2010년의 2배라는 점을 활용하면 2010년과 2020년의 총인구 중 연령대별 인구 비율을 구할 수 있다. 2010년에 총인구 중 0~14세 인구의 비율을 a%라고 가정하면, 65세 이상 인구의 비율은 (30−a)%이므로 {(30−a)/a}×100=50이다. 따라서 2010년에 총인구 중 0~14세 인구의 비율은 20%, 65세 이상 인구의 비율은 10%이다. 2020년에 총인구 중 0~14세 인구의 비율을 b%라고 가정하면, 65세 이상 인구의 비율은 (30−b)%이므로 {(30−b)/b}×100=100이다. 따라서 2020년에 총인구 중 0~14세 인구의 비율과 65세 이상 인구의 비율은 15%로 같다. 총인구 중 연령대별 인구 비율과 2010년 총인구를 100명, 2020년 총인구를 120명으로 가정한 연령대별 인구수를 나타내면 표와 같다.

구분	2010년		2020년	
	비율(%)	수(명)	비율(%)	수(명)
0~14세 인구	20	20	15	18
15~64세 인구	70	70	70	84
65세 이상 인구	10	10	15	18
계	100	100	100	120

정답찾기 ① 노년 부양비는 2010년이 (10/70)×100이고, 2020년이 (15/70)×100이므로 2020년이 2010년의 1.5배이다.

오답피하기 ② 유소년 부양비는 2010년이 (20/70)×100이고, 2020년이 (15/70)×100이므로 2010년이 2020년보다 크다.

③ 65세 이상 인구는 2020년이 2010년의 1.8배이다.

④ 2010년의 0~14세 인구가 2020년의 65세 이상 인구보다 많다.

⑤ 2010년에는 총인구 중 65세 이상 인구의 비율이 10%이므로 고령화 사회에 해당한다. 2020년에는 총인구 중 65세 이상 인구의 비율이 15%이므로 고령 사회에 해당한다.

1 ④	2 ③	3 ③	4 ④	5 ④
6 ③	7 ②	8 ③	9 ⑤	10 ⑤
11 ③	12 ②	13 ⑤	14 ⑤	15 ②
16 ④	17 ⑤	18 ②	19 ⑤	20 ⑤

1 사회·문화 현상의 특징 이해

문제분석 ㉠, ㉢과 같은 현상은 사회·문화 현상, ㉡과 같은 현상은 자연 현상이다.

정답찾기 ④ 사회·문화 현상은 자연 현상과 달리 개연성의 원리가 적용된다.

오답피하기 ① 자연 현상은 사회·문화 현상에 비해 인과 관계가 명확하다.

② 사회·문화 현상은 자연 현상과 달리 가치 함축적이다.

③ 사회·문화 현상과 자연 현상은 모두 보편성이 나타난다.

⑤ 사회·문화 현상과 자연 현상은 모두 경험적 자료를 통해 연구할 수 있다.

2 개인과 사회의 관계를 바라보는 관점 이해

문제분석 제시문에는 개인과 사회의 관계를 바라보는 관점 중 사회 실재론이 나타나 있다.

정답찾기 ㄴ. 사회 실재론은 사회 구조에 대한 개인의 불가항력을 강조한다.

ㄷ. 사회 실재론은 사회가 개인의 외부에서 독자적으로 작동한다고 본다.

오답피하기 ㄱ. 사회가 개인들의 총합에 불과하다고 보는 것은 사회 명목론이다.

ㄹ. 사회의 속성이 개개인의 속성으로 환원될 수 있다고 보는 것은 사회 명목론이다.

3 자료 수집 방법의 특징 이해

문제분석 A는 질문지법, B는 면접법이다.

정답찾기 ③ 면접법은 질문지법에 비해 연구자와 연구 대상자 간의 정서적 교감, 즉 라포르(rapport)를 중시한다.

오답피하기 ① 면접법은 질문지법에 비해 연구자의 주관이 개입될 우려가 크다.

② 질문지법과 면접법은 모두 조사 대상자와의 언어적 상호 작용이 필수적이다.

④ 면접법은 질문지법에 비해 자료 수집 과정에서 조사자의 유연한 대처가 용이하다.

⑤ 면접법과 질문지법은 모두 문맹자에게 실시할 수 있으나, 질문지법은 문자를 사용하는 경우 문맹자에게 실시하기 곤란할 수 있다.

4 주류 문화와 하위문화의 이해

문제분석 자료의 문항 1에서 '한 사회 내에서 일부 구성원들만 공유하는 문화'는 하위문화와 반문화가 모두 해당하는데, 이 질문에 대한 답이 옳으므로 A는 각각 하위문화와 반문화 중 하나이며, B는 주류 문화이다. 문항 2에서 모든 반문화는 하위문화에 해당하므로 C는 반문화이고, A는 하위문화이다.

정답찾기 ④ 주류 문화는 모든 하위문화의 총합으로 설명할 수 없다.

오답피하기 ① 사회가 다원화될수록 다양한 하위문화가 존재하므로 하위문화가 주류 문화에 수렴된다고 볼 수 없다.

② 조선 시대의 천주교 문화는 반문화이자 하위문화의 사례이다.

③ 하위문화를 향유하는 구성원은 주류 문화 요소도 향유할 수 있다.

⑤ 하위문화는 전체 사회에 문화 다양성을 제공한다.

5 사회·문화 현상을 바라보는 관점의 이해

문제분석 (가)에는 기능론, (나)에는 갈등론, (다)에는 상징적 상호 작용론의 관점이 나타나 있다.

정답찾기 ④ 기능론은 기득권층의 이익을 대변하는 논리로 활용될 수 있다는 비판을 받는다.

오답피하기 ① 집단 간 갈등을 사회 변동의 원동력으로 보는 것은 갈등론이다.

② 사회를 유기체로 간주하는 것은 기능론이다.

③ 사회의 각 부분이 상호 의존적 관계를 맺는다고 보는 것은 기능론이다.

⑤ 기능론과 갈등론 모두 사회 구조가 개인에게 미치는 영향을 강조한다. 따라서 해당 질문으로 기능론과 갈등론을 구분할 수 없다.

6 문화 이해 태도의 이해

문제분석 갑의 문화 이해 태도는 자문화 중심주의, 을의 문화 이해 태도는 문화 상대주의이다.

정답찾기 ③ 문화 상대주의는 각 사회의 문화가 형성된 사회적 맥락을 중시하는 태도이다.

오답피하기 ① 문화의 다양성 증진에 기여하는 태도는 문화 상대주의이다.

② 자기 문화의 정체성을 약화시키는 태도는 문화 사대주의이다.

④ 문화 제국주의로 변질될 가능성이 있다는 비판을 받는 태도는 자문화 중심주의이다.

⑤ 문화를 우열 평가의 대상으로 보는 태도는 자문화 중심주의와 문화 사대주의이다.

7 문화 접변의 요인과 양상 파악

문제분석 문화 변동의 외재적 요인에는 직접 전파, 간접 전파, 자극 전파가 있고, 문화 변동의 양상에는 문화 병존, 문화 동화, 문화 융합이 있다.

정답찾기 ㄱ. 흑인들이 추던 춤이 아프리카에서 노예로 끌려온 흑인들에 의해 브라질 전역에 알려진 것은 직접 전파의 사례이다.

ㄷ. 흑인들이 추는 춤에 브라질 사람들이 자신의 전통 춤 요소를 더하여 삼바 춤이 만들어진 것은 문화 융합의 사례이다.

오답피하기 ㄴ. 자극 전파는 다른 사회의 문화 요소로부터 아이디어를 얻어 새로운 문화 요소를 만들어 내는 것으로, 제시문에는 관련된 사례가 나타나 있지 않다.

ㄹ. 문화 지체는 물질문화의 변동 속도를 비물질문화의 변동 속도가 따라가지 못하여 나타나는 문화 요소 간의 부조화 현상으로서 제시문에는 관련된 사례가 나타나 있지 않다.

8 성불평등 자료의 이해

문제분석 t년에 남성 근로자 평균 임금을 100a라고 가정하면 {(100a − 여성 근로자 평균 임금)/100a} × 100 = 20이므로 여성 근로자 평균 임금은 80a이다. t+10년에 남성 근로자 평균 임금이 20% 증가한 120a라고 가정하면 {(120a − 여성 근로자 평균 임금)/120a} × 100 = 40이므로 여성 근로자 평균 임금은 72a이다.

t년에 정규직 근로자 평균 임금을 100b라고 가정하면 {(100b − 비정규직 근로자 평균 임금)/100b} × 100 = 50이므로 비정규직 근로자 평균 임금은 50b이다. t+10년에 정규직 근로자 평균 임금이 50% 증가한 150b라고 가정하면 {(150b − 비정규직 근로자 평균 임금)/150b} × 100 = 20이므로 비정규직 근로자 평균 임금은 120b이다. 이를 정리하면 표와 같다.

구분		t년	t+10년
성별 근로자 평균 임금	남성 근로자	100a	120a
	여성 근로자	80a	72a
고용 유형별 근로자 평균 임금	정규직 근로자	100b	150b
	비정규직 근로자	50b	120b

정답찾기 ㄴ. 남성 근로자 평균 임금액과 여성 근로자 평균 임금액의 차이는 t년이 20a, t+10년이 48a로 t년이 t+10년에 비해 작다.

ㄹ. t년 대비 t+10년에 정규직 근로자 평균 임금의 상승률은 50%이고, 비정규직 근로자 평균 임금의 상승률은 140%[= {(120b − 50b)/50b} × 100]이므로 정규직 근로자 평균 임금의 상승률이 비정규직 근로자 평균 임금의 상승률보다 작다.

오답피하기 ㄱ. 여성 근로자 평균 임금은 t년이 80a, t+10년이 72a로 t년이 t+10년에 비해 많다.

ㄷ. t+10년에 정규직 근로자 평균 임금이 150달러라면 비정규직 근로자 평균 임금은 120달러이다.

9 계층 구조의 이해

문제분석 t기의 경우 'A : (B+C)'가 '1 : 3'이므로 100%를 기준으로 A는 25%, B+C는 75%임을 알 수 있다. 또한 '(A+B) : C'가 '7 : 13'이므로 100%를 기준으로 A+B는 35%, C는 65%임을 알 수 있다. A가 25%, C가 65%이므로 B는 10%이며, 갑국의 t기에서 상층의 비율이 가장 작고 하층의 비율이 가장 크다고 했으므로 B가 상층, C가 하층, A는 중층이다. 이를 바탕으로 t기와 t+1기의 계층별 비율을 정리하면 표와 같다.

(단위: %)

구분	t기	t+1기
상층(B)	10	20
중층(A)	25	50
하층(C)	65	30
계	100	100

정답찾기 ⑤ t기 총인구를 100명, t+1기 총인구를 50명이라고 가정하면, 상층 인구는 t기 10명, t+1기 10명으로 t기와 t+1기가 같다.

오답피하기 ① 갑국의 t+1기 계층 구조는 다이아몬드형이다.

② 하층 인구 비율은 t기에 65%, t+1기에 30%이나 각 시기별 총인구가 나와 있지 않아 각 시기의 하층 인구는 알 수 없다.

③ 갑국의 t기 계층 구조는 t+1기와 달리 피라미드형이다. 피라미드형 계층 구조라고 해서 폐쇄적 계층 구조라고 단정할 수 없다.

④ 상층 비율 대비 중층 비율은 t기에 25/10, t+1기에 50/20으로 t기와 t+1기가 같다.

10 사회화 기관, 지위와 역할의 이해

문제분석 사회화 기관은 사회화를 목적으로 설립된 공식적 사회화 기관과 사회화 이외의 목적으로 설립되었으나 사회화의 기능도 수행하는 비공식적 사회화 기관으로 구분될 수 있다. 한 개인에게 둘 이상의 역할이 동시에 기대될 때 역할 갈등이 발생한다.

정답찾기 ㄷ. ©은 갑에게 두 개 이상의 역할이 동시에 기대되어 발생한 심리적 갈등인 역할 갈등이라고 볼 수 없다.

ㄹ. 갑이 여성의 사회 진출 확대를 촉진하는 자극제가 된다는 찬사를 받은 것은 지휘자로서의 갑의 역할 행동에 대한 보상에 해당한다.

오답피하기 ㄱ. ㉠은 공식적 사회화 기관이다.

ㄴ. ㉡, ㉣은 모두 성취 지위이다.

11 순환론과 진화론의 이해

문제분석 (가)에는 진화론, (나)에는 순환론이 나타나 있다.

정답찾기 ③ 진화론은 순환론과 달리 사회 변동이 일정한 방향성을 가지고 있다고 본다.

오답피하기 ① 사회 변동에 작용하는 인간 행위의 역동성과 자율성을 과소평가한다는 비판을 받는 것은 순환론이다.

② 순환론은 단기적 사회 변동보다 장기적 사회 변동을 설명하기에 적합하다.

④ 서구 제국주의를 정당화한다는 비판을 받는 것은 진화론이다.

⑤ 흥망성쇠를 거듭한 국가의 사례를 설명하기에 적합한 것은 순환론이다.

12 문화의 의미와 속성의 이해

문제분석 좁은 의미의 문화는 한 사회의 생활 양식 중 고상하거나 세련된 생활 양식을 가리키고, 넓은 의미의 문화는 한 사회의 생활 양식의 총체를 가리킨다.

정답찾기 ㄱ. 기술은 물질문화에 해당한다.

ㄹ. OTT 기술이 빠른 속도로 발전하는 것에 비해 규제 제도가 미비한 현상은 물질문화의 변동 속도를 비물질문화의 변동 속도가 뒤따르지 못하여 나타나는 문화 요소 간의 부조화 현상인 문화 지체 현상에 해당한다.

오답피하기 ㄴ. '여가 문화'에서의 '문화'는 넓은 의미로 사용되었다.

ㄷ. OTT 기술의 발전이 관련 산업 등에 영향을 주는 것은 문화의 전체성으로 설명할 수 있다.

13 사회·문화 현상의 연구 과정 분석

문제분석 제시된 연구는 실험법을 활용한 양적 연구이다.

정답찾기 ㄴ. 갑이 관련 연구 논문을 검토하여 얻은 자료는 2차 자료에 해당하고, 실험법을 통해 직접 수집한 자료는 1차 자료에 해당한다.
ㄷ. 또래 칭찬 활동 프로그램을 적용한 A 집단은 실험 집단, 또래 칭찬 활동 프로그램을 적용하지 않은 B 집단은 통제 집단에 해당한다.
ㄹ. 사후 검사 결과 또래 칭찬 활동 프로그램을 적용한 A 집단이 B 집단과 달리 친구에 대한 신뢰도와 학습 의욕 정도가 모두 올라갔으므로 〈가설 1〉과 〈가설 2〉가 모두 수용되었음을 알 수 있다.

오답피하기 ㄱ. 제시된 연구는 양적 연구이므로 방법론적 일원론에 기반한 연구이다.

14 관료제와 탈관료제의 특징 이해

문제분석 A는 B와 달리 의사 결정 권한이 분산되어 있으므로 A는 탈관료제, B는 관료제이다.

정답찾기 ⑤ (다)에는 관료제에 해당하는 내용이 들어가야 한다. 관료제는 하향식 의사 결정 방식을 강조하는 사회 조직 운영 원리이다.

오답피하기 ① 관료제는 탈관료제와 달리 경력에 따른 보상을 강조한다.
② 탈관료제는 관료제에 비해 중간 관리층의 비중이 낮다.
③ (가)에는 탈관료제에 해당하는 내용이 들어가야 한다. 소품종 대량 생산 체제에 적합한 것은 관료제이므로 해당 내용은 (가)에 들어갈 수 없다.
④ (나)에는 관료제와 탈관료제에 모두 해당하는 내용이 들어가야 한다. 관료제와 탈관료제는 모두 효율적인 과업 수행을 지향하므로 해당 내용은 (나)에 들어갈 수 있다.

15 사회 보장 제도의 이해

문제분석 A는 공공 부조에 해당하는 기초 연금 제도이고, B는 사회 보험에 해당하는 고용 보험이다. t기에 A 수급자 비율을 기준으로 볼 때 전체가 19%인데 (가) 지역이 20%, (나) 지역이 15%이므로 (가) 지역의 인구를 x명, (나) 지역의 인구를 y명이라고 가정한다면, $0.2x+0.15y=0.19(x+y)$이고 이를 정리하면 'x=4y'이므로 t기의 (가) 지역의 인구는 (나) 지역의 4배임을 알 수 있다. 한편, t+1기의 경우, (가) 지역의 인구를 a명, (나) 지역의 인구를 b명이라고 가정한다면, $0.2a+0.5b=0.3(a+b)$이고 이를 정리하면 'a=2b'이므로 t+1기의 (가) 지역 인구는 (나) 지역의 2배임을 알 수 있다. 또한 단서에서 t+1기의 전체 인구가 1.5배 증가했다고 했으므로 t기의 전체 인구를 1,000명, t+1기의 전체 인구를 1,500명으로 가정하고 시기별 각 수급자를 정리하면 표와 같다.

(단위: 명)

구분	t기			t+1기		
	(가) 지역	(나) 지역	전체	(가) 지역	(나) 지역	전체
인구	800	200	1,000	1,000	500	1,500
A 수급자	160	30	190	200	250	450
B 수급자	400	120	520	600	150	750
A와 B 중복 수급자	80	20	100	50	100	150

정답찾기 ㄱ. 소득 재분배 효과가 더 큰 제도는 A이며, 수급자 수는 t기 (가) 지역이 160명, t+1기 (가) 지역이 200명이므로 t+1기 (가) 지역이 더 많다.
ㄷ. 사후 처방적 성격이 강한 제도는 A이며 A에만 해당하는 수급자 수는 t기 (나) 지역이 10명(=30명−20명), t+1기 (나) 지역이 150명(=250명−100명)이므로 t+1기 (나) 지역의 수급자 수가 t기 (나) 지역의 15배이다.

오답피하기 ㄴ. 강제 가입을 원칙으로 하는 제도는 B이며, t기 (가) 지역의 수급자 수는 400명, t+1기 (나) 지역의 수급자 수는 150명이므로 t+1기 (나) 지역의 수급자 수가 t기 (가) 지역의 수급자 수보다 적다.
ㄹ. 갑국 전체 지역에서 A와 B 중복 수급자 수는 t기가 100명, t+1기가 150명이므로 t+1기가 t기의 3/2배이다.

16 산업 사회와 정보 사회의 특징 비교

문제분석 전자 상거래의 비중이 더 높은 것은 정보 사회이므로 A는 정보 사회, B는 산업 사회이다.

정답찾기 ㄴ. 산업 사회는 정보 사회에 비해 정보 이용의 시·공간적 제약이 크다.
ㄹ. 사회 구성원 간 대면 접촉 비중은 산업 사회가 정보 사회에 비해 높으므로 (가)에는 해당 내용이 들어갈 수 있다.

오답피하기 ㄱ. 정보 사회는 산업 사회에 비해 가정과 일터의 결합 정도가 높다.
ㄷ. 정보 사회는 지식과 정보, 산업 사회는 자본과 노동이 부가 가치 창출의 주요 원천이다.

17 일탈 행동의 원인을 설명하는 이론의 이해

문제분석 A는 차별 교제 이론, B는 머튼의 아노미 이론, C는 낙인 이론에 해당한다.

정답찾기 ⑤ 낙인 이론은 머튼의 아노미 이론과 달리 일탈 행동을 규정하는 객관적 기준이 없다고 본다.

오답피하기 ① 일탈 행동이 차별적 제재에서 비롯된다고 보는 것은 낙인 이론이다.
② 일탈자의 부정적 자아 형성 과정에 주목하는 것은 낙인 이론이다.
③ 머튼의 아노미 이론은 사회 구조적 차원에서 일탈 행동의 원인을 설명한다.
④ 차별 교제 이론과 낙인 이론은 모두 일탈 행동이 발생하는 과정에서 나타나는 상호 작용에 주목한다.

18 사회적 소수자의 특징에 대한 이해

문제분석 갑은 피부색이 다르다는 이유로 사회적 소수자로 차별받았으며, 을은 장애 판정을 받으며 신체적인 특징으로 인해 사회적 소수자로 차별받았다.

정답찾기 ② 갑은 을과 달리 피부색이 다르다는 선천적 요인에 의해 차별을 받고 있다.

오답피하기 ① 갑과 을은 모두 사회적 소수자에 속한다.
③ 갑과 을은 모두 단지 수적으로 열세라는 이유로 인해 사회적 소수

자가 되었다고 볼 수 없다.

④ 갑과 을은 모두 주류 집단과 다른 특성을 보인다는 이유로 사회적 소수자에 속하게 되었다.

⑤ 역차별 문제가 발생할 수 있는 혜택을 경험한 사람은 을이다.

19 사회 운동의 이해

문제분석 외세 저항 운동과 환경 운동은 모두 사회 운동에 해당한다. 사회 운동이란 자신들의 신념과 가치를 실현하기 위해 다수의 사람들이 자발적으로 수행하는 집단적이고 지속적인 활동을 의미한다.

정답찾기 ⑤ ㉠, ㉡은 모두 사회 운동에 해당한다. ㉠은 외세에 대한 저항, ㉡은 환경 보전이라는 자신들의 신념과 가치를 실현하기 위한 다수의 행동이다.

오답피하기 ① ㉠은 사회 운동이므로 일시적이고 즉흥적인 감정에 따른 다수의 행동이 아니다.

② 사회 구조를 근본적으로 바꾸고자 하는 사회 운동은 혁명적 사회 운동인데, 환경 운동을 혁명적 사회 운동이라고 볼 수 없다.

③ 외세 저항 운동과 환경 운동은 모두 자기 집단만이 아닌 사회 전체의 이익을 목적으로 한다.

④ 환경 운동은 과거의 사회 질서로 돌아가려는 사회 운동이라고 볼 수 없다.

20 인구 지표 분석

문제분석 t년에 노년 부양비는 70인데 총인구 중 부양 인구의 비율이 50%이므로 총인구를 100명, 노년 인구를 x명이라고 하면, '70=(x/50)×100'이므로 노년 인구는 35명이다. 이와 같은 방식으로 t년과 t+50년의 각 인구 비율과 인구 수를 정리하면 표와 같다.

구분	t년		t+50년	
	비율(%)	수(명)	비율(%)	수(명)
유소년 인구	15	15	10	20
부양 인구	50	50	40	80
노년 인구	35	35	50	100
계	100	100	100	200

정답찾기 ⑤ 총부양비는 t년에 유소년 부양비 30, 노년 부양비 70을 더한 100이고, t+50년에 유소년 부양비 25, 노년 부양비 125를 더한 150이므로 t+50년이 t년의 3/2배이다.

오답피하기 ① ㉠은 15, ㉡은 10이므로 ㉠이 ㉡보다 크다.

② t년에 노년 부양비가 70, 유소년 부양비는 30이므로 노년 부양비가 유소년 부양비보다 크다.

③ t+50년에 전체 인구를 200명이라고 할 때 노년 인구는 100명, 부양 인구는 80명이므로 노년 인구가 부양 인구보다 많다.

④ t년의 총인구를 100명이라고 할 때 부양 인구는 t년이 50명, t+50년이 80명이므로 t+50년이 t년에 비해 부양 인구가 많다.

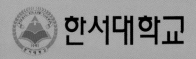

HAN SEO UNI.

2025학년도
한서대학교
신입생 모집

수시모집
24. 09. 09(월) ~ 13(금)

정시모집
24. 12. 31(화) ~ 25. 01. 03(금)

입학상담
041-660-1020
https://helper.hanseo.ac.kr

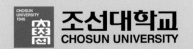

청주대학교
CHEONGJU UNIVERSIT

청춘의 주인공이 되는 대학교

청주대학교

청주대학교는 4차 산업혁명 시대를 주도할

창의적인 실용 융합형 미래인재 양성을 위해

다양한 분야에서 학생중심 특성화 교육혁신 대학으로

새롭게 도약하고 있습니다.

홈페이지 ipsi.cju.ac.kr
입학상담 (043)229-8033,8034

디자인·콘텐츠
REDDOT 디자인어워드
세계 7위, 국내 1위 대학
(2019년 기준)

BT-보건의료과학
오송첨단의료복합단지
바이오캠퍼스 구축

ICT-Energy
충북혁신도시
산학융합캠퍼스 구축

항공
최첨단 비행교육용
항공기, 시뮬레이터,
항공정비 실습장